인문·사회·예체능계열 전공자를 위한

컴퓨팅 사고와 인공지능

박성호·김은정·문경희·박미현·양자영 공저

부산대학교출판문화원

미래를 준비하는 힘 – 컴퓨팅 사고와 인공지능

다가오는 미래는 모든 생활과 학문 분야에 정보통신기술이 융합되는 4차 산업혁명시대가 될 것이다. 이제는 어떤 분야에서 어떤 일을 하든지 관계없이 각각의 분야에서 경쟁력을 가진 인재로 성장하기 위해서는 컴퓨팅 사고와 인공지능 역량을 갖추는 것이 필수가 되었다. 그렇다면 컴퓨팅 사고(Computational Thinking)와 인공지능(Artificial Intelligence)란 무엇일까?

컴퓨팅 사고라는 말은 MIT의 시모어 페퍼트(Seymour Papert) 교수가 1980년에 최초로 사용했다고 알려져 있다. 하지만 이 용어가 널리 퍼진 계기는 카네기 멜론 대학의 지넷 윙(Jeannette M. Wing) 교수가 2006년에 컴퓨터 분야 학술지 'Communications of the ACM'에 언급하면서부터이다. 지넷 윙 교수는 단순히 컴퓨터 프로그램을 잘 사용하거나 프로그래밍 언어를 익혀 프로그램을 만들 줄 아는 것이 아니라, 주어진 문제를 분해하여 문제 속에 포함된 패턴을 인식하고 이를 추상화하여 해결 과정을 기술할 수 있는 능력이 컴퓨팅 사고의 핵심이라고 하였다. 컴퓨팅 사고의 대표적인 예로 우리 모두가 잘 알고 있는 독일의 수학자 가우스(Carl Friedrich Gauss, 1777~1855)의 어린 시절 일화를 들 수 있다. 겨우 8살이었을 때의 가우스는 선생님이 출제한 1부터 100까지의 합을 계산하라는 문제를 다른 학생들이 1+2+3+..과 같이 모든 숫자를 차례로 더하며 끙끙대고 있을 때 선생님이 놀랄 정도로 빠르게 정답을 말했다. 깜짝 놀란 선생님이 풀이 방법을 묻자 가우스는 "첫 번째 수인 1과 마지막 수인 100을 더하면 101이 되고, 두 번째 수인 2와 마지막에서 두 번째 수인 99를 더해도 101이 되고, 이렇게 앞에서 50번째 수인 50과 뒤에서 51번째 수인 51을 더할 때까지 모두 다 101이 되므로, 101에 50을 곱하면 됩니다."라고 대답했다고 한다. 가우스는 1부터 100까지의 합 문제를 50쌍의 두 숫자의 합 문제로 '분해'했고, 이들 각각이 모두 101이 된다는 '패턴을 발견'했다. 그래서 숫자 100개의 합 문제를 101과 50이라는 두 개의 숫자의 곱으로 '추상화'하여 '해결 절차'를 설명하였다. 가우스가 살던 시절에는 컴퓨터가 없었으니 당연히 컴퓨터 프로그래밍은 할 수 없었겠지만 가우스의 이러한 문제 해결 방식이 바로 컴퓨팅 사고를 적용한 문제 해결의 예이다.

인공지능은 인간의 학습능력, 추론능력, 지각능력, 논증능력, 자연언어의 이해능력 등을 인공적으로 구현한 컴퓨터 프로그램 또는 이를 포함한 컴퓨터 시스템으로 정의될 수 있다. 컴퓨팅 사고가 주어진 문제를 논리적으로 분석하기 위한 것이라면, 인공지능은 마치 사람이 아주 오랜 경험을 통해 지식을 추적하여 문제를 해결하는 것과 같이 컴퓨터에게 특정 분야에 지식을 축적하게 하여 문제를 해결하게 하는 기술이다. 1950년대에 앨런 튜링(Alan Turing, 1912~1954), 존 매카시(John McCarthy, 1927~2011), 마빈 민스키(Marvin Minsky, 1927~2016) 등이 인공지능의 개념을 제시하였으나 오랜기간동안 괄목할 만한 성장을 보이지는 못하였다. 그러나 인공지능에 대한 연구는 지속적으로 진행되어 왔으며, 2000년대에 접어들어 저렴하고 고성능인 컴퓨팅 하드웨어의 보급과 인터넷의 활성화에 기반한 빅데이터 환경이 조성되어 인공지능 기술의 발전을 가속화시켰다. 특히 2016년 알파고의 등장으로 인공지능이 본격적으로 산업과 사회에서 역할을 할 수 있는 수준에 이르렀다. 현재 변역 서비스를 제공하는 네이버 파파고나 구글 번역 시스템, 음성 인식 시스템, 인터넷 쇼핑몰의 추천 시스템, 자율주행 자동차나 로봇 등의 다양한 분야에서 인공지능 기술을 사용하고 있다.

이 책은 4차 산업혁명 시대를 대응할 수 있는 문제 해결을 위한 컴퓨팅 사고 능력을 기르고 인공지능의 개념을 이해하는 데 초점을 두었으며 네 개 파트에 총 12개의 장으로 구성되어 있다.

Part Ⅰ 일상생활과 프로그램

일상생활의 주어진 문제를 해결하기 위한 절차를 명확하게 기술하는 방법을 알아본다. 1장에서는 일상생활에서 순서가 있는 일들을 찾아 그 순서를 순차적으로 나열하는 방법에 대해서 생각해 보고, 2장에서는 주어진 문제에서 일정한 패턴을 찾아내고 이를 반복적 표현으로 기술하는 방법을 학습한다. 3장에서는 여러 가지 상황에 따른 선택적 행동을 표현하는 방법을 연습한다. 각 장마다 문제 해결 방법이 정확하고 분명하게 기술되었는지 확인하기 위하여 컴퓨터 프로그래 밍 도구인 네이버의 엔트리를 사용하여 확인한다.

Part Ⅱ 효율적 컴퓨팅 사고

대량의 자료를 처리하는 방법에 대하여 알아보려고 한다. 자료의 양이 적을 때에는 일일이 자료를 뒤져서 원하는 자료를 찾아도 상관없지만 자료의 양이 수천, 수만 건으로 늘어나면 자료를 하나하나 살펴보기란 말처럼 쉽지 않다. 자료의 양이 많아질 때 가장 우선으로 생각해야 하는 것은 많은 자료를 어디에, 어떻게 넣어 놓을 것인가에 대한 것이다. 자료가 저장되고 정리되는 방식에 따라 정보를 검색하는 방법도 달라지고, 검색에 소요되는 시간도 차이가 나게 된다. 그러므로 본 파트에서 대량의 자료(데이터)를 담아 놓을 수 있는 방법(자료구조)에 대해 알아보고, 그 안에서 빠르게 원하는 정보를 검색할 수 있는 다양한 방법도 살펴보도록 한다. 4장에서는 리스트 구조의 필요성과 편리성에 대해 생각해 보고, 자료를 리스트에 삽입, 삭제, 검색하는 방법을 알아본다. 5장에서는 리스트에 있는 자료들을 정렬하는 방법에 대해 알아본다. 6장에서는 문제 해결의 가장 기본 원칙이라고 할 수 있는 '나누어 정복하기(Divide & Conquer)'를 다룬다.

Part Ⅲ 인터페이스와 인공지능

인터페이스와 인공지능에 대해서 알아본다. 7장에서는 사용자와 컴퓨터와의 의사소통 방식인 인터페이스에 대해서 알아보고, 엔트리 프로그램의 신호를 이용하여 프로그램 인터페이스에 대해 확인한다. 8장에서는 컴퓨터 사용자 인터페이스의 과거와 현재에 대해서 알아보고, 엔트리에서 제공하는 인공지능 블록의 번역과 읽어주기를 이용하여 대화형 인공지능 프로그램을 학습한다. 9장에서는 컴퓨터 인지 도구의 미래와 발전방향에 대해서 알아보고, 엔트리에서 제공하는 인공지능 블록의 오디오감지를 이용한 음성인식 프로그램을 학습한다. 이와 같이 인공지능 블록을 이용한 문제해결은 넓고 다양한 인공지능의 세계를 경험하고 미래사회에 대한 통찰력을 키워 줄 것이라 기대한다.

Part IV 인공지능 학습과 프로그래밍

인공지능의 개념부터 활용까지 다양한 예제들을 통해 접근해 보려고 한다. 먼저 10장에서는 인공지능이란 과연 무엇이고, 어떠한 방식으로 인간과 같은 사고를 할 수 있는지에 대해 알아본다. 11장에서는 학습기반 인공지능의 대표적인 학습 방법으로 지도학습, 비지도학습, 강화학습에 관해 소개한다. 이를 통해 학습 상황에 따른 효율적 활용 방법과 인공지능 기술을 사용하는 컴퓨터 비전에 대하여 살펴보고 자신의 학문 영역에서의 응용 분야를 탐색해 본다. 12장에서는 창작하는 인공지능에 대해 알아보고 인공지능이 과연 창의적인 생산물을 만들어 낼 수 있는지, 가능하다면 과연 어떠한 학습으로 그러한 일들이 가능한 건지에 대해 자세히 알아본다.

복잡다단해지는 사회에서 우리가 맞닥뜨리게 되는 문제도 점점 더 복잡해진다. 모두가 전문적인 컴퓨터 프로그래머가 되거나 인공지능 알고리즘의 세세한 원리를 알 필요는 없다. 그러나 복잡한 문제를 잘 분석하여 해당 문제가 가지는 규칙을 찾아 정확하고 효율적으로 해결하는 컴퓨팅 사고 능력과 인공지능 도구를 사용하는 능력은 미래 사회를 살아가는 데 필요한 핵심소양이 될 것이다.

2021년 1월

저자 일동

인문·사회·예체능계열 전공자를 위한

컴퓨팅 사고와 인공지능

Part Ⅲ.

Part Ⅳ.

부록1.

Part I

일상생활과 프로그램

'프로그램'이라는 단어를 들을 때 가장 먼저 떠오르는 것은 무엇일까? 인터넷에서 '프로그램'을 검색하면 어떤 내용이 검색되어 나올까? 아마 이 책을 읽는 독자들은 이미 컴퓨터 프로그래밍에 입문한 학생들이므로 컴퓨터를 가장 먼저 떠올릴 것이다. 하지만 '프로그램'이라는 말은 컴퓨터에 국한된 용어가 아니라 이미 오래 전부터 우리 일상 속에서 훨씬 더 광범위하고 친밀하게 사용되는 단어이다. '프로그램(Program)'은 원래 '미리 쓴다'라는 뜻을 지닌 라틴어에서 유래한 말로서 17세기에 처음으로 문헌에 나타났다고 한다. 이 용어가 사용된 초기에는 음악회에서 연주되는 곡의 순서나 어떤 행사에서 진행되는 일들의 순서를 미리 짜놓은 것을 의미하였다. 현대에는 TV편성 프로그램이나 교육과정 프로그램으로도 많이 사용되고 있다. 심지어 길가 현수막에서도 "한 달 5kg 감량 다이어트 프로그램", "3개월 토익 완성 프로그램" 등 '프로그램'이란 단어를 종종 보게 되는데 이는 자신들이 미리 짜 놓은 계획을 따라 하다 보면 목표를 달성할 수 있다는 뜻을 내포하고 있다.

'프로그램'의 사전적 의미는 '어떤 업무수행이나 전개를 위한 계획 또는 정해진 순서나 절차'를 말한다. 다시 말해 어떤 문제를 해결하기 위해 수행해야 하는 일이나 규칙을 순서대로 기술하는 것을 뜻한다. 우리 주변을 돌아보면 특정한 문제를 해결하는 방법을 기술한 문서들을 쉽게 볼 수 있다. 예를 들어 컵라면 용기에 인쇄된 라면 끓이는 방법, 자동 매표기 앞에 붙어있는 티켓 발권 방법, 여행 안내소에 적힌 목적지 도착 방법 등도 일종의 프로그램이라 할 수 있다. 이와 같이 일상생활에서는 주어진 문제의 해결 방법을 기술한 다양한 매뉴얼, 설명서 등이 제공되어 처음 문제를 접하는 사람도 이를 참조하여 주어진 일을 명료하게 해결할 수 있다. 그러나 만일 매뉴얼이 모호하게 기술되어 있거나 순서가 명확하지 않다면 이것을 참조하는 사람은 자신이 해결하고자 하는 문제를 해결하지 못할 것이다. 그러므로 매뉴얼을 기술하는 문장인 프로그램은 분명하고 순서가 명확하게 기술되어야 한다.

본 교재의 Part I에서는 주어진 문제를 해결하기 위한 일의 절차를 명확하게 기술하는 방법을 알아본다. 1장에서는 일상생활에서 문제 해결 절차에 순서가 있는 일들을 찾아 그 절차를 순차적으로 나열하는 방법에 대해서 생각해 보고, 순차적으로 나열된 일의 해결 절차가 정확한 지를 엔트리라는 컴퓨터 프로그래밍 연습 도구를 활용하여 확인한다. 2장에서는 순차적으로 나열된 일의 절차에서 일정한 패턴을 가지고 반복되는 행동을 찾아내고, 이를 반복적 표현으로 기술하는 과정을 학습한다. 3장에서는 여러 가지 조건에 따라 선택적 행동이 필요한 선택적 상황을 명확하게 표현하는 방법을 학습하고, 그 표현의 정확성을 엔트리 프로그램을 활용하여 확인한다. 이와 같이 다양한 문제를 해결하기 위해 일의 절차를 명확하게 표현하는 방법을 배움으로써 자신이 알고 있는 지식을 구체화하고 단계별로 체계화하는 컴퓨팅 사고 역량을 향상시킬 수 있다. 컴퓨팅 사고 역량은 여러분들로 하여금 주어진 문제를 해결할 수 있는 역량을 배양하고 더 나아가 논리적 추리력과 창의적 사고력을 키워 줄 것이라 기대한다.

제1장
문제해결과정의 순차적 표현

1.1. 일상생활에서 만나는 프로그램

우리의 일상생활은 문제 해결의 연속이라 할 수 있다. 우리는 이미 일상생활에 익숙해져 문제라고 인식하지 않을 수 있지만, 매 순간이 판단과 선택의 연속인 일들로 채워져 있다. 만약 무인도에서 살다가 도시에 처음 온 낯선 이(우리는 이 사람을 '길동이'라고 부르자)에게는 물건을 사는 일, 대중교통을 이용하는 일, 심지어 자판기에서 커피 한잔을 뽑는 일까지도 해결해야 하는 크나 큰 과제가 될 수 있다. 만약 이때 이러한 문제들을 처리할 수 있는 자세한 설명서가 있다면 '길동이'는 큰 어려움 없이 도시생활에 적응해 나갈 수 있을 것이다. 여기서 주어진 문제를 해결해 나가는 과정을 순서에 맞게 논리적으로 기술하는 것이 바로 '프로그래밍'이다. 이제부터 우리는 모든 것이 낯선 '길동이'에게 주어진 문제를 해결할 수 있도록 정확한 프로그램을 작성해서 그를 도와주도록 해 보자.

1.1.1. 일상생활의 문제에서 순차적 표현

어떤 문제를 해결하기 위해서는 절차에 따라 순서대로 일을 진행해야 한다. 이러한 순차적으로 수행하는 행동 중에는 행동의 순서가 바뀔 경우 문제 해결이 불가능한 경우가 있을 수도 있고, 또는 행동의 순서가 바뀌어도 전체 결과에는 영향을 미치지 않는 경우도 있다.

▶ 행동의 순서가 바뀌면 문제 해결이 불가능한 경우 : 커피 자판기 사용하기

한 가지 순서로만 해결이 가능한 일들의 예로서 오른쪽 그림과 같은 커피 자판기를 사용하는 방법을 '길동이'에게 설명한다고 가정해 보자. '길동이'가 자판기에서 커피를 뽑아 마시기 위해서는 반드시 다음과 같이 다섯 단계의 행동을 순서대로 수행해야 한다.

① 동전을 자판기에 넣는다.
② 커피 종류 선택 버튼을 클릭한다.
③ 커피가 나오기를 기다린다.
④ 커피를 자판기에서 꺼낸다.
⑤ 커피를 마신다.

위의 단계에서 서로 순서를 바꾸어 진행할 수 있는 행동은 없다. 반드시 앞 단계의 행동을 해결해야지만 다음 단계의 행동을 진행할 수 있고, 정해진 순서대로 일을 처리해야만 정확한 결과를 얻을 수 있다.

▶ 행동의 순서가 바뀌어도 문제 해결이 가능한 경우 : 컵라면 끓이기

행동의 순서가 바뀌어도 문제 해결이 가능한 경우의 예로서 한 개의 컵라면을 끓이는 과정을 '길동이'에게 설명한다고 가정해 보자. 포트를 이용하여 컵라면을 끓이는 과정은 다음과 같은 일련의 행동들이 필요하다. 포트에 물 붓기, 포트 전원 켜기, 컵라면 뚜껑 열기, 컵라면에 스프 넣기, 컵라면에 끓인 물 붓기, 3분 기다리기 등의 일련의 과정을 거쳐야 제대로 컵라면을 먹을 수 있다. 그러나 컵라면을 끓이기 위한 행동의 순서는 반드시 한 가지만 있는 것이 아니라 사람에 따라서 서로 다르게 설명할 수도 있다. 아래 A와 B가 설명한 예를 보자.

A의 경우	B의 경우
① 포트에 물을 붓는다. ② 포트의 전원을 켠다. ③ 컵라면 뚜껑을 연다. ④ 컵라면에 스프를 넣는다. ⑤ 물이 끓을 때까지 기다린다. ⑥ 컵라면에 끓인 물을 붓는다. ⑦ 3분을 기다린다. ⑧ 끓은 컵라면을 먹는다.	① 컵라면 뚜껑을 연다. ② 컵라면에 스프를 넣는다. ③ 포트에 물을 붓는다. ④ 포트의 전원을 켠다. ⑤ 물이 끓을 때까지 기다린다. ⑥ 컵라면에 끓인 물을 붓는다. ⑦ 3분을 기다린다. ⑧ 끓은 컵라면을 먹는다.

A경우와 B경우 모두 컵라면을 끓이는 방법을 설명하고 있지만 서로 다른 순서로 일을 설명하고 있다. A경우는 포트에 물을 붓고 전원을 켜는 행동을 먼저 한 후 컵라면 뚜껑을 열고 스프를 넣는다. 반면 B경우는 컵라면에 뚜껑을 열고 스프를 넣는 행동을 먼저 하고 포트에 물을 붓고 끓인다. 두 경우 모두 컵라면을 먹는 데는 전혀 지장이 없다. 그러나 A경우와 B경우 둘 다 "포트에 물을 붓고 나서 포트의 전원을 켠다."든지 "컵라면에 끓인 물을 붓고 나서 3분을 기다린다."는 행위는 순서가 같다.

컵라면을 끓이는 예제와 같이 조금 다른 순서로 일을 하여도 결과를 완성하는 데는 영향을 미치지 않는 경우도 있지만, 순서가 바뀌면 결과에 큰 영향을 미치는 경우도 있다. 그러므로 문제 해결 방법을 설명할 때에는 작업의 선후 관계를 반드시 확인하고 지시하여야 한다. 마찬가지로 프로그램을 기술할 때에도 일의 선후 관계가 명확하도록 단계적 표현에 유의하여야 한다.

일상생활의 간단한 길 찾기 과정을 통해 단계적으로 해야 하는 일들에 대한 순차적 표현에 대해 살펴보자. 아래 그림지도를 보면서 '길동이'에게 집에서 출발하여 병원을 지나 학교까지 가는 길을 설명하려고 한다. 단, 그림지도의 검은색 도로는 인도를 의미하며 그려진 격자의 한 칸은 '길동이'가 한 번에 움직일 수 있는 거리를 의미한다. 여러분들이라면 '길동이'가 출발지에서 목적지까지 정확하게 도착할 수 있도록 어떻게 설명할지 한번 생각해 본다.

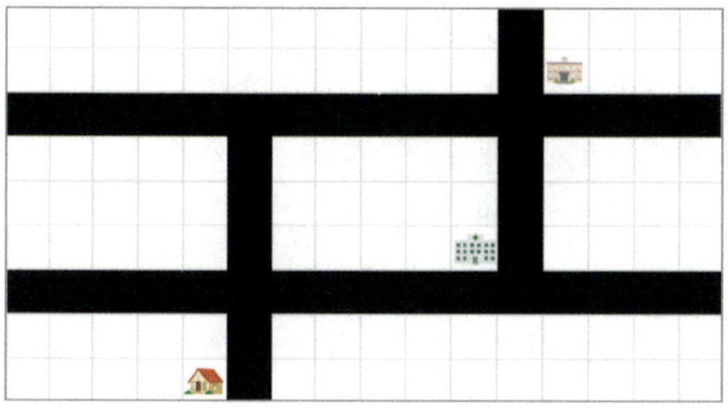

목적지를 찾아가는 경로는 반드시 한 가지만 존재하는 것은 아니다. 집에서 학교까지 찾아갈 수 있는 방법은 아래 그림의 〈경로 1〉과 〈경로 2〉 모두 가능하다. 두 가지 모두 최종적으로 목적지에 도착할 수 있기 때문에 일을 해결하는 데는 아무런 문제가 없다. 또한 두 경로 모두 2번의 방향 전환과 13칸을 이동하는 거리가 같으므로 동일한 이동 비용이 발생한다. 다만 이번 문제에서는 집에서 출발해서 병원을 지나 학교까지 가야한다는 단서가 있기 때문에 〈경로 2〉를 선택해야만 한다.

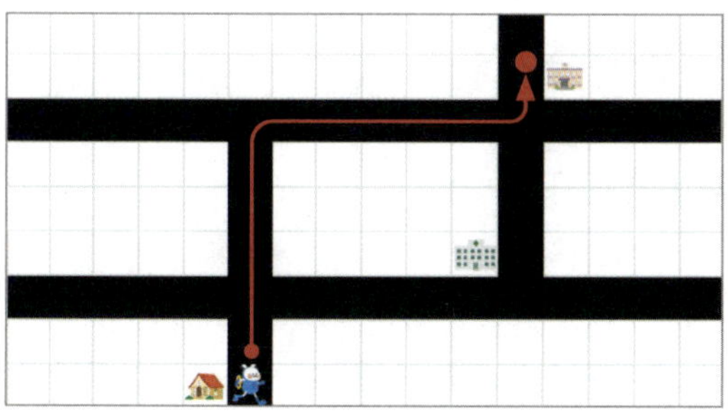

〈경로 1〉

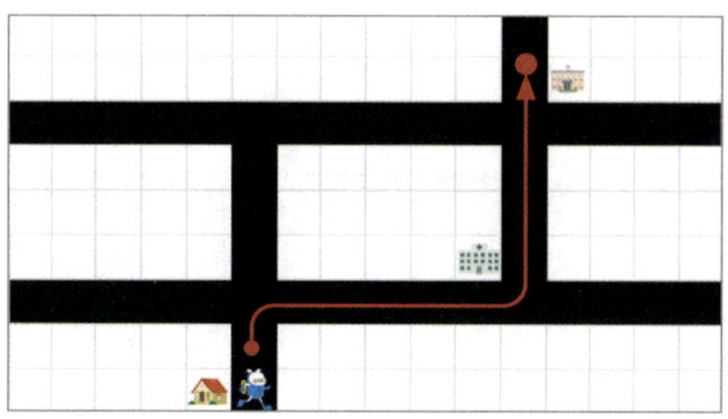

〈경로 2〉

〈경로 2〉와 같이 집에서 출발하여 병원을 지나 학교까지 가는 길을 안내하는 정확한 방법은 다음과 같은 기본 행동의 순차적인 나열로 표현할 수 있다.

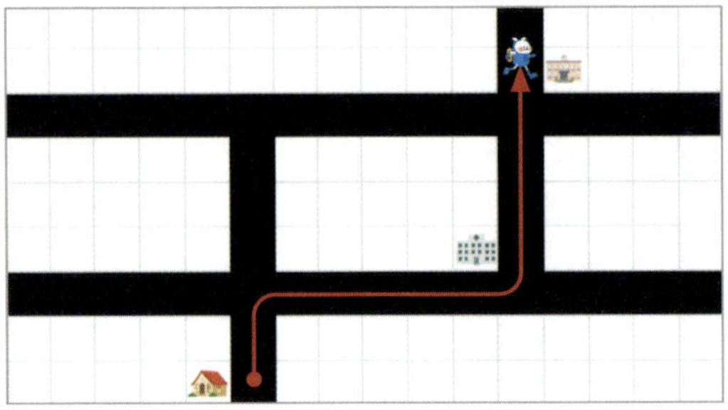

집에서 출발

① 이동 방향을 위쪽으로 정하기
② 앞으로 한 칸 움직이기
③ 앞으로 한 칸 움직이기
④ 이동 방향을 오른쪽으로 정하기
⑤ 앞으로 한 칸 움직이기
⑥ 앞으로 한 칸 움직이기
⑦ 앞으로 한 칸 움직이기
⑧ 앞으로 한 칸 움직이기
⑨ 앞으로 한 칸 움직이기
⑩ 앞으로 한 칸 움직이기
⑪ 이동 방향을 위쪽으로 정하기
⑫ 앞으로 한 칸 움직이기
⑬ 앞으로 한 칸 움직이기
⑭ 앞으로 한 칸 움직이기
⑮ 앞으로 한 칸 움직이기
⑯ 앞으로 한 칸 움직이기

학교에 도착

1.1.2. 문제해결 과정을 표현하기 위한 프로그램 도구

문제 해결을 위한 일의 순차적 표현의 정확한 결과 확인을 위하여 진행 과정을 직접 컴퓨터 프로그램으로 구현해 보려고 한다. 이를 위해 우리는 앞으로 엔트리(ENTRY)를 이용하여 프로그램을 구현할 것이다. 엔트리는 누구나 쉽고 재미있게 소프트웨어를 학습할 수 있도록 네이버에서 개발하여 제공하는 교육용 프로그래밍 언어 및 개발 환경, 교육 컨텐츠를 제공하는 통합 플랫폼이다. 일반적으로 코딩을 할 때 주로 사용하는 C나 C#, 혹은 비주얼 베이직 등과 달리 블록 형태의 스크립트들을 가져와 장난감을 맞추듯이 프로그래밍하기 때문에 프로그래밍을 처음 접해보는 입문자들도 쉽게 프로그래밍을 할 수 있다.

엔트리는 다양한 미디어와 인공지능 기능을 결합한 블록들을 제공하고 있다. 카메라를 이용하여 사람의 신체나 얼굴, 사물 등을 인식하고 인식된 사람 수나, 성별, 나이, 감정 등을 판단할 수 있는 비디오 감지 기능, 마이크를 이용한 음성인식 기능, 음성합성 기술을 이용하여 다양한 목소리로 문장을 읽어주는 기능 등을 제공하고 있으며, 파파고를 이용하여 여러 나라 언어로 번역할 수 있는 기능도 제공하고 있다. 또한 이미지나, 텍스트, 음성 등을 학습하는 인공지능 모델 학습 기능도 제공하고 있어 인공지능 프로그램도 쉽게 작성해 볼 수 있다.

엔트리를 사용하기 위해 엔트리 사이트(https://playentry.org)에 접속하여 회원 가입 후 온라인상에서 직접 프로그램을 작성 및 실행할 수도 있고, 아래의 엔트리 다운로드 사이트에서 오프라인 에디터를 다운로드하여 설치하면 오프라인 상에서 작업할 수 있다. 본 교재에서는 오프라인 에디터를 기본 작업 환경으로 선택하였다.

▶ 엔트리 오프라인 에디터 다운로드 사이트 https://playentry.org/#!/offlineEditor

엔트리 오프라인 에디터 다운로드

아래의 그림은 엔트리를 처음 실행시키면 나타나는 화면이다. 크게 '실행 화면' '오브젝트 목록', '블록 꾸러미', '블록 조립소'로 나눌 수 있다. 엔트리는 오브젝트에게 정의된 스크립트를 실행하는 방식으로 프로그램을 수행한다. 실행 화면에 있는 엔트리봇과 같이 '명령어를 통해 움직일 수 있는 것'을 오브젝트라고 하며, 오브젝트 추가하기(+)를 누르면 캐릭터, 사물, 글상자, 배경과 같은 오브젝트를 추가할 수 있다. 화면의 중앙에는 오브젝트를 움직일 수 있는 명령 블록들이 있는 '블록 꾸러미'가 있고, '블록 꾸러미'에서 필요한 블록을 '블록 조립소'로 끌어 가져와서 스크립트를 작성한다. 시작하기 (▶)를 누르면 프로그램이 실행되고, 실행 상태에서 클릭하면 실행이 중지되고 초기 상태로 되돌아간다.

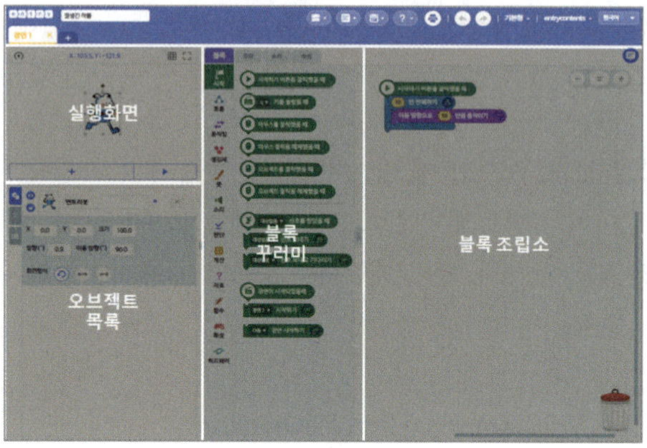

하나의 프로그램에는 여러 개의 오브젝트가 사용될 수 있으며, 각 오브젝트는 이름, 위치, 크기, 방향, 이동 방향, 회전 방식의 정보를 가지고 있다, 이러한 정보들은 실행 화면에서 오브젝트의 핸들러를 이용하여 바꾸거나, 오브젝트 목록의 수정 영역에서 직접 입력하여 수정할 수 있다. 단, 수정 영역의 자물쇠가 잠긴 상태에서는 실행 화면에서 핸들러도 사라지고 수정 영역에서도 수정이 되지 않는다. 따라서 자물쇠를 열고 수정하고, 수정이 완료되면 자물쇠를 잠그도록 한다.

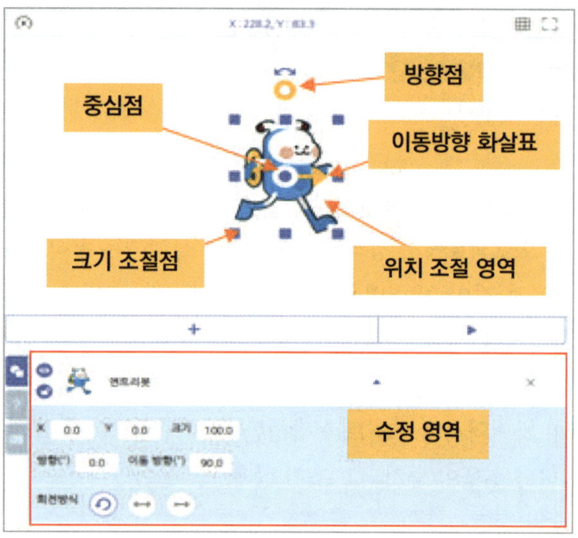

엔트리는 직관적으로 사용할 수 있도록 고안된 환경이므로 본 교재에서는 엔트리의 자세한 사용 설명은 생략하기로 한다. 엔트리의 기본 사용법 및 블록 설명에 대해서는 필요시 부록을 참고하거나 위 엔트리 사이트의 [학습하기] - [교육자료] - [교원 연수 및 참고자료]에서 제공하는 '엔트리 설명서'를 다운로드 받아 참조하길 바란다.

1.1.3. 컴퓨터 프로그램으로 순차적 문제 표현

일상생활의 문제 해결 과정에서 나타나는 순차적 표현을 컴퓨터 프로그램으로 구현해 봄으로써 순차적 표현이 정확하게 기술되었는지 확인할 수 있다. 따라서 앞에서 다룬 「길 찾기」 문제에서 나타나는 순차적 표현을 엔트리로 구현해 보고, 정삼각형을 그릴 때 나타나는 순차적 표현을 엔트리로 구현해 보자.

출발지에서 목적지까지 길 찾아가기

앞 절에서 설명한 출발지(집)에서 → 병원을 지나 → 목적지(학교)까지 찾아가는 경로를 올바르게 기술하였는지 확인하기 위하여 엔트리를 활용하여 「길 찾기」 프로그램을 작성하고 정확하게 처리되는지 여부를 확인해 보자.

● 실행 화면 미리 보기

① 시작하기 버튼(▶)을 클릭했을 때

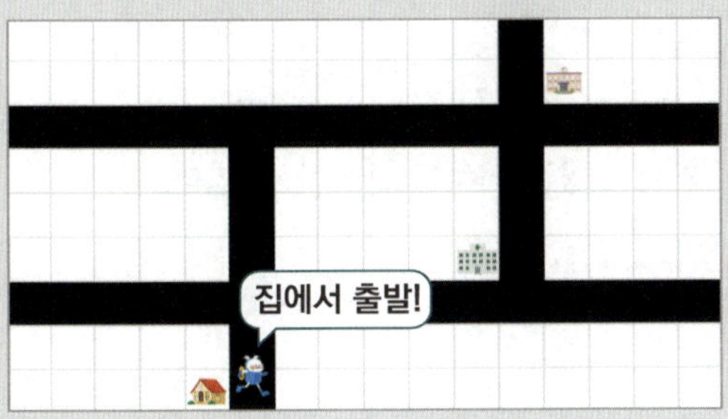

② 학교에 도착했을 때

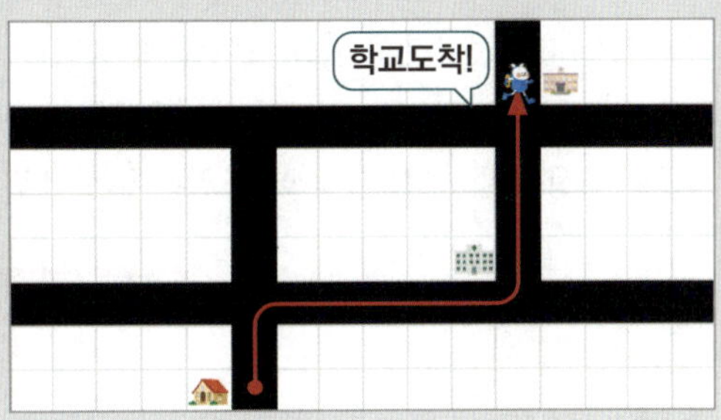

이 프로그램을 작성하기 위해 '길찾기 배경' 지도를 엔트리의 배경 오브젝트로 추가한다. 그리고 엔트리봇을 '길동이'라고 가정하자. 배경에 그려진 한 칸은 '길동이'가 한 번에 이동할 수 있는 거리를 의미하며 실제 프로그램에서는 30픽셀로 계산하면 된다. 또한 '길동이'는 왼쪽/오른쪽/위쪽/아래쪽 4방향으로만 이동이 가능하며 한 칸 이동 후에는 잠깐 멈추어야 한다는 제한을 둔다. '길동이'가 집에서 학교까지 찾아가는 문제를 개조식으로 서술하면 다음과 같다.

① 출발점을 집 앞으로 지정한다.
② 이동 방향을 위쪽(0°)으로 정한다.
③ 한 칸 이동하고 기다리기
④ 한 칸 이동하고 기다리기
⑤ 이동 방향을 오른쪽(90°)으로 정한다.
⑥ 한 칸 이동하고 기다리기
⑦ 한 칸 이동하고 기다리기
⑧ 한 칸 이동하고 기다리기
⑨ 한 칸 이동하고 기다리기
⑩ 한 칸 이동하고 기다리기
⑪ 한 칸 이동하고 기다리기
⑫ 이동 방향을 위쪽(0°)으로 정한다.
⑬ 한 칸 이동하고 기다리기
⑭ 한 칸 이동하고 기다리기
⑮ 한 칸 이동하고 기다리기
⑯ 한 칸 이동하고 기다리기
⑰ 한 칸 이동하고 기다리기
⑱ 학교(목적지)에 도착했다고 알린다.

Check! 픽셀 (Pixel)

- 픽셀(Pixel: Picture Element) 은 화면을 구성하는 기본 단위로, 보통 모니터 해상도를 표시할 때 사용한다. 모니터 해상도가 '1024×768'이라면 가로 픽셀 1024개, 세로 픽셀 768개로 표시할 수 있다는 의미로써, 가로×세로의 값이 클수록 해상도가 높다는 의미이다. 해상도가 높을수록 깨끗하고 선명한 화면을 보여줄 수 있다.
- 엔트리의 실행 화면은 정중앙(0,0)을 중심으로 가로 480(-240~240), 세로 270(-135~135) 픽셀로 구성되어 있고, 실행 화면 위쪽에서 마우스 커서가 있는 위치를 확인할 수 있다.

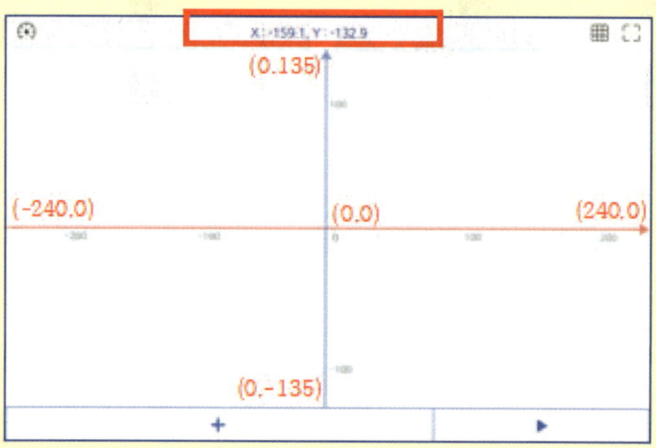

'길동이'가 경로를 따라 움직이도록 프로그램하기 위해 [움직임] 범주에 있는 블록 3개와 움직이는 속도를 조절하기 위해 [흐름] 범주에 있는 블록 1개를 사용한다.

[움직임] 범주 블록	설명
x: 0 y: 0 위치로 이동하기	오브젝트가 입력한 x와 y좌표로 이동한다. (오브젝트의 중심점이 기준이 된다.)
이동 방향을 90° (으)로 정하기	오브젝트의 이동 방향을 입력한 각도로 정한다.
이동 방향으로 10 만큼 움직이기	입력한 값만큼 오브젝트의 이동 방향 화살표가 가리키는 방향으로 움직인다.

[흐름] 범주 블록	설명
2 초 기다리기	입력한 시간만큼 기다린 후 다음 블록을 실행한다.

그리고 프로그램의 시작을 위해 [시작] 범주에 있는 블록 1개와 시작과 끝을 메시지로 표시하기 위해 [생김새] 범주에 있는 블록 2개를 사용한다.

[시작] 범주 블록	설명
시작하기 버튼을 클릭했을 때	시작하기 버튼을 클릭하면 아래에 연결된 블록들을 실행한다.

[생김새] 범주 블록	설명
안녕! 을(를) 4 초 동안 말하기▾	오브젝트가 입력한 내용을 입력한 시간 동안 말풍선으로 말한 후 다음 블록이 실행된다.
안녕! 을(를) 말하기▾	오브젝트가 입력한 내용을 말풍선으로 말하는 동시에 다음 블록을 실행한다.

1) 배경 오브젝트 추가하기

① 오브젝드 추가하기(+)를 클릭하고 [파일 올리기]를 통해 교재에서 제공된 'ch1_1_3_길찾기배경.png' 파일을 추가한다.

② 오브젝트의 수정 영역에서 이름을 '길찾기배경'으로, 크기를 375로 수정하고 자물쇠를 잠근다.

③ 오브젝트 목록에서 '길찾기배경' 오브젝트를 '엔트리봇' 오브젝트 아래쪽으로 드래그해서 위치시킨다.

Check! 배경 오브젝트 설정 방법

- 엔트리에서 제공하는 대부분의 오브젝트는 크기가 100으로 초기화되어 있으나, 배경 오브젝트는 크기가 375로 설정되어 있다.
- 오브젝트 목록에서 오브젝트들의 순서에 따라 실행 화면에서의 위치가 결정된다. 따라서 배경 오브젝트는 실행 화면에서 가장 밑에 위치해야 하므로 오브젝트 목록에서 오브젝트들 중 가장 아래쪽에 위치시킨다.

2) '길동이' 오브젝트 설정하기 ()

① '엔트리봇' 오브젝트 이름의 오른쪽에 위치한 화살표를 눌러 수정 영역에서 x 좌표는 -75, y 좌표는 - 120, 크기는 30으로 수정해 준다.

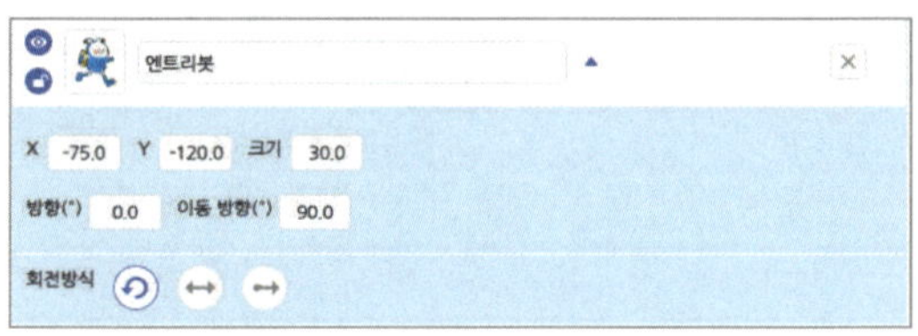

② '엔트리봇'의 이름을 '길동이'로 수정하고 왼쪽 자물쇠를 클릭하여 잠근다.

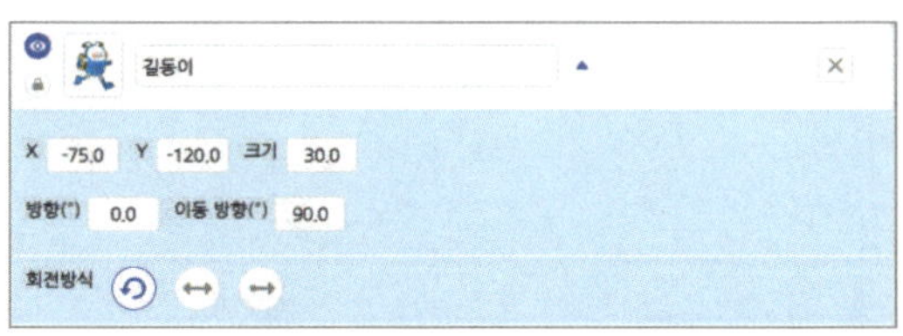

3) '길동이' 스크립트 작성하기

① 시작하기 버튼(▶)을 클릭하면, '길동이'를 출발 좌표(-75, -120)에 위치시키고 출발을 알린다.

② 이동 방향을 위쪽으로 정하고 한 칸(30픽셀)씩 두 칸을 이동한다. 너무 빠르게 이동하는 것을 막기 위해 매 한 칸 이동 후 0.5초씩 기다린다.

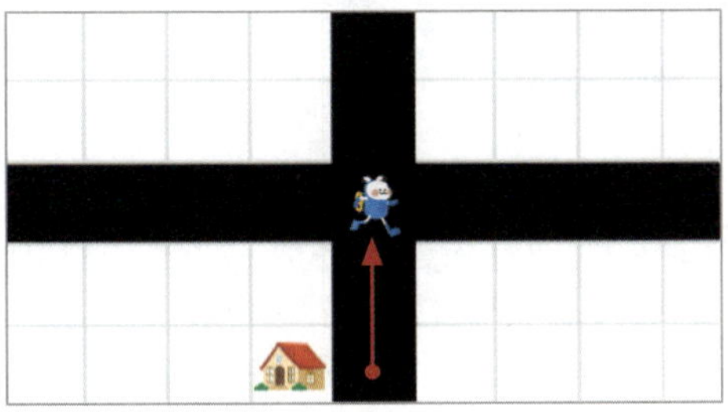

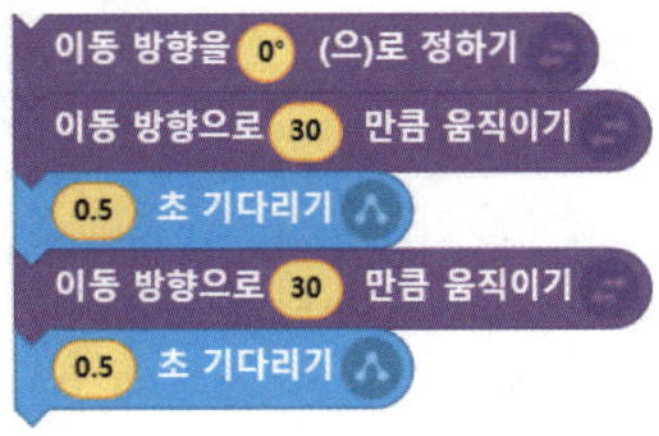

Check! 방향과 이동 방향의 차이

- 방향은 오브젝트가 바라보는 방향이며 처음 오브젝트가 추가되면 위쪽(0°)으로 설정되어 있다.
- 이동 방향은 오브젝트가 이동하는 방향이며 처음 오브젝트가 추가되면 오른쪽(90°)으로 설정되어 있다.
- 오브젝트의 실제 이동 방향은 방향을 기준으로 결정된다.
  (a) 방향이 0°이고 이동 방향이 90°이면 오른쪽(90°) 방향으로 이동한다.
  (b) 방향이 90°이고 이동 방향이 90°이면 아래쪽(180°) 방향으로 이동한다.

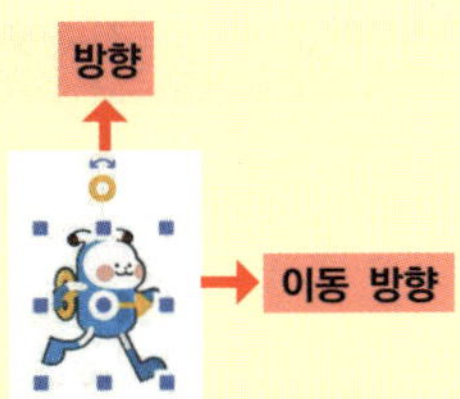

(a)

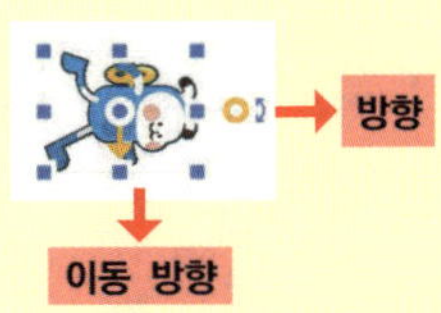

(b)

③ 이동 방향을 오른쪽으로 바꾸고, 다음 여섯 칸을 이동한다. 역시 너무 빠르게 이동하는 것을 막기 위해 매 한 칸 이동 후 0.5초씩 기다린다.

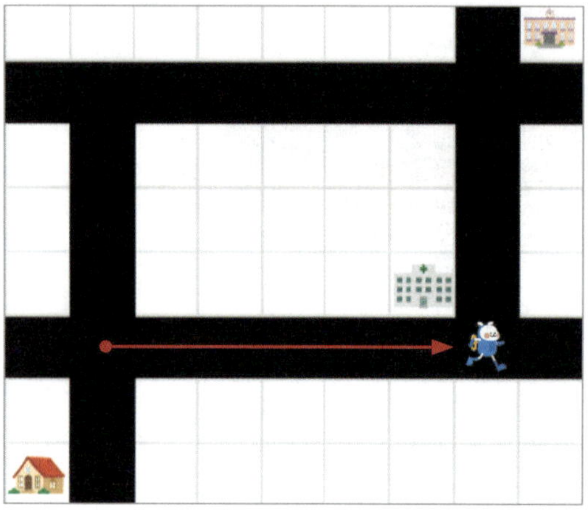

```
이동 방향을 90° (으)로 정하기
이동 방향으로 30 만큼 움직이기
0.5 초 기다리기
이동 방향으로 30 만큼 움직이기
0.5 초 기다리기
이동 방향으로 30 만큼 움직이기
0.5 초 기다리기
이동 방향으로 30 만큼 움직이기
0.5 초 기다리기
이동 방향으로 30 만큼 움직이기
0.5 초 기다리기
이동 방향으로 30 만큼 움직이기
0.5 초 기다리기
```

④ 이동 방향을 위쪽으로 바꾸고, 다음 다섯 칸을 이동한다. 역시 너무 빠르게 이동하는 것을 막기 위해 매 한 칸 이동 후 0.5초씩 기다린다. 다섯 칸 모두 이동 후 학교에 도착했음을 알린다.

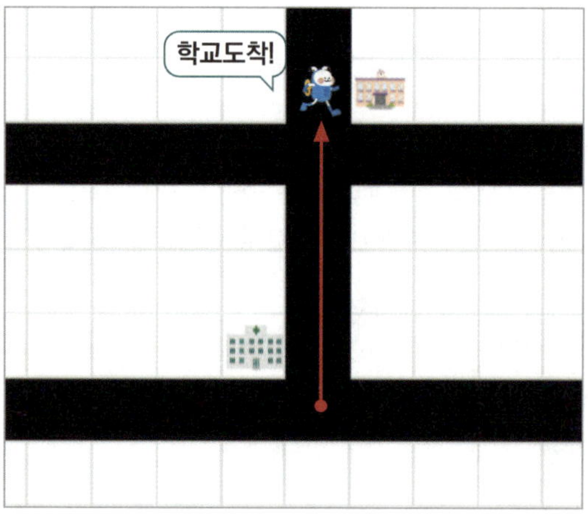


```
이동 방향을 0° (으)로 정하기
이동 방향으로 30 만큼 움직이기
0.5 초 기다리기
이동 방향으로 30 만큼 움직이기
0.5 초 기다리기
이동 방향으로 30 만큼 움직이기
0.5 초 기다리기
이동 방향으로 30 만큼 움직이기
0.5 초 기다리기
이동 방향으로 30 만큼 움직이기
0.5 초 기다리기
학교 도착! 을(를) 2 초 동안 말하기▾
```

최종적으로 집에서 출발 → 병원을 지나서 → 학교에 도착하는 「길 찾기」 프로그램의 순차적 표현 과정을 엔트리 프로그램으로 확인한 결과는 다음과 같다. '길동이'가 집에서 학교까지 정확하게 길을 찾아가는지 확인해 보자. 만약 '길동이'가 길을 찾지 못한다면 그 이유가 무엇인지 찾아보고 수정해 보자.

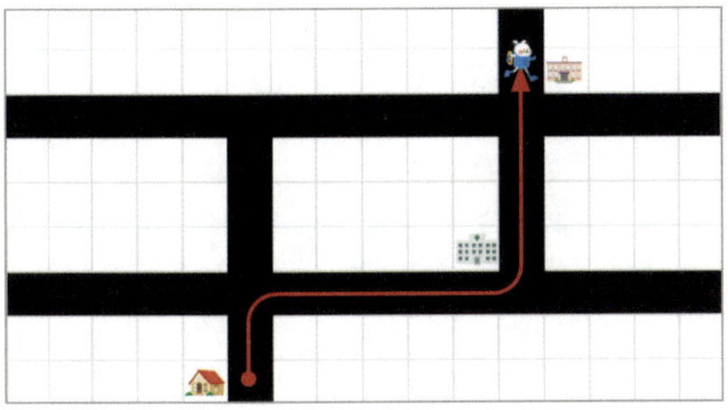

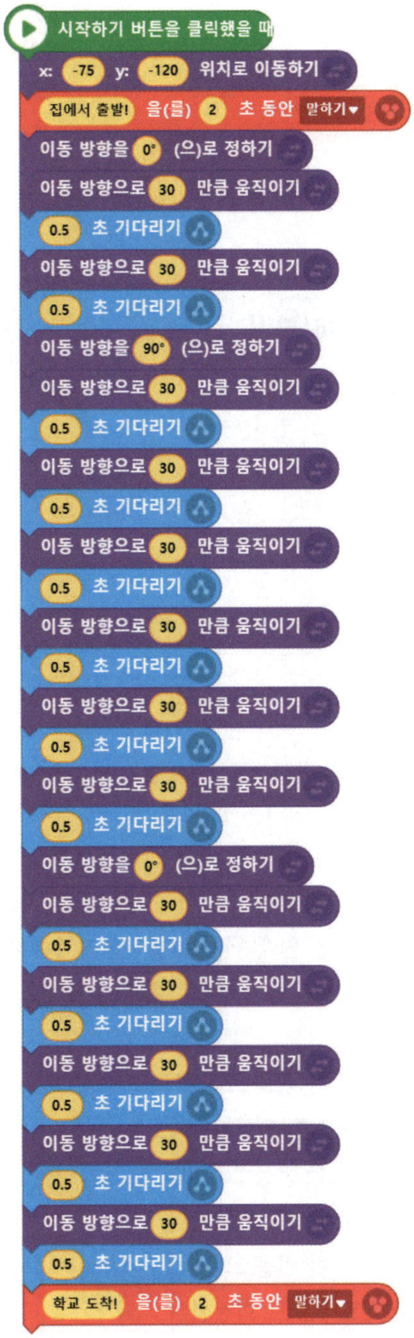

Check! 엔트리 관련 파일 확장자

- 엔트리 프로그램을 저장하면 확장자가 .ent로 저장된다.
- 오브젝트에서 마우스 오른쪽 - 오브젝트 내보내기를 수행하면 확장자 .eo의 오브젝트 파일을 저장할 수 있다.

정삼각형 그리기

순차적 표현을 이용하여 다음과 같이 실행 화면에 정삼각형을 그리는 프로그램을 엔트리로 구현해 보자.

● 실행 화면 미리 보기

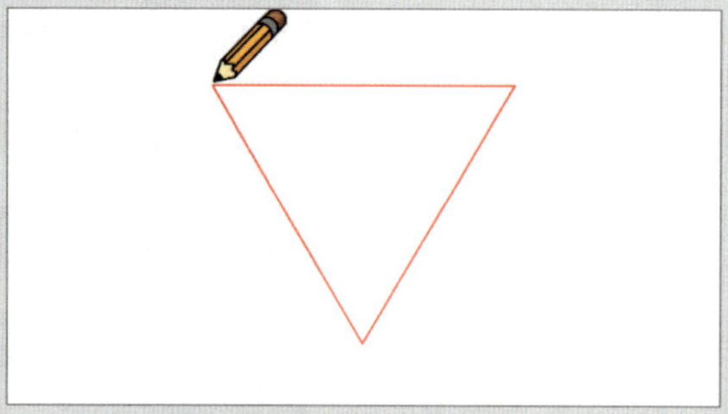

정삼각형은 동일한 길이의 세 변과 동일한 크기의 세 내각(60°)을 가지는 도형이다. 이 도형을 그리기 위해서는 정해진 길이의 한 변을 그리고 120도 만큼 시계방향으로 회전하여야 한다. 이러한 과정을 아래의 그림과 같이 세 번 나열하면 주어진 길이를 가지는 정삼각형을 생성할 수 있다. 마지막 회전 과정은 없어도 되지만 원래 위치로 돌아오기 위해서 추가하였다. 여기에 변의 개수와 회전 각도를 다르게 지정한다면 정사각형과 정오각형 또는 별 모양 등 다양한 도형 그리기도 가능하다.

① 정해진 길이의 한 변을 그린다.
② 시계 방향으로 120도 회전한다.
③ 정해진 길이의 한 변을 그린다.
④ 시계 방향으로 120도 회전한다.
⑤ 정해진 길이의 한 변을 그린다.
⑥ 시계 방향으로 120도 회전한다.

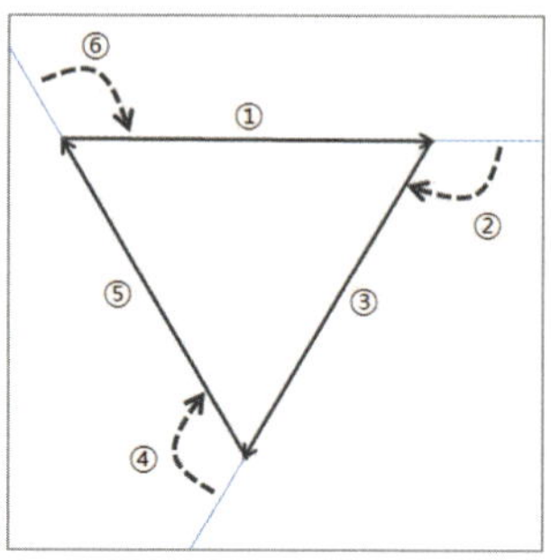

정삼각형과 정사각형뿐 아니라 다른 정다각형을 그리기 위해서 회전하는 각도에 대하여 생각해 보자. 정다각형을 그리기 위해서는 정다각형의 한 외각의 크기만큼 회전하면 된다. 정다각형의 외각의 합은 항상 360°이므로 정n각형의 한 외각의 크기는 $\frac{360°}{n}$ 로 같다.

엔트리에서 정삼각형 그리기 과정을 확인하기 위해 오브젝트가 직접 선을 그릴 때 사용하는 [붓] 범주에 있는 다음 블록을 이용한다.

[붓] 범주 블록	설명
그리기 시작하기	오브젝트가 이동하는 경로를 따라 선을 그리기 시작한다.
그리기 멈추기	오브젝트가 선을 그리는 것을 멈춘다.

1) '연필' 오브젝트 추가하기

① '엔트리봇' 오브젝트를 삭제하고, 오브젝트 추가하기(+)를 클릭하여 [물건] 중 '연필(1)'을 추가한다.

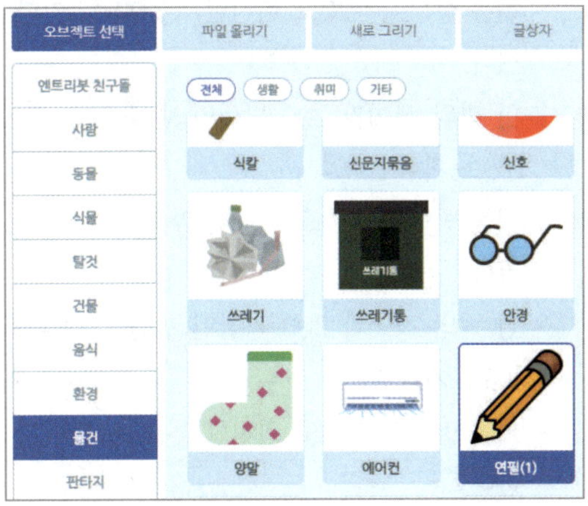

② 연필의 중심점을 연필의 심 쪽으로 설정한다. 만약 중심점을 심 쪽으로 설정하지 않으면 프로그램 실행 시 연필 가운데에서 그림이 그려진다.

③ 오브젝트 수정 영역에서 이름을 '연필'로, 크기를 50으로 수정하고 자물쇠를 잠근다.

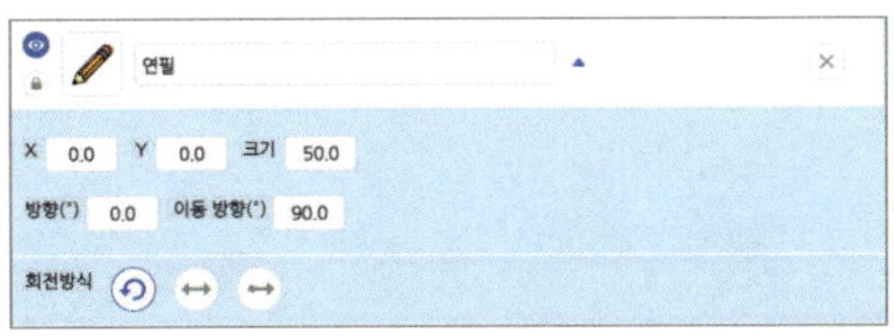

2) '연필' 스크립트 작성하기

① 시작하기 버튼(▶)을 클릭하면,

- '연필'을 (-100, 80) 으로 이동하고 0.5초 기다린다.
- 그리기를 준비한다.
- 이동 방향을 오른쪽으로 정하고 0.5초 기다린다.

② 정삼각형의 세 변을 그리기 위해 다음을 순서대로 수행한다.

- 한 변의 길이가 200 픽셀인 변을 그린 후, 0.5초 기다린다.
- 이동 방향을 120도 회전한 후, 0.5초 기다린다.
- 한 변의 길이가 200 픽셀인 변을 그린 후, 0.5초 기다린다.
- 이동 방향을 120도 회전한 후, 0.5초 기다린다.
- 한 변의 길이가 200 픽셀인 변을 그린 후, 0.5초 기다린다.
- 이동 방향을 120도 회전한 후, 0.5초 기다린다.

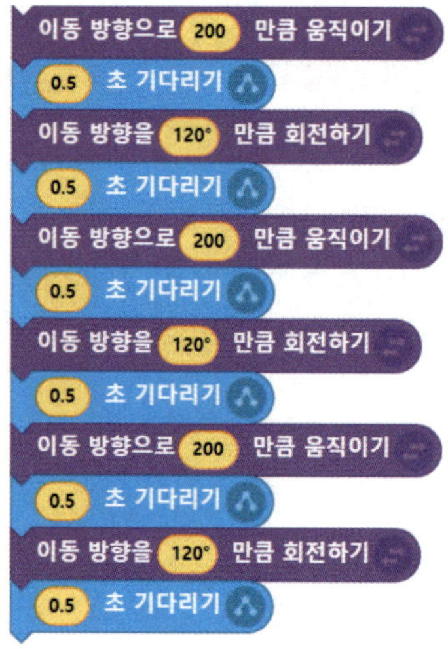

③ 그리기를 멈춘다.

최종적으로 완성한 정삼각형을 그리는 순차적 표현 프로그램은 다음과 같다. 여러분이 작성한 「정삼각형 그리기」 프로그램이 정확한 정삼각형을 그리는지 확인해 보자. 만일 '연필' 오브젝트가 정삼각형을 그리지 못하였다면 그 이유가 무엇인지 생각해 보자.

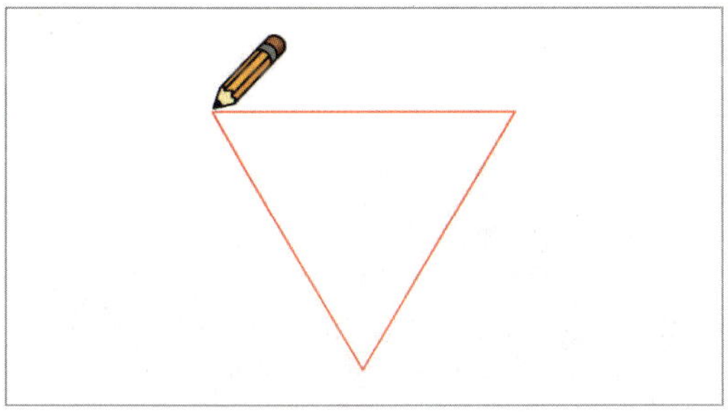

1.2. 다양한 순차적 문제 표현

앞에서 주어진 문제의 해결을 위해 프로그램을 기술할 때에는 일의 선후 관계가 명확하도록 순차적으로 기술해야 함을 살펴보았다. 따라서 본 절에서는 현실 지도에서 길 찾아가는 문제, 야구장 베이스 돌기 문제, 여러 도형을 그리는 문제 등 일상생활의 다양한 문제 해결 과정을 순차적으로 표현하여 엔트리 프로그램으로 구현해 본다.

1.2.1. 지도에서의 길 찾기

앞 절의 「길 찾기」 예제처럼 위/아래/오른쪽/왼쪽 4개의 이동 방향만을 사용하여서는 현실 지도에서 정확한 표현이 어렵다. 본 절에서는 45° 각도를 더 추가하여 조금 더 현실에 가깝게 목적지까지 안내하는 프로그램을 구현해 본다. 그리드로 구성된 학교 캠퍼스 지도에서 정문을 출발하여 정보화교육관 건물까지 찾아가는 경로를 순차적으로 표현하고 엔트리 프로그램으로 구현하여 경로의 표현이 정확한지를 확인해 보자.

● **실행 화면 미리 보기**

① 시작하기 버튼(▶)을 클릭했을 때

② 정보화교육관에 도착했을 때

실행 화면에서 그리드 모양의 한 칸은 30×30 픽셀로 가정하며, '길동이'는 칸 단위로 움직이고 8방향(왼쪽/오른쪽/위쪽/아래쪽/대각선)으로 이동이 가능하다고 가정한다. 또한, '길동이'가 위 그림과 같은 경로로 정보화교육관을 찾아간다고 가정한다. '길동이'가 정문에서 출발하여 정보화교육관을 찾아가는 문제를 개조식으로 서술하면 다음과 같다.

① 정문에 '길동이'를 위치키고 출발을 알린다.
② 이동 방향을 위쪽으로 정한다.
③ 한 칸 이동하고 기다리기
④ 한 칸 이동하고 기다리기
⑤ 이동 방향을 오른쪽으로 바꾸어 정한다.
⑥ 한 칸 이동하고 기다리기
⑦ 한 칸 이동하고 기다리기
⑧ 한 칸 이동하고 기다리기
⑨ 한 칸 이동하고 기다리기
⑩ 한 칸 이동하고 기다리기
⑪ 이동 방향을 위쪽으로 바꾸어 정한다.
⑫ 한 칸 이동하고 기다리기
⑬ 한 칸 이동하고 기다리기
⑭ 이동 방향을 315도로 바꾸어 정한다.
⑮ 대각선으로 한 칸 이동하고 기다리기
⑯ 이동 방향을 45도로 바꾸어 정한다.
⑰ 대각선으로 한 칸 이동하고 기다리기
⑱ 이동 방향을 오른쪽으로 바꾸어 정한다.
⑲ 한 칸 이동하고 기다리기
⑳ 이동 방향을 135도로 정한다.
㉑ 대각선으로 1/2칸 이동하기
㉒ 목적지(정보화교육관)에 도착을 알린다.

오브젝트의 대각선 이동 거리를 계산하기 위해 [계산] 범주에 있는 블록을 이용한다.

[계산] 범주 블록	설명
10 x 10	입력한 두 수를 곱한 값이다.
10 / 10	입력한 두 수를 나눈 값이다. (수1/수2)
10 의 루트	입력한 수의 루트 값이다.

1) 배경 오브젝트 추가하기

① 오브젝트 추가하기(+)를 클릭하고 [파일 올리기]를 통해 교재에서 제공된 'ch1_2_1_캠퍼스지도.png' 파일을 추가한다.

② 오브젝트의 수정 영역에서 이름을 '캠퍼스지도'로, 크기를 375로 수정하고 자물쇠를 잠근다.

③ '캠퍼스지도' 오브젝트를 '엔트리봇' 오브젝트 아래쪽으로 드래그해서 위치시킨다.

2) '길동이' 오브젝트 설정하기

① 실행 화면에서 '엔트리봇'의 중심점을 발쪽으로 설정한다.

② '엔트리봇' 오브젝트의 수정 영역에서 x좌표는 -30, y좌표는 -105, 크기는 40으로 수정한다.

③ '엔트리봇'의 이름을 '길동이'로 수정하고 자물쇠를 잠근다.

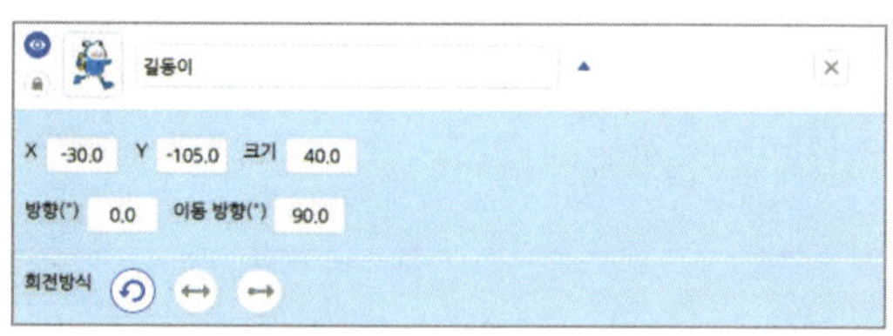

3) '길동이' 스크립트 작성하기

① 시작하기 버튼(▶)을 클릭하면, '길동이'를 출발 좌표(-30, -105)에 위치시키고 출발을 알린다.

② 이동 방향을 위쪽(0°)으로 정하기 → 1칸 이동 후 0.5초 기다리기 → 1칸 이동 후 0.5초 기다리기 → 이동 방향을 오른쪽(90°)으로 정하기 → 1칸 이동 후 0.5초 기다리기 → 1칸 이동 후 0.5초 기다리기 → 1칸 이동 후 0.5초 기다리기 → 1칸 이동 후 0.5초 기다리기 → 1칸 이동 후 0.5초 기다리기 → 이동 방향을 위쪽(0°)으로 정하기 → 1칸 이동 후 0.5초 기다리기 → 1칸 이동 후 0.5초 기다리기 한다.

③ 대각선 방향으로 이동하기 위해 이동 방향을 315° 로 정하기 → 대각선으로 한 칸 이동 후 0.5초 기다리기 → 이동 방향을 45° 로 정하기 → 대각선으로 한 칸 이동 후 0.5초 기다리기 한다.

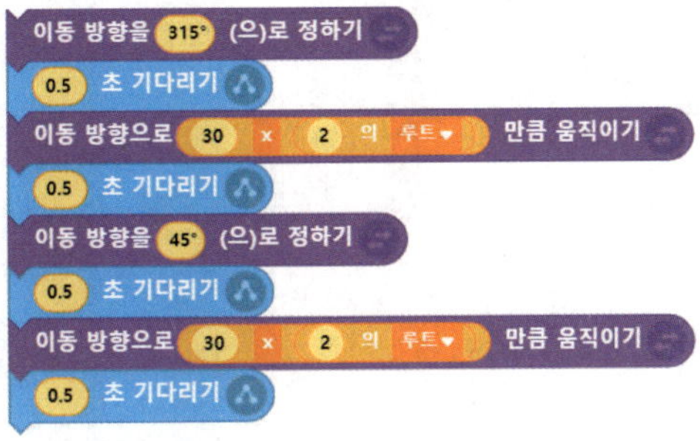

④ 이동 방향을 오른쪽(90°)으로 정하기 → 1칸 이동 후 0.5초 기다리기 → 이동 방향을 135°로 정하기 → 대각선으로 1/2칸 이동 후 0.5초 기다리기 한 후, 정보화교육관 도착을 알린다.

Check! 정사각형의 대각선의 길이

한 변의 길이가 a인 정사각형의 대각선의 길이를 b 라고 하면,

b = $\sqrt{a^2+a^2} = \sqrt{2}\,a$ 이다.

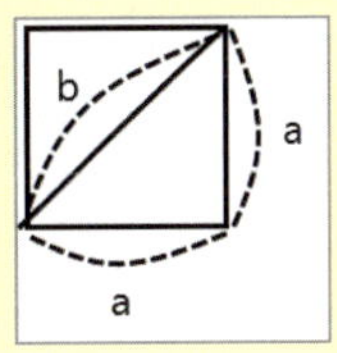

최종적으로 학교 캠퍼스 맵에서 정문을 출발 → 정보화교육관에 도착하는 「지도에서의 길 찾기」 프로그램의 순차적 표현 과정을 엔트리로 구현한 결과는 다음과 같다. 여러분이 작성한 프로그램이 정보화교육관 건물을 바로 찾았는지 확인해 보자. 만일 '길동이'가 정보화교육관 건물에 도착하지 못하였다면 그 이유가 무엇인지 생각해 보자.

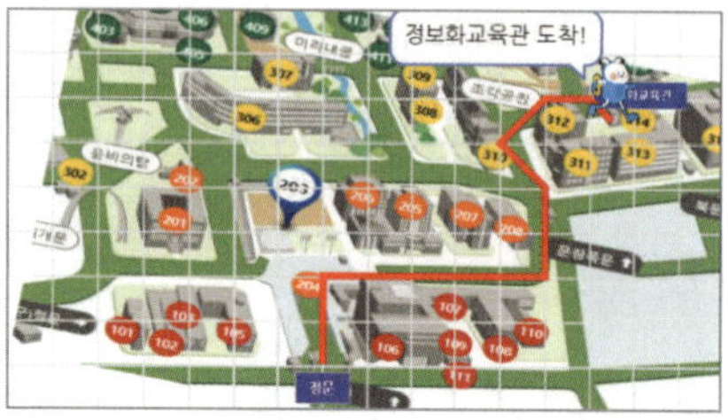
정보화교육관 도착!

시작하기 버튼을 클릭했을 때
x: -30 y: -105 위치로 이동하기
정문에서 출발! 을(를) 2 초 동안 말하기▾
이동 방향을 0° (으)로 정하기
이동 방향으로 30 만큼 움직이기
0.5 초 기다리기
이동 방향으로 30 만큼 움직이기
0.5 초 기다리기
이동 방향을 90° (으)로 정하기
0.5 초 기다리기
이동 방향으로 30 만큼 움직이기
0.5 초 기다리기
이동 방향으로 30 만큼 움직이기
0.5 초 기다리기
이동 방향으로 30 만큼 움직이기
0.5 초 기다리기
이동 방향으로 30 만큼 움직이기
0.5 초 기다리기
이동 방향으로 30 만큼 움직이기
0.5 초 기다리기
이동 방향을 0° (으)로 정하기
0.5 초 기다리기
이동 방향으로 30 만큼 움직이기
0.5 초 기다리기
이동 방향으로 30 만큼 움직이기
0.5 초 기다리기
이동 방향을 315° (으)로 정하기
0.5 초 기다리기
이동 방향으로 30 × 2 의 루트▾ 만큼 움직이기
0.5 초 기다리기
이동 방향을 45° (으)로 정하기
0.5 초 기다리기
이동 방향으로 30 × 2 의 루트▾ 만큼 움직이기
0.5 초 기다리기
이동 방향을 90° (으)로 정하기
0.5 초 기다리기
이동 방향으로 30 만큼 움직이기
0.5 초 기다리기
이동 방향을 135° (으)로 정하기
0.5 초 기다리기
이동 방향으로 30 × 2 의 루트▾ / 2 만큼 움직이기
0.5 초 기다리기
정보화교육관 도착! 을(를) 2 초 동안 말하기▾

혼자서 해보기

지도에서의 길 찾기 (좌표로 찾아가기)

'길동이'가 정보화교육관을 찾아가기 위해 방향을 바꾸는 각 지점들의 좌표를 조사해 보자. '길동이'가 그 지점들의 위치까지 가는 것을 순서대로 수행한다면 정보화교육관에 무사히 도착할 수 있을 것이다. 다음 블록을 이용하여 '길동이'가 방향을 바꾸는 각 좌표로 순차적으로 움직여서 정보화교육관에 찾아가는 프로그램을 작성해 보자.

[움직임] 범주 블록	설명
2 초 동안 x: 10 y: 10 위치로 이동하기	오브젝트가 입력한 시간에 걸쳐 지정한 x와 y좌표로 이동한다.

1.2.2. 야구장 베이스 돌기

야구장에서 홈런을 친 타자가 1루 → 2루 → 3루 → 홈의 순서로 베이스를 돌아 득점을 할 때, 타자가 움직이는 과정을 순서대로 나열해 보자. 그리고 이 과정을 엔트리 프로그램으로 작성하여 정확성 여부를 확인해 보자.

● 실행 화면 미리 보기

① 시작하기 버튼(▶)을 클릭했을 때

② 베이스를 모두 돌았을 때

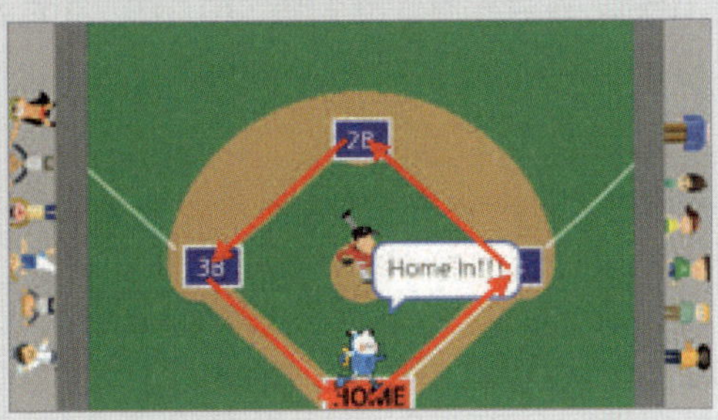

야구장의 베이스는 정사각형이 다이아몬드 형태로 놓여 있는 모양을 하고 있다. 따라서 타자는 야구장 베이스를 돌 때 시계 반대 방향의 대각선 방향으로 정사각형을 그리듯이 움직이면서 1루 → 2루 → 3루 → 홈 베이스를 순서대로 돌면 된다. 야구장 베이스를 도는 문제를 개조식으로 서술하면 다음과 같다.

① 홈 베이스에 타자를 위치시킨 후 출발을 알린다.
② 이동 방향을 1루 쪽으로 정한다.
③ 1루까지 이동한 후, 1초 기다린다.
④ 이동 방향을 시계 반대 방향으로 90° 만큼 회전한다.
⑤ 2루까지 이동한 후, 1초 기다린다.
⑥ 이동 방향을 시계 반대 방향으로 90° 만큼 회전한다.
⑦ 3루까지 이동한 후, 1초 기다린다.
⑧ 이동 방향을 시계 반대 방향으로 90° 만큼 회전한다.
⑨ 홈 베이스까지 이동한 후, 홈 베이스에 도착했음을 알린다.

대각선 방향으로의 움직임을 위해 [움직임] 범주에 있는 다음 블록을 사용한다.

[움직임] 범주 블록	설명
이동 방향을 90° (으)로 정하기	오브젝트의 이동 방향을 입력한 각도로 정한다.
이동 방향을 90° 만큼 회전하기	오브젝트의 이동 방향이 입력한 각도만큼 시계 방향으로 회전한다.

1) 배경 오브젝트 추가하기

① 오브젝트 추가하기(+)를 클릭하고 [파일 올리기]를 통해 교재에서 제공된 'ch1_2_2_야구장베이스배경.png' 파일을 추가한다.

② 오브젝트의 수정 영역에서 이름을 '야구장베이스배경'으로, 크기를 375로 수정하고 자물쇠를 잠근다.

2) 베이스 오브젝트 추가하기

오브젝트 추가하기(+)를 클릭하고 [파일 올리기]를 통해 교재에서 제공된 'ch1_2_2_1B.eo', 'ch1_2_2_2B.eo', 'ch1_2_2_3B.eo', 'ch1_2_2_HOME.eo' 파일을 추가한다.

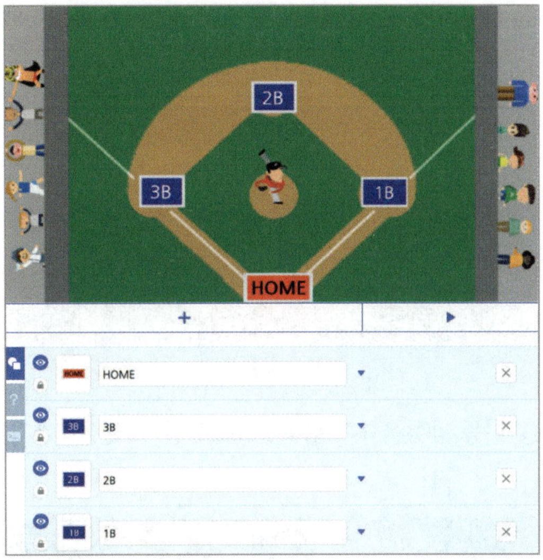

3) '타자' 오브젝트 설정하기

① '엔트리봇'을 오브젝트의 맨 위로 드래그하여 위치시킨다.

② 실행 화면에서 '엔트리봇'의 중심점을 발쪽으로 설정한다.

③ '엔트리봇' 오브젝트의 수정 화면에서 x좌표는 0, y좌표는 - 120, 크기는 40, 회전 방식은 좌우(↔)로 수정한다.

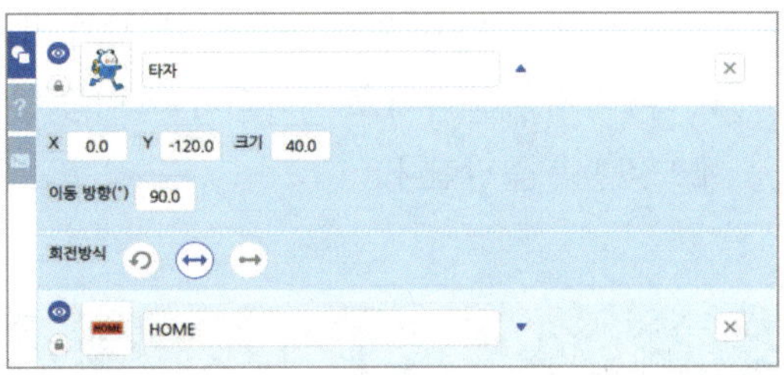

④ '엔트리봇'의 이름을 '타자'로 수정하고 자물쇠를 잠근다.

4) '타자' 스크립트 작성하기

① 시작하기 버튼(▶)을 클릭하면, '타자'를 홈 베이스에 위치시킨 후 출발을 알린다.

② 이동 방향을 1루 쪽(45°)으로 정하고, 1루까지 이동한 후 1초 기다린다.

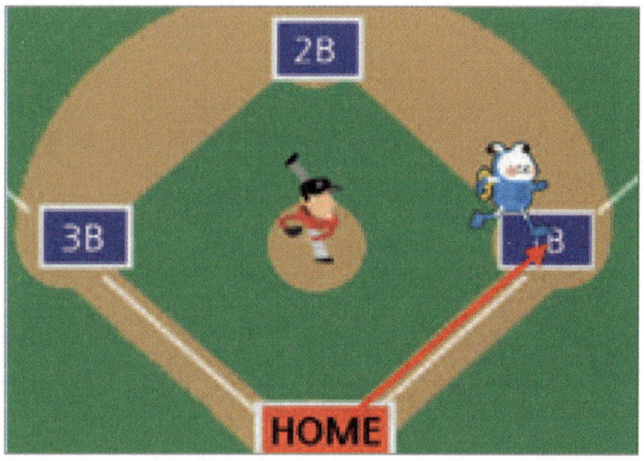

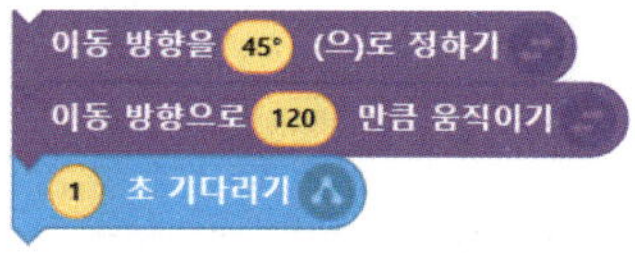

③ 이동 방향을 - 90°만큼 회전하고, 2루까지 이동 후 1초 기다리기 → 이동 방향을 - 90°만큼 회전하고, 3루까지 이동 후 1초 기다리기 → 이동 방향을 -90°만큼 회전하고, 홈까지 이동 후 홈 베이스에 도착했음을 알린다.

최종적으로 완성한 야구장 베이스를 도는 프로그램의 순차적 표현 과정은 다음과 같다. 여러분이 작성한 「야구장 베이스 돌기」 프로그램이 정확히 각 베이스를 돌아 홈으로 돌아오는지 확인해 보자.

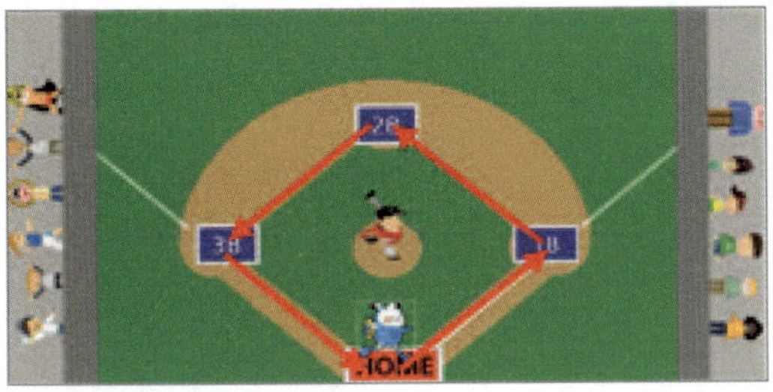

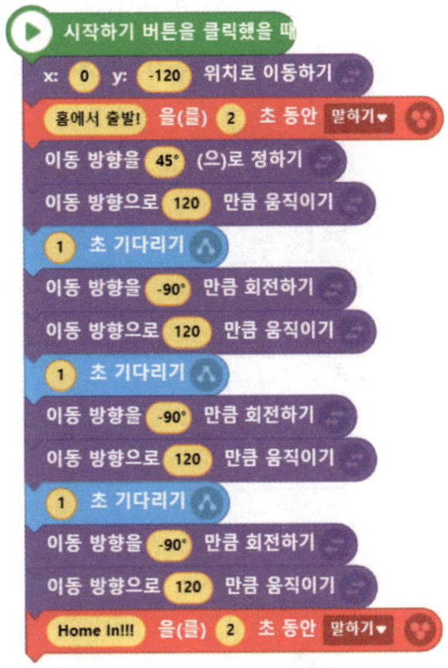

혼자서 해보기

야구장 베이스 돌기 (좌표로 움직이기)

야구장 베이스의 좌표를 조사해 보자. 홈베이스 좌표에서 시작하여 각 베이스의 좌표까지 움직이는 것을 순서대로 수행하면 야구장 베이스를 돌 수 있다. 다음 블록을 사용하여 각 베이스의 좌표로 움직여서 야구장 베이스를 도는 프로그램을 작성해 보자.

[움직임] 범주 블록	설명
2 초 동안 x: 10 y: 10 위치로 이동하기	오브젝트가 입력한 시간에 걸쳐 지정한 x와 y좌표로 이동한다.

1.2.3. 여러 도형 그리기

1.1.3절에서 다룬「정삼각형 그리기」를 확장하면 정사각형, 정오각형 등 여러 모양의 정다각형을 그릴 수 있으며, 별모양 등 다양한 모양의 도형도 그릴 수 있다. 이 절에서는 정오각형을 그려보고 정오각형의 꼭짓점 좌표를 알아낸 후, 좌표를 이용하여 별모양을 순차적으로 그려본다.

● 실행 화면 미리 보기

① 정오각형 그리기　　② 별모양 그리기

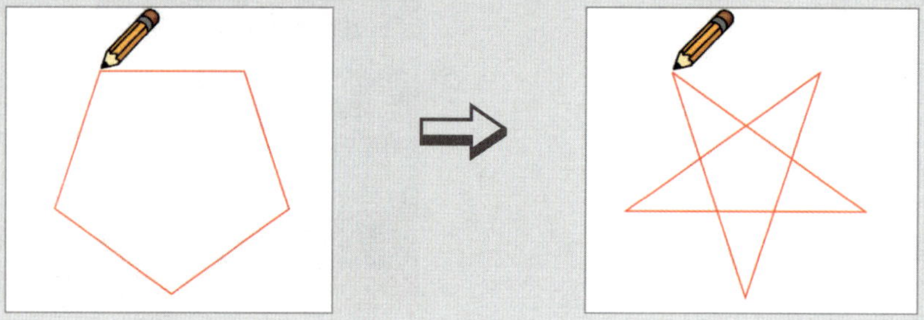

정오각형 그리기

1.1.3절에서 다룬「정삼각형 그리기」프로그램을 이용하여 정오각형을 그려보자. 정n각형은 외각이 $\frac{360^\circ}{n}$ 이므로 정오각형은 외각이 72도이다. 따라서 정해진 길이의 한 변을 그리고 72도만큼 시계방향으로 회전하기를 다섯 번 순차적으로 나열하면 주어진 길이의 정오각형을 쉽게 그릴 수 있다. 다음은 정오각형 그리는 문제를 엔트리 프로그램으로 구현한 것이다. 여러분이 작성한「정오각형 그리기」프로그램이 정확한 정오각형을 그리는지 확인해 보자. 만일 연필 오브젝트가 정오각형을 그리지 못하였다면 그 이유가 무엇인지 생각해 보자.

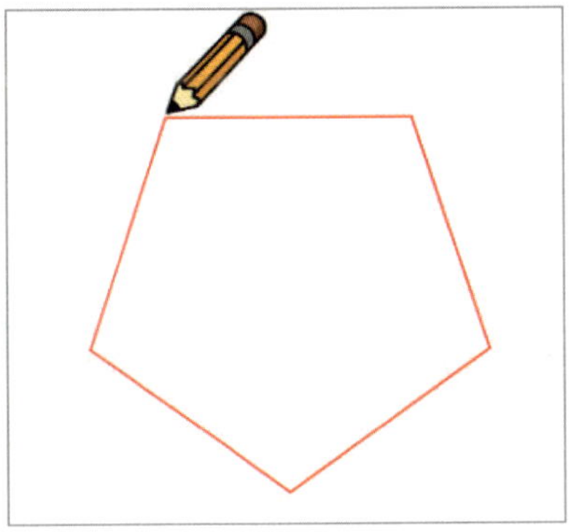

별모양 그리기

앞에서 작성한 「정오각형 그리기」 프로그램을 이용하여 별모양을 그려보자. 정오각형의 각 꼭짓점 좌표를 구한 후 별모양이 그려지도록 꼭짓점의 순서를 정하여 해당 좌표로 이동하면 별모양을 그릴 수 있다.

꼭짓점의 좌표를 얻기 위해서는 각 꼭짓점으로 이동한 후에 다음과 같이 (x, y)좌표를 출력해 보면 된다. 이 때, 좌표가 소수점 아래 여러 자리로 나타나고 좌표 계산 과정의 약간의 오차가 발생하므로 반올림하여 소수점 첫째짜리까지만 나타내도록 하자. (x, y) 좌표를 출력하기 위해 [계산] 범주에 있는 다음 블록을 사용한다.

[계산] 범주 블록	설명
안녕! 과(와) 엔트리 를 합치기	입력한 두 값을 결합한 값이다.

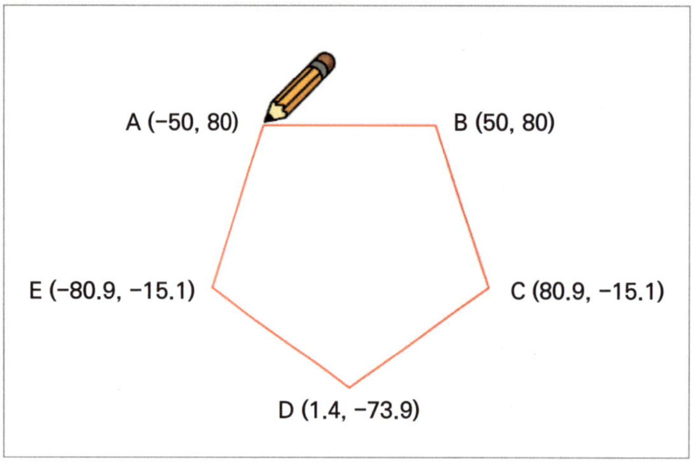

위의 정오각형 좌표를 이용하여 별모양을 그리기 위해서는 다음과 같이 별모양을 위한 다음 꼭짓점 좌표로 순차적으로 이동하면 된다.

① A 좌표로 이동하고 0.5초 기다리기
② C 좌표로 이동하고 0.5초 기다리기
③ E 좌표로 이동하고 0.5초 기다리기
④ B 좌표로 이동하고 0.5초 기다리기
⑤ D 좌표로 이동하고 0.5초 기다리기
⑥ A 좌표로 이동하고 0.5초 기다리기

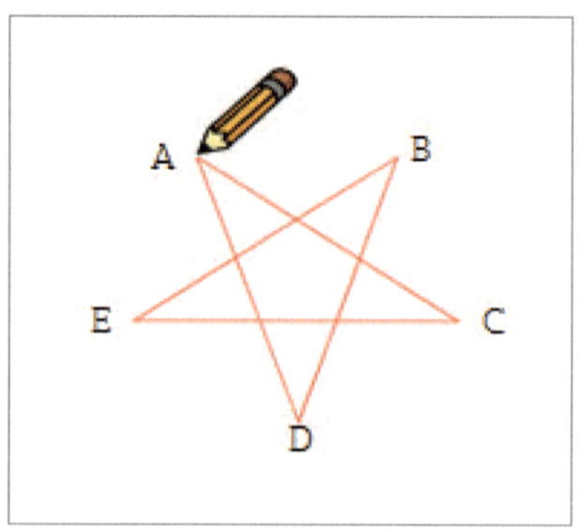

꼭짓점 좌표로 이동하기 위하여 [움직임] 범주에 있는 다음 블록을 사용한다.

[움직임] 범주 블록	설명
x: 0 y: 0 위치로 이동하기	오브젝트가 입력한 x와 y좌표로 이동한다. (오브젝트의 중심점이 기준이 된다.)

좌표를 이용하여 별모양을 그리는 순차적 표현 프로그램은 다음과 같다. 여러분이 작성한 「별모양 그리기」 프로그램이 정확한 별모양을 그리는지 확인해 보자. 만일 '연필' 오브젝트가 별모양을 그리지 못하였다면 그 이유가 무엇인지 생각해 보자.

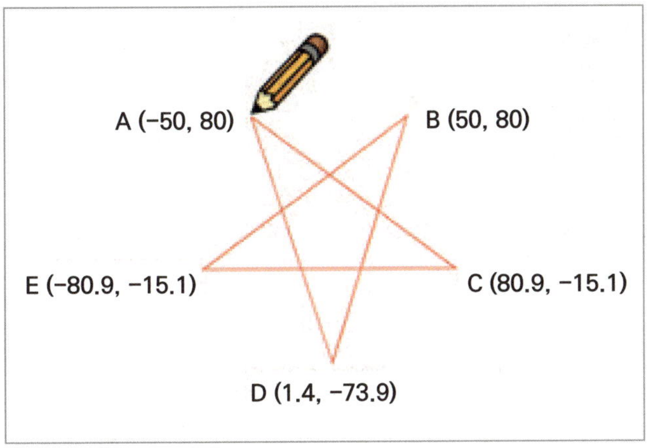

혼자서 해보기

정사각형 그리기

정사각형을 거리로 이동하기를 이용하여 그려보고, 각 꼭짓점의 좌표를 계산하여 좌표로 이동하기를 이용해서도 그려보자.

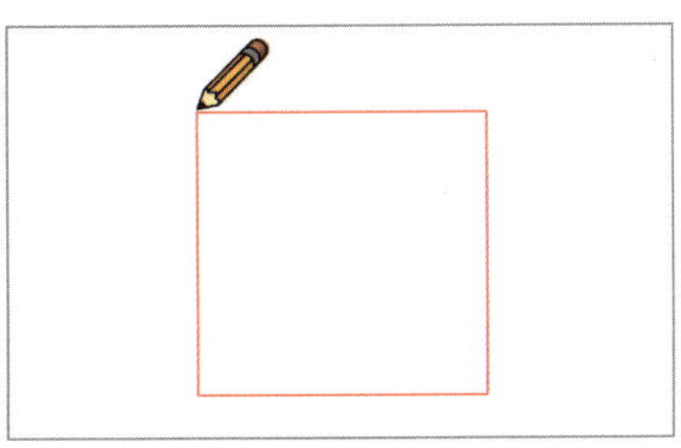

연습문제

● 문제 1

1.2.1절의 「지도에서의 길찾기」 프로그램에서 더 정확한 이동 경로 표현을 위해 8방향뿐만 아니라 모든 방향으로의 이동을 허용하여 정보화교육관을 찾아가는 프로그램을 작성해 보자.

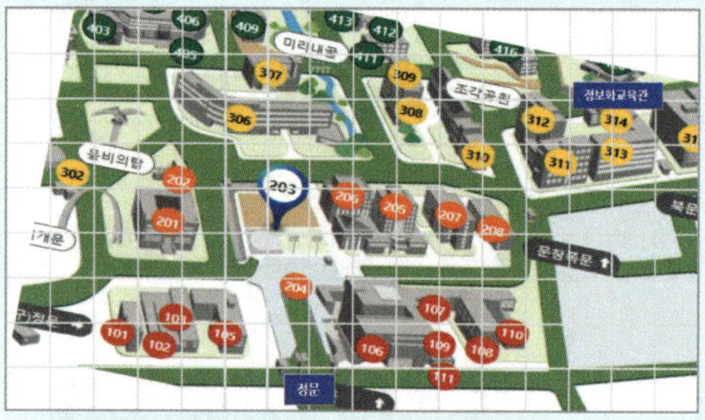

● 문제 2

방향을 바꾸는 좌표로 순차적으로 이동하여 아래 그림의 화살표를 그리는 프로그램을 작성해 보자.

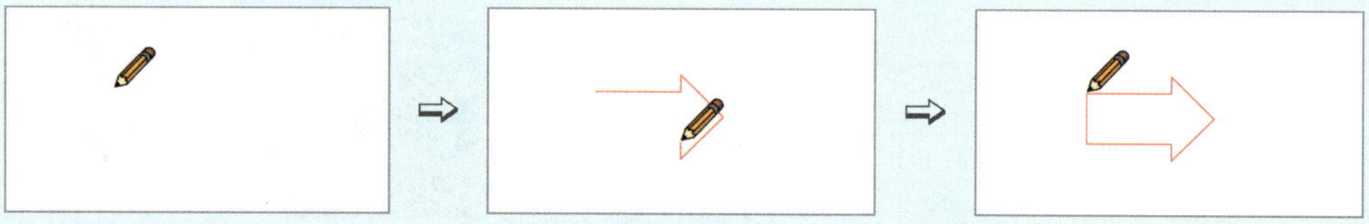

● 문제 3

1.1.3절의 「정삼각형 그리기」 프로그램을 별모양을 그리는 프로그램으로 수정해 보자. (참고 : 별모양의 외각은 144°이다.)

제2장
문제해결과정의 반복적 표현

2.1. 일상생활에서의 프로그램 원리 - 패턴

일상생활에서의 문제 해결을 위해 순차적으로 나열한 표현에는 일정한 행동이 종종 반복되고 있음을 알 수 있다. 이와 같이 같은 행동의 반복이 나타날 때 나열만으로 표현하는 경우에는 문제해결 절차의 표현이 매우 길어져서 이해하기 어려워질 수 있다. 따라서 표현의 효율성을 위해서 순차적으로 나열된 문장에서 반복되는 행동의 묶음을 찾아 『묶음이 몇 번 반복 된다』라는 표현을 사용한다면 수십, 수백 번이 반복되는 행동이라도 간단하게 몇 줄의 문장으로 표현이 가능하다.
반복적 표현을 효율적으로 사용하기 위해서는 반복되는 행동의 묶음을 잘 찾아야 한다. 이러한 반복적 상황을 일상생활에서 패턴이라는 용어로 자주 사용한다. 여러분은 여러분이 해결하고자 하는 문제의 처리 절차의 나열에서 반복적인 절차인 패턴을 효율적으로 찾을 수 있다면 문제해결의 절차를 보다 간략하고 효율적으로 표현할 수 있다.

2.1.1. 일상생활의 문제에서 패턴 찾기

일상생활 속에서 흔히 볼 수 있는 포장지나 벽지 대부분은 일정한 순서로 반복된 다양한 그림이나 색상 등을 가지고 있다. 이와 같이 그림이나 도형의 크기나 색상이 순서대로 일정하게 반복되는 형태나 양식을 패턴이라 한다. 아래 그림의 포장지는 눈사람과 루돌프 캐릭터를 반복하여 인쇄한 것이다.

이때, 위 포장지에 그려진 그림을 설명하고자 한다면 어떻게 하여야 할까? 위 포장지의 그림에는 『눈사람 루돌프 눈사람 루돌프 눈사람 루돌프 눈사람 루돌프 눈사람 루돌프』 캐릭터가 그려져 있다고 순차적 나열식으로 표현할 수 있다. 그러나 여러분들은 이러한 표현이 매우 비효율적이라고 생각할 것이다. 그럼 여러분들은 어떻게 표현할 것인가? 아마 대부분 사람은 『눈사람 루돌프』 캐릭터가 다섯 번 반복되어 있다고 표현할 것이다. 여러분은 이 포장지가 『눈사람 루돌프』 순서의 패턴이 있음을 찾아내고 이것을 반복적으로 표현한 것이다.

또 다른 예로써 신규 분양하는 아파트를 홍보하는 책자에서나 또는 모델 하우스에서 전체 아파트의 평수나 내부 구조를 어떻게 설명할까? 예를 들어 아파트가 전체 4개의 동으로 이루어져 있고 각 동에 120개의 호수가 있다면, 모두 480개 아파트에 대한 평수와 내부 구조를 설명해야 할 것이다. 그러나 홍보용 책자에서는 이 모든 동/호수에 대한 평수나 내부구조를 일일이 설명하지 않는다. 일반적으로 하나의 동은 같은 평수로 되어 있고, 같은 평수는 같은 타입의 구조 패턴을 가지고 있다. 따라서 각각의 동/호수에 대한 구조 설명도 같은 구조 패턴의 유형별로 분류하여 설명할 수 있다. 아래 그림에서 설명하고 있는 예를 보면 아파트는 모두 4개의 동으로 되어 있고, 각 동은 Type-1, Type-2 형태의 구조를 가지고 있다. Type-1의 구조는 (방2-거실-주방-욕실2)의 구조로 되어 있고 Type-2의 구조는 (방3-거실-주방-욕실2)의 구조로 되어 있다. 각각의 배치도 그림은 방, 거실, 주방, 욕실이 어느 위치에 배치되어 있는지를 설명하고 있다. 이로써 홍보용 책자를 읽어보는 사람들은 직접 아파트에 가보지 않아도 몇 동/몇 호의 평수와 구조를 그림을 보고 짐작할 수 있다.

(Type-1) 방2-거실-주방-욕실2

(Type-2) 방3-거실-주방-욕실2

이와 같은 패턴의 반복은 일상생활 속에서 만나는 다양한 문제 해결 표현에도 자주 나타난다. 해결해야 할 문제가 특정한 패턴의 순차적 나열을 가지는 경우, 순차적 나열에서 패턴을 찾아내고 찾아진 패턴을 반복적 표현으로 나타냄으로써 주어진 문제를 보다 단순하게 표현할 수 있다.

1) 문제의 순차적 표현에서 패턴 찾기

문제해결을 위해 순차적으로 나열된 문장을 보다 효율적인 표현으로 기술하기 위해서는 일의 순서를 기술한 문장들 중에서 반복되는 문장으로 된 패턴을 찾는 것이 중요하다. 이러한 패턴은 순차적 나열에서 자연스럽게 나타난다. 그러나 동일한 문제에 대한 해결 방법의 나열이라도 나열하는 순서에 따라서 패턴을 쉽게 찾을 수 있는 경우가 있는 반면 그렇지 않은 경우도 있다. 따라서 일의 순서를 어떤 단계적 표현으로 나타내는 것이 더 효과적으로 패턴을 생성하고 찾을 수 있는지에 대한 고찰이 필요하다.

반복적 행동이 필요한 작업의 예로서 커피 자판기에서 여러 잔의 커피를 뽑는 경우를 생각해 보자. 왼쪽 그림의 커피 자판기처럼 여러 가지 종류의 커피를 선택할 수 있고, 모든 커피의 가격이 100원이며, 사용자는 한 번에 여러 개의 동전을 자판기에 넣을 수 있다고 가정하자. 지금 여러분은 100원짜리 동전 3개를 가지고 자판기에서 커피 3잔을 뽑아서 쟁반에 담아 사무실로 돌아가는 일을 수행하려고 한다. 이때, 사람에 따라 매번 다르게 커피를 뽑아 나르는 경우도 있고, 동전을 하나씩 넣어가면서 커피를 한잔 씩 뽑는 경우도 있고 혹은 한꺼번에 동전 세 개를 모두 넣고 커피 석 잔을 연속으로 뽑는 경우도 있다.

〈 경우 1 〉	〈 경우 2 〉	〈 경우 3 〉
① 동전 1개를 자판기에 넣는다.	① 동전 1개를 자판기에 넣는다.	① 동전 1개를 자판기에 넣는다.
② 종류 선택 버튼을 클릭한다.	② 종류 선택 버튼을 클릭한다.	② 동전 1개를 자판기에 넣는다.
③ 커피가 나오기를 기다린다.	③ 커피가 나오기를 기다린다.	③ 동전 1개를 자판기에 넣는다.
④ 커피를 자판기에서 꺼낸다.	④ 커피를 자판기에서 꺼낸다.	④ 종류 선택 버튼을 클릭한다.
⑤ 꺼낸 커피를 쟁반에 놓는다.	⑤ 꺼낸 커피를 쟁반에 놓는다.	⑤ 커피가 나오기를 기다린다.
⑥ 쟁반을 가지고 사무실로 돌아간다.	⑥ 동전 1개를 자판기에 넣는다.	⑥ 커피를 자판기에서 꺼낸다.
⑦ 동전 1개를 자판기에 넣는다.	⑦ 종류 선택 버튼을 클릭한다.	⑦ 꺼낸 커피를 쟁반에 놓는다.
⑧ 동전 1개를 자판기에 넣는다.	⑧ 커피가 나오기를 기다린다.	⑧ 종류 선택 버튼을 클릭한다.
⑨ 종류 선택 버튼을 클릭한다.	⑨ 커피를 자판기에서 꺼낸다.	⑨ 커피가 나오기를 기다린다.
⑩ 커피가 나오기를 기다린다.	⑩ 꺼낸 커피를 쟁반에 놓는다.	⑩ 커피를 자판기에서 꺼낸다.
⑪ 커피를 자판기에서 꺼낸다.	⑪ 동전 1개를 자판기에 넣는다.	⑪ 꺼낸 커피를 쟁반에 놓는다.
⑫ 꺼낸 커피를 쟁반에 놓는다.	⑫ 종류 선택 버튼을 클릭한다.	⑫ 종류 선택 버튼을 클릭한다.
⑬ 종류 선택 버튼을 클릭한다.	⑬ 커피가 나오기를 기다린다.	⑬ 커피가 나오기를 기다린다.
⑭ 커피가 나오기를 기다린다.	⑭ 커피를 자판기에서 꺼낸다.	⑭ 커피를 자판기에서 꺼낸다.
⑮ 커피를 자판기에서 꺼낸다.	⑮ 꺼낸 커피를 쟁반에 놓는다.	⑮ 꺼낸 커피를 쟁반에 놓는다.
⑯ 꺼낸 커피를 쟁반에 놓는다.	⑯ 쟁반을 가지고 사무실로 돌아간다.	⑯ 쟁반을 가지고 사무실로 돌아간다.
⑰ 쟁반을 가지고 사무실로 돌아간다.		
→ 패턴을 찾을 수 없는 경우	→ 하나의 패턴이 발견된 경우	→ 두 가지 패턴이 발견된 경우

위의 세 가지 경우처럼 같은 결과를 가져오는 작업일지라도 일 처리 순서에 따라 패턴을 전혀 찾을 수 없는 경우도 생기고 혹은 전혀 다른 패턴이 찾아질 수도 있다. 그러므로 문제 해결을 위한 일의 순서를 정할 때는 효과적인 패턴이 만들어질 수 있도록 처리 순서를 정하는 것이 좋다. 그렇게 되면 작업의 과정을 보다 간단하고 명료하게 지시할 수 있어 결과의 정확도를 높일 수 있다.

2) 찾은 패턴의 반복적 표현

문제 해결을 위한 순차적 표현 과정에서 반복되는 행동인 패턴을 찾아 표준화된 반복적 표현으로 기술해 보자. 반복적 표현 방법은 엔트리나 수학적 표현 등에서도 동일하게 사용될 수 있으므로 본 교재에서는 표준화된 기술 방법을 사용한다.

앞 절에서 언급한 매번 동전을 하나씩 넣고 커피를 한잔씩 뽑는 〈경우 2〉의 순서에서 같은 패턴에 대한 반복적 표현은 다음과 같다.

〈 순차적 표현 〉

① **동전 1개를 자판기에 넣는다.**
② 종류 선택 버튼을 클릭한다.
③ 커피가 나오기를 기다린다.
④ 커피를 자판기에서 꺼낸다.
⑤ 꺼낸 커피를 쟁반에 놓는다.
⑥ **동전 1개를 자판기에 넣는다.**
⑦ 종류 선택 버튼을 클릭한다.
⑧ 커피가 나오기를 기다린다.
⑨ 커피를 자판기에서 꺼낸다.
⑩ 꺼낸 커피를 쟁반에 놓는다.
⑪ **동전 1개를 자판기에 넣는다.**
⑫ 종류 선택 버튼을 클릭한다.
⑬ 커피가 나오기를 기다린다.
⑭ 커피를 자판기에서 꺼낸다.
⑮ 꺼낸 커피를 쟁반에 놓는다.
⑯ 쟁반을 가지고 사무실로 돌아간다.

3번 반복

〈 반복적 표현 〉

① 다음의 행동을 3번 반복한다.
(ㄱ) 동전 1개를 자판기에 넣는다.
(ㄴ) 종류 선택 버튼을 클릭한다.
(ㄷ) 커피가 나오기를 기다린다.
(ㄹ) 커피를 자판기에서 꺼낸다.
(ㅁ) 꺼낸 커피를 쟁반에 놓는다.
② 쟁반을 가지고 사무실로 돌아간다.

반면 동전 세 개를 한 번에 넣고 커피 세잔을 연속으로 뽑는 〈경우 3〉의 패턴을 반복적 표현으로 기술하면 다음과 같다.

〈 순차적 표현 〉

① 동전 1개를 자판기에 넣는다.

② 동전 1개를 자판기에 넣는다

③ 동전 1개를 자판기에 넣는다

④ 종류 선택 버튼을 클릭한다.

⑤ 커피가 나오기를 기다린다.

⑥ 커피를 자판기에서 꺼낸다.

⑦ 꺼낸 커피를 쟁반에 놓는다.

⑧ 종류 선택 버튼을 클릭한다.

⑨ 커피가 나오기를 기다린다.

⑩ 커피를 자판기에서 꺼낸다.

⑪ 꺼낸 커피를 쟁반에 놓는다.

⑫ 종류 선택 버튼을 클릭한다.

⑬ 커피가 나오기를 기다린다.

⑭ 커피를 자판기에서 꺼낸다.

⑮ 꺼낸 커피를 쟁반에 놓는다.

⑯ 쟁반을 가지고 사무실로 돌아간다.

3번 반복

3번 반복

〈 반복적 표현 〉

① 다음의 행동을 **3번 반복**한다.

(ㄱ) 동전 1개를 자판기에 넣는다.

② 다음의 행동을 **3번 반복**한다.

(ㄱ) 종류 선택 버튼을 클릭한다.

(ㄴ) 커피가 나오기를 기다린다.

(ㄷ) 커피를 자판기에서 꺼낸다.

(ㄹ) 꺼낸 커피를 쟁반에 놓는다.

③ 쟁반을 가지고 사무실로 돌아간다.

위의 〈경우 2〉와 〈경우 3〉에서 순차적 표현으로 전 과정을 기술한 경우와 같은 패턴을 반복적 표현으로 기술한 경우를 비교해 보자. 모든 과정을 일일이 열거하는 순차적 표현보다 패턴을 찾아 반복적 표현으로 기술하면 작업의 과정을 짧고 명료하게 전달할 수 있으므로 처리 결과의 정확도를 높일 수 있다.

2.1.2 컴퓨터 프로그램으로 패턴 표현

1장에서 다루어 보았던「길 찾기」 문제와「정삼각형 그리기」 문제의 순차적으로 기술된 작업 과정 속에서 패턴을 찾아 반복적 표현으로 기술하고 엔트리 프로그래밍을 통해 동일한 결과를 가져오는지 확인해 보자. 패턴이 있는 문제를 반복적 표현으로 기술하기 위해 [흐름] 범주에 있는 다음 반복 명령 블록을 사용한다.

[흐름] 범주 블록	설명
10 번 반복하기	입력한 횟수만큼 감싸고 있는 블록들을 반복 실행한다.
계속 반복하기	감싸고 있는 블록들을 계속해서 반복 실행한다.
참 이 될 때까지 반복하기	판단값에 따라 블록의 반복 여부를 결정한다.

출발지에서 목적지까지 길 찾아가기

출발지(집)에서 → 목적지(학교)까지 찾아가는「길 찾기」프로그램에서 중복되는 행동을 찾아 반복적 표현으로 기술하면 다음과 같다.

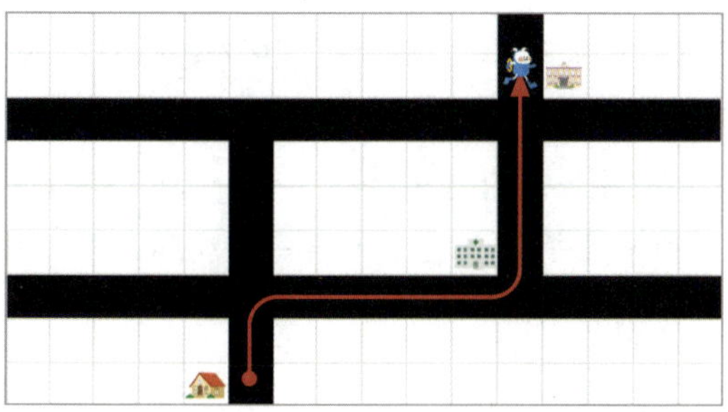

〈 반복적 표현 〉

① 출발점을 집 앞으로 지정하고 출발을 알린다.

② 이동 방향을 위쪽(0°)으로 정한다.

③ 다음의 행동을 **2번 반복**한다.
  (ㄱ) 한 칸 이동하기
  (ㄴ) 기다리기

④ 이동 방향을 오른쪽(90°)으로 정한다.

⑤ 다음의 행동을 **6번 반복**한다.
  (ㄱ) 한 칸 이동하기
  (ㄴ) 기다리기

⑥ 이동 방향을 위쪽(0°)으로 정한다.

⑦ 다음의 행동을 **5번 반복**한다.
  (ㄱ) 한 칸 이동하기
  (ㄴ) 기다리기

⑧ 학교(목적지)에 도착했다고 알린다.

위의 반복적 표현을 엔트리에서 반복 명령 블록을 사용하여 프로그래밍하면 다음과 같다.

① 출발지를 집 앞으로 지정하고 출발을 알린다.
② 이동 방향을 위쪽(0°)으로 정한다.
③ 다음의 행동을 **2번 반복**한다.
  (ㄱ) 한 칸(30픽셀) 이동하기
  (ㄴ) 0.5초 기다리기
④ 이동 방향을 오른쪽(90°)으로 정한다.
⑤ 다음의 행동을 **6번 반복**한다.
  (ㄱ) 한 칸(30픽셀) 이동하기
  (ㄴ) 0.5초 기다리기
⑥ 이동 방향을 위쪽(0°)으로 정한다.
⑦ 다음의 행동을 **5번 반복**한다.
  (ㄱ) 한 칸(30픽셀) 이동하기
  (ㄴ) 0.5초 기다리기
⑧ 학교(목적지)에 도착했다고 알린다.

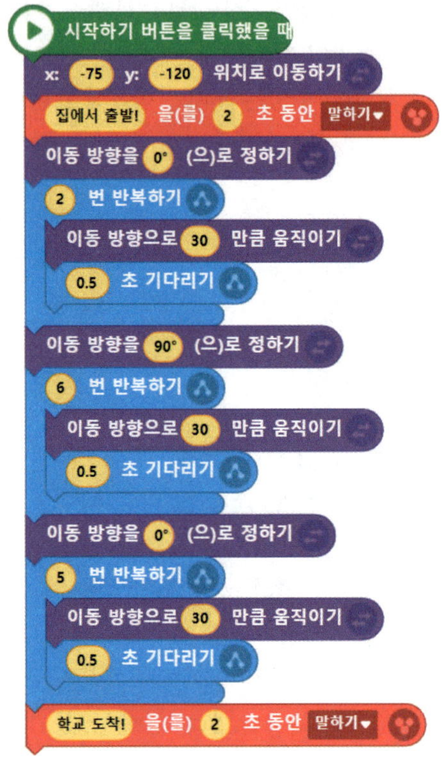

여러분이 작성한 반복 표현을 활용한 「길 찾기」 프로그램이 정확하게 목적지를 찾아가는지 보자. 만일 '길동이'가 목적지에 도착하지 못하거나 길을 벗어난다면 이유가 무엇인지 확인해 보자. 또한, '길동이' 오브젝트는 2가지 걷는 모양을 가지고 있다. 따라서 '길동이'가 걸어가는 것처럼 보이도록 모양 이름을 다음과 같이 '길동이_걷기1', '길동이_걷기2'로 바꾸어 주고, 모든 반복 블록 안에 다음과 같이 걷는 모양을 바꾸는 블록을 추가해 보자.

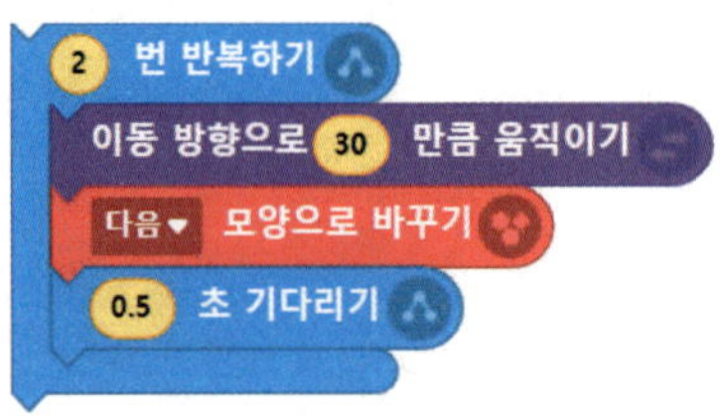

정삼각형 그리기

정해진 거리만큼 움직여서 정삼각형을 그리는 순차적 표현에서 중복되는 작업인 패턴을 찾아 반복적 표현으로 기술하면 다음과 같다.

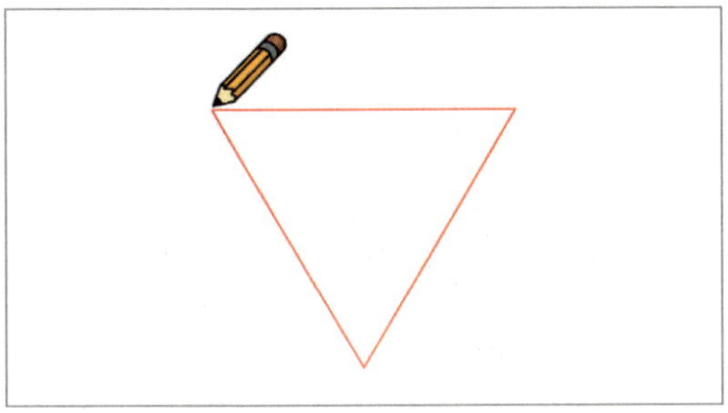

〈 반복적 표현 〉

① 시작 위치로 이동하기

② 그리기 준비하기

③ 다음의 행동을 **3번 반복** 수행한다.

  ㈀ 정해진 길이의 한 변을 그린다.

  ㈁ 시계 방향으로 120도 회전한다.

④ 그리기를 마친다.

다음은 엔트리에서 반복 명령 블록을 이용하여 한 변의 길이가 200픽셀인 정삼각형을 그리는 프로그램이다. 반복적 표현을 활용하여 여러분이 작성한 「정삼각형 그리기」 프로그램이 정확하게 정삼각형을 그리는지 확인해 보자. 만일 '연필' 오브젝트가 정삼각형을 그리지 못하였다면 그 이유가 무엇인지 확인해 보자.

① 시작 위치(-100,80)로 이동한다.

② 그리기를 시작한다.

③ 이동 방향을 오른쪽으로 정하고, 0.5초 기다린다.

④ 다음 과정을 3번 반복한다.

  ㈀ 이동 방향으로 200픽셀을 이동한다.

  ㈁ 0.5초 기다리기

  ㈂ 시계 방향으로 120도 회전한다.

  ㈃ 0.5초 기다리기

⑤ 그리기를 마친다.

2.1.3 규칙이 있는 패턴의 표현

앞에서 다룬 정다각형을 그리는 프로그램들은 다각형의 종류가 미리 정해진 상태에서 프로그램이 시작되면 자동으로 그렸다. 아래의 그림과 같이 다각형이 미리 결정되지 않은 상태에서 실행 시에 사용자로부터 숫자를 입력받아 입력받은 숫자 N에 해당하는 정N각형을 그리는 프로그램을 작성해 보자.

● 실행 화면 미리 보기

① 사용자에게 몇 각형을 그릴지 입력받기　　② 입력 값에 따라 정다각형 그리기

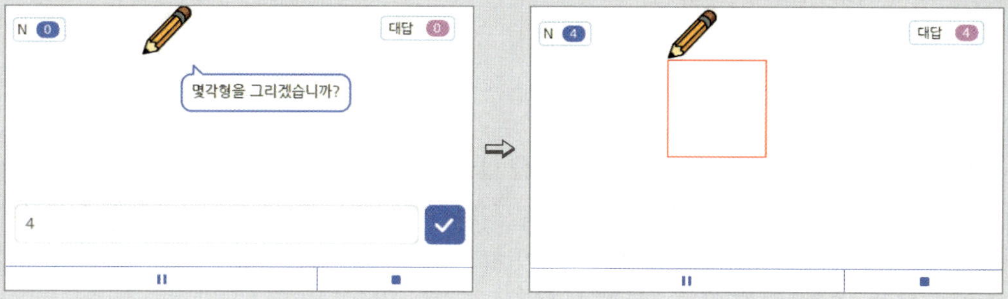

앞에서 살펴본 「정삼각형 그리기」 문제를 이용하여 「정N각형 그리기」의 문제의 해결 절차를 간략하게 개조식으로 서술하면 다음과 같다.

(시작)

① 처음 위치로 이동한다.
② 화면을 지우고, 그리기를 시작한다.
③ 몇 각형을 그리고 싶은지 묻고 대답을 기다린다.
④ 대답으로 들어온 입력 값에 따라 정다각형을 그린다.

위의 「정N각형 그리기」 문제 해결 절차를 엔트리 프로그램으로 작성하여 문제 해결 절차의 정확성 여부를 확인해보자. 이를 위해 규칙이 있는 패턴을 변수를 이용하여 보다 효율적으로 찾아내는 방법을 살펴보고, 프로그램 실행 중 사용자로부터 입력을 받아 그 입력 값을 사용하는 방법을 살펴본다.

1) 변수를 이용한 패턴 찾기

다음은 정삼각형과 정사각형을 그리는 프로그램에서 패턴을 찾아 반복적 표현으로 구현한 부분이다. 정삼각형은 한 변만큼 이동한 후 항상 120도를 회전하면 되었으므로 패턴을 찾아 반복 명령 블록으로 묶을 수 있었고, 정사각형도 한 변만큼 이동한 후 항상 90도를 회전하면 되었으므로 패턴을 찾아 반복 명령 블록으로 묶을 수 있었다.

그러나 우리가 해결하고자 하는 「정N각형 그리기」 문제는 사용자가 입력해 준 N값에 따라 N이 3이면 120도, N이 4이면 90도로 회전 각도가 달라지므로 사용자가 N값을 입력하기 전까지는 정확한 회전 각도를 판단할 수 없어 명시적인 숫자로는 패턴을 찾을 수가 없다. 따라서 명시적인 숫자가 아닌 사용자가 입력해 준 N값에 따라 패턴을 찾을 수 있어야 반복 명령 블록으로 묶어줄 수 있다.

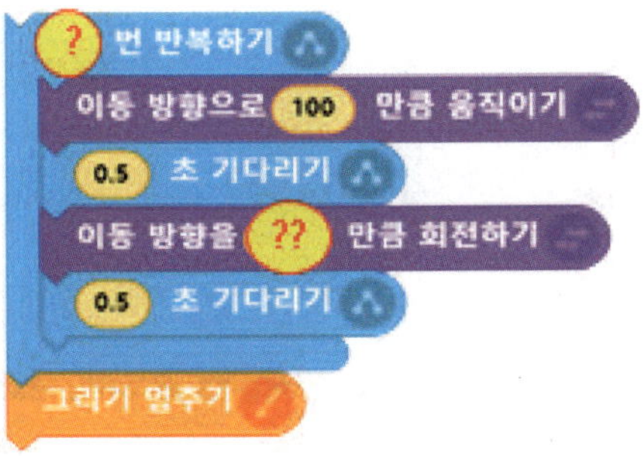

1.3절에서 언급한 바와 같이 정다각형을 그리기 위해서는 정다각형의 한 외각의 크기만큼 회전하면 되고, 정N각형의 한 외각의 크기는 $\frac{360^\circ}{N}$ 이다. 따라서 이러한 규칙에 따라 회전 각도를 90이나 120 등의 명시적인 숫자로 입력하지 않고 $\frac{360^\circ}{N}$ 로 입력할 수 있다면 사용자가 입력하는 N값이 달라져도 항상 일정한 패턴을 찾을 수 있다. 또한, 위의 프로그램에서 반복 횟수도 사용자가 입력하는 N값에 따라 'N번 반복하기'를 하면 되는 규칙을 발견할 수 있으므로 매번 달라지는 사용자 입력에 대해서도 반복 횟수에 대한 패턴을 찾아낼 수 있다.

사용자가 입력해 준 값 N에 따라 회전 각도를 $\frac{360^\circ}{N}$ 으로 설정하고 반복 횟수도 N으로 설정해야 하는데 이 N 값은 항상 일정하게 유지되는 것이 아니라 사용자의 행동에 따라 프로그램 실행 도중 변경

될 수 있다. 이렇게 프로그램에서 변하는 데이터를 사용하기 위해서는 데이터를 저장할 공간이 필요한데, 이때 사용하는 것이 변수이다. 다시 말해서 프로그램에 초기 값을 주거나 프로그램 실행 중간에 발생하는 데이터를 저장하기 위한 메모리상의 특정 공간을 변수라 한다. 엔트리에서는 이러한 변수를 생성하여 사용할 수 있도록 하고 있다.

엔트리에서 변수를 만들기 위해서는 블록꾸러미의 [자료] 범주를 클릭하여 [변수 만들기]를 누르거나 [속성] 탭에서 ? 변수 버튼을 누르면 변수를 추가할 수 있다. [변수 추가하기]를 누르면 다음과 같은 변수 생성창이 열린다. 저장할 데이터의 의미를 잘 표현할 수 있는 변수 이름을 입력하고 사용 범위 및 변수 종류를 선택 후 확인을 누르면 추가한 변수 목록이 나타난다. 실행 화면에 나타나지 않도록 하기 위해서 변수 이름 오른쪽에 있는 을 눌러 비활성화 시킬 수 있고, 기본값을 설정하거나 슬라이드로 변수 값을 지정하게 할 수도 있다.

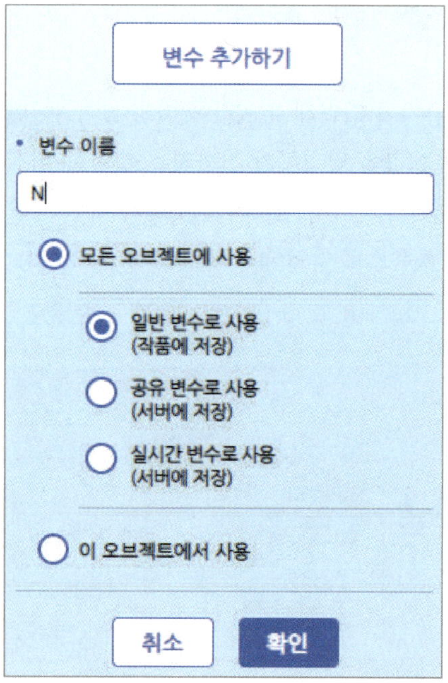

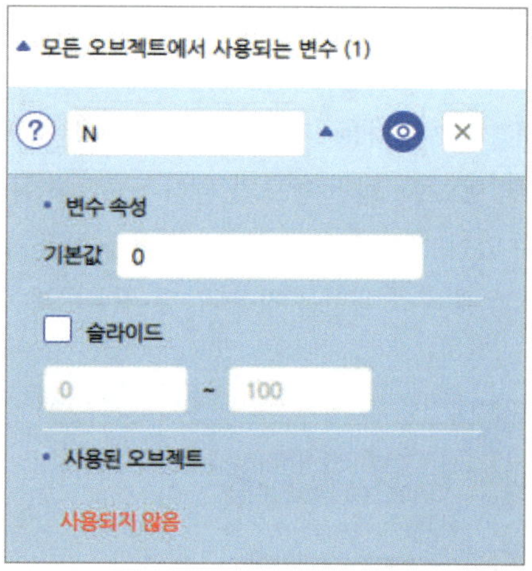

사용자가 입력한 값을 저장하기 위한 변수 N을 만들었다면 사용자가 어떤 정다각형을 그리기를 원하든 다음과 같이 패턴을 찾아 반복 표현으로 묶을 수 있다.

Check! 엔트리 변수의 사용 범위 및 종류

- 엔트리에서 변수를 만들 때에는 변수의 사용 범위와 종류를 설정해 주어야 하며 설정 후에는 변경이 불가능하다.
- 변수의 사용 범위
  ① **모든 오브젝트에 사용** : 해당 변수를 모든 오브젝트에서 사용할 수 있다.
  ② **이 오브젝트에서 사용** : 해당 변수를 현재 선택한 오브젝트에서만 사용할 수 있다. 따라서 다른 오브젝트에서는 이 변수에 접근할 수 없다.
- 변수의 종류
  ① **일반 변수** : 프로그램 실행 동안은 변수 값이 변경될 수 있으며 실행이 정지되면 기본값으로 돌아간다.
  ② **공유 변수** : 프로그램 실행이 시작될 때 저장 공간에서 한 번 값을 불러오고 실행이 정지될 때 값을 저장 공간에 저장한다. 실시간으로 변수 값을 저장하고 불러오는 것이 아니기 때문에 2명 이상이 동시에 실행할 경우 오류가 발생할 수 있다.
  ③ **실시간 변수** : 실시간으로 계속해서 저장 공간에 값을 저장하고 불러오기 때문에 2명 이상이 같이 할 수 있는 멀티 게임이나 실시간 채팅 등에 활용할 수 있다.

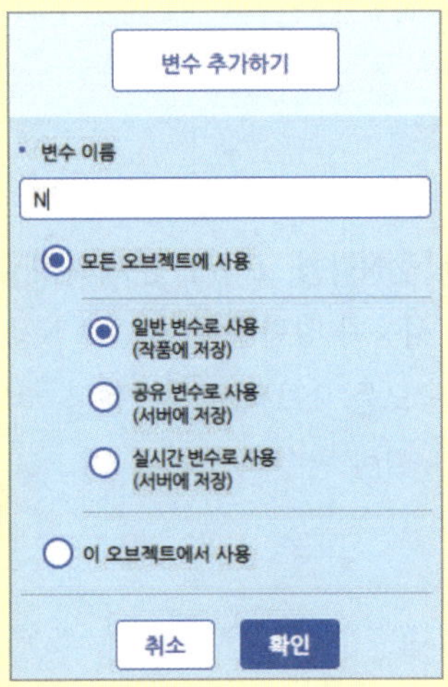

2) 사용자로부터 숫자 입력받기

정N각형을 그리는 프로그램을 작성하기 위해서는 사용자에게 몇 각형을 그릴지 물어보고 그 대답에 맞게 정다각형을 그려주어야 한다. 따라서 사용자에게 물어보고 사용자가 입력한 값을 변수에 저장하여 사용하기 위해 [자료] 범주에 있는 다음 블록들을 사용한다.

[자료] 범주 블록	설명
안녕! 을(를) 묻고 대답 기다리기 ?	해당 오브젝트가 입력한 문자를 말풍선으로 묻고 대답을 입력 받는다.
대답	사용자가 대답한 값이다.
N▾ 를 10 (으)로 정하기 ?	선택한 변수의 값을 입력한 값으로 정한다.
N▾ 값	선택한 변수에 저장된 값이다.

아래의 블록을 실행하면 사용자가 키보드를 이용하여 값을 입력할 수 있는 '대답 창'이 제공되고 사용자가 입력한 값은 대답 에 저장되므로 이를 변수에 저장하여 사용하면 된다.

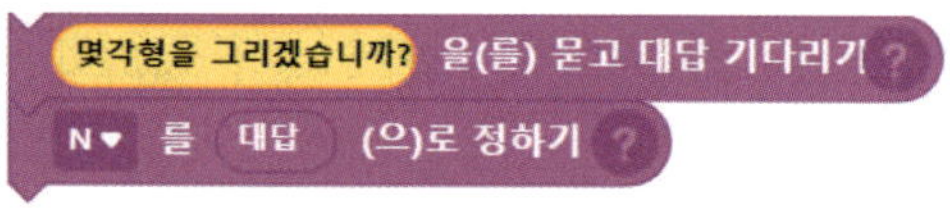

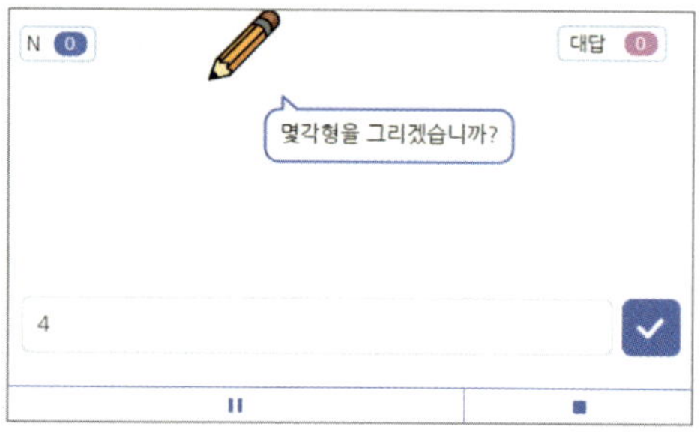

3) 「정N각형 그리기」 문제의 해결

① 사용자 입력을 위한 변수 N을 만든다.
- 모든 오브젝트에 사용
- 일반 변수

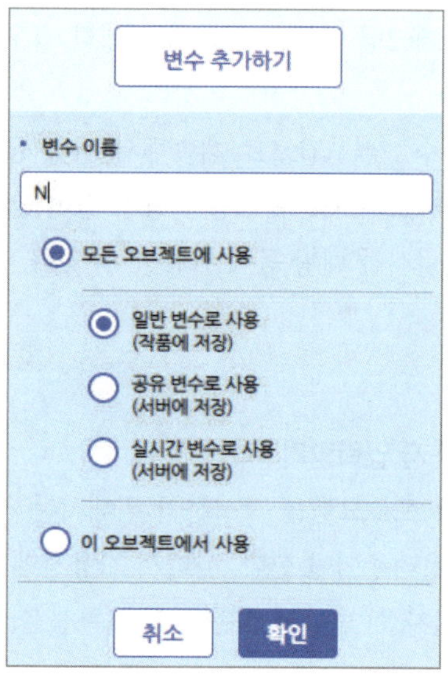

② 시작 위치(-100,80)로 이동하고 0.5초 기다린다.

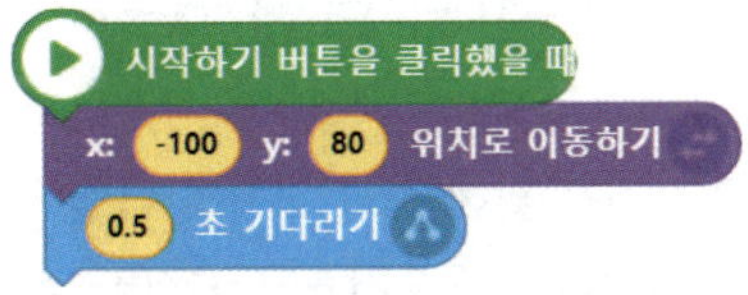

③ 몇 각형을 그릴지 사용자에게 묻고 기다린다.

④ 사용자가 입력한 값을 변수 N에 저장한다.

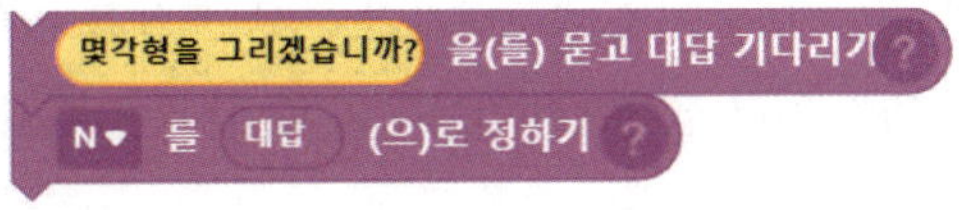

⑤ 그리기를 시작한다.

⑥ 이동 방향을 오른쪽으로 정한다.

⑦ 다음 과정을 N번 반복한다.

(ㄱ) 이동 방향으로 100픽셀을 이동한다.

(ㄴ) 0.5초 기다리기

(ㄷ) 시계 방향으로 360/N도 회전한다.

(ㄹ) 0.5초 기다리기

⑧ 그리기를 마친다.

최종적으로 완성한 정N각형을 그리는 반복적 표현 프로그램은 다음과 같다. 만일 프로그램이 정확하게 동작하지 않는다면 무엇이 잘못되었는지 확인해보자.

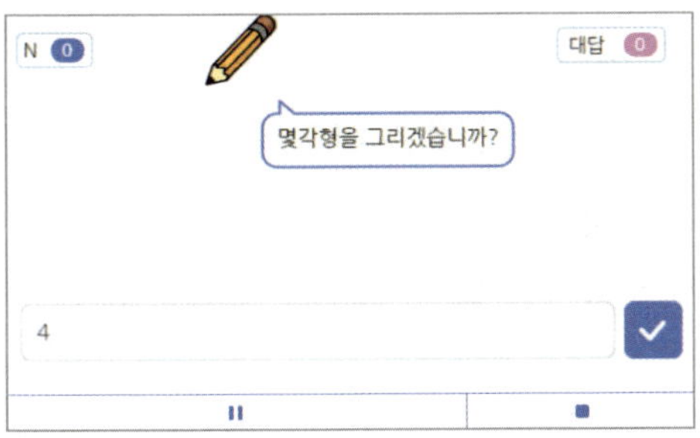

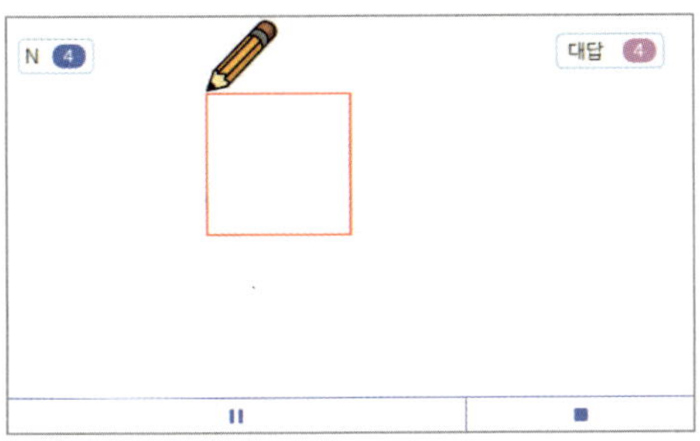

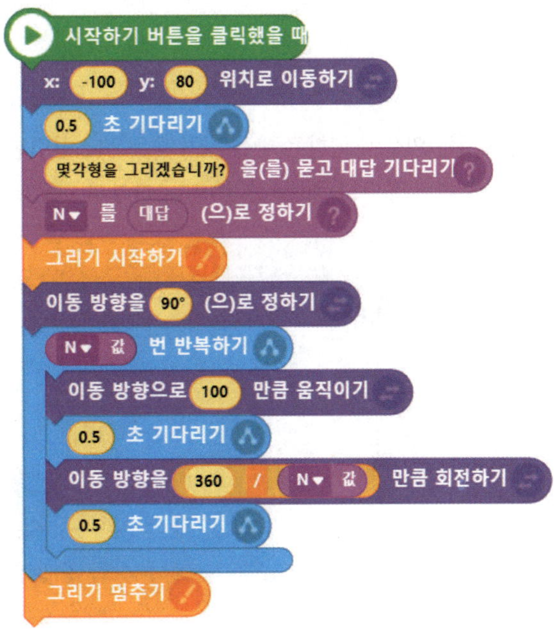

2.2. 패턴이 있는 다양한 문제 표현

앞에서 주어진 문제 해결을 위해 처리 절차의 나열에서 반복적인 절차인 패턴을 찾을 수 있다면 문제 해결의 절차를 보다 간략하고 효율적으로 표현할 수 있음을 살펴보았다. 따라서 본 절에서는 구구단 외우기 문제, 로봇 청소기 구현하기 문제, 도형을 이용한 그림 그리는 문제 등 일상생활의 다양한 문제 해결을 위한 처리 절차에서 반복되어 나타나는 패턴을 찾아 엔트리 프로그램으로 구현해 본다.

2.2.1. 구구단 외우기

구구단을 외우는 문제를 살펴보자. 구구단 한 단을 외울 때 순차적 표현으로 문장을 나열할 경우 최소 9개의 문장이 필요하지만 구구단을 외우는 규칙을 발견하고 변수를 이용하여 반복되는 패턴을 찾아낸다면 1개의 문장을 9번 반복해서 문제를 해결할 수 있다. 전체 구구단을 다 외워야 할 경우도 1개의 문장을 9번씩 9번 반복하면 해결된다.

2	×	1	=	2
2	×	2	=	4
2	×	3	=	6
2	×	4	=	8
2	×	5	=	10
2	×	6	=	12
2	×	7	=	14
2	×	8	=	16

dan × su = Result

이 절에서는 외우기 원하는 단을 사용자로부터 입력받아 해당하는 한 단을 외우는 문제를 엔트리 프로그램으로 해결해 보고, 이를 확장하여 2단부터 9단까지 구구단을 모두 외우는 문제를 해결해 보자.

● **실행 화면 미리 보기**

구구단 한 단 외우기

사용자가 선택한 한 단에 대해 구구단을 외우는 문제를 간략하게 개조식으로 서술하면 다음과 같다.

① 시작 버튼을 클릭하면 구구단 외우기를 시작한다.
② 외워야 할 단('dan')을 사용자에게 입력받는다.
③ 외울 단('dan')을 알린다.
④ 곱할 수('su')를 1로 초기화한다.
⑤ 다음의 행동을 9번 반복 수행한다.
  - 단('dan')과 수('su') 곱한 결과를 구구단 출력형식(예 : 2 × 2 = 4)으로 출력도록 한다.
  - 수('su')를 1 증가시킨다.
⑥ 구구단 외우기가 끝났음을 알린다.

구구단을 생성하여 출력하기 위해 [계산] 범주에 있는 다음 블록을 사용한다.

[계산] 범주 블록	설명
안녕! 과(와) 엔트리 를 합치기	입력한 두 개의 값을 결합한 값이다.(연결 연산자)
10 × 10	입력한 두 수를 곱한 값이다.(산술 연산자)

단('dan')변수의 값을 2로 지정하고 곱하는 수인 수('su') 변수가 3일 때, "2 × 3 = 6"을 1초 동안 출력하기 위해 연결 연산자를 이용하여 다음의 문장을 완성한다.

2 ×	dan▾ 값 과(와) × 를 합치기
2 × 3	dan▾ 값 과(와) × 를 합치기 과(와) su▾ 값 를 합치기
2 × 3 =	dan▾ 값 과(와) × 를 합치기 과(와) su▾ 값 를 합치기 과(와) = 를 합치기
2 × 3 = 6	dan▾ 값 과(와) × 를 합치기 과(와) su▾ 값 를 합치기 과(와) = 를 합치기 과(와) dan▾ 값 x su▾ 값 를 합치기

이렇게 완성한 문장을 말하기 형식으로 출력한다.

「구구단 한 단 외우기」를 엔트리 프로그램으로 작성하기 위한 과정은 다음과 같다.

① '엔트리봇' 오브젝트를 삭제하고, 오브젝트 추가하기(+)를 클릭하여 [사람] 중 '뛰어노는 아이'를 추가한다. 이름을 '어린이'로 수정하고 자물쇠를 잠근다.

② 사용자가 입력한 한 단을 외우는 「구구단 한 단 외우기」 문제에서는 사용자가 입력한 단을 관리하는 변수와 각 단에 대하여 1~9까지 곱하는 수를 관리하는 변수가 요구된다. 따라서 단을 지정하기 위한 변수 'dan'과 곱하는 수를 위한 변수 'su'를 만든 후, 실행 화면에 변수 'dan'은 보이도록 하고 변수 'su'는 숨을 수 있도록 ◎ 을 눌러 비활성화 시켜준다.

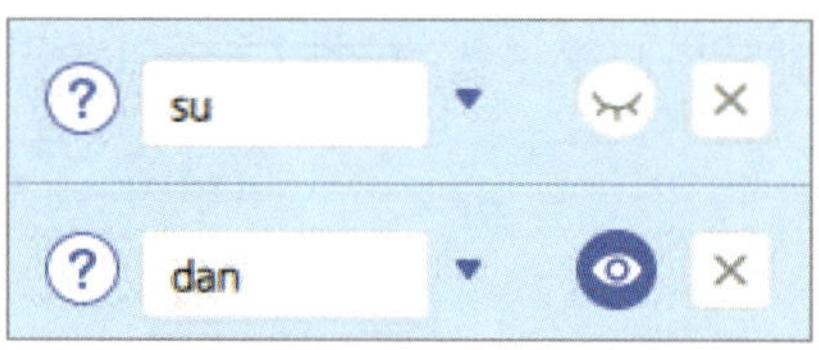

③ 시작하기 버튼(▶)을 클릭하면 외울 단을 사용자에게 묻고 그 대답을 변수 'dan'에 저장한 후, 외울 단을 알린다.

④ 'su' 변수에 1을 초기화하고, 'dan' 변수와 곱하여 계산한 후 "2 × 1 = 2"와 같이 말한다. 이러한 과정을 'su' 변수를 1씩 증가시켜 가면서 9가 될 때까지 9번 반복 수행한다.

⑤ 선택한 구구단 외우기 끝을 알린다.

최종적으로 완성한 구구단 한 단을 외우는 프로그램의 반복적 표현 과정은 다음과 같다. 여러분이 작성한 「구구단 한 단 외우기」 프로그램이 정확하게 구구단을 외우는지 확인해 보자. 만일 '어린이'가 구구단을 정확하게 외우지 못하였다면 그 이유가 무엇인지 확인해 보자.

구구단 모두 외우기

앞에서는 사용자가 입력한 한 단에 대해 반복적 표현을 이용하여 구구단을 외우는 문제를 해결해 보았는데 이를 조금만 확장하면 구구단을 모두 외우는 문제도 쉽게 해결할 수 있다.

2	×	1	=	2
2	×	2	=	4
2	×	3	=	6
2	×	4	=	8
2	×	5	=	10
2	×	6	=	12
2	×	7	=	14
2	×	8	=	16
2	×	9	=	18

3	×	1	=	3
3	×	2	=	6
3	×	3	=	9
3	×	4	=	12
3	×	5	=	15
3	×	6	=	18
3	×	7	=	21
3	×	8	=	24
3	×	9	=	27

…

9	×	1	=	9
9	×	2	=	18
9	×	3	=	27
9	×	4	=	36
9	×	5	=	45
9	×	6	=	54
9	×	7	=	63
9	×	8	=	72
9	×	9	=	81

구구단을 모두 외우기 위해서는 2단부터 시작해서 한 단을 외우고 다음 단을 외울 수 있도록 'dan' 변수를 증가시키는 것을 8번 반복하면 2단부터 9단까지 모두 외울 수 있다. 한 단을 외우고 'dan' 변수 증가시키는 것을 8번 반복해야 하고, 한 단을 외울 때에도 'su' 변수를 1부터 9까지 증가시키면서 반복적 표현으로 구현하므로 구구단을 모두 외우기 위해서는 중첩 반복 표현을 사용해야 한다. 2단부터 9단까지 구구단을 모두 외우는 문제를 간략하게 개조식으로 서술하면 다음과 같다.

① 시작하기 버튼을 클릭하면 구구단 외우기를 시작한다.

② 외울 단(dan)을 2로 초기화한다.

③ 다음의 행동을 8번 반복 수행한다.

(ㄱ) 외울 단을 알린다.

(ㄴ) 곱할 수(su)를 1로 초기화한다.

(ㄷ) 다음의 행동을 9번 반복 수행한다.

- 단(dan)과 수(su) 곱한 결과를 구구단 출력형식(예 : 2 × 2 = 4)으로 출력도록 한다.
- 수(su)를 1 증가시킨다.

(ㄹ) 해당 단 외우기가 끝났음을 알린다.

(ㅁ) 단(dan)을 1 증가시킨다.

구구단을 모두 외우는 문제에서는 사용자가 외울 단을 입력하지 않아도 되므로 'dan' 변수를 프로그램에서 2로 초기화한 후, 각 단의 외우기가 끝나면 'dan' 변수 값을 1씩 증가시킨다.

구구단을 모두 외우는 프로그램의 반복적 표현 과정은 다음과 같다. 여러분이 작성한 「구구단 모두 외우기」 프로그램이 정확하게 구구단을 외우는지 확인해 보자. 만일 '어린이'가 구구단을 정확하게 외우지 못하였다면 그 이유가 무엇인지 확인해 보자.

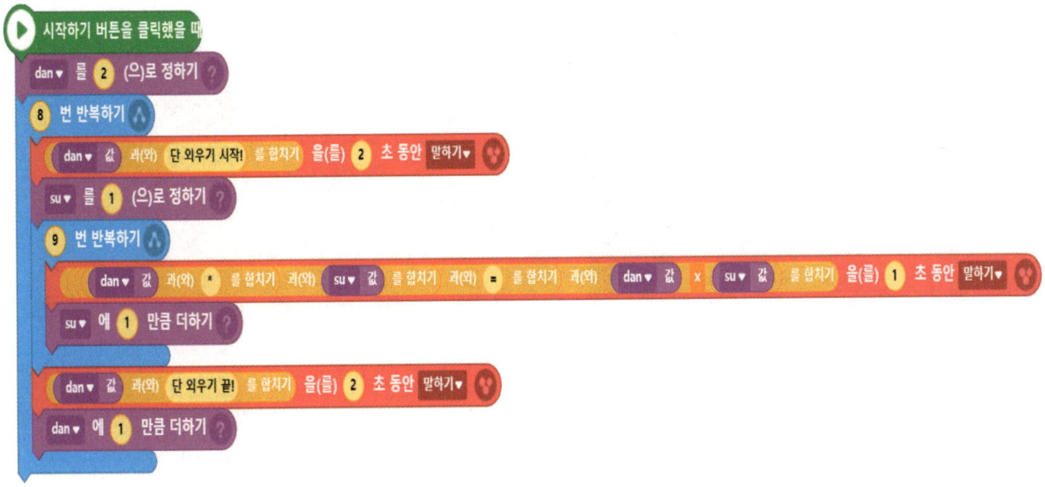

혼자서 해보기

곱하는 수('su')를 고정하고, 단('dan')을 변화시키면서 구구단 외우기

곱할 수('su')를 사용자에게 입력받아 단('dan')을 변화시키면서 단('dan')과 수('su')를 곱하여 구구단을 출력하도록 해보자.

2.2.2. 로봇청소기 구현하기

아래 왼쪽 그림과 같이 더러워진 방이 있을 때 오른쪽 아래부터 시작하여 위아래로 반복적으로 이동하며 방을 청소하는 로봇 청소기를 반복적 표현으로 구현해 보자.

● 실행 화면 미리 보기

① 청소 전 ② 청소 후

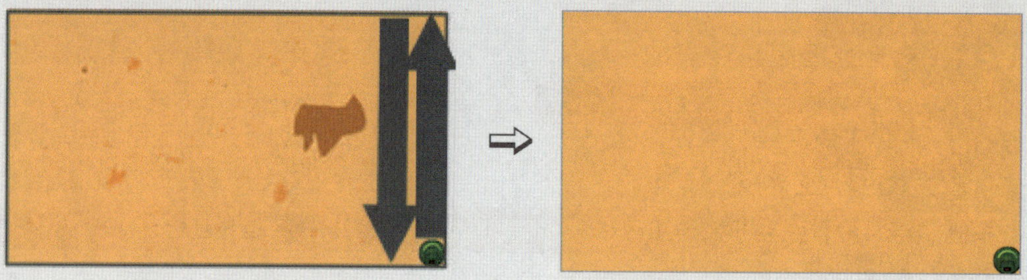

실행 화면의 맨 오른쪽 아래의 좌표가 (240, -135)이므로 로봇 청소기의 너비가 30픽셀이라 가정한다면 로봇 청소기의 중심점이 놓일 수 있는 가장 오른쪽 아래 위치는 (225, -120)이다. 따라서 로봇 청소기의 초기 위치를 (225, -120)으로 정한다. 실행 화면은 세로로 270 픽셀이므로 로봇 청소기가 한 번에 10픽셀씩 움직인다면 아래쪽 벽에서 위쪽 벽 또는 위쪽 벽에서 아래쪽 벽까지 도달하여 로봇 청소기 너비만큼의 한 줄을 청소하는 데는 24번의 이동이 필요하다. 한 줄을 청소하고 나면 왼쪽 옆으로 한 칸(로봇 청소기의 너비 만큼인 30픽셀만큼) 이동하여 이동 방향을 180도 돌아서 다음 줄을 청소할 준비를 해야 한다. 그런데 실행 화면이 가로는 480 픽셀이고 로봇 청소기 너비는 30픽셀이므로 『한 줄을 청소하고 왼쪽 옆으로 한 칸 이동하여 이동 방향을 180도 만큼 회전』하는 이 일련의 작업도 16번 반복되어야 방 전체를 청소할 수 있다. 따라서 이러한 로봇 청소기의 동작을 프로그램으로 구현하기 위해서는 중첩 반복 표현을 사용하면 문제를 쉽게 해결할 수 있다.

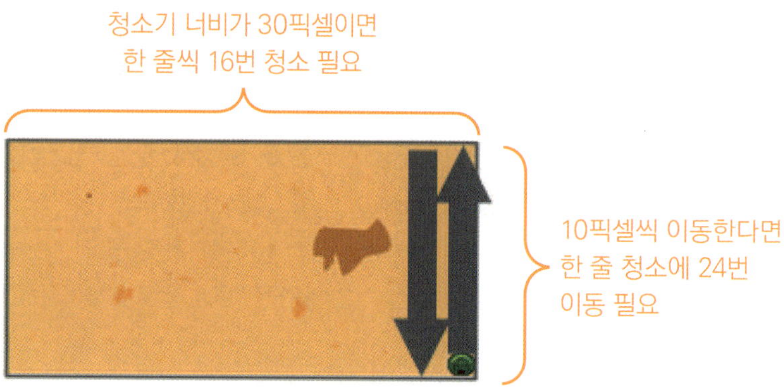

로봇 청소기의 이동 경로 문제를 간략하게 개조식으로 서술하면 다음과 같다.

① 청소가 진행되는 것을 표시하기 위해 붓의 색깔과 굵기(30픽셀)를 정한다.

② 로봇청소기를 실행 화면의 오른쪽 아래 모서리에 위치시킨다.

③ 이동 방향을 위쪽으로 정한다.

④ 그리기를 시작한다.

⑤ 다음의 행동을 16번 반복 수행한다.

(ㄱ) 다음의 행동을 24번 반복 수행한다.

(a) 이동 방향으로 10만큼 움직인다.

(b) 잠깐 멈춘다.

(ㄴ) x축의 왼쪽 방향으로 30픽셀 만큼 이동한다.

(ㄷ) 이동 방향을 180도 만큼 회전한다.

(ㄹ) 잠깐 멈춘다.

⑥ 초기 위치로 되돌아간다.

⑦ 그리기를 멈춘다.

로봇 청소기가 더러워진 방을 청소하는 것처럼 보이기 위해 로봇 청소기가 지나가는 경로에 방 색깔의 굵은 선이 그려지도록 [붓] 범주의 다음 블록들을 이용한다.

[붓] 범주 블록	설명
붓의 색을 (으)로 정하기	오브젝트가 그리는 선의 색을 선택한 색으로 정합니다.
붓의 굵기를 30 (으)로 정하기	오브젝트가 그리는 선의 굵기를 입력한 값으로 정합니다. (1~무한대)

1) 배경 오브젝트 추가하기

① 오브젝트 추가하기(+)를 클릭하고 [파일 올리기]로 교재에서 제공된 'ch2_2_2_방배경.png' 파일을 추가한다.

② 오브젝트의 수정 영역에서 이름을 '방배경'으로, 크기를 375로 수정하고 자물쇠를 잠근다.

2) 로봇청소기 오브젝트 추가하기

'엔트리봇'을 삭제하고, 오브젝트 추가하기(+)를 클릭하여 [물건] 중 '로봇청소기(1)'을 추가하고 다음과 같이 수정한 후 자물쇠를 잠근다.

- 이름 : '로봇청소기'
- x좌표 : 225, y좌표 : -120
- 크기 : 30

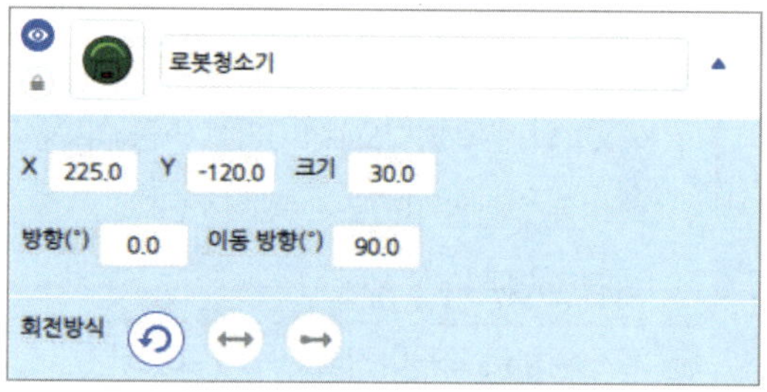

3) 로봇청소기 스크립트 작성하기

① 시작하기 버튼(▶)을 클릭하면

㈀ 붓의 색깔을 방 색깔로 정한다.

㈁ 붓의 굵기를 로봇청소기 너비(30픽셀)로 정한다.

② 로봇 청소기를 실행 화면의 오른쪽 아래 모서리(225, -120)에 위치시키고 0.5초 기다린다.

③ 이동 방향을 위쪽(0도)으로 정한다.

④ 그리기를 시작한다.

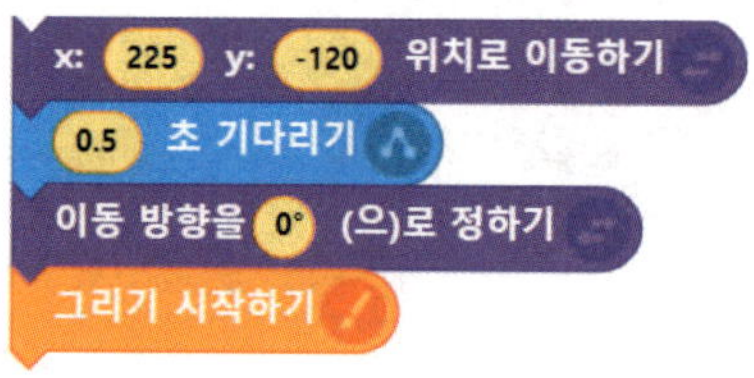

⑤ 다음의 행동을 16번 반복 수행한다.

㈀ 다음의 행동을 24번 반복 수행한다.

ⓐ 이동 방향으로 10만큼 움직인다.

ⓑ 0.1초 기다리기

㈁ x좌표를 왼쪽으로 30픽셀만큼 이동한다.

㈂ 이동 방향을 180도만큼 회전한다.

㈃ 0.2초 기다리기

⑥ 초기 위치로 되돌아간다.

⑦ 그리기를 멈춘다.

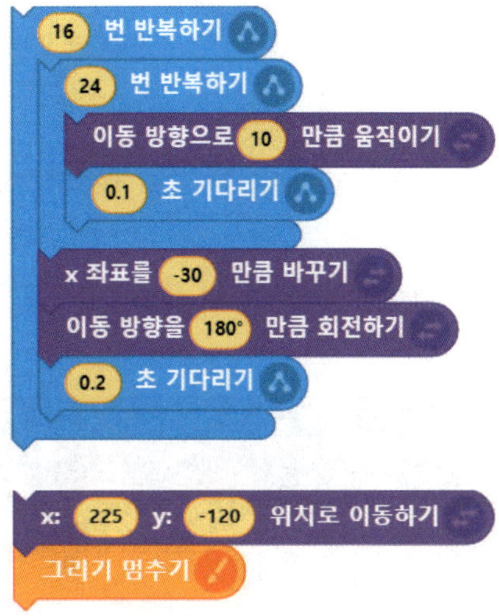

최종적으로 완성한 로봇청소기의 동작에 대한 중첩 반복 표현 과정의 프로그램은 다음과 같다. 만일 로봇청소기가 청소를 깨끗하게 하지 못한다면 무엇이 잘못되었는지 확인해보자.

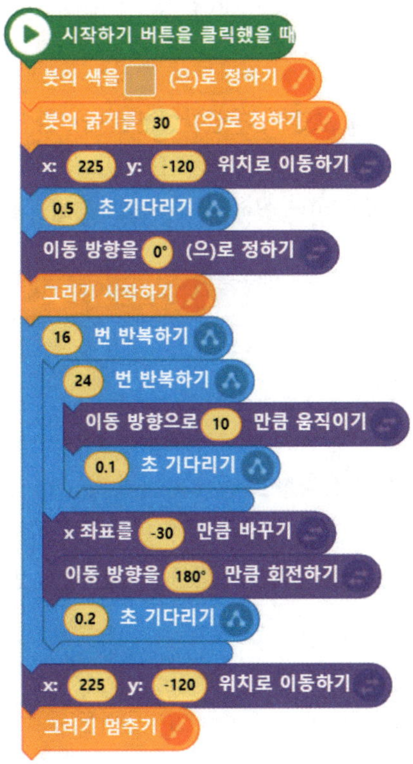

혼자서 해보기

동작 패턴이 다른 로봇 청소기

가로 방향으로 청소하는 로봇 청소기의 움직임을 프로그램으로 작성해 보자. 방의 왼쪽 위 모서리에서 출발하여 가로 방향으로 청소한 후 아래쪽으로 이동하는 로봇 청소기를 구현한다면 어떤 부분이 달라질지 생각해 보고 엔트리 프로그램으로 구현해 보자.

2.2.3. 패턴을 이용한 그림 그리기

앞에서 정삼각형을 그리기 위해 패턴을 찾아 반복적 표현으로 구현해 보았다. 정삼각형뿐만 아니라 정사각형, 정오각형, 별모양 등 우리가 알고 있는 수많은 도형들은 반복되는 패턴을 가지고 있는 경우가 많으며, 이러한 패턴을 이용하면 다양한 그림을 그릴 수 있다. 따라서 이번 절에서는 반복되는 패턴을 이용하여 다양한 그림을 그려보자.

정삼각형 세 개 그리기

같은 크기의 정삼각형을 위치만 바꾸어서 3번 그리는 프로그램을 구현해 보자. 정삼각형을 하나 그릴 때마다 x축 방향으로 50, y축 방향으로 -30씩 위치 이동한다면 『정삼각형 그리기와 위치이동 하기』를 3번 반복하면 된다. 앞에서 살펴본 바와 같이 정삼각형 그리는 과정도 패턴을 찾아 반복적 표현으로 표현할 수 있었으므로 『정삼각형 그리기와 위치이동 하기』를 3번 반복해서 수행하는 것은 중첩 반복 표현을 사용하면 쉽게 구현할 수 있다.

● **실행 화면 미리 보기**

다음은 세 개의 정삼각형을 그리는 문제를 개조식으로 나타낸 것이다.

① 시작 위치에 연필을 위치시키고 잠시 기다린다.

② 이동 방향을 오른쪽으로 정한다.

③ 다음의 행동을 3번 반복 수행한다.

　(ㄱ) 그리기를 시작한다.

　(ㄴ) 다음의 행동을 3번 반복 수행한다.

　　(a) 이동 방향으로 100 만큼 움직인다.

　　(b) 잠시 기다리기

　　(c) 이동 방향을 120도만큼 회전한다.

　　(d) 잠시 기다리기

　(ㄷ) 그리기를 멈춘다.

　(ㄹ) x좌표를 50만큼 이동한다.

　(ㅁ) y좌표를 -30만큼 이동한다.

　(ㅂ) 잠시 기다리기

엔트리에서 중첩 반복 표현을 이용하여 한 변의 길이가 100픽셀인 정삼각형 세 개를 그리는 프로그램을 작성하면 다음과 같다. 여러분이 작성한 「정삼각형 세 개 그리기」 프로그램이 정확하게 세 개의 정삼각형을 그리는지 확인해 보자. 만일 '연필' 오브젝트가 세 개의 정삼각형을 그리지 못하였다면 그 이유가 무엇인지 생각해 보자.

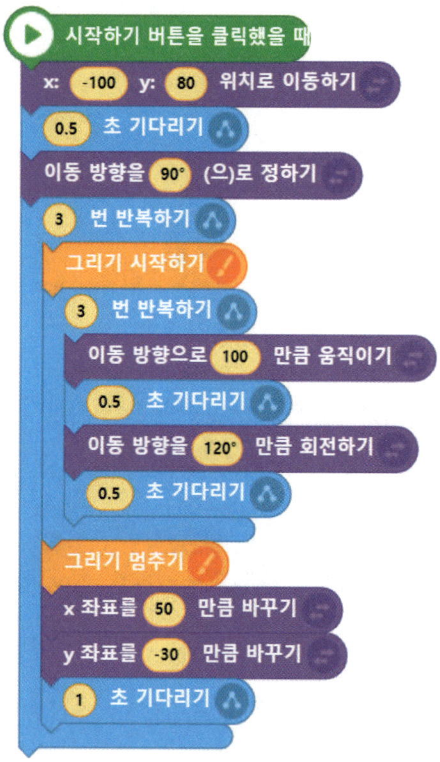

여러 개의 정사각형을 이용한 멋진 그림 그리기

반복적 표현을 이용하여 다음과 같은 멋진 그림을 그려보자. 이 그림은 '연필'이 한가운데에서 시작하여 『정사각형을 한 개 그린 후 5도 만큼 회전하기』를 72번 반복하면 그릴 수 있다. 정사각형 그리는 과정도 반복 표현으로 표현할 수 있으므로 이 그림을 그리기 위해서 『정사각형을 한 개 그린 후 5도 만큼 회전하기』를 72번 반복해서 수행하는 과정은 중첩 반복 표현을 사용하면 쉽게 구현할 수 있다.

● **실행 화면 미리 보기**

다음은 여러 개의 정사각형을 이용하여 멋진 그림을 그리는 문제를 개조식으로 나타낸 것이다.

① 시작 위치(0,0)에 연필을 위치시키고 잠시 기다린다.

② 이동 방향을 오른쪽으로 정한다.

③ 그리기를 시작한다.

④ 다음의 행동을 72번 반복 수행한다.

(ㄱ) 다음의 행동을 4번 반복 수행한다.

(a) 이동 방향으로 50픽셀 만큼 움직인다.

(b) 이동 방향을 90도 만큼 회전한다.

(c) 잠시 기다리기

(ㄴ) 이동 방향을 시계 방향으로 5도 만큼 회전한다.

⑤ 그리기를 멈춘다.

엔트리에서 여러 개의 정사각형을 이용하여 멋진 그림을 그리는 프로그램을 작성하면 다음과 같다. 여러분이 작성한 「여러 개의 정사각형을 이용한 멋진 그림 그리기」 프로그램이 정확하게 멋진 그림을 그리는지 확인해 보자. 만일 '연필' 오브젝트가 멋진 그림을 그리지 못하였다면 그 이유가 무엇인지 생각해 보자.

혼자서 해보기

크기가 다른 정사각형을 이용한 멋진 그림 그리기

위의 「여러 개의 정사각형을 이용한 멋진 그림 그리기」 프로그램에서 매 반복마다 그려지는 정사각형의 한 변의 길이를 1씩 증가시켜서 다음과 같은 그림을 그려보자. 이를 위해서는 매번 변화하는 정사각형의 한 변의 길이를 저장하기 위한 변수가 필요하다. 이 변수의 초기 값은 50으로 설정하고, 정사각형을 하나 그리고 나면 이 변수 값을 1씩 증가시키면 된다. 엔트리 프로그램으로 구현하여 크기가 다른 정사각형을 이용한 멋진 그림이 그려지는지 확인해 보자.

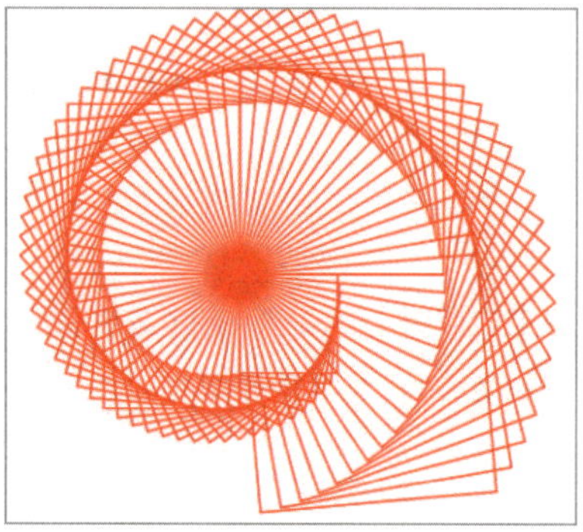

연습문제

● 문제 1

양의 정수에 대한 팩토리얼 값을 구하는 프로그램을 반복 표현으로 구현하시오.

● 문제 2

아래 그림의 같은 크기의 사각형을 위치를 바꾸어 4번 그리는 프로그램을 중첩 반복 표현으로 구현하시오.

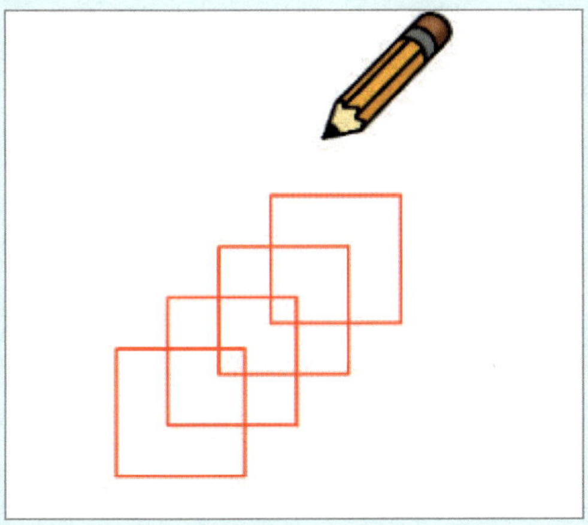

● 문제 3

2.2.3절의 「정삼각형 세 개 그리기」 프로그램을 이용하여 아래 그림과 같이 점점 크기가 커지는 정삼각형 세 개를 그리는 프로그램을 중첩 반복 표현으로 구현하시오.

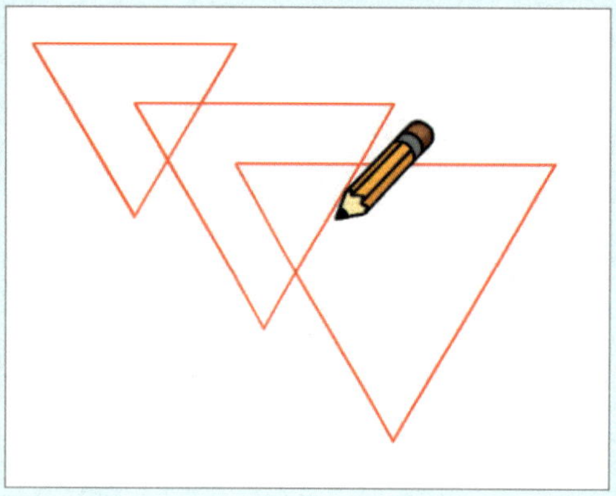

제3장
문제해결과정의 선택적 표현

3.1. 일상생활에서의 프로그램 원리 - 조건과 분기

일상에서 마주하는 문제의 해결절차를 기술할 때 순차적 표현이나 반복적 표현만으로 나타낼 수 없는 경우가 있다. 이러한 경우는 문제해결을 위한 처리과정에서 여러 가지 선택적 상황이 발생하는 경우이다. 예를 들어 '길동이'가 집에서 출발하여 아침 9시까지 반드시 학교에 도착하여야 하고, 집에서 학교까지 지하철을 타면 요금이 1000원에 1시간이 소요되고, 택시를 타면 요금이 10,000원에 30분이 걸린다고 가정하자. 아침 8시 15분에 집에서 출발하는 '길동이'는 어떤 교통수단을 선택하여야 하는가? 또한 아침 7시 45분에 집에서 출발하는 '길동이'는 어떤 교통수단을 선택하여야 하는가? 학교 도착시간과 요금만을 판단 기준으로 고려한다면 출발시간이 8시 전이라면 '길동이'는 지하철을 선택할 것이고 8시 이후라면 택시를 선택할 것이다. 이와 같이 "현재 시간이 8시 이전인가?"라는 조건의 참·거짓 여부에 따라 다른 행동을 선택하는 경우는 순차적 표현이나 반복적 표현만으로 나타낼 수 없다. 이런 문제는 선택적 표현으로 해결 절차를 표현할 수 있다.

3.1.1. 일상생활에서의 선택적 상황

1) 커피 자판기에서의 선택적 상황

일상생활에서 흔히 볼 수 있는 선택적 상황의 예로서 앞장에서 살펴본 커피 자판기에서 여러 잔의 커피를 뽑는 경우를 다시 생각해 보자. 앞장에서의 커피 자판기는 2가지 종류의 커피가 있으며 모두 가격이 100원이고 사용자는 한 번에 여러 개의 동전을 자판기에 넣을 수 있다고 가정하였다. 이런 가정으로 인해 여러분들은 특별한 선택적 상황을 만나지 않고 100원짜리 동전 3개를 가지고 자판기에서 커피 3잔을 뽑아서 쟁반에 담아 사무실로 돌아가는 일을 수행하였다. 그러나 현실의 경우 커피 자판기에서 판매하는 커피의 종류와 가격이 서로 다르고 사용자가 가진 돈의 종류와 총액도 다 다를 것이다. 이런 경우 뽑아야 할 커피의 수, 커피의 가격, 가지고 온 돈 등에 따른 여러 가지 조건이 발생하며, 이 조건에 따라 매 순간 다른 선택을 하여야 한다.

선택적 상황을 보다 쉽게 이해하기 위해 다음과 같이 가정해 보자. 커피 자판기에는 3가지 종류의 커피가 있으며 가격이 (1번) 400원, (2번) 1,000원, (3번) 1,500원으로 각각 다르다. 자판기는 동전과 지폐의 사용이 모두 가능하며 동전이나 지폐를 넣고 잔돈이 여유가 있으면 연속해서 커피를 뽑을 수 있다. 또한, 반환 버튼을 누르면 자판기는 남은 잔돈을 반환한다. 지금 여러분에게 5,000원짜리 지폐 1개가 있다. 자판기에서 5,000원을 모두 사용할 때까지 서로 다른 종류의 커피를 임의대로 여러 잔 뽑아서 쟁반에 담아 사무실로 돌아가는 일을 수행하려고 한다. 자판기에 5,000원을 넣고 잔돈이 400원 이상일 동안에 계속해서 커피를 뽑는 과정을 수행하며, 잔돈이 400원 미만이면 더 이상 커피를 뽑을 수 없기 때문에 커피 뽑기를 마친다. 이러한 여러 가지 상황에 따른 선택적 행동을 나열하면 다음과 같다.

① 지폐 5,000원 넣는다.
② 잔돈이 400원 보다 작을 때까지 반복 수행한다.
  (ㄱ) 현재 잔돈이 1,500원 이상인가?
    예) (1~3) 종류 중에서 선택 버튼을 클릭한다.
    아니오) 현재 잔돈이 1,000원 이상인가?
      예) (1~2) 종류 중에서 선택 버튼을 클릭한다.
      아니오) 1번 종류 선택 버튼을 클릭한다.
  (ㄴ) 커피가 나오기를 기다린다.
  (ㄷ) 커피를 자판기에서 꺼낸다.
  (ㄹ) 꺼낸 커피를 쟁반에 놓는다.
③ 만약 잔돈이 0보다 큰가 ?
    예) 반환 버튼을 클릭하여 남은 잔돈을 돌려받는다.
    아니오) (행동 없음)
④ 쟁반을 가지고 사무실로 돌아간다.

위의 과정에서 커피의 종류와 잔돈이라는 선택적 상황에서 여러분이 어떤 선택을 했느냐에 따라서 뽑은 커피의 개수는 달라질 것이다.

2) 신호등이 있는 횡단보도에서의 선택적 상황

목적지를 찾아가는 「길 찾기」 프로그램에서도 여러 가지 선택적 상황이 발생할 수 있다. 앞 장에서는 아래 왼쪽 그림의 까만색으로 표시된 길이 사람이 다니는 인도일 때를 가정하였다. 따라서 특별한 선택적 상황 없이 목적지를 찾아가기 위한 행동(한 칸 이동하기, 이동 방향 바꾸기 등…)의 순서를 순차적 또는 반복적 표현으로 나열하였다. 하지만 현실에서의 길은 사람이 다니는 인도일 수도 있고 자동차가 다니는 차도일 수도 있다. 아래 그림의 확대된 오른쪽 그림에서 까만색 길이 자동차가 다니는 차도일 때를 가정해 보자. 자동차가 다니는 차도에서는 보행자를 위하여 신호등이 있는 횡단보도가 설치되어 있다. 횡단보도의 신호등은 초록색과 노란색, 빨간색이 교대로 바뀌어 표시된다. 자동차가 신호등이 있는 횡단보도를 만났을 때 신호등 불이 초록색이면 지나가도 되지만 노란색이나 빨간색이면 정지선에서 정지하여야 한다.

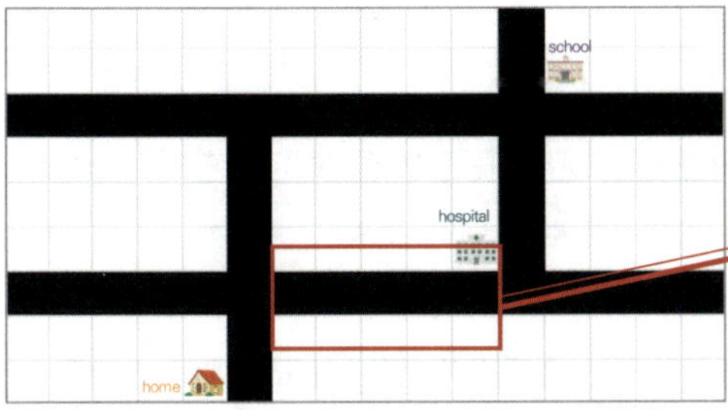

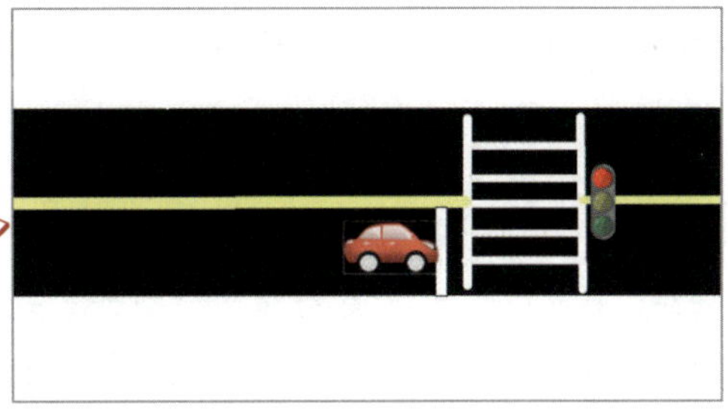

따라서 우리가 자동차를 운전하다가 신호등이 있는 횡단보도를 만났을 때 신호등이 노란색이나 빨간색일 때 해야 할 행동과 초록색일 때 해야 할 행동이 서로 다르다. 위의 확대한 오른쪽 그림에서 운전자가 왼쪽 지점에서 오른쪽으로 계속해서 직진하여 운전할 때 신호등이 있는 횡단보도를 만난다면 운전자는 신호등이라는 선택적 상황에 따라 다음의 행동을 해야 할 것이다. 운전자가 속도 조절을 위하여 10픽셀씩 이동하고 0.2초 기다리는 방식으로 운전을 한다고 가정하자.

〈 횡단보도가 없을 때 〉

출발지에서 출발
① 이동 방향을 오른쪽으로 정한다.
② 목적지에 도착할 때까지 반복 수행한다.
　(ㄱ) 10픽셀 이동하기
　(ㄴ) 0.2초 기다리기
목적지에 도착

〈 신호등이 있는 횡단보도가 있을 때 〉

출발지에서 출발
① 이동 방향을 오른쪽으로 정한다.
② 목적지에 도착할 때까지 반복 수행한다.
　(ㄱ) 횡단보도 정지선에 닿았는가?
　　예) 신호등이 노란색이나 빨간색인가?
　　　예) 신호등이 초록색이 될 때까지 기다린다.
　　　아니오) (행동 없음)
　　아니오) (행동 없음)
　(ㄴ) 10픽셀 이동하기
　(ㄷ) 0.2초 기다리기
목적지에 도착

3.1.2. 컴퓨터 프로그램으로 선택적 상황 표현

앞에서 신호등이 있는 횡단보도에서의 선택적 상황에 대해 살펴보았다. 설명된 여러 상황에서 우리가 수행해야 할 행동이 명확하게 표현되었는지를 엔트리 프로그램으로 확인해 보자.
프로그램 구현을 위해 몇 가지 제약 조건을 주도록 한다. 신호등은 4초에 한 번씩 초록-노랑-빨강으로 계속 색깔이 바뀐다고 가정하고, 운전자는 횡단보도 앞의 정지선에 닿으면 횡단보도를 인식한다고 가정하자. 정지선에서 신호등 불빛이 초록색이면 횡단보도를 지나가고 노란색이나 빨간색이면 초록색이 될 때까지 기다린다. 운전자는 도로 왼쪽에서 출발하여 속도 조절을 위하여 10픽셀씩 이동하고 0.2초 쉬어가는 방식으로 운전한다. 10픽셀 이동 때마다 정지선에 닿았는지를 체크하여 정지선에 닿았으면 횡단보도를 인식하고 신호등 불빛에 따라 다르게 행동한다. 또한, 오른쪽 끝에 닿으면 다시 처음 위치로 되돌아간다.

● 실행 화면 미리 보기

① 시작하기 버튼(▶)을 클릭했을 때

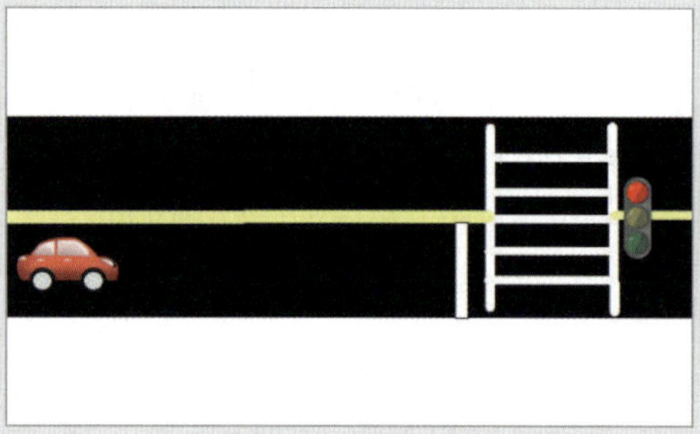

② 정지선에 닿았을 때

「신호등이 있는 횡단보도」프로그램을 구현하기 위해 [흐름] 범주와 [생김새] 범주에 있는 다음 블록들을 이용한다.

[흐름] 범주 블록	설명
만일 참 (이)라면	만일 판단이 참이면 감싸고 있는 블록들을 실행한다.
참 이(가) 될 때까지 기다리기	판단이 참이 될 때까지 실행을 멈추고 기다린다.

[생김새] 범주 블록	설명
(엔트리봇_걷기1▾) 모양으로 바꾸기	오브젝트를 선택한 모양으로 바꾼다.
다음▾ 모양으로 바꾸기	오브젝트 모양을 이전 또는 다음 모양으로 바꾼다.
모양 보이기	오브젝트를 실행 화면에 나타낸다.
모양 숨기기	오브젝트를 실행 화면에 보이지 않게 한다.

1) 배경 오브젝트 추가하기

① 오브젝트 추가하기(+)를 클릭하고 [파일 올리기]를 통해 교재에서 제공된 'ch3_1_2_횡단보도배경.png' 파일을 추가한다.

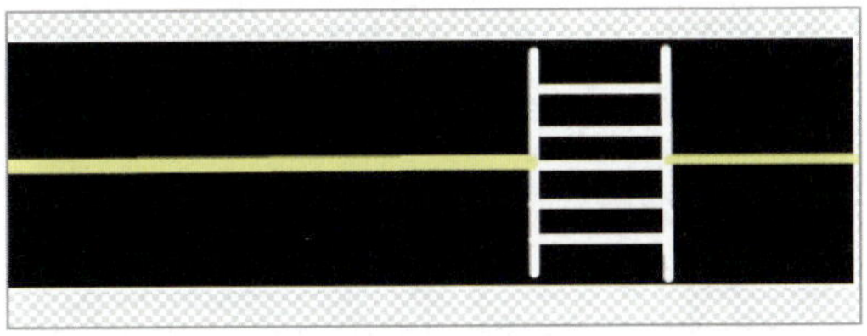

② 오브젝트의 수정 영역에서 다음과 같이 변경하고 자물쇠를 잠근다.
- 이름 : '횡단보도 배경'
- x좌표 : 0, y좌표 : -30, 크기 : 375

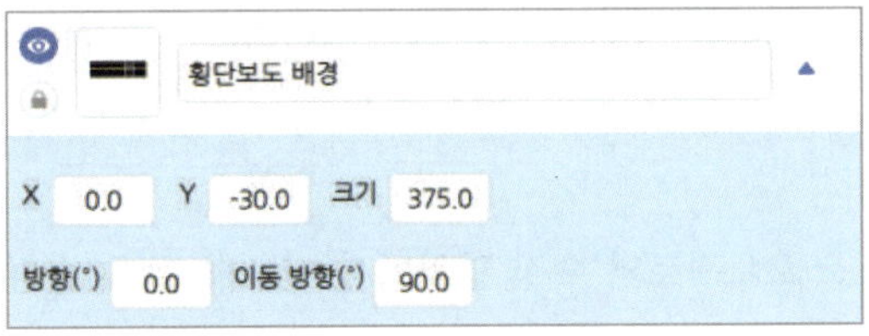

2) '정지선' 오브젝트 추가하기

① 오브젝트 추가하기(+)를 클릭하고 [새로 그리기]를 클릭한다.

② [벡터] 모드에서 [사각형]을 선택하고, [채우기 색상]을 '흰색'으로, [윤곽선 굵기]는 1로 지정하고, '정지선' 모양을 그린 후 [저장하기]를 누른다.

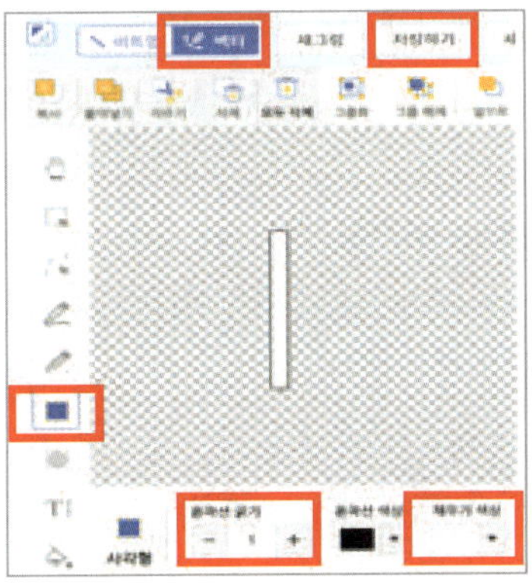

③ 실행 화면에서 크기 조절점과 위치 조절 영역을 이용하여 크기와 위치를 조정한다. (수정 영역에서 수정해도 된다.)

④ 오브젝트의 수정 영역에서 이름을 '정지선'으로 수정한다.

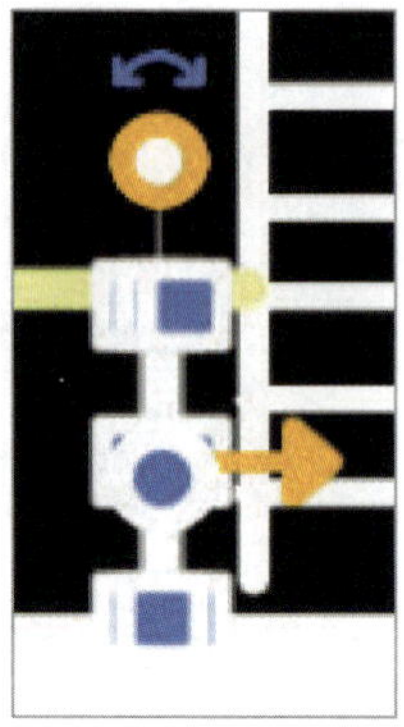

3) '신호등' 오브젝트 추가하기

① 오브젝트 추가하기(+)를 클릭하고 [물건] 중 '신호등(2)'를 추가한다

② [모양]을 클릭하여 모양 이름을 각각 초록, 노랑, 빨강으로 수정하고 '신호등(2)_꺼짐'은 삭제한다. 또한, 각 모양에서 [벡터]를 클릭하고 회전을 90도로 수정한 후 [저장하기]를 누른다.

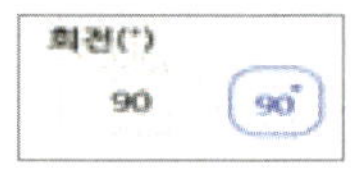

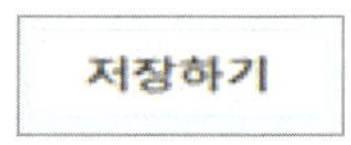

③ 오브젝트의 수정 영역에서 다음과 같이 변경하고 자물쇠를 잠근다.
- 이름 : 신호등
- x좌표 : 160, y좌표 : 0, 크기 : 35

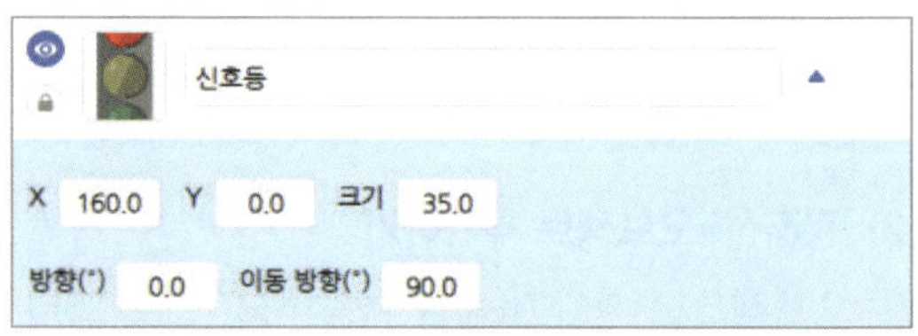

4) '자동차' 오브젝트 추가하기

① 오브젝트 추가하기(+)를 클릭하고 [탈 것] 중 '빨간 자동차'를 추가한다.

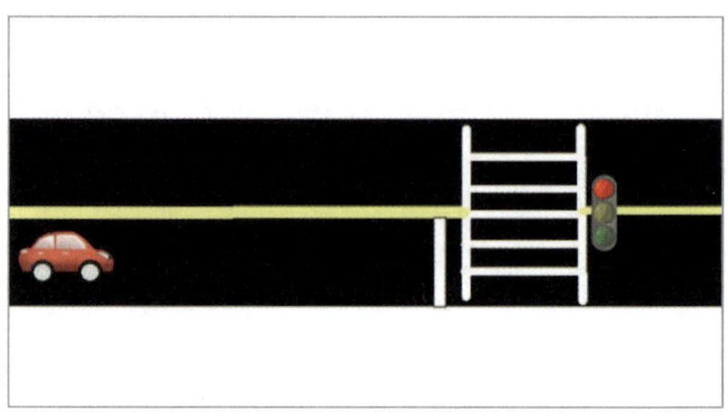

② 오브젝트의 수정 영역에서 다음과 같이 변경하고 자물쇠를 잠근다.

- 이름 : '자동차'
- x좌표 : -200, y좌표 : -30,
- 크기 : 50

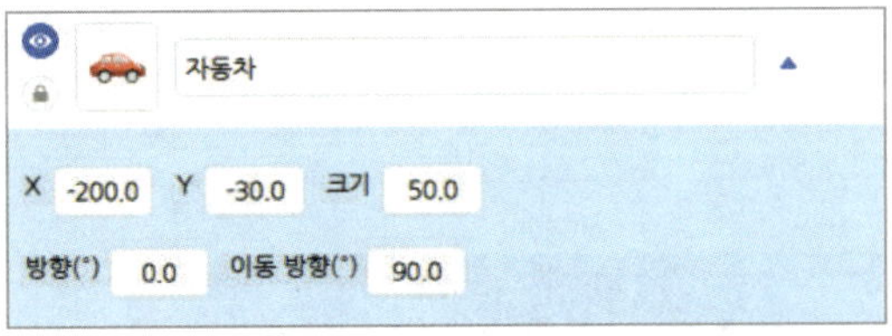

5) '신호등' 스크립트 작성하기

신호등은 실행이 시작되면 빨강으로 초기화되어 있고, 4초마다 한 번씩 '빨강-초록-노랑'의 순서로 다음 색깔로 계속 바뀐다.

6) '자동차' 스크립트 작성하기

① 자동차는 실행이 시작되면 초기 위치(-200, -30)로 이동하고 이동 방향을 오른쪽으로 정한다.

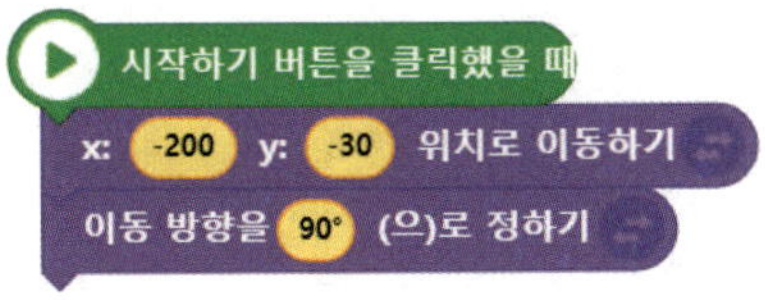

② 다음 반복 블록을 이용하여 (ㄱ) ~ (ㄷ) 단계의 동작을 계속 반복한다.

(ㄱ) 정지선에 닿았는지 체크하고, 정지선에 닿았다면 신호등 색깔을 보고 신호등이 빨간색이나 노란색이라면 초록색이 될 때까지 기다린다.

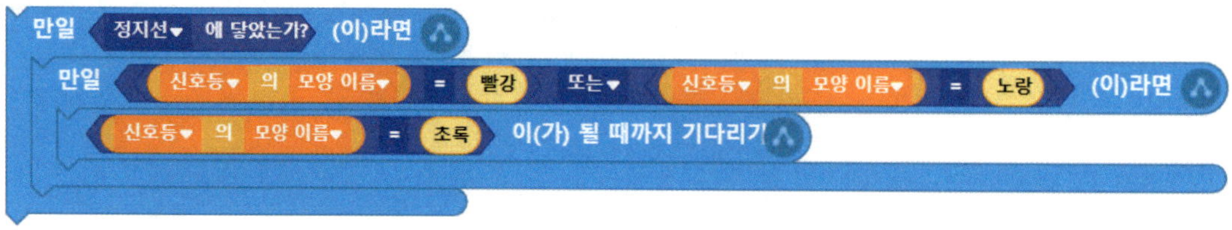

(ㄴ) 오른쪽 끝(오른쪽 벽)에 닿았는지 체크하고, 오른쪽 끝에 닿았다면 모양을 숨기고 초기 위치로 이동하여 다시 모양을 보인다.

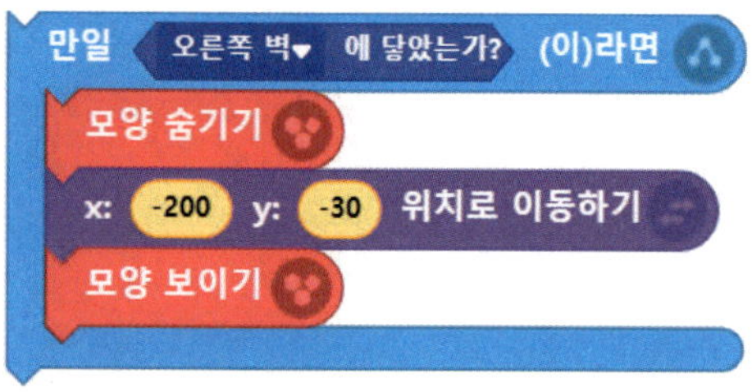

(ㄷ) 이동 방향으로 10픽셀만큼 움직이고 0.2초 기다린다.

최종적으로 신호등이 있는 횡단보도에서 '자동차'의 동작에 대한 선택적 표현 과정을 엔트리로 구현한 프로그램은 다음과 같다. 만일 '자동차'가 횡단보도에서 교통 신호를 잘 지키지 못한다면 무엇이 잘못되었는지 확인해보자.

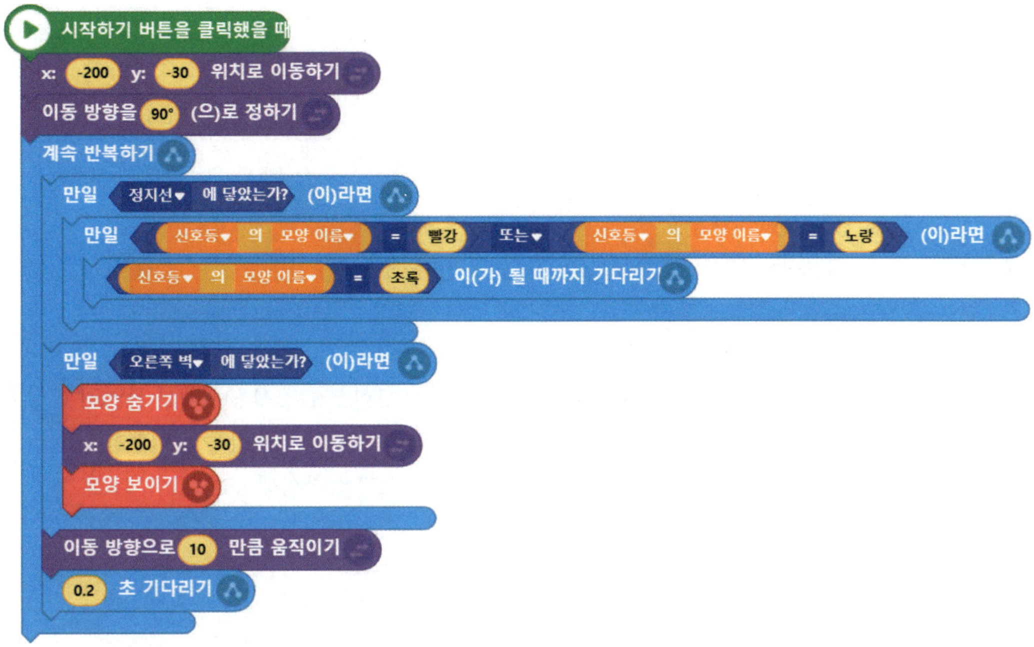

3.1.3. 여러 가지 조건이 있는 선택적 상황

우리가 현실에서 접하게 되는 선택적 상황에는 꼭 한 가지 조건만 있는 건 아니다. 하나의 상황에 여러 가지로 판단할 수 있는 조건들이 존재하고 어떤 조건을 만족하느냐에 따라 다른 행동(분기)이 결정될 수 있다.

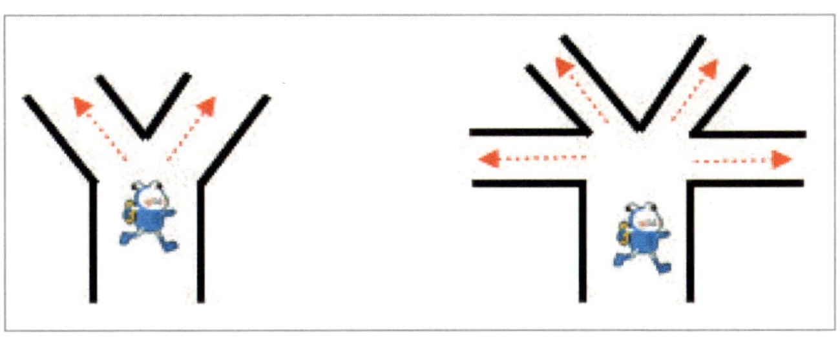

사용자가 입력한 성적에 따라 등급을 매기는 문제를 생각해 보자. 성적은 0점부터 100점까지로 매겨지고 아래 표에서 나타내는 구간에 따라 A ~ F까지 등급을 매긴다고 가정하자. 이 경우 하나의 상황에 여러 가지 조건을 판단해야 하는 선택적 상황이 발생한다. 즉, 입력받은 성적이 0 ~ 100점 사이의 점수인지도 판단해야 하고 0 ~ 100점 사이라면 아래 표에서 나타내는 구간의 어디에 해당하는지를 판단하여 각 등급을 매겨야 한다.

성적	등급
90 ~ 100점 이하	A
80 ~ 90점 미만	B
70 ~ 80점 미만	C
60 ~ 70점 미만	D
0 ~ 60점 미만	F

이 문제를 해결하기 위해 먼저 사용자가 입력한 성적이 유효한 성적 구간인 0 ~ 100점 사이에 해당하는지를 판단하여, 만약 음수이거나 100점을 초과하는 값이 입력되면 성적을 잘못 입력했음을 알리고 그렇지 않으면 위 표에 따라 등급을 매겨서 말하는 엔트리 프로그램을 작성해 보자.

실행 화면 미리 보기

① 사용자에게 성적 입력받기

② 88을 입력으로 받았을 때

③ 120을 입력으로 받았을 때

사용자가 입력한 성적에 따라 등급 매기기 위한 문제를 개조식으로 서술하면 다음과 같다.

① 사용자에게 성적을 묻고 기다린다.
② 사용자가 입력한 값을 성적 변수에 저장한다.
③ 성적이 음수이거나 100을 초과하는 값이면 성적을 잘못 입력했음을 알린다.
④ 성적이 0 ~ 100점 사이이면 받은 점수에 따라 다음과 같이 등급을 매긴다.
  (ㄱ) 90점 이상이면 A를 부여한다.
  (ㄴ) 80점 이상이고 90점 미만이면 B를 부여한다.
  (ㄷ) 70점 이상이고 80점 미만이면 C를 부여한다.
  (ㄹ) 60점 이상이고 70점 미만이면 D를 부여한다.
  (ㅁ) 60점 미만이면 F를 부여한다.

1) 비교 연산자와 논리 연산자

위의 성적에 따라 등급 매기는 문제에서 "성적이 90점 이상이면"에 대한 판단은 성적과 기준숫자(90)를 비교하여 성적이 비교하는 기준숫자보다 큰지 작은지에 따라 행동을 다르게 결정한다. 이러한 비교를 위한 연산자를 비교 연산자라고 하며 비교 연산자의 결과는 항상 논리값('참' 또는 '거짓')으로 나타난다. 엔트리에서는 [판단] 범주에 다음과 같은 비교 연산자를 제공하고 있다.

[판단] 범주 블록 (비교 연산자)	설명
10 = 10	두 값이 같으면 '참'으로 판단한다.
10 != 10	두 값이 같지 않으면 '참'으로 판단한다.
10 > 10	왼쪽에 위치한 값이 오른쪽에 위치한 값보다 크면 '참'으로 판단한다.
10 ≥ 10	왼쪽에 위치한 값이 오른쪽에 위치한 값보다 크거나 같으면 '참'으로 판단한다.
10 < 10	왼쪽에 위치한 값이 오른쪽에 위치한 값보다 작으면 '참'으로 판단한다.
10 ≤ 10	왼쪽에 위치한 값이 오른쪽에 위치한 값보다 작거나 같으면 '참'으로 판단한다.

위의 개조식에서 "80점 이상이고 90점 미만이면"과 같은 조건 판단은 "80점 이상인가"와 "90점 미만인가"의 조건에 대한 비교 연산자 2개가 '그리고'로 연결되어 있는 것을 볼 수 있다. 이 경우는 두 비교 연산자의 결과가 모두 '참'이어야 최종적으로 '참'이 될 수 있다. 이렇게 여러 개의 논리값에 대한 연산자를 논리 연산자라고 한다. 엔트리에서는 [판단] 범주에 다음과 같은 논리 연산자를 제공하고 있다.

[판단] 범주 블록 (논리 연산자)	설명
참 그리고▾ 참	두 판단이 모두 참인 경우 '참'으로 판단한다.
참 또는▾ 거짓	두 판단 중 하나라도 참이 있는 경우 '참'으로 판단한다.
참 (이)가 아니다	해당 판단이 참이면 거짓, 거짓이면 참으로 만든다.

2) 「성적에 따라 등급 매기기」 문제의 해결

위의 「성적에 따라 등급 매기기 」문제 해결 절차를 엔트리 프로그램으로 작성하여 문제 해결 절차의 정확성 여부를 확인해 보자. 여러 가지 선택적 상황에 대한 판단을 프로그램으로 구현하기 위해 위에서 언급한 [판단] 범주 블록들과 다음과 같은 [흐름] 범주 블록을 사용한다.

[흐름] 범주 블록	설명
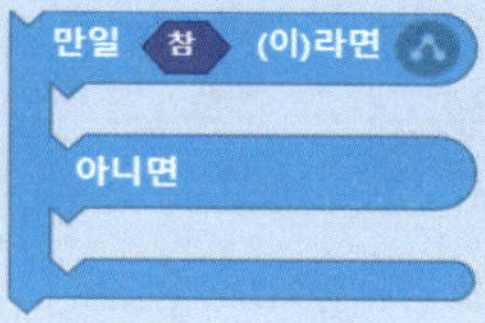	만일 판단이 참이면 첫 번째 감싸고 있는 블록을 실행하고, 거짓이면 두 번째 감싸고 있는 블록을 실행한다.

① 엔트리 프로그램에서 기본으로 제공하는 '엔트리봇' 오브젝트를 사용하자. '엔트리봇' 오브젝트의 위치와 크기를 조절하고 수정 화면에서 자물쇠를 잠근다.

② 사용자가 입력한 값을 저장하기 위한 변수 '성적'과 결정된 등급을 저장하기 위한 변수 '등급'을 일반 변수로 만든다.

③ 시작하기 버튼(+)를 클릭하면, 사용자에게 성적을 묻고 사용자가 입력한 값을 변수 '성적'에 저장한다.

④ 성적이 음수이거나 100을 초과하는 값이면 성적을 잘못 입력했음을 알리고, 0 ~ 100점 사이면 등급을 매긴다. 조건 "음수이거나 100을 초과한다"가 거짓이면 당연히 0 ~ 100 사이가 되므로 다음과 같이 '만일 ~라면 아니면~' 블록을 사용한다.

⑤ ④단계의 '성적에 따라 등급 매기기'는 다음과 같이 구현할 수 있다.

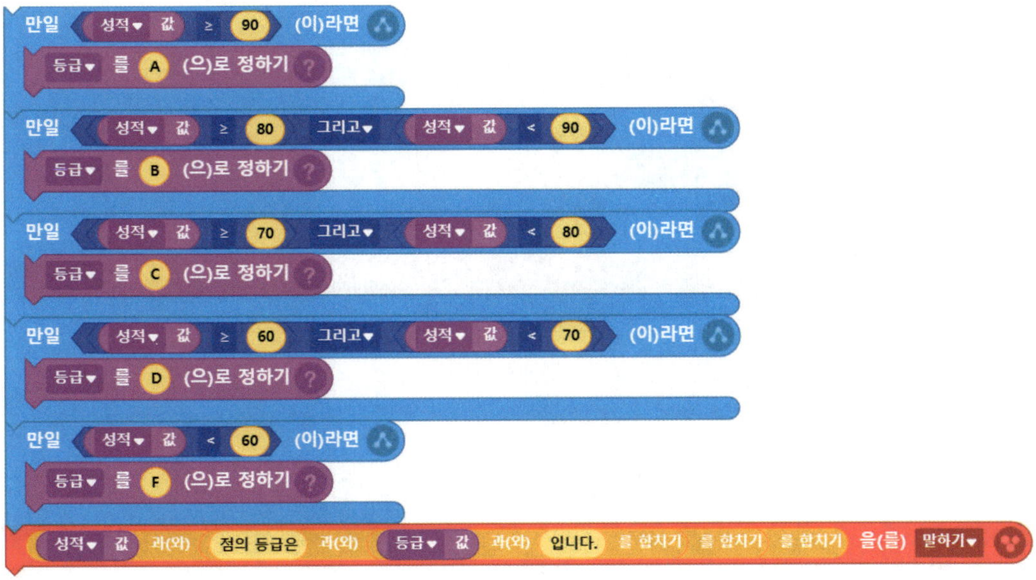

최종적으로 완성한 「성적에 따라 등급 매기기」 문제에 대한 선택적 표현 프로그램은 다음과 같다. 만일 프로그램이 정확하게 동작하지 않는다면 무엇이 잘못되었는지 확인해보자.

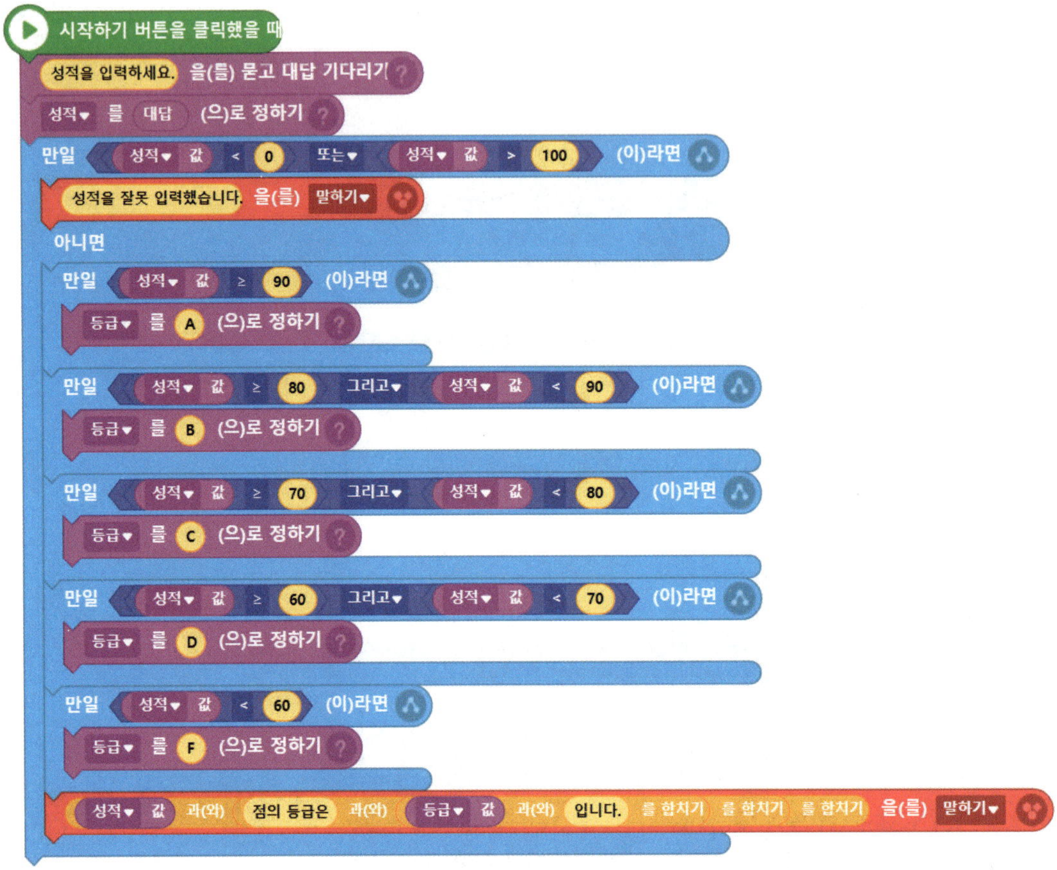
시작하기 버튼을 클릭했을 때
성적을 입력하세요. 을(를) 묻고 대답 기다리기
성적 를 대답 (으)로 정하기
만일 성적 값 < 0 또는 성적 값 > 100 (이)라면
성적을 잘못 입력했습니다. 을(를) 말하기
아니면
만일 성적 값 ≥ 90 (이)라면
등급 를 A (으)로 정하기
만일 성적 값 ≥ 80 그리고 성적 값 < 90 (이)라면
등급 를 B (으)로 정하기
만일 성적 값 ≥ 70 그리고 성적 값 < 80 (이)라면
등급 를 C (으)로 정하기
만일 성적 값 ≥ 60 그리고 성적 값 < 70 (이)라면
등급 를 D (으)로 정하기
만일 성적 값 < 60 (이)라면
등급 를 F (으)로 정하기
성적 값 과(와) 점의 등급은 과(와) 등급 값 과(와) 입니다. 를 합치기 를 합치기 를 합치기 을(를) 말하기

3.2. 선택과 분기가 있는 다양한 문제 표현

앞에서 우리는 현실에서 다양한 선택적 상황에 접하게 되고 선택에 따라 다른 행동(분기)이 결정될 수 있음을 살펴보았다. 본 절에서는 여러 가지 상황에 따른 선택과 분기가 있는 프로그램 중에서 지하철 요금 안내기 프로그램과 자율 주행 자동차, 간단한 계산기 프로그램을 엔트리로 구현해 보자.

3.2.1. 지하철 요금 안내기

연령과 구간을 선택하면 지하철 요금을 안내해 주는 프로그램을 작성해 보자. 연령은 [어른/청소년/어린이]로 구분하고, 구간은 [1구간/2구간]으로 구분한다. 연령/구간별 요금은 오른쪽 표와 같다.

구간 \ 연령	어른	청소년	어린이
1 구간	1,300	1,050	650
2 구간	1,500	1,200	750

프로그램을 시작하면 사용자는 선택하는 순서에 상관없이 연령과 구간을 선택한다. 그러면 선택한 연령과 구간에 대한 요금을 화면에 표시해 준다. REPLAY를 클릭하면 다시 시작할 수 있다.

● **실행 화면 미리 보기**

① 시작하기 버튼(▶)을 클릭했을 때

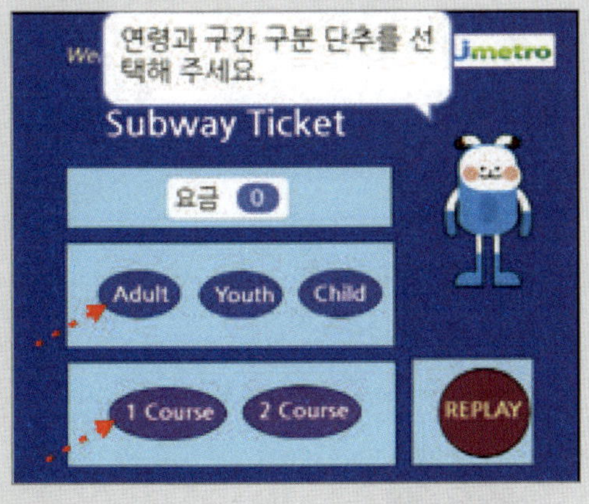

② 연령과 구간을 선택했을 때

「지하철 요금 안내기」 프로그램을 간략하게 개조식으로 서술하면 다음과 같다.

① 안내자('엔트리봇')가 연령, 구간, 요금을 0으로 초기화하고, 안내를 시작한다.
② 다음을 계속 반복 수행한다.
　(ㄱ) **연령과 구간이 모두 선택될 때까지** 기다린다.
　(ㄴ) 선택한 연령과 구간에 따라 **요금 결정하여 화면에 표시**한다.
　(ㄷ) REPLAY를 클릭할 때까지 기다린다.
　(ㄹ) REPLAY를 0으로 초기화한다.

1) 배경 오브젝트 추가하기

① 오브젝트 추가하기(+)를 클릭하고, [파일 올리기]를 통해 교재에서 제공된 'ch3_2_1_요금 안내기 배경.png' 파일을 추가한다.

② 오브젝트의 수정 영역에서 이름을 '요금 안내기 배경'으로, 크기를 295로 수정하고 자물쇠를 잠근다.

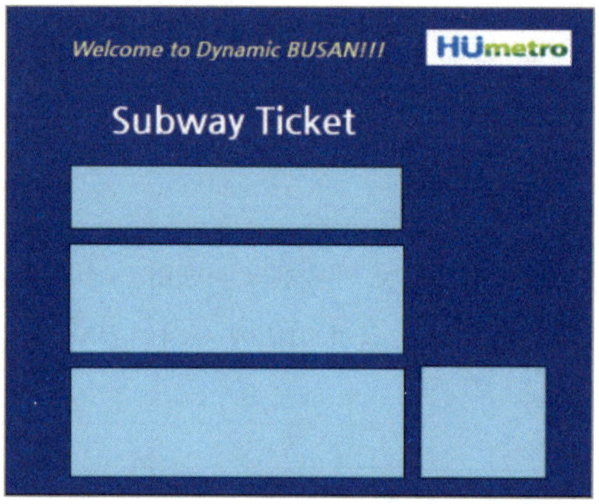

2) 버튼 오브젝트 추가하기

① 오브젝트 추가하기(+)를 클릭하고 [파일 올리기]를 통해 교재에서 제공된 다음 오브젝트 파일들을 추가한다.

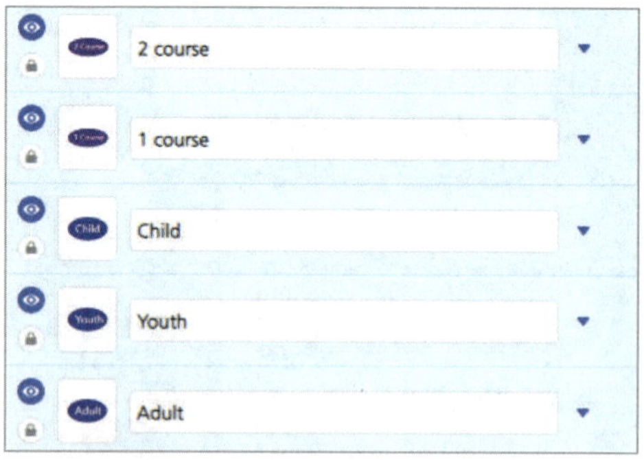

② 오브젝트 추가하기(+)를 클릭하고 [새로 그리기]를 클릭하여 [벡터] 모드에서 REPLAY 버튼 모양을 그리고 그림판 위의 [저장하기]를 누른다.

③ 실행 화면이나 수정 화면에서 REPLAY 버튼의 위치와 크기를 조정하고, 이름을 'REPLAY'로 수정한 후 자물쇠를 잠근다.

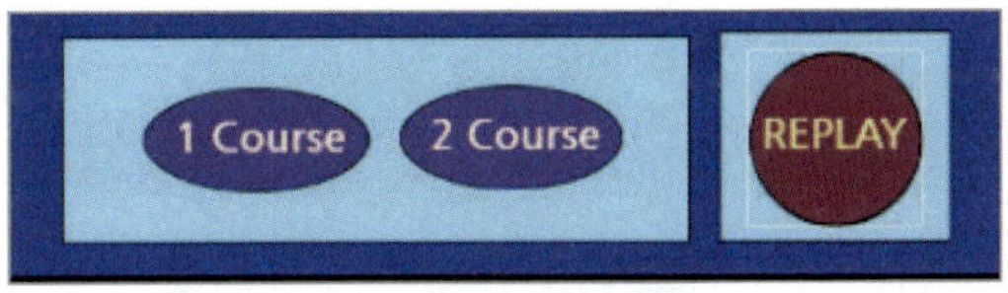

3) '안내자' 오브젝트 추가하기

① 기존의 '엔트리봇' 오브젝트는 삭제하고, 오브젝트 추가하기(+)를 클릭하여 '(3)엔트리봇'을 추가한다.

② 이름을 '안내자'로 수정하고, 위치와 크기를 조정한 후 자물쇠를 잠근다.

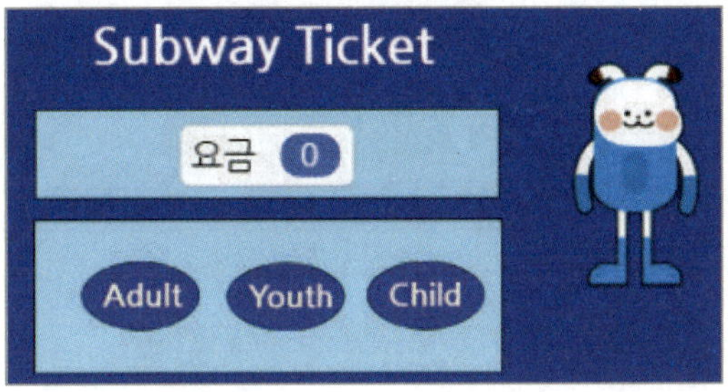

4) 변수 만들기

다음 4개의 변수를 생성하여 '요금' 변수는 실행 화면 위에 표시하고, 나머지 변수들은 숨김 처리 한다.

'age' : 연령을 저장하기 위한 변수이다. Adult를 클릭하면 1을 저장, Youth를 클릭하면 2를 저장, Child를 클릭하면 3을 저장한다.

'course' : 구간을 저장하기 위한 변수이다. 1Course를 클릭하면 1을 저장, 2Course를 클릭하면 2를 저장한다.

'replay' : REPLAY를 클릭했는지 체크하기 위한 변수이다. 프로그램을 시작할 때 0의 값을 지정하고, REPLAY를 클릭하면 1을 저장한다.

'요금' : 연령과 구간에 따라 요금을 계산하여 저장한다.

5) 스크립트 작성하기

7개의 오브젝트를 제어하기 위한 스크립트를 다음과 같이 각각 프로그래밍 한다.

연령(Adult/Youth/Child)과 구간(1Course/2Course) 버튼 스크립트 작성하기

각 버튼을 클릭하면 해당 변수에 값을 지정한다. 해당 변수 값이 바뀌면 안내자가 해당 변수 값을 이용하여 프로그램을 수행한다.

REPLAY 버튼 스크립트 작성하기

REPLAY 버튼을 클릭하면 'replay' 변수에 1을 저장하고, 'age', 'course', '요금' 변수를 0으로 초기화한다.

안내자 스크립트 작성하기

① 시작하기 버튼(▶)을 클릭하면 모든 변수를 0으로 초기화한다.

② 다음 반복 블록을 이용하여 (ㄱ) ~ (ㄷ) 단계의 동작을 계속 반복한다.

(ㄱ) 연령(Adult/Youth/Child)과 구간(1Course/2Course) 구분 버튼을 클릭할 때까지 계속 안내 메시지를 출력한다. 연령과 구간 버튼이 둘 다 선택되면 'age'와 'course' 변수 값이 1이상으로 지정되므로 반복 블록을 빠져 나간다.

(ㄴ) 입력된 연령과 구간에 따라 요금을 계산하여 '요금' 변수에 저장한다. 계산된 요금은 실행 화면 위에 표시된 '요금' 변수에 표시된다.

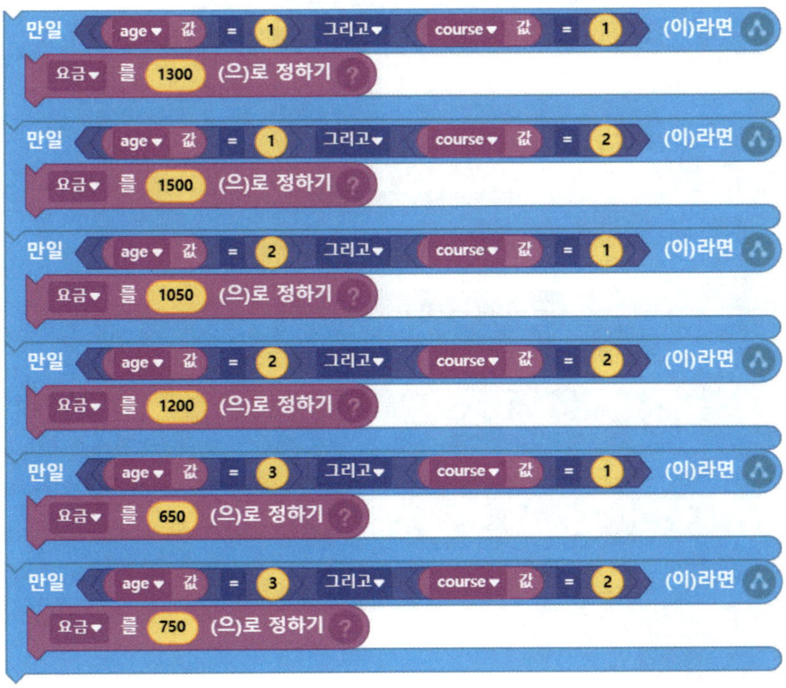

㈂ 요금 계산이 끝나면 REPLAY 버튼을 클릭할 때까지 계속 안내 메시지를 출력한다. REPLAY 버튼이 클릭되면, 'replay' 변수를 0 으로 초기화한다.

최종적으로 완성한 「지하철 요금 안내기」의 안내자에 대한 선택적 표현 프로그램은 다음과 같다. 만일 프로그램이 정확하게 동작하지 않는다면 무엇이 잘못되었는지 확인해보자.

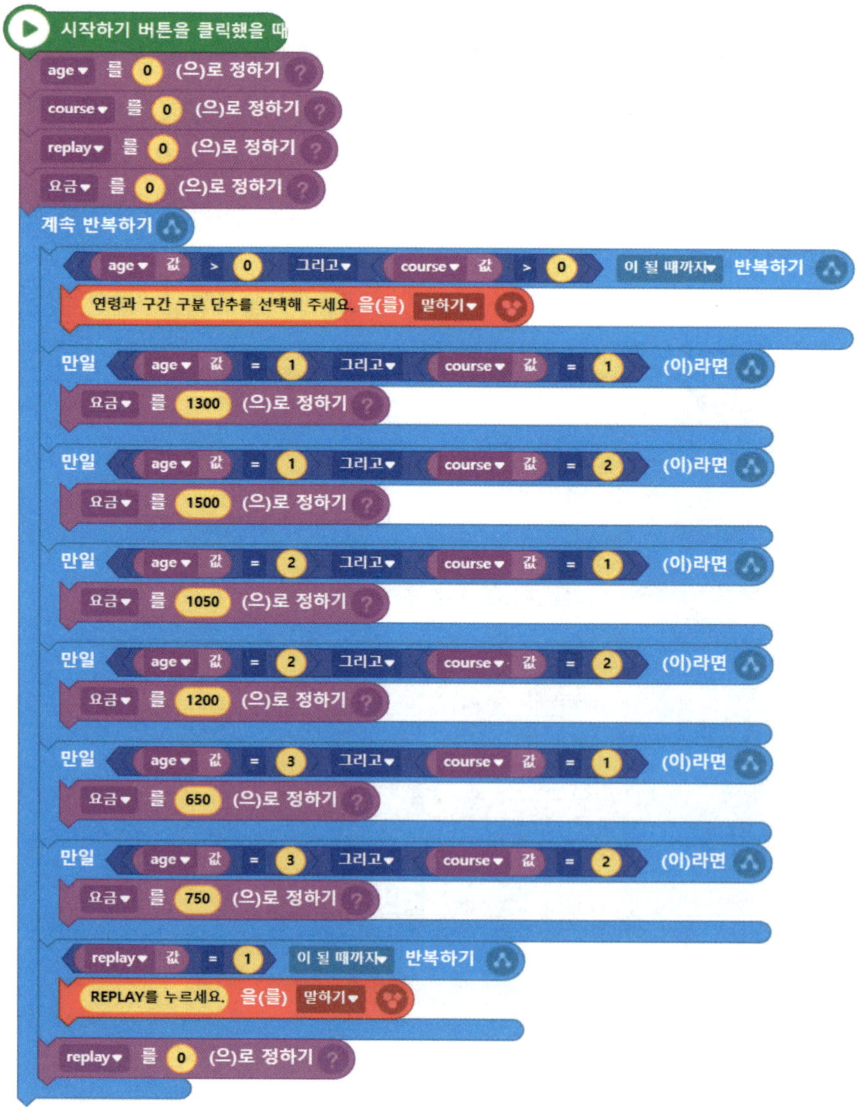

![혼자서 해보기]

혼자서 해보기

지하철 요금 안내기 – 개수 선택 추가

위에서 구현한 지하철 요금 안내기 프로그램에 개수 선택 기능을 추가하여 구현해 보자. (개수에 대한 변수 설정시 슬라이드 기능을 활용해 본다.)

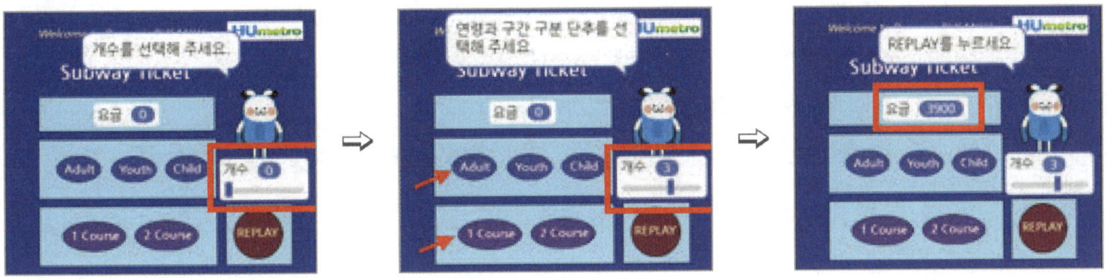

3.2.2 자율주행 자동차

자율 주행 자동차가 도로에서 운행할 때의 선택적 상황을 생각해 보자. 3.1.2절에서 다룬 「신호등이 있는 횡단보도」 문제에서처럼 신호등의 색깔에 따라 운행을 계속하거나 초록불이 될 때까지 기다리는 선택적 상황이 발생한다. 또한, 도로에 사람이나 다른 자동차 등 장애물이 나타났을 때 그 장애물이 안전거리만큼 멀어질 때까지 기다리거나 일정 간격을 유지하면서 운행해야 한다.

여기서는 운행 속도가 다른 두 대의 자동차가 신호등이 있는 도로에서 자율 주행하고 있고, 도로에 갑자기 어린이가 뛰어드는 선택적 상황을 엔트리 프로그램으로 구현해 본다. 신호등은 3초마다 한 번씩 다음 색깔로 바뀌도록 하고, 어린이는 일정 시간 간격으로 도로에 나타나는 상황을 가정한다. 또한, 장애물과의 최소 안전거리는 120픽셀로 가정한다. 두 자동차의 속도를 다르게 하기 위해 스포츠카는 한 번에 30만큼 움직이고 0.5초씩 쉬었다 가고, 빨간 자동차는 한 번에 20만큼 움직이고 0.5초씩 쉬었다 가도록 한다.

● 실행 화면 미리 보기

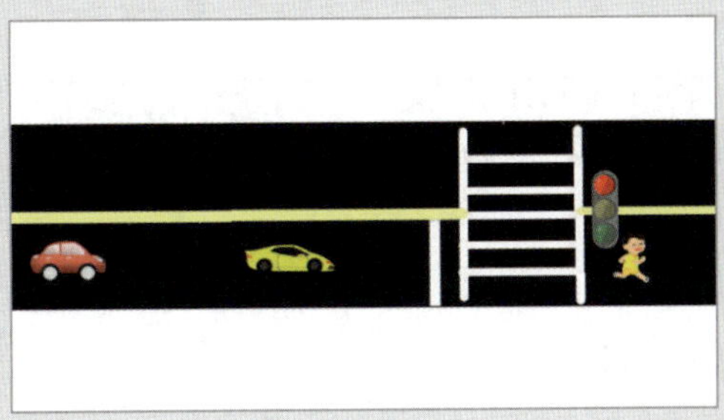

위와 같은 선택적 상황에서 자율 주행 자동차의 동작을 개조식으로 서술하면 다음과 같다.

① 초기 위치에서 이동 방향을 오른쪽으로 향한다.
② 다음 동작을 계속 반복한다.
(ㄱ) 정지선에 닿았다면
- 신호등이 빨간색 또는 노란색이라면, 신호등이 초록색이 될 때까지 기다린다.
(ㄴ) 어린이가 앞에 있고 어린이까지의 거리가 120보다 작으면
- 어린이까지의 거리가 120 이상이 될 때까지 기다린다.
(ㄷ) 다른 자동차가 앞에 있고 다른 자동차까지의 거리가 120보다 작으면
- 다른 자동차까지의 거리가 120 이상이 될 때까지 기다린다.
(ㄹ) 오른쪽 끝까지 가면
- 모양을 숨기고 도로 왼쪽 끝으로 이동한 후 모양을 보인다.
(ㅁ) 자동차의 속도만큼 한 번 움직이고, 0.5초 기다린다.

1) 프로그램 불러오기

3.1.2에서 다룬 「신호등이 있는 횡단보도」프로그램을 불러와서 자율 주행 자동차 프로그램으로 확장하여 구현해 보자. 이를 위해 교재에서 제공한 'ch3_2_2_자율 주행 자동차.ent' 파일을 엔트리로 불러온다.

2) '스포츠카' 오브젝트 추가하기

오브젝트 추가하기(+)를 클릭하고 [탈 것] 중 '스포츠카(1)'을 추가하여 다음과 같이 수정하고 자물쇠를 잠근다.

- 이름 : 스포츠카
- x좌표 : -50, y좌표 : -30, 크기 : 40

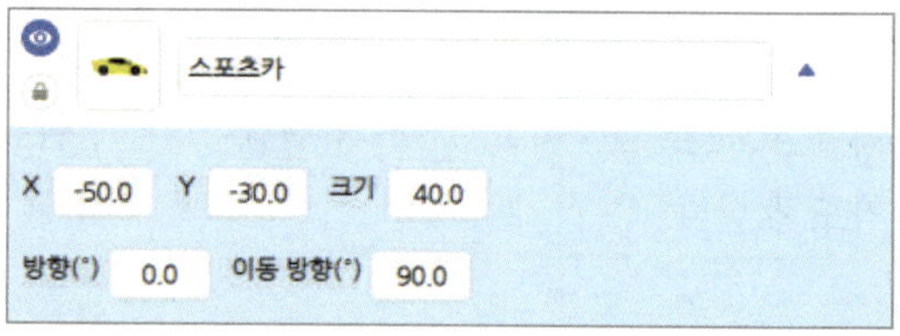

3) '어린이' 오브젝트 추가하기

오브젝트 추가하기(+)를 클릭하고 [사람] 중 '유치원생(1)'을 추가하여 다음과 같이 수정하고 자물쇠를 잠근다.

- 이름 : 어린이
- x좌표 : 180, y좌표 : -30, 크기 : 30

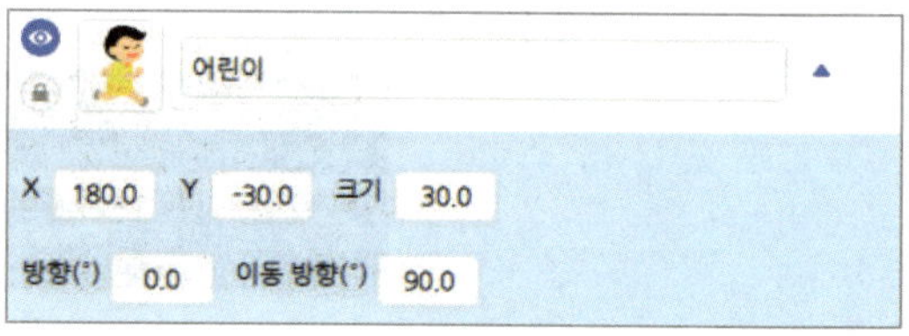

4) '어린이' 스크립트 작성하기

'어린이'가 주기적으로 도로에 뛰어드는 상황을 구현하기 위해 도로 밖과 도로 안의 두 지점을 일정 시간 간격으로 계속 이동하도록 한다.

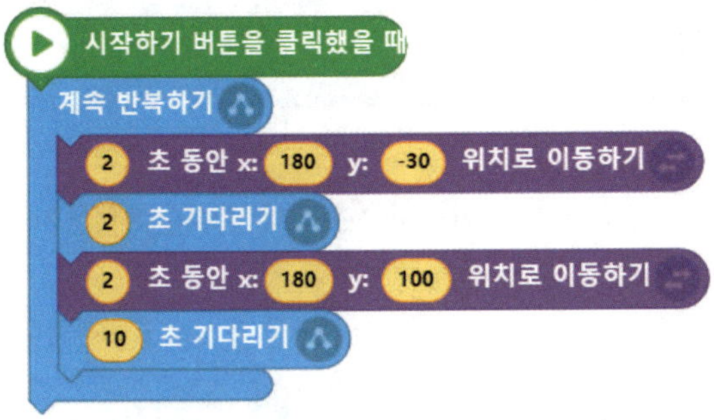

5) '스포츠카' 스크립트 작성하기

① 시작하기 버튼(▶)을 클릭하면 초기 위치(-50, -30)에 위치하고 이동 방향을 오른쪽으로 정한다.

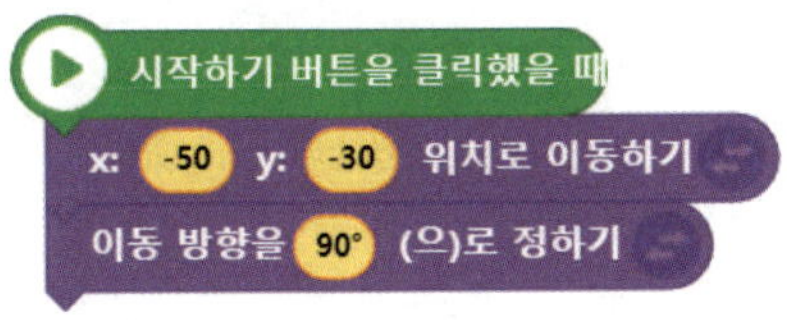

② 다음 반복 블록을 이용하여 (ㄱ) ~ (ㅁ) 단계의 동작을 계속 반복한다.

(ㄱ) '정지선'에 닿았는지 판단하고, 만약 '정지선'에 닿았다면 '신호등'이 빨간색이나 노란색이라면 '신호등'이 초록색이 될 때까지 기다린다.

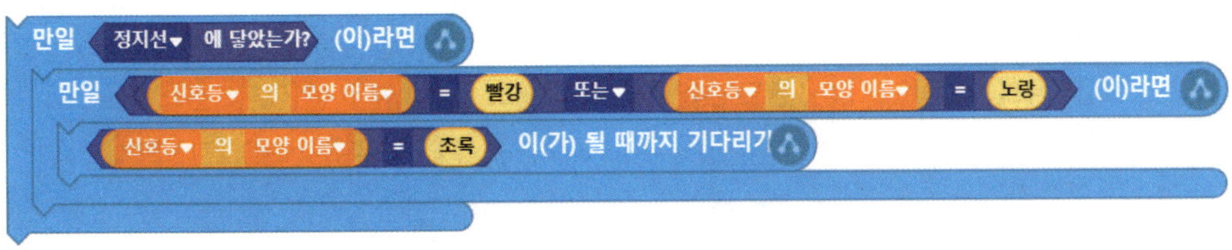

(ㄴ) '어린이'가 '스포츠카'의 앞에 있고 '어린이'까지의 거리가 120보다 작다면 '어린이'까지의 거리가 120 이상이 될 때까지 기다린다.

(ㄷ) '빨간 자동차'가 '스포츠카'의 앞에 있고 '빨간 자동차'까지의 거리가 120보다 작다면 '빨간 자동차'까지의 거리가 120 이상이 될 때까지 기다린다.

(ㄹ) 오른쪽 끝에 닿았다면 모양을 숨기고 왼쪽 끝으로 이동한 후 모양을 보인다.

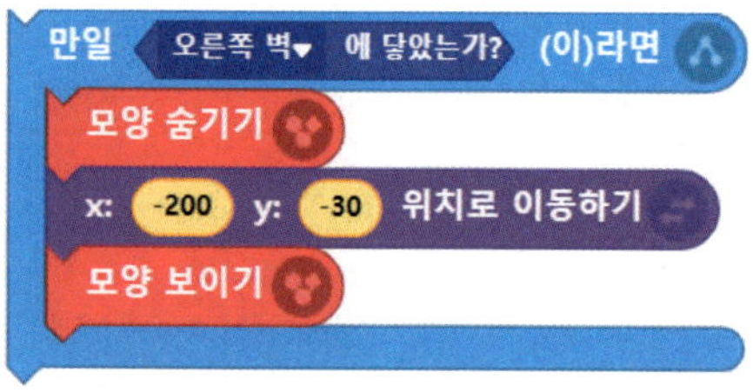

(ㅁ) 이동 방향으로 30만큼 이동하고 0.5초 기다린다.

최종적으로 '스포츠카'의 동작에 대하여 선택적 표현 방법으로 완성한 프로그램은 다음과 같다.

6) '빨간 자동차' 스크립트 작성하기

'빨간 자동차'도 '스포츠카'와 똑같은 원리로 움직이므로 '스포츠카'의 프로그램을 그대로 복사하여 초기 위치를 (-200, -30)으로 하고, '빨간 자동차' 대신 '스포츠카'로, '스포츠카' 대신 '빨간 자동차'로 바꾸어주고, 한 번 움직이는 거리를 20만큼 움직이게 바꾸어 주면 된다.

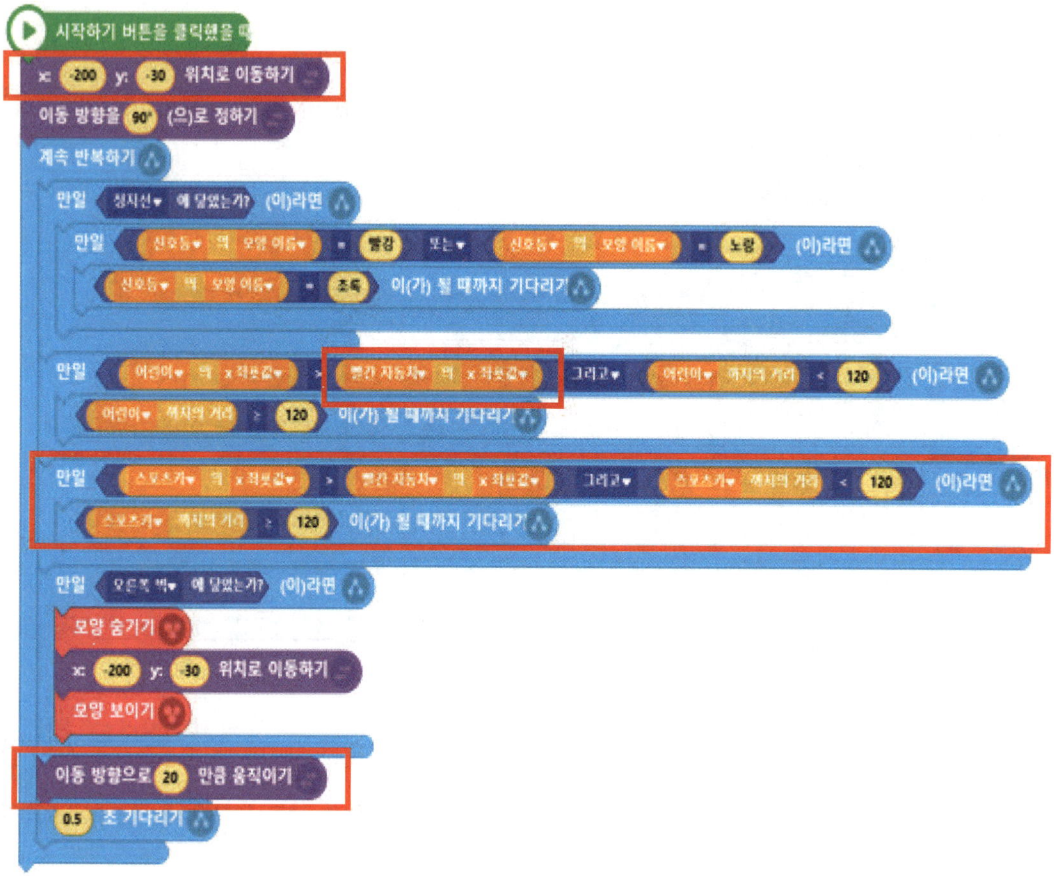

만일 자율 주행 자동차인 '스포츠카'와 '빨간 자동차'가 선택적 상황에 잘 대처하지 못한다면 무엇이 잘못되었는지 확인해보자.

혼자서 해보기

양쪽 도로에서의 자율 주행 자동차 구현하기

위쪽 도로에도 자율 주행 자동차가 운행할 수 있도록 구현해 보자.

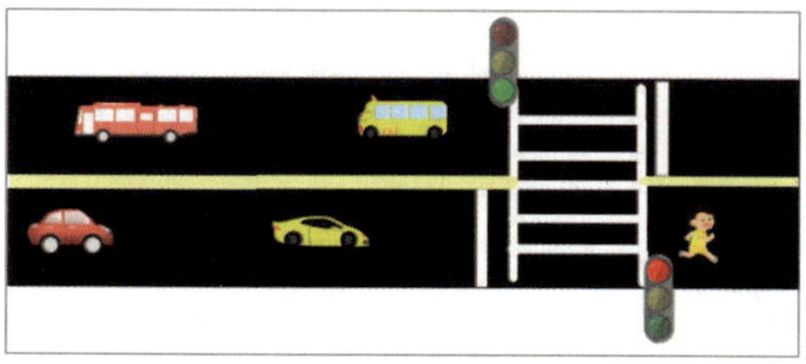

3.2.3. 간단한 계산기 프로그램

두개의 정수에 대한 더하기/빼기/곱하기/나누기 연산이 가능한 간단한 계산기 프로그램을 작성해 보자. 문제의 복잡성을 줄이기 위해 입력 순서와 피연산자 범위에 제한을 두도록 한다. 피연산자는 0을 포함한 양의 정수로 제한하고, 사칙 연산을 위한 수식은 다음과 같은 순서로만 입력 받을 수 있다.

> 피연산자 연산자 피연산자 =
> 예시) 30 + 20 =

위의 입력 예시와 같이 입력은 첫 번째 숫자 입력 → 사칙연산자(+, -, *, /) 입력 → 두 번째 숫자 입력 → 대입연산자(=) 입력의 순서이다. 수식을 입력하면 실행 화면의 EXP에 수식이 표시되고, 대입연산자(=)를 입력하면 계산 결과가 실행 화면의 RESULT에 나타나고 EXP는 초기화된다.

● 실행 화면 미리 보기

① 수식을 입력했을 때 / ② 대입연산자(=)를 입력했을 때

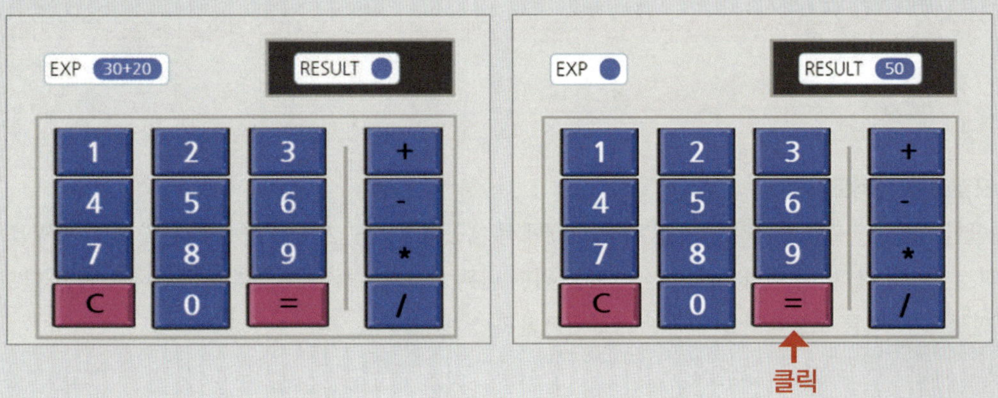

「간단한 계산기」 프로그램을 개조식으로 서술하면 다음과 같다.

① 숫자 버튼을 클릭하면 다음을 수행한다.
　(ㄱ) 이전에 클릭한 숫자와 함께 **첫 번째 입력숫자** 값을 계산한다.
　(ㄴ) 수식 문자열(EXP)에 숫자를 추가한다.
② 연산자(+ , - , * , /)를 클릭하면, 다음을 수행한다.
　(ㄱ) 첫 번째(왼쪽) 피연산자 변수에 지금까지의 입력숫자 값을 저장한다.
　(ㄴ) 입력숫자 값을 초기화한다.
　(ㄷ) 연산자 변수에 클릭한 연산자를 저장한다.
　(ㄹ) 수식 문자열(EXP)에 연산자를 추가한다.
③ 숫자 버튼을 클릭하면 다음을 수행한다.
　(ㄱ) 이전에 클릭한 숫자와 함께 **두 번째 입력숫자** 값을 계산한다.
　(ㄴ) 수식 문자열(EXP)에 숫자를 추가한다.
④ 대입 연산자 (=)를 클릭하면, 다음을 수행한다.
　(ㄱ) 두 번째(오른쪽) 피연산자 변수에 지금까지의 입력숫자 값을 저장한다.
　(ㄴ) 연산자 변수 값에 따라 2개의 피연산자 변수 값으로 더하기, 빼기, 곱하기, 나누기를 수행하여 결과 변수에 저장한다.
　(ㄷ) 입력숫자 값, 피연산자 2개, 연산자, 수식문자열 변수를 모두 초기화한다.
⑤ Clear (C)를 클릭하면, 입력숫자 값, 피연산자 2개, 연산자, 수식문자열, 결과 변수를 모두 초기화한다.

1) 프로그램 불러오기

「간단한 계산기」 프로그램의 구현을 위해 교재에서 제공한 'ch3_2_3_간단한 계산기.ent' 파일을 엔트리로 불러온다. 미리 연산자와 숫자 입력을 위한 버튼 오브젝트들을 추가해 놓았으니 필요한 변수들을 만들고 각 버튼 오브젝트들에 대한 스크립트를 작성해 보자.

2) 변수 만들기

다음 6개의 변수를 생성한다. 'RESULT'와 'EXP'는 실행 화면의 적당한 위치에 위치시키고, 나머지 변수는 숨김 처리한다.

'input_num' : 버튼 오브젝트를 클릭하여 입력되는 숫자 값을 계산하여 저장한다.
예) 1을 클릭한 후 이어서 0을 클릭하면 입력숫자 값은 10이 된다.

'num1' : 왼쪽 피연산자 값을 저장한다.

'num2' : 오른쪽 피연산자 값을 저장한다.

'operator' : 연산자를 저장한다.

'RESULT' : 입력된 수식을 계산한 결과를 저장한다.

'EXP' : 현재까지 입력된 수식 문자열을 저장한다.

3) 스크립트 작성하기

각 숫자(0 ~ 9)와 사칙 연산자(+, -, *, /) 대입 연산자(=), Clear(C) 버튼 오브젝트를 제어하기 위한 스크립트를 각각 프로그래밍 한다.

'Clear(C)' 버튼 스크립트

'Clear(C)' 버튼을 클릭하면 모든 변수를 다음과 같이 초기화한다. 또한, 시작하기 버튼(▶)을 클릭해야 프로그램이 시작되므로 시작하기 버튼(▶)을 클릭했을 때에도 같은 방법으로 초기화되도록 한다. 시작하기 버튼(▶)을 클릭했을 때 초기화하는 부분은 꼭 'Clear (C)' 버튼이 아니더라도 다른 오브젝트에서 구현해도 상관없다.

- 'input_number', 'num1', 'num2' 변수에 0을 저장한다.
- 'operator', 'RESULT', 'EXP' 변수에 공백을 저장한다.

각 숫자 버튼 스크립트

10개의 숫자 버튼 중에서 '숫자1' 버튼의 프로그램은 다음과 같다. '숫자1' 버튼을 클릭하면, 입력숫자 값을 계산하여 'input_number' 변수에 저장하고, 지금까지 입력된 수식 문자열을 저장하기 위한 'EXP' 변수의 맨 뒤에도 추가한다. 다른 숫자(0, 2 ~ 9) 버튼의 경우에 아래 화살표 부분의 값이 해당 숫자 값으로 바뀐다.

연산자(+, -, *, /) 버튼 스크립트

4개의 연산자 버튼 중에서 '더하기(+)' 연산자 버튼의 스크립트는 다음과 같다. 연산자 버튼이 클릭되면 현재의 입력숫자 값('input_num')을 'num1' 변수에 저장하고 입력숫자 값은 0으로 초기화한다. 'operator' 변수에 '+' 기호를 저장하고 수식 문자열을 저장하기 위한 변수인 'EXP'의 맨 뒤에 '+'를 추가한다. 다른 연산자(- , * , /)의 경우에는 아래 그림의 화살표 부분이 해당 연산자로 바뀐다.

'Equal(=)' 버튼 스크립트

① 현재까지의 입력숫자 값을 오른쪽 피연산자 'num2' 변수에 저장한다.

② 연산자에 따라 다음과 같이 계산한다.

㈀ 현재 'operator' 변수 값이 '+' 이면, RESULT = num1 + num2

㈁ 현재 'operator' 변수 값이 '-' 이면, RESULT = num1 - num2

㈂ 현재 'operator' 변수 값이 '*' 이면, RESULT = num1 * num2

㈃ 현재 'operator' 변수 값이 '/' 이면, RESULT = num1 / num2 가 된다.

③ 'input_num'과 'num1', 'num2'는 0으로, 'operator'와 'EXP'는 공백으로 초기화한다.

대입연산자인 'Equal(=)'을 클릭했을 때 입력된 피연산자 2개와 연산자에 따라 계산하는 동작을 선택적 표현으로 구현한 최종적인 엔트리 프로그램은 다음과 같다.

만일 「간단한 계산기」프로그램이 사칙연산을 잘 수행하지 못한다면 무엇이 잘못되었는지 확인해보자. 또한, 우리가 작성한 「간단한 계산기」프로그램은 프로그램의 복잡성을 줄이기 위해 입력 순서를 고정하고 연산도 사칙연산으로 제한하였다. 우리가 사용하는 일반적인 계산기처럼 구현하기 위해서는 어떤 점들을 더 고려해야 하는지 생각해보자.

혼자서 해보기

연속 연산이 가능한 계산기

우리가 구현한 「간단한 계산기」는 반드시 2개의 정수에 대한 연산만 가능하다. 이를 확장하여 더하기/빼기/곱하기/나누기 연산이 연속해서 가능하도록 사칙 계산기 프로그램을 수정해 보자. 사칙 연산을 위한 수식의 입력 순서는 다음과 같다. (단, 피연산자는 0을 포함한 양의 정수로 제한한다.)

> 피연산자 연산자 피연산자 연산자 피연산자 . . . . . =
> 올바른 입력 예시) 30 + 20 - 15 * 2 =
> 틀린 입력 예시) 30 + 20 * 3 * =

위의 입력 예시와 같이 입력은 첫 번째 숫자 입력 → 사칙연산자(+ , - , * , /) 입력 → 두 번째 숫자 입력 → 사칙연산자(+ , - , * , /) 입력 → 세 번째 숫자 입력 → 대입연산자 (=) 입력의 순서이다. 연속 연산이 가능하므로 사칙 연산자 (+ , - , * , /)는 여러 번 입력 가능하다. 하지만, 마지막 사칙연산자와 대입연산자는 연속해서 입력 불가능하다고 가정한다. 즉 대입연산자(=) 앞에는 반드시 정수가 입력되어야 한다.

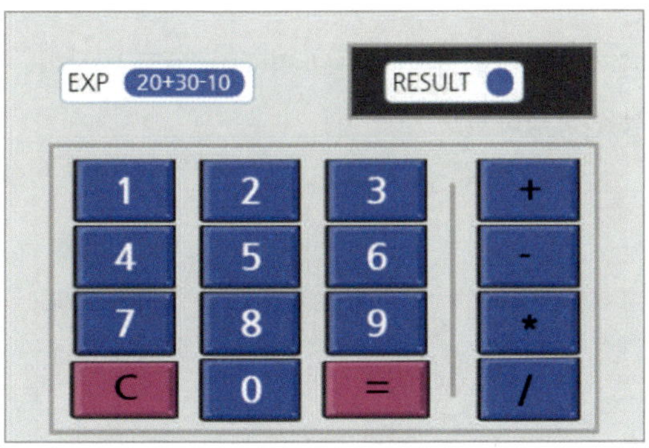

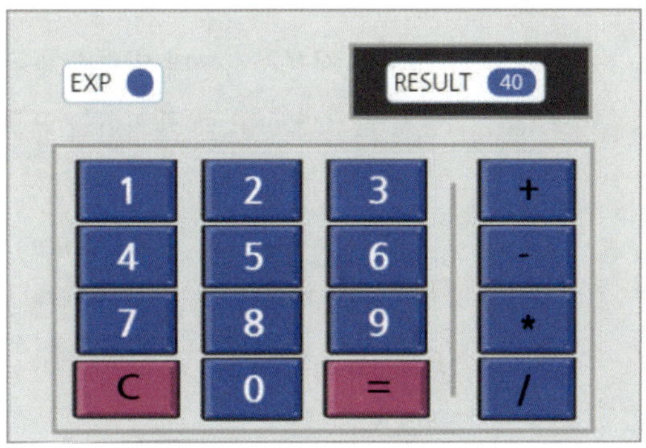

연습문제

● 문제 1

성별/키/체중에 따른 표준/비만/저체중을 판단하는 프로그램을 작성하시오.

(1) 기준이 되는 구별값

(남자) 키 - 100

(여자) (키 - 100) * 0.9

(2) 판단 기준

구별값 〈 (몸무게 - 3) ==〉 비만

구별값 〉 (몸무게 + 3) ==〉 저체중

그 외 ==〉 표준

● 문제 2

필기와 실기 점수를 사용자로부터 입력받아 두 점수가 모두 60점 이상이고 평균이 70점 이상이면 PASS, 그렇지 않으면 FAIL로 표시하는 프로그램을 작성하시오.

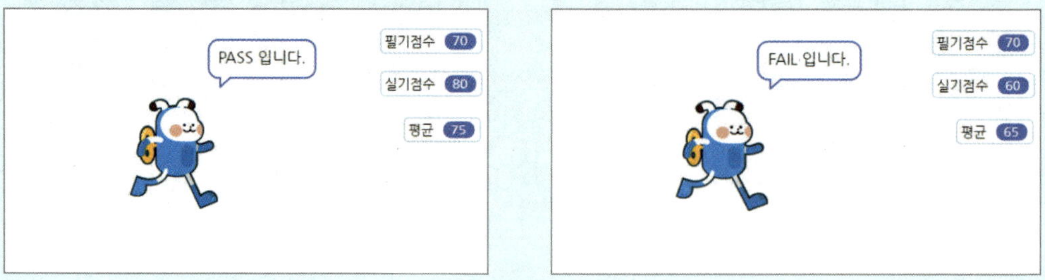

● 문제 3

사용자로부터 입력받은 정수 N이 소수인지 아닌지를 판별하는 프로그램을 작성하시오. (소수 : 1과 자기 자신 외의 숫자로는 나누어떨어지지 않는 수. 2, 3, 5, 7, 11... 등이 있다.)

Part

II

효율적 컴퓨팅 사고

PartII에서는 대량의 자료를 처리하는 방법에 대하여 알아보려고 한다. 자료의 양이 적을 때에는 일일이 자료를 뒤져서 원하는 자료를 찾아도 상관없지만 자료의 양이 수천, 수만 건으로 늘어나면 자료를 하나하나 살펴보기란 말처럼 쉽지 않다. 자료의 양이 많아질 때 가장 우선으로 생각해야 하는 것은 많은 자료를 어디에, 어떻게 넣어 놓을 것인가에 대한 것이다. 자료가 저장되고 정리되는 방식에 따라 정보를 검색하는 방법도 달라지고, 검색에 소요되는 시간도 차이가 나게 된다. 그러므로 본 파트에서 대량의 자료(데이터)를 담아 놓을 수 있는 방법(자료구조)에 대해 알아보고, 그 안에서 빠르게 원하는 정보를 검색할 수 있는 다양한 방법도 살펴보도록 한다.

일상적으로 자료를 정리할 때 표 형태를 가장 많이 사용한다. '회원 정보 리스트', '도서 구매 목록', '용돈 지출 목록' 등등 '리스트' 혹은 '목록'이라는 이름의 표들을 많이 보았을 것이다. 많은 양의 자료를 정리할 때 표 형태를 선호하는 가장 큰 이유는 자료의 관리가 쉽다는 것이다. 표는 동일한 특성을 가진 자료들을 같은 열에 배치하고, 행으로는 관계를 표현할 수 있다. 이러한 표의 특성은 날짜, 이름, 금액 등의 다양한 필드로 자료를 분리하여 정리할 수 있게 해주며, 이를 통해 그 안에서 원하는 정보를 빠르게 찾아낼 수 있게 해준다. 또한 표를 이용하면 새로운 자료를 쉽게 삽입/삭제할 수 있다.

컴퓨터를 이용하여 대량의 자료를 관리할 때도 일상생활과 동일하게 표 형태를 주로 사용한다. 좀 더 자세히 말하면, 컴퓨터 프로그램에서는 대량의 자료 처리를 위해 표 형태를 가지는 리스트 또는 배열이라는 자료구조를 사용한다. 일상생활에서의 표와 동일한 특성을 가진 리스트(배열)는 많은 양의 데이터를 담아놓을 수 있을 뿐 아니라 그 안에서 원하는 정보를 편리하게 찾을 수 있는 방법을 제공한다.

먼저 4장에서는 리스트 구조를 활용한 데이터 관리 방법을 학습한다. 리스트 구조의 필요성과 편리성에 대해 생각해 보고, 자료를 어떤 식으로 리스트에 삽입/삭제하는지 알아본다. 또한 리스트에 들어있는 대량의 데이터에서 정보를 빠르게 검색하는 다양한 검색 알고리즘을 살펴보고, 살펴본 검색 알고리즘을 엔트리 프로그램으로 작성하여 실행해 봄으로써 리스트에 대한 이해와 활용의 정확성을 확인한다.

5장에서는 리스트에 있는 자료들을 정렬하는 방법에 대해 알아본다. 대량의 자료에서 원하는 정보를 빠르게 찾기 위한 필수 조건은 정렬이다. 자료를 원하는 순서에 따라 정렬하는 여러 가지 방법 중에서 속도는 느리지만 초보 프로그래머가 이해하기 쉬운 선택정렬과 버블정렬 알고리즘에 대하여 알아보고 엔트리 프로그램으로 작성해 봄으로써 논리적 컴퓨팅사고 역량을 강화한다.

6장에서는 문제 해결의 가장 기본 원칙이라고 할 수 있는 '나누어 정복하기(Divide & Conquer)'를 다룬다. '나누어 정복하기'는 문제를 하나로 생각하면 복잡하고 어려운 문제이지만, 이 문제를 간단한 작은 문제들로 쪼갠 후 각각을 따로 해결하고 해결된 각 부분을 다시 합쳐서 전체 문제를 해결하는 방법이다. 프로그래밍을 한다는 것은 결국 주어진 문제를 분석하여 보다 쉽게 해결하는 방법을 찾는 것을 의미한다. '나누어 정복하기' 문제 해결 방식은 일상에서 만나는 여러 가지 다양한 문제를 보다 쉽게 해결하기 위한 좋은 방법론이다.

제4장

자료에서 정보 찾기

4.1. 효율적인 자료의 표현과 검색

우리는 종종 '자료'라는 단어와 '정보'라는 단어를 혼용할 때가 있다. 그러나 엄밀히 따지면 두 단어의 의미는 전혀 다르다. 사전에서 두 단어의 뜻을 찾아보면 자료(資料)는 '연구나 조사 따위의 바탕이 되는 재료로써, 만들거나 이루는데 바탕이 되는 물자나 재료'라고 하며, 정보(情報)는 '관찰이나 측정을 통해 수집한 자료를 실제 문제에 도움이 될 수 있도록 정리한 지식 또는 의미 자료'라고 한다. 다시 말해 자료(Data)는 이곳저곳에서 모아온 방대한 양의 값들을 의미하며, 그 자료를 기반으로 하여 만들어낸 지식을 정보(Information)라고 할 수 있다.

인터넷과 개인용 컴퓨터(PC), 모바일 기기 등의 보급이 가속화되면서 개인들이 보유한 자료의 양은 이전 몇십 년 동안 축적된 자료의 양보다 훨씬 많아졌다. 오늘날 대부분의 현대인들은 각자의 PC나 스마트폰에 수백 장의 사진들을 저장하고 있으며, 온라인서비스망(SNS)이나 인터넷 검색 등을 통해 엄청난 양의 자료 파일들을 내려받아 저장하고 매일 새로운 파일을 생성한다. 그런데 정작 필요할 때 원하는 정보가 어디에 있었는지 기억나지 않아 제대로 활용하지 못하는 경우가 많다. 자료는 많이 수집되고 많이 저장되어 있다고 좋은 것이 아니라 필요한 시점에, 필요한 목적에 따라 정보화될 수 있어야 비로소 의미를 가진다.

정보의 홍수 속에 살고 있는 현대인 (그림출처: http://www.ritholtz.com)

이번 장에서는 대량의 자료를 효율적으로 관리할 수 있는 저장 방법과 모여진 자료 속에서 원하는 정보를 빠르게 찾아내는 여러 가지 방법들에 대해서 살펴본다.

4.1.1. 동일 특성을 가진 자료들의 리스트 표현과 활용

여러분들에게 누군가가 수백 명의 회원 연락처 자료를 주면서 보기 좋게 정리를 부탁한다면 어떻게 하겠는가? 대부분은 아래한글이나 엑셀과 같은 프로그램을 이용하여 표 또는 테이블의 형태로 아래 그림처럼 자료를 정리할 것이다.

이름	E-mail	전화 번호	등록일	등록 목적
박주영	hello+pjy@bluehouselab.com	01011131112	2014-03-22	산악회
이동국	hello+ldk@bluehouselab.com	01011131111	2014-03-22	산악회
신사임당	hello+sid@bluehouselab.com	01011121113	2014-03-22	당원
권율	hello+ky@bluehouselab.com	01011121112	2014-03-22	당원
이순신	hello+lss@bluehousela.com	01011121111	2014-03-22	당원
정청래	hello+jcr@bluehouselab.com	01011111125	2014-03-22	뉴스 구독
심재권	hello+sjk@bluehouselab.com	01011111124	2014-03-22	뉴스 구독
박영선	hello+pys@bluehouselab.com	01011111121	2014-03-22	뉴스 구독
신동우	hello+sdw@bluehouselab.com	01011111120	2014-03-22	뉴스 구독
김용동	hello+ked@bluehouselab.com	01011111119	2014-03-22	뉴스 구독
이재오	hello+jolee@bluehouselab.com	01011111118	2014-03-22	뉴스 구독
유시민	hello+you@bluehouselab.com	01011111117	2014-03-22	뉴스 구독
노회찬	hello+nhc@bluehouselab.com	01011111116	2014-03-22	뉴스 구독
김한길	hello+kimhangil@bluehouselab.com	01011111115	2014-03-22	뉴스 구독
정몽준	hello+joon@bluehouselab.com	01011111114	2014-03-22	뉴스 구독
안철수	hello+ahn@bluehouselab.com	01011111113	2014-03-22	뉴스 구독
문재인	hello+moon@bluehouselab.com	01011111112	2014-03-22	뉴스 구독

회원 연락처 자료

대량의 데이터를 정리해야 할 경우 대부분의 사용자들은 표 사용을 선호한다. 위 그림에서처럼 회원 정보를 정리할 때, 회원이 가지고 있는 정보인 이름과 전화번호, E-mail 주소 등 같은 특성을 가진 자료끼리 분류하여 같은 열에 나열함으로써 가독성을 높일 수 있다. 또한 같은 행에 나열된 자료는 하나의 대상에 대한 정보를 의미함으로써 정보 간의 연관성을 표현할 수 있다. 이러한 표의 속성은 사용자가 원하는 정보를 쉽고 빠르게 찾을 수 있도록 한다. 더욱이 이때 기준 값인 이름을 '가나다' 순으로 미리 정렬해 놓으면 먼저 이름 열에서 해당되는 정보를 찾고 같은 행에서 원하는 정보를 검색함으로써 검색 시간을 줄일 수 있다. 또한 표에서는 자료의 삽입과 삭제가 쉽다. 행 단위 혹은 열 단위로 자료를 삽입하거나 삭제할 수 있어서 기존의 자료에 새로운 자료를 처음과 끝 혹은 중간 위치에 간단하게 추가하거나 삭제할 수 있다. 이러한 여러 이유로 일상생활에서 뿐 아니라 컴퓨터에서도 대량 데이터를 처리할 때 표 구조를 활용하여 다양하게 데이터 처리를 할 수 있다.

자료의 리스트 표현

컴퓨터에서 대량의 데이터를 처리하는 방식에 대하여 알아보자. 하드디스크에 저장된 대량의 데이터를 컴퓨터 메모리로 불러들여 처리할 때 데이터를 저장하는 그릇의 역할을 하는 것을 변수라고 한다. 변수는 동일한 특징을 가진 자료들을 넣어다 뺐다하는 저장소라고 볼 수 있다. 변수는 각각 이름을 가지고 있으며 하나의 값을 저장할 수 있다. 그런데 수백 수천의 데이터를 처리하는 프로그램에서 모든 데이터에 대해 변수명을 일일이 붙여가며 저장해야 한다면 변수 이름을 정하고 관리하는데 많은 수고

가 필요할 것이다. 더욱이 각기 다른 이름의 변수 사용은 프로그램의 명령어 나열에서 패턴 생성을 방해함으로써 동일한 형태의 작업임에도 불구하고 반복적 표현으로 나타내는 것이 불가능해진다. 이러한 문제점을 해결해 주는 것이 바로 리스트(List)이다. 컴퓨터 용어로 리스트(또는 '배열(Array)'이라고도 부름)는 프로그램 내에 표 모양의 연속된 공간을 확보하여 그곳에 자료를 저장하고 처리할 수 있도록 하는 자료구조이다. 리스트는 하나의 리스트 이름을 가지며 리스트 내에서 여러 개의 항목 값을 모아서 관리하는 구조이므로 각 항목의 위치 값을 나타내는 항목 번호(인덱스)를 가진다. 즉 리스트는 하나의 이름으로 동일한 특성을 가지는 여러 개의 변수 값을 관리할 수 있다.

예를 들어 학생 100명의 이름과 성적을 각각 관리해야 한다고 가정해 보자. 같은 양의 데이터를 일반 변수로 처리할 경우 100개의 이름과 100개의 성적에 대해 이름을 일일이 붙어가며 변수를 만든 다음 각 변수에 이름과 성적을 하나씩 하나씩 넣거나 빼야 한다. 그러나 리스트로 관리하면 '이름' 리스트와 '성적' 리스트 각각 하나씩 만들어 100개의 이름과 100개의 성적을 한꺼번에 저장해 놓을 수 있다.

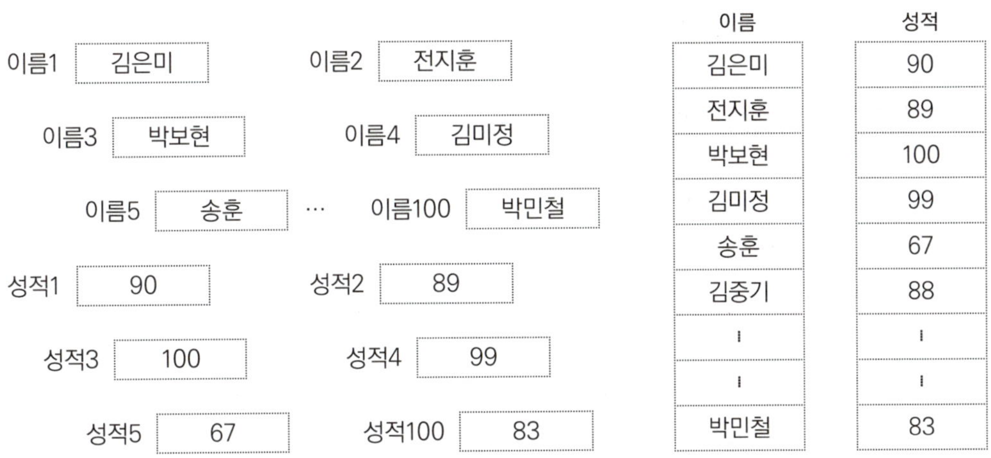

변수에 저장한 경우 리스트에 저장한 경우

리스트는 여러 칸으로 구성된 긴 표와 같은 형태를 가진다. 리스트는 고유한 이름을 가지며, 각각의 칸들은 리스트 항목이라고 부르고, 리스트 항목은 논리적 항목 번호로 구분된다. 따라서 리스트의 각 항목은 리스트의 이름과 항목 번호를 조합해서 명명한다. 예를 들면 이름[1]은 '김은미'이고, '김중기'는 이름[6]에 들어있다고 표현한다.

리스트의 상세 구조

대부분의 프로그램 언어들은 행(row)과 열(column)을 갖는 2차원 형태의 리스트도 사용가능하다. 2차원 리스트의 경우에는 리스트이름 [행번호] [열번호]의 형태로 항목을 나타낸다. 아래 그림에서 시간표 [3] [2]는 '사회'라는 항목 값을 가지고 있다.

시간표

행 \ 열	월	화	수	목	금
1	국어	수학	국어	수학	국어
2	영어	국어	수학	사회	영어
3	미술	사회	체육	미술	체육
4	체육	과학	도덕	영어	한자
5	한자	도덕	영어	과학	사회

2차원 형태의 리스트

저장된 리스트 자료의 활용

리스트를 이용하면 현실 세계에서 표 형태로 표현할 수 있는 대부분의 자료를 프로그램으로 구현할 수 있다. 회사나 기관 등에서 사용하는 인사 정보 관리 시스템, 각종 통계자료 검색 시스템, 금융 정보 조회 시스템 등도 모두 리스트를 활용하여 만들어진 것이다. 또한 초 단위, 분 단위로 발생하는 기록 정보를 모두 리스트에 저장한 후 원하는 시점에서 재생하는 것도 가능하므로 히스토리(history) 혹은 로그(log) 관리 시스템에도 적용할 수 있다. 더 나아가 리스트 기능을 확장 응용하면 시멘틱 검색 및 빅데이터 분석과 같은 차세대 프로그램 제작도 가능해진다.

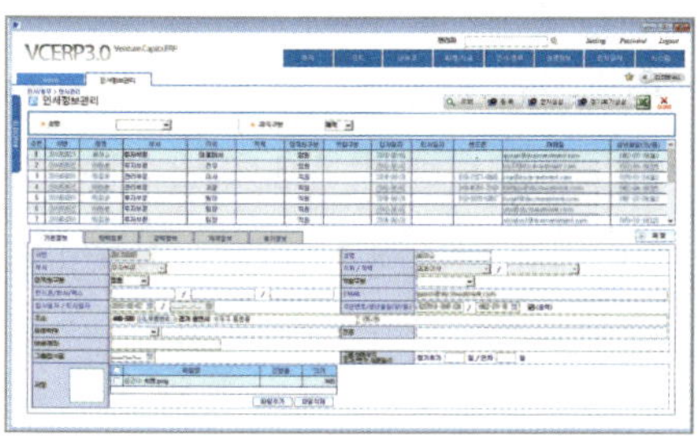

인사 정보 관리 시스템

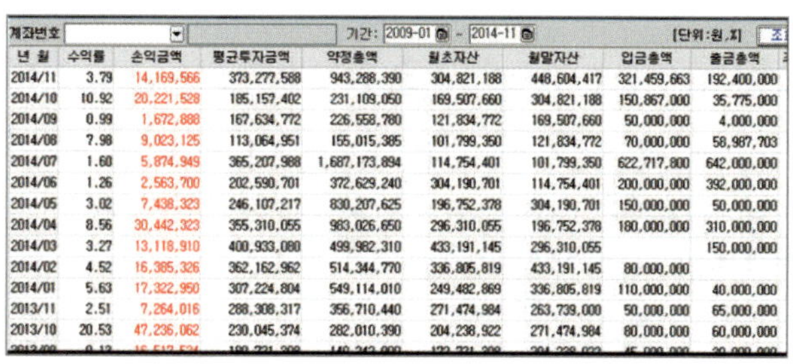

계좌번호 기간: 2009-01 ~ 2014-11 [단위:원,%]

년 월	수익률	손익금액	평균투자금액	약정총액	월초자산	월말자산	입금총액	출금총액
2014/11	3.79	14,169,566	373,277,588	943,288,390	304,821,188	448,604,417	321,459,663	192,400,000
2014/10	10.92	20,221,528	185,157,402	231,109,050	169,507,660	304,821,188	150,867,000	35,775,000
2014/09	0.99	1,672,888	167,634,772	226,558,780	121,834,772	169,507,660	50,000,000	4,000,000
2014/08	7.98	9,023,125	113,064,951	155,015,385	101,799,350	121,834,772	70,000,000	58,987,703
2014/07	1.60	5,874,949	365,207,988	1,687,173,894	114,754,401	101,799,350	622,717,800	642,000,000
2014/06	1.26	2,563,700	202,590,701	372,629,240	304,190,701	114,754,401	200,000,000	392,000,000
2014/05	3.02	7,438,323	246,107,217	830,207,625	196,752,378	304,190,701	150,000,000	50,000,000
2014/04	8.56	30,442,323	355,310,055	983,026,650	296,310,055	196,752,378	180,000,000	310,000,000
2014/03	3.27	13,118,910	400,933,080	499,982,310	433,191,145	296,310,055		150,000,000
2014/02	4.52	16,385,326	362,162,962	514,344,770	336,805,819	433,191,145	80,000,000	
2014/01	5.63	17,322,950	307,224,804	549,114,010	249,482,869	336,805,819	110,000,000	40,000,000
2013/11	2.51	7,264,016	288,308,317	356,710,440	271,474,984	263,739,000	50,000,000	65,000,000
2013/10	20.53	47,236,062	230,045,374	282,010,390	204,238,922	271,474,984	80,000,000	60,000,000

주식 운영 내역 시스템

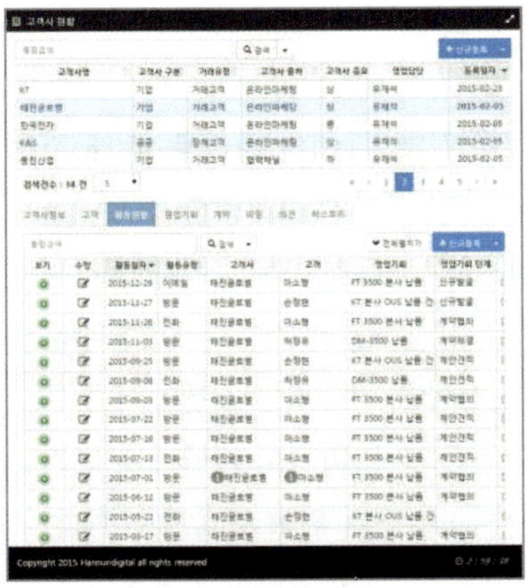

고객사 현황 관리 시스템

국가 통계 포털 시스템

더 알아보기 큐(Queue)와 스택(Stack)

자료 처리 순서에 따라 리스트를 큐 또는 스택의 구조로 응용할 수 있다. 데이터 처리를 할 때 한쪽 방향으로만 데이터가 삽입되고 반대쪽 방향으로 데이터가 삭제되는 처리를 해야 할 경우에는 큐(Queue)구조를 사용한다. 예를 들어 고속도로 휴게소의 음식 주문 컴퓨터 프로그램을 생각해 보자. 주문을 받는 사람과 음식을 만드는 사람이 같은 정보를 공유하여 사용할 것이다. 이때 주문을 받는 사람은 컴퓨터 시스템에 기록을 할 것이고 음식을 만드는 사람은 컴퓨터 시스템에서 주문을 출력을 하여 음식을 만들 것이다. 이때 조리사는 먼저 주문된 것을 먼저 만들어 손님에게 드려야 한다. 이런 경우 시간이 오래된 주문부터 자동으로 출력되도록 처리하기 위해 큐를 이용한다. 이처럼 먼저 삽입된 데이터가 먼저 삭제되는 선입선출(FIFO : First In First Out)의 처리를 원한다면 리스트에 담겨진 데이터를 큐(Queue) 구조로 삽입/삭제하면 된다.

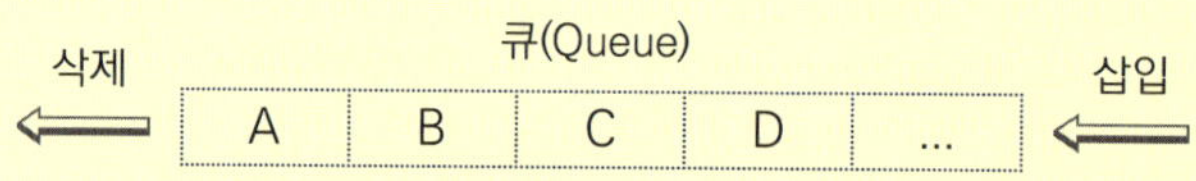

큐의 자료 처리

리스트로 구현할 수 있는 또 다른 처리방식은 스택(Stack)으로, 스택은 데이터의 삽입과 삭제가 같은 방향에서 일어나는 구조이다. 즉 스택은 나중 삽입된 자료가 먼저 빠져나가는 대표적인 후입선출(LIFO : Last In First Out) 방식이다. 역순 문자열 만들기나 최근 본 인터넷페이지 열어보기와 같은 문제를 처리해 할 경우에 스택 구조를 활용하면 쉽게 해결할 수 있다.

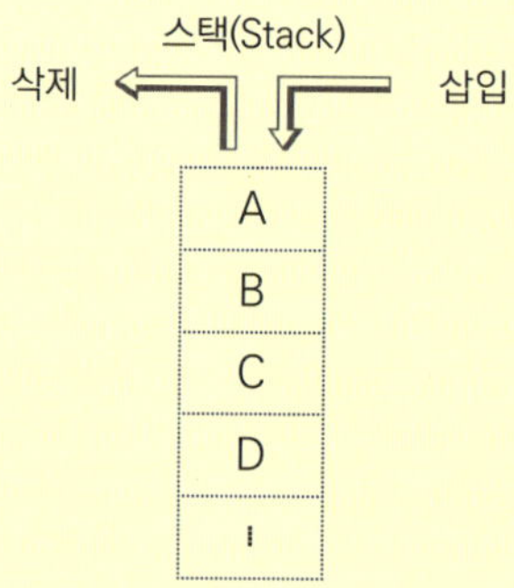

스택의 자료 처리

4.1.2. 대량의 자료 저장이 필요한 프로그래밍

프로그램을 작성하다보면 저장해야 하는 데이터의 양이 너무 많아서 일일이 변수로 저장할 수 없는 경우가 있다. 이런 경우에는 변수 대신 리스트를 이용하면 보다 쉽게 대량의 데이터를 저장할 수 있다.

'엔트리봇' 학교 찾아가기

앞장에서 구현한 「길 찾기」프로그램을 수정하여 다시 작성해보자. 이번에는 처음부터 경로를 정해놓지 말고 방향키를 이용해서 그때그때 경로를 선택해서 학교까지 찾아갈 수 있도록 구현하려고 한다. 그리고 찾아간 경로를 기억하고 있다가 '엔트리봇'이 그대로 재현할 수 있기를 원한다. 이를 위해서는 방향키에 따른 '엔트리봇'의 모든 움직임을 저장해야 한다. 이때 '엔트리봇'이 어디로 어떻게 움직일지 예측할 수 없으므로 '엔트리봇'이 움직인 방향과 좌표를 일일이 변수를 만들어 저장하는 것은 불가능하다. 이런 경우 '엔트리봇'이 움직일 때마다 '엔트리봇'의 움직인 방향과 좌표를 리스트에 저장해 놓는다면, 리스트에 저장된 '엔트리봇'의 움직임을 쉽게 그대로 재현해 볼 수 있다. 엔트리에서 제공하는 리스트 기능을 활용하여 프로그램을 직접 작성해 보면 리스트를 사용했을 때 대량의 데이터를 얼마나 쉽게 관리할 수 있는지 알 수 있을 것이다.

● 실행 화면 미리 보기

① 시작하기(▶)클릭 -> 방향키로 학교를 찾아간다.　② 학교에 도착했을 때, 메시지를 표시한다.

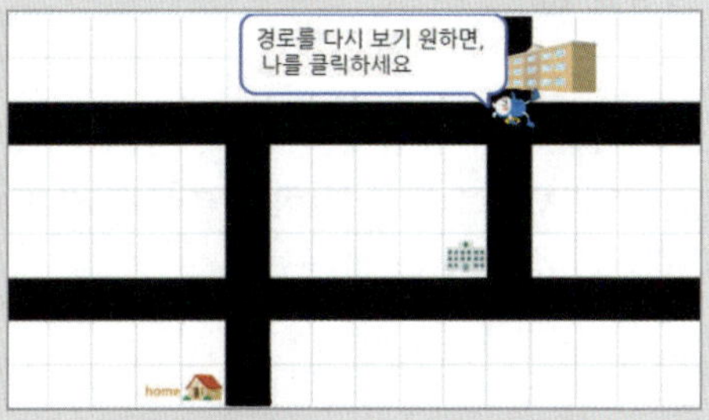

③ '엔트리봇'을 클릭하면, 집에서부터 학교까지의 경로를 그대로 다시 재현한다.

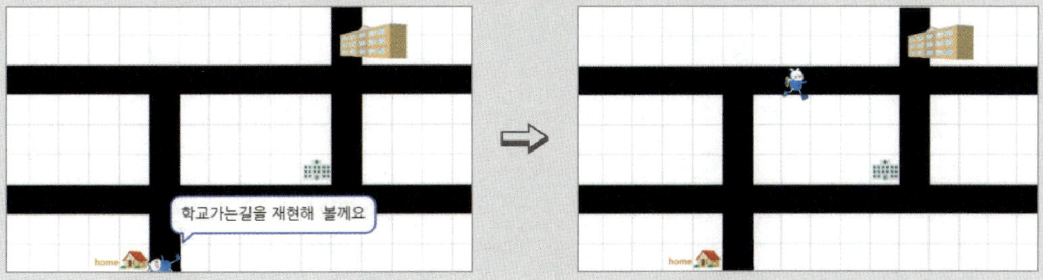

● 프로그램 구현 준비

① 배경 파일 준비 : ch4_1_2_학교찾아가기배경.jpg
② 오브젝트 준비 : '엔트리봇', '학교'
③ 리스트 만들기 : '방향', '좌표-X', '좌표-Y' 3개를 생성한다.
④ 변수 만들기 : '항목번호' 1개의 변수를 생성한다.

1) 배경 파일 불러오기

① 오브젝트 추가하기(+) -> [배경] 탭 - [파일 올리기]에서 'ch4_1_2_학교찾아가기배경.jpg' 그림 파일을 불러와서 추가한다.

② 실행 화면 크기에 맞춰서 크기를 늘린다.

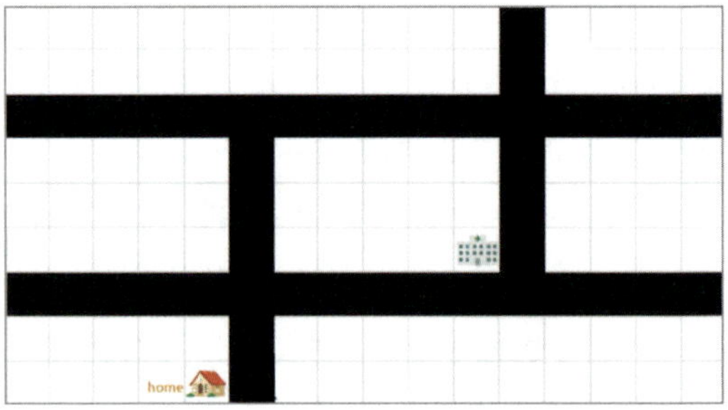

2) '엔트리봇', '학교' 오브젝트 준비하기

① '엔트리봇' 오브젝트는 실행 화면 중앙에 위치시키고, 회전 방식을 '왼쪽-오른쪽' 으로 지정한다.

② 오브젝트 추가하기(+) -> [건물] 범주 -> '학교_2'을 선택한다. -> 크기를 줄여서 해당 위치에 가져다 놓는다.

3) 리스트 만들기

'엔트리봇'이 움직인 방향과 좌표를 저장하기 위한 리스트를 3개 생성한다.

① [자료] 범주에 있는 [리스트 만들기]를 클릭한다.

② [새로운 리스트] 대화 창이 열리면 [리스트 이름]에 '방향'이라고 적고 '모든 오브젝트에 사용', '일반 리스트로 사용'을 선택한 후 [확인]을 누른다.

③ 같은 방법으로 '좌표-X', '좌표-Y' 리스트도 만든다.

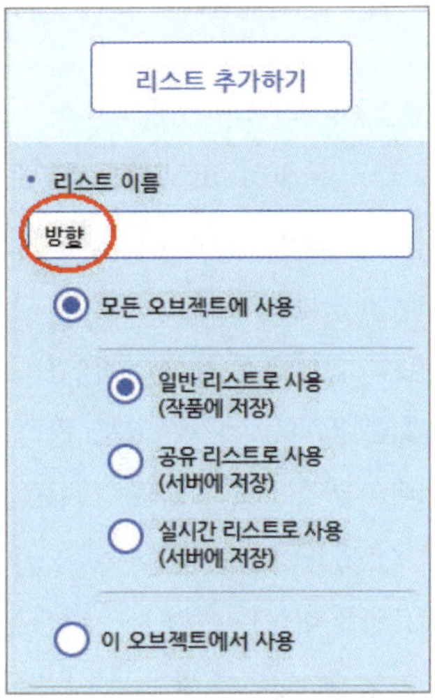

④ 새로운 리스트 '방향', '좌표-X', '좌표-Y'가 생성되었고, 실행 화면에 리스트가 나타난다. 리스트에 입력된 데이터가 아직 없으므로 빈 공간으로 보이며, 숨기기를 원하는 경우에는 눈동자를 클릭하면 리스트가 표시되지 않는다.

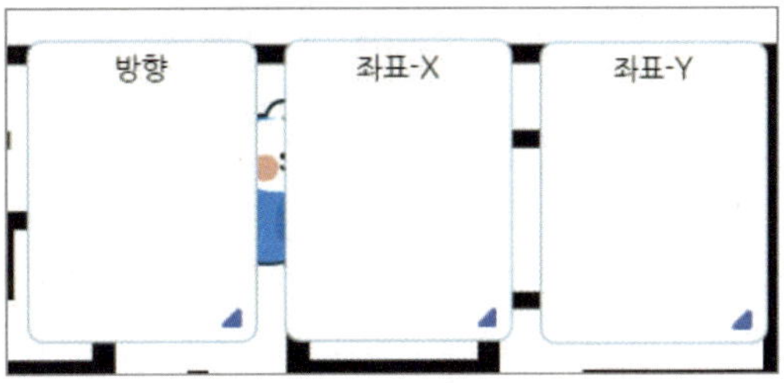

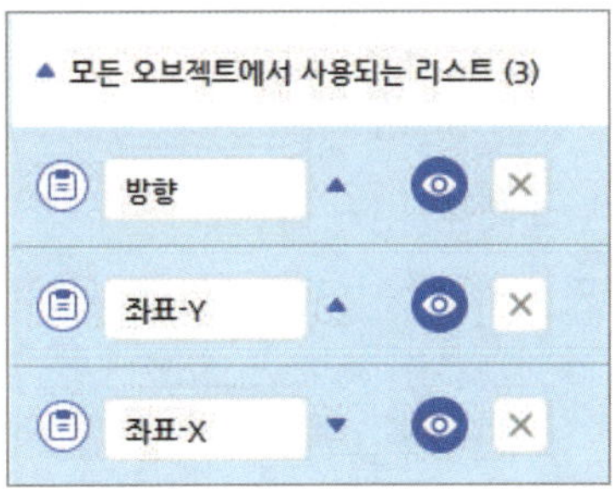

4) 프로그램 구현하기

▶ 시작하기(▶)를 클릭했을 때, '엔트리봇'은 다음과 같이 움직인다.

① (ㄱ) 크기를 30으로 정한다.
② (ㄴ) 시작위치로 이동하여 이동방향을 90으로 정한다.
③ (ㄷ) "방향키를 이용하여 학교를 찾아가세요"라고 2초 동안 말한다.
④ (ㄹ) 다음을 무한 반복한다.
⑤ ⓐ 만약 위쪽 화살표 키가 눌러져 있는가? 이면,
- 방향을 270 으로 정하고, 1 만큼 움직이기
- 엔트리봇의 방향, X좌표, Y좌표 값을 '방향', '좌표-X', '좌표-Y' 에 추가하기
- 다음 모양으로 바꾸기

⑥ ⓑ 만약 아래쪽 화살표 키가 눌러져 있는가? 이면,
- 방향을 90 으로 정하고, 1 만큼 움직이기
- 엔트리봇의 방향, X좌표, Y좌표 값을 '방향', '좌표-X', '좌표-Y' 에 추가하기
- 다음 모양으로 바꾸기

⑦ ⓒ 만약 오른쪽 화살표 키가 눌러져 있는가? 이면,
- 방향을 0 으로 정하고, 1 만큼 움직이기
- 엔트리봇의 방향, X좌표, Y좌표 값을 '방향', '좌표-X', '좌표-Y' 에 추가하기
- 다음 모양으로 바꾸기

⑧ ⓓ 만약 왼쪽 화살표 키가 눌러져 있는가? 이면,
- 방향을 180으로 정하고, 1 만큼 움직이기
- 엔트리봇의 방향, X좌표, Y좌표 값을 '방향', '좌표-X', '좌표-Y' 에 추가하기
- 다음 모양으로 바꾸기

⑨ ⓔ 만약 '학교' 오브젝트에 닿았는가? 이면,
- "도착"을 1초 동안 말하기
- 반복을 종료한다.

⑩ (ㅁ) "경로를 다시 보기 원하면, 나를 클릭하세요"라고 말한다.

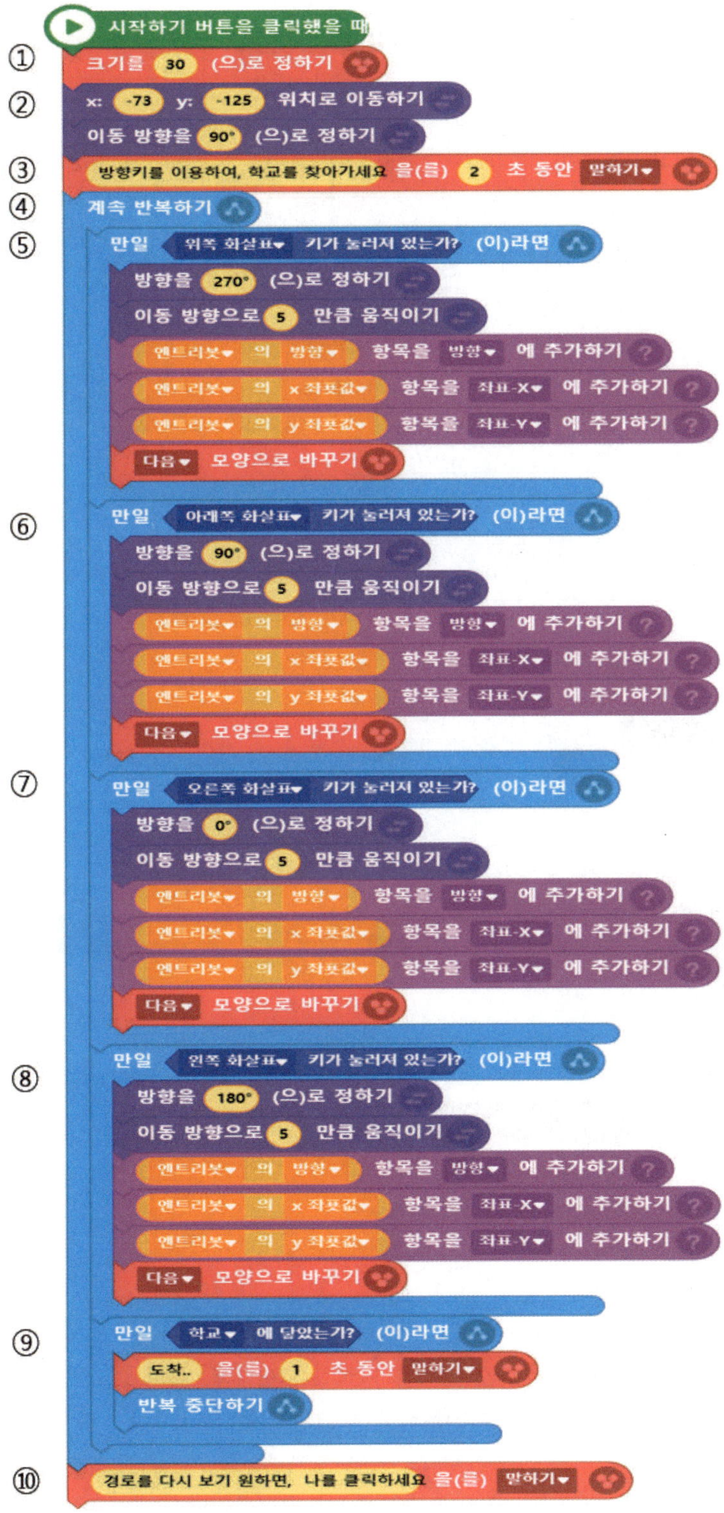

시작하기 버튼을 클릭했을 때
① 크기를 30 (으)로 정하기
② x: -73 y: -125 위치로 이동하기
이동 방향을 90° (으)로 정하기
③ 방향키를 이용하여, 학교를 찾아가세요 을(를) 2 초 동안 말하기
④ 계속 반복하기
⑤ 만일 위쪽 화살표 키가 눌러져 있는가? (이)라면
방향을 270° (으)로 정하기
이동 방향으로 5 만큼 움직이기
엔트리봇 의 방향 항목을 방향 에 추가하기
엔트리봇 의 x 좌푯값 항목을 좌표-X 에 추가하기
엔트리봇 의 y 좌푯값 항목을 좌표-Y 에 추가하기
다음 모양으로 바꾸기
⑥ 만일 아래쪽 화살표 키가 눌러져 있는가? (이)라면
방향을 90° (으)로 정하기
이동 방향으로 5 만큼 움직이기
엔트리봇 의 방향 항목을 방향 에 추가하기
엔트리봇 의 x 좌푯값 항목을 좌표-X 에 추가하기
엔트리봇 의 y 좌푯값 항목을 좌표-Y 에 추가하기
다음 모양으로 바꾸기
⑦ 만일 오른쪽 화살표 키가 눌러져 있는가? (이)라면
방향을 0° (으)로 정하기
이동 방향으로 5 만큼 움직이기
엔트리봇 의 방향 항목을 방향 에 추가하기
엔트리봇 의 x 좌푯값 항목을 좌표-X 에 추가하기
엔트리봇 의 y 좌푯값 항목을 좌표-Y 에 추가하기
다음 모양으로 바꾸기
⑧ 만일 왼쪽 화살표 키가 눌러져 있는가? (이)라면
방향을 180° (으)로 정하기
이동 방향으로 5 만큼 움직이기
엔트리봇 의 방향 항목을 방향 에 추가하기
엔트리봇 의 x 좌푯값 항목을 좌표-X 에 추가하기
엔트리봇 의 y 좌푯값 항목을 좌표-Y 에 추가하기
다음 모양으로 바꾸기
⑨ 만일 학교 에 닿았는가? (이)라면
도착.. 을(를) 1 초 동안 말하기
반복 중단하기
⑩ 경로를 다시 보기 원하면, 나를 클릭하세요 을(를) 말하기

▶ **'엔트리봇' 오브젝트를 클릭했을 때, '엔트리봇'은 다음과 같이 움직인다.**

①	(ㄱ) 시작위치로 이동한다.
②	(ㄴ) "집에서 출발!!" 라고 1초 동안 말한다.
③	(ㄷ) '항목번호'를 1 로 정한다.
④	(ㄹ) '좌표-X' 리스트의 항목 수만큼 다음을 반복 수행한다.
⑤	ⓐ 방향을 '방향' 리스트의 '항목번호'번째 값으로 정한다.
⑥	ⓑ '좌표-X', '좌표-Y' 리스트의 '항목번호'번째 값 위치로 이동한다.
⑦	ⓒ '항목번호'를 1 증가시킨다.
⑧	ⓓ 0.02 초 기다린다.
⑨	ⓔ 다음 모양으로 바꾼다.
⑩	(ㅁ) "도착!!, 다시 경로를 확인하려면 나를 클릭하세요"라고 말한다.

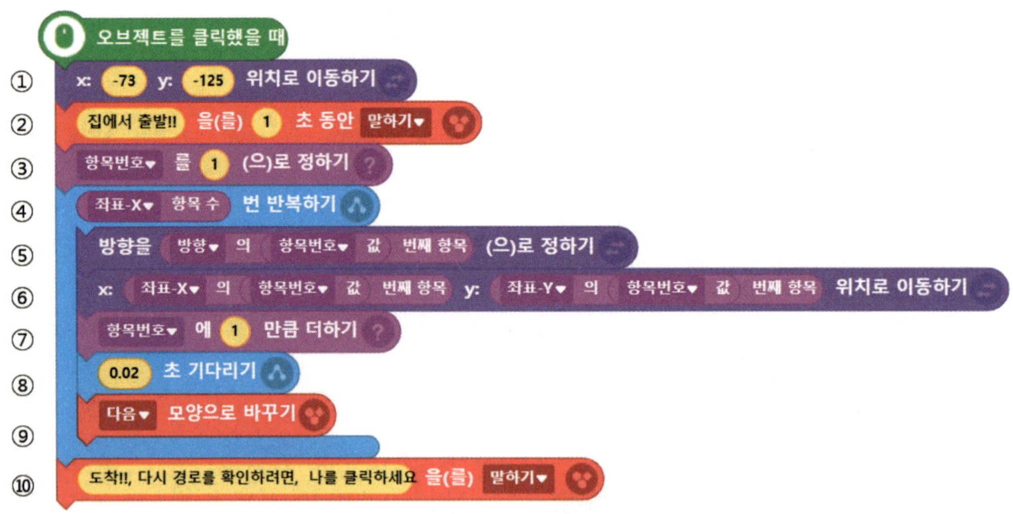

5) 실행하기

시작하기(▶)를 누른 후 키보드의 방향키를 이용하여 '엔트리봇'을 집에서부터 학교까지 이동 시킨다. 학교에 도착한 후에 '엔트리봇'이 "경로를 다시 보기 원하면, 나를 클릭하세요" 라고 말하면 '엔트리봇'을 클릭한다. '엔트리봇' 오브젝트를 클릭했을 때, '엔트리봇'이 왔던 길을 그대로 다시 재현하는지를 확인해 본다.

더 알아보기 리스트를 관리하는 블록들 알아두기

[자료] 범주에서 새로운 리스트를 만들면 리스트를 관리하는 블록들이 나타난다. 이 블록들을 이용하여 리스트에 데이터를 삽입, 삭제 또는 검색할 수 있다.

블록	설명
홍길동 항목을 이름▾ 에 추가하기	'홍길동' 항목을 '이름' 리스트에 추가한다. 이미 입력된 항목이 있는 경우, 항상 리스트의 맨 뒤에 추가된다.
1 번째 항목을 이름▾ 에서 삭제하기	'이름' 리스트의 1번째 항목을 삭제한다. 숫자 1을 바꿔 원하는 항목을 삭제할 수 있다.
홍길동 을(를) 이름▾ 의 3 번째에 넣기	'이름' 리스트 3번째 항목에 '홍길동'을 삽입한다. 숫자 3을 바꿔 원하는 위치에 새로운 값을 삽입할 수 있다.
이름▾ 3 번째 항목을 홍길동 (으)로 바꾸기	'이름' 리스트 3번째 항목의 값을 '홍길동'으로 바꾼다. 숫자 3을 바꿔 원하는 위치 값을 다른 값으로 수정할 수 있다.
이름▾ 의 1 번째 항목	'이름' 리스트 1번째 항목 값을 반환한다. 숫자 1을 바꿔 원하는 위치의 값을 알아낼 수 있다.
이름▾ 항목 수	'이름' 리스트의 총 항목 개수를 반환한다.
이름▾ 에 홍길동 이 포함되어 있는가?	'이름' 리스트 항목 값 중 '홍길동'이 포함되었는지 확인하여 true/false 값을 반환한다.
리스트 이름▾ 보이기	실행 화면에 '이름' 리스트를 보이게 한다.
리스트 이름▾ 숨기기	실행 화면에 '이름' 리스트를 숨긴다.

학생정보 추가/삭제하기

앞에서 설명했듯이 100명의 학생 정보를 저장하고 관리하기 위해서 100개 이상의 변수를 이용할 수는 없다. 반드시 리스트라는 자료 구조를 활용하는 것이 효율적이다. 먼저 리스트에 새로운 데이터를 추가하거나 특정 데이터를 삭제하는 기능을 익히기 위해서, 학생의 학번과 이름을 저장하기 위한 리스트를 생성하고 새로운 정보를 추가하거나 삭제하는 프로그램을 구현해 보자.

● 실행 화면 미리 보기

① '추가하기' 오브젝트 클릭 -> 학번, 이름을 순서대로 입력받는다. -> 맨 마지막 항목에 추가한다.

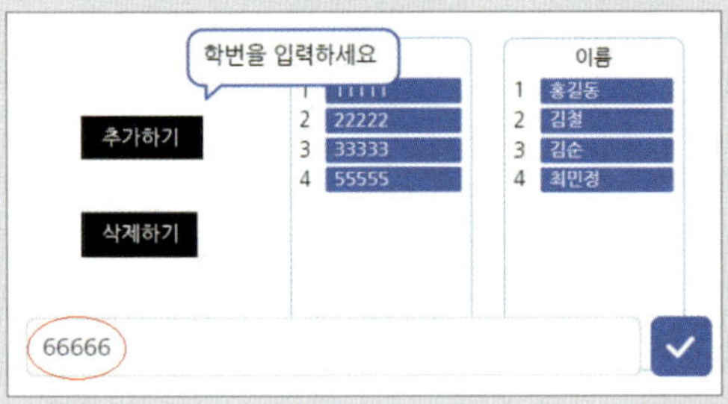

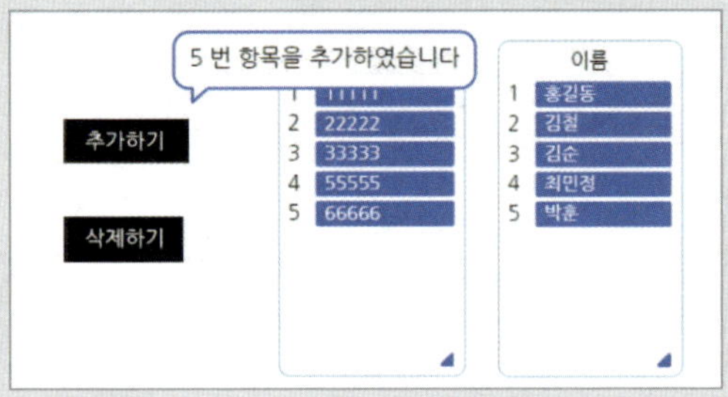

② '삭제하기' 오브젝트 클릭 -> 삭제할 항목번호를 입력받는다. -> 해당 항목번호를 삭제한다.

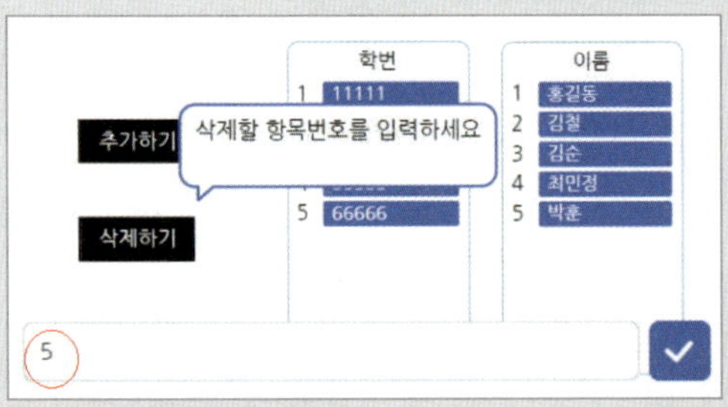

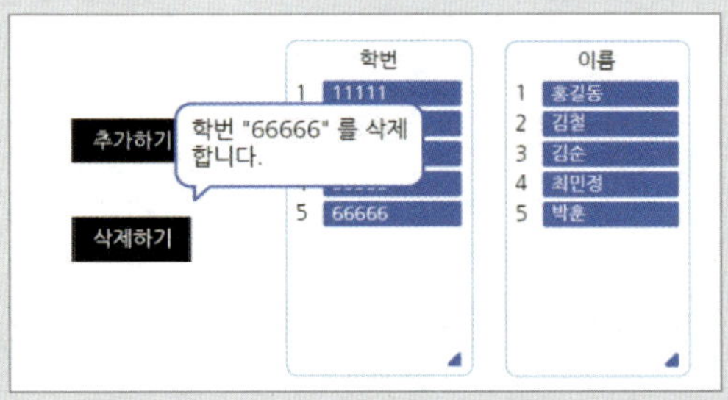

● 프로그램 구현 준비

① 오브젝트 준비하기 : '추가하기', '삭제하기' 버튼 2개를 준비한다.

② 리스트 만들기 : '학번', '이름' 2개를 생성한다.

③ 변수 만들기 : 'stuid', 'name', '항목번호' 3개의 변수를 생성한다.

1) 오브젝트 추가하기

'엔트리봇' 오브젝트는 삭제하고, '추가하기'와 '삭제하기' 오브젝트 2개를 생성한다.

① 오브젝트 추가하기(+) -> [인터페이스] 범주 -> '속이빈사각형'을 선택한다.

② [모양]에서 사각형 안을 검정으로 채우고, 글자색을 흰색으로 지정하여 "추가하기" 글자를 입력한다.

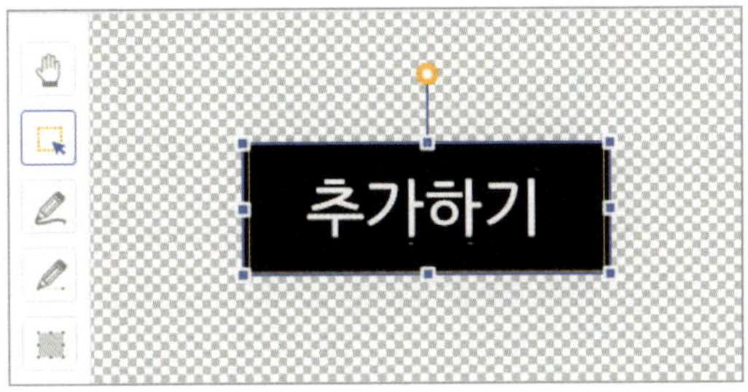

③ 같은 방법으로 '삭제하기' 버튼도 만든다.

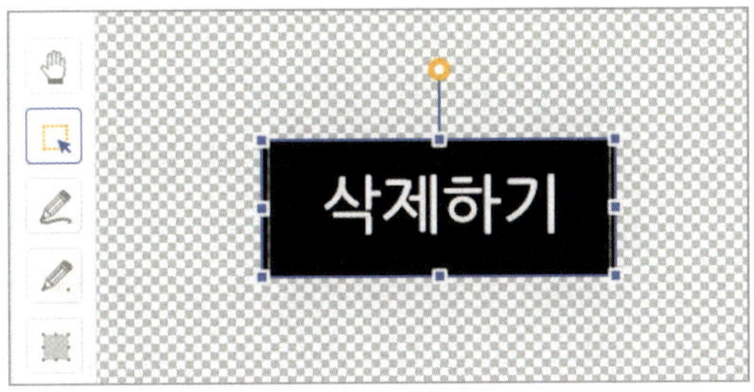

2) 리스트 만들기

학번과 이름을 저장하기 위한 리스트를 2개를 생성한다.

① [자료] 범주에 있는 [리스트 만들기]를 클릭한다.

② [새로운 리스트] 대화 창이 열리면 [리스트 이름]에 '학번'이라고 적고 '모든 오브젝트에 사용', '공유 리스트로 사용'을 선택한 후 [확인]을 누른다.

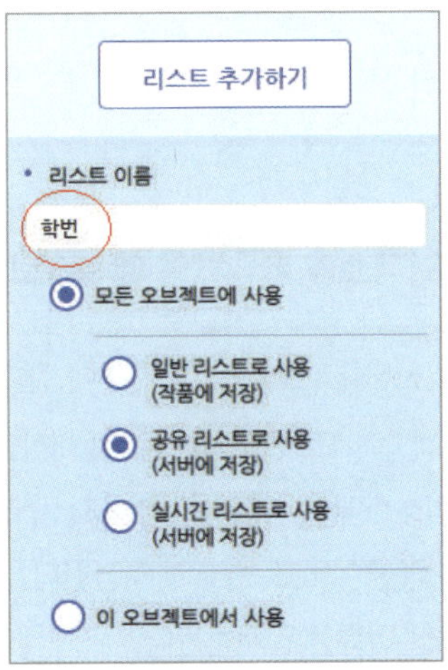

③ 같은 방법으로 '이름' 리스트도 만든다.

④ 새로운 '학번', '이름' 리스트가 생성되었고, 실행 화면에 리스트가 나타난다.

⑤ 버튼과 리스트를 실행 화면에 배치한다.

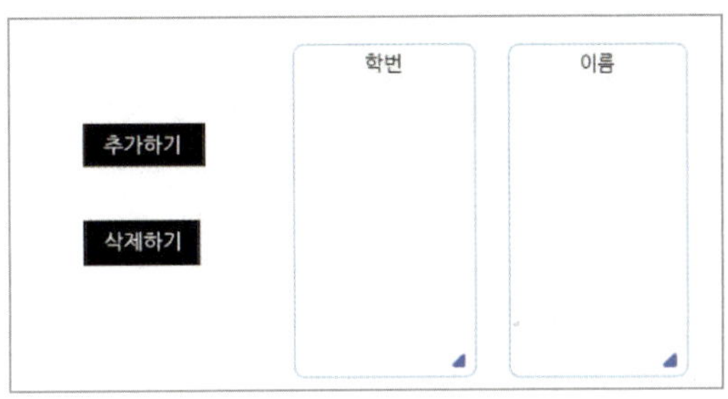

3) 변수 생성하기

프로그램에 사용할 3개의 변수를 생성한다.

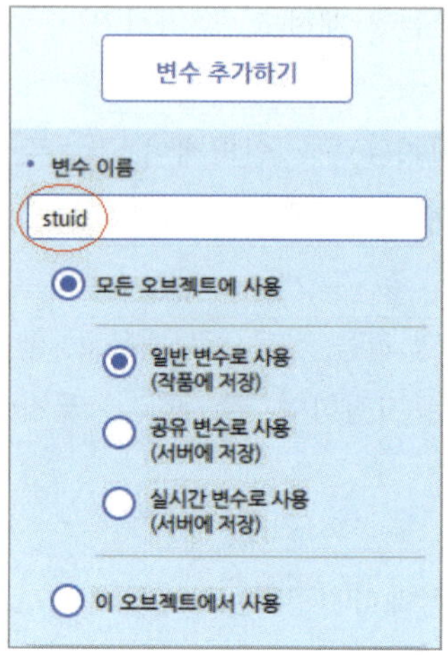

① [자료] 범주에 있는 [변수 만들기]를 클릭한다.

② [변수 이름]에 'stuid'라고 적고 '모든 오브젝트에 사용', '일반 변수로 사용'을 선택한 후 [확인]을 누른다.

③ 같은 방법으로 'name', '항목번호' 변수도 만든다.

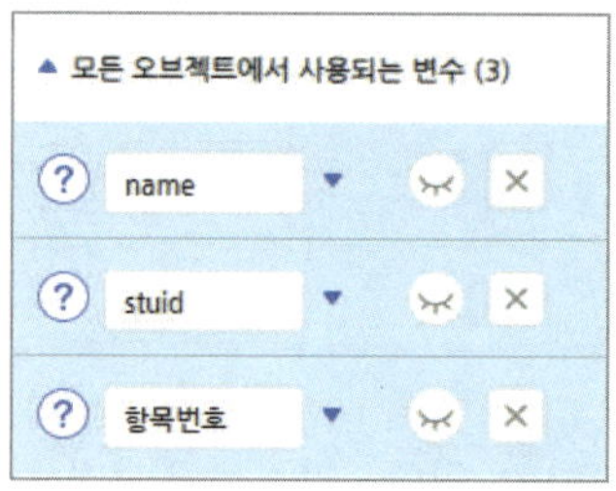

④ 생성한 3개의 변수는 화면에 표시하지는 않는다. 'stuid' 변수는 추가할 학번을 입력받고, 'name' 변수는 추가할 이름을 입력받는다. '항목번호' 변수는 리스트의 항목 위치를 제어하는데 사용한다.

4) 프로그램 구현하기

▶ '추가하기' 오브젝트를 클릭했을 때 알고리즘은 다음과 같다.

①	(ㄱ) 추가할 학번을 입력받는다.
②	(ㄴ) 만약 학번 리스트에 입력 값이 존재하면, "현재 저장된 학번입니다"를 말한다.
③	(ㄷ) 학번 리스트에 입력값이 존재하지 않으면, 다음을 수행한다.
④	ⓐ 입력 값을 'stuid' 변수에 저장한다.
⑤	ⓑ 추가할 이름을 입력받는다.
⑥	ⓒ 입력 값을 'name' 변수에 저장한다.
⑦	ⓓ 'stuid', 'name' 값을 학번 리스트와 이름 리스트에 각각 추가한다.
⑧	ⓔ 몇 번째 위치에 추가하였는지를 말한다.

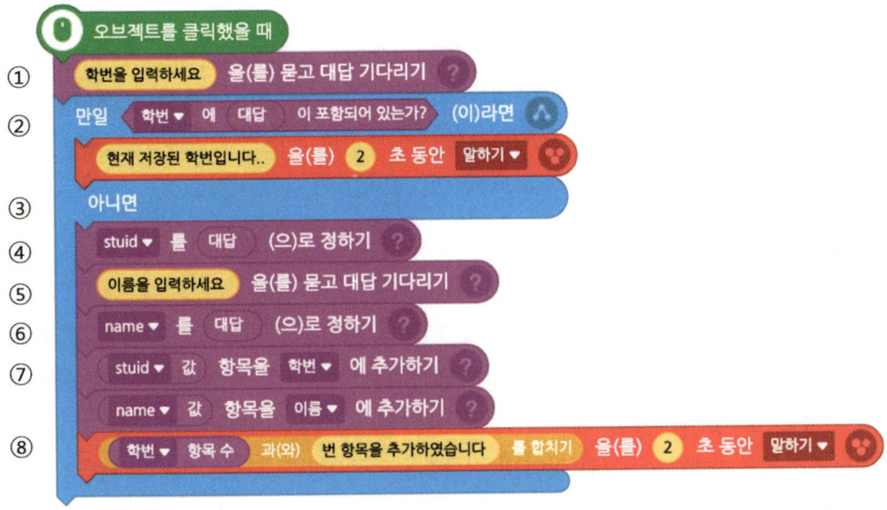

▶ '삭제하기' 오브젝트를 클릭했을 때 알고리즘은 다음과 같다.

① (ㄱ) 삭제할 항목번호를 입력받아서, '항목번호' 변수에 저장한다.
② (ㄴ) 만약 존재하는 항목번호이면, 다음을 수행한다.
③ ⓐ '항목번호'에 있는 학번과 이름이 삭제된다는 것을 3초 동안 말한다.
④ ⓑ 학번 리스트에서 해당 '항목번호'번째 항목 값을 삭제한다.
⑤ ⓒ 이름 리스트에서 해당 '항목번호'번째 항목 값을 삭제한다.
⑥ (ㄷ) 존재하지 않는 항목번호이면, "없는 항목번호입니다."를 말한다.

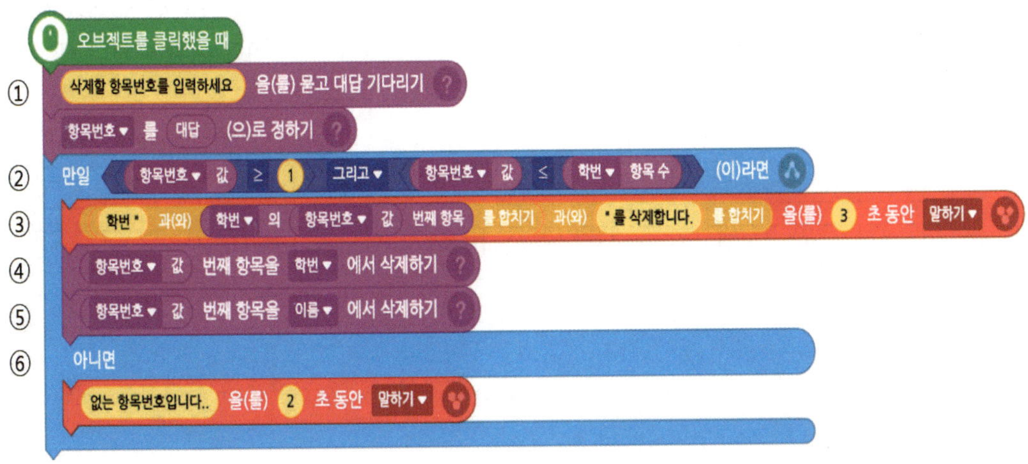

5) 실행하기

시작하기(▶)를 누른 후에 '추가하기' 버튼을 클릭하여, 새로운 학생 정보를 추가해 본다. 이때 동일 학번은 추가되지 않아야 한다. 그리고 '삭제하기' 버튼을 클릭하여 삭제를 원하는 항목이 제대로 삭제가 되는지를 확인한다.

4.1.3. 정보 검색하기

리스트에 데이터를 하나씩 삽입하거나 삭제할 수도 있지만 외부에 저장된 파일을 한 번에 리스트로 불러올 수도 있다. 이렇게 불러들인 대량의 데이터는 추가적으로 데이터를 삽입, 삭제할 수 있을 뿐만 아니라 다양한 용도로 원하는 정보를 검색할 수도 있다.
주어진 대량의 데이터에서 조건에 맞는 정보를 찾아내는 작업을 검색이라고 한다. 데이터의 저장 방식에 따라 검색의 방법은 달라진다. 만약 데이터들이 순서 없이 무작위로 저장되어 있다면 원하는 정보를 검색하기 위해 처음부터 끝까지 데이터를 일일이 살펴보아야 한다. 반면 데이터들이 어떤 순서에 의해 저장되어 있다면 저장된 데이터의 가운데 값을 기준으로 반쪽씩만 살펴보아도 원하는 데이터를 쉽게 찾아낼 수 있다. 컴퓨터 프로그래밍에서는 전자의 검색 방법을 순차 탐색이라 하고, 후자를 이진 탐색이라고 부른다.

순서가 없는 자료에서 정보 검색하기

순차 탐색(Sequential Search 또는 선형 탐색 Linear Search)은 순서 없이 저장된 자료에서 원하는 정보를 찾을 때 주로 쓰는 검색 알고리즘이다. 주어진 모든 데이터를 처음부터 끝까지 순차적으로 비교하여 찾아야하므로 다른 검색에 비해 탐색 시간이 오래 걸린다는 단점이 있다. 순차 탐색 알고리즘을 프로그래밍으로 구현할 때 처리 순서를 알아보자.
만약 순서가 없이 저장된 학생 이름 10개를 갖는 '이름' 리스트와 이름에 대응되는 학번 10개를 갖는 '학번' 리스트가 있다. 사용자로부터 이름 '송훈'을 입력받아서 해당 학생의 이름 위치에 있는 학번을 검색하는 과정은 아래와 같다.

이름리스트	김은미	전지훈	박보현	김미정	송훈	김중기	서인혜	남수현	장수민	박효진
학번리스트	2021001	2021002	2021003	2021004	2021005	2021006	2021007	2021008	2021009	2021010

① 항목 번호에 해당하는 변수 'n'을 1로 지정한다.

② '이름' 리스트의 항목 수만큼 아래 단계를 반복한다.

(ㄱ) '이름' 리스트의 'n'번째 항목과 입력받은 값을 비교한다.

(ㄴ) 두 값이 같으면 '학번' 리스트의 'n'번째 값을 해당 학생의 학번이라고 대답해 주고 프로그램을 종료한다.

(ㄷ) 그렇지 않으면 'n'을 1 증가 시킨다.

③ ②의 반복문을 종료할 때까지 이름을 찾지 못했다면 입력받은 이름은 '이름'리스트에 없다고 대답하고 프로그램을 종료한다.

위에서 설명한 검색 과정 중 반복문 ②의 처리과정을 그림으로 표현하면 아래와 같다.

n = 1 일 때 :

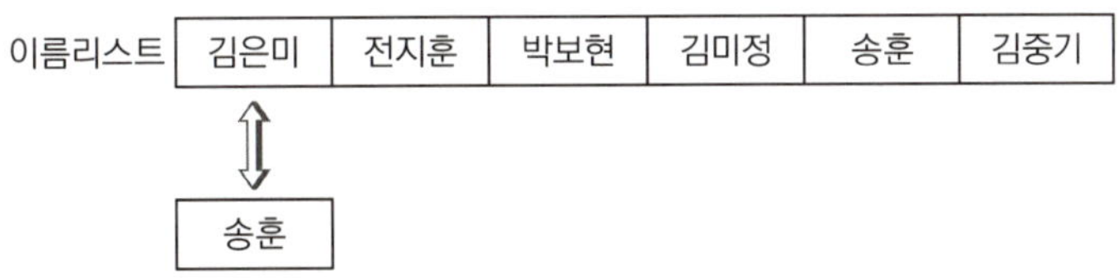

n = 2 일 때 :

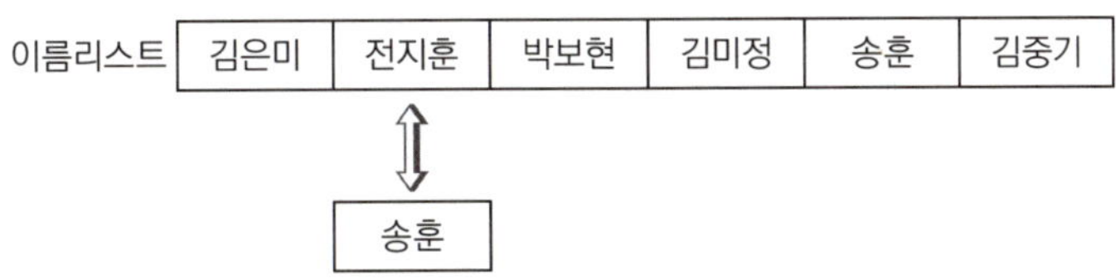

n = 3 일 때 :

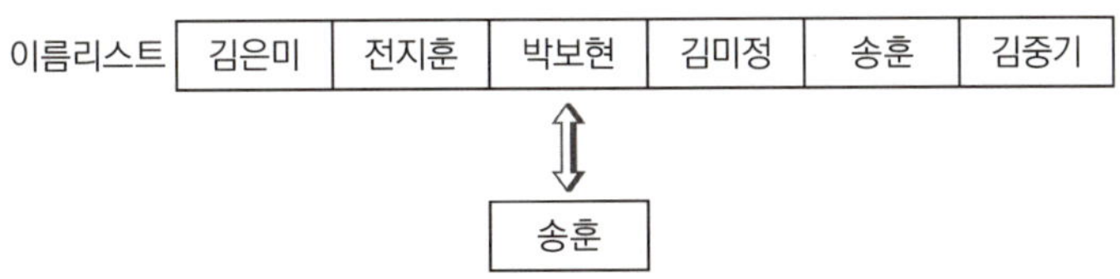

n = 4 일 때 :

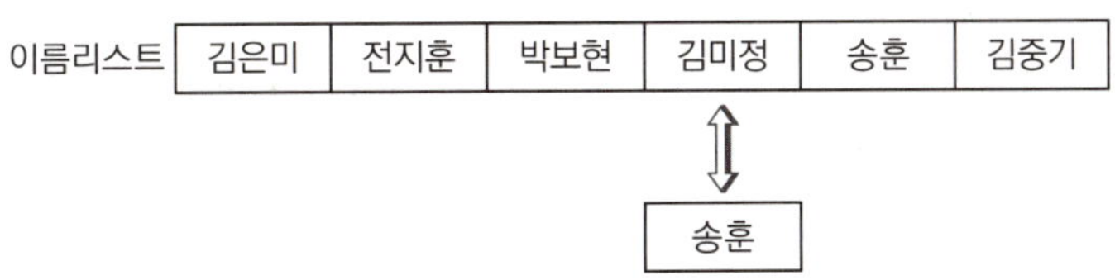

n = 5 일 때 :

학번리스트	2021001	2021002	2021003	2021004	2021005	2021006
이름리스트	김은미	전지훈	박보현	김미정	송훈	김중기

⇕

송훈

순서가 있는 자료에서 정보 검색하기

만약 리스트에 저장된 데이터가 어떤 기준에 의해 정렬이 되어있는 경우에는 이진 탐색을 이용하여 좀 더 빠르게 원하는 값을 찾아낼 수 있다. 이진 탐색(Binary Search) 알고리즘은 일정한 순서에 의해 저장된 리스트 항목을 반씩 나눠 가면서, 되풀이하여 그 한 부분을 버리고 남은 부분을 탐색하는 방법으로 찾고자 하는 항목을 빠르게 찾아낼 수 있다. 이진 탐색 알고리즘의 처리 순서를 알아보자.
만약 순서대로 저장된 10개의 학번 데이터를 갖는 '학번' 리스트와 학번에 대응되는 이름 10개를 갖는 '이름' 리스트가 있다. 사용자로부터 학번 '2021007'을 입력받아서 해당 학번 위치에 있는 이름을 검색하는 과정은 아래와 같다.

학번리스트	2021001	2021002	2021003	2021004	2021005	2021006	2021007	2021008	2021009	2021010
이름리스트	김은미	전지훈	박보현	김미정	송훈	김중기	서인혜	남수현	장수민	박효진

① 변수 'low', 'high', 'mid'를 준비한다.
② 'low'는 '학번' 리스트의 맨 처음인 1을 넣어 준다. 'high'는 '학번' 리스트의 항목수를 넣어 준다. 'mid'는 'low'와 'high'의 중간 값을 가리키게 한다. ('mid'를 계산할 때 '(low+high)/2'로 계산하되, 소수점 이하는 버린다.)
③ 'low'가 'high'보다 커질 때까지 아래 작업을 반복한다.
  (ㄱ) '학번' 리스트의 'mid'번째 값과 입력받은 값을 비교해 본다.
  (ㄴ) 두 값이 같다면 결과를 찾은 것이므로 이름을 출력하고, 프로그램 수행을 종료한다.
  (ㄷ) 두 값이 다를 경우에는, 만약 찾는 값이 '학번' 리스트의 'mid'번째 값보다 크다면 'low'를 'mid+1'로 바꾸고, 만약 찾는 값이 '학번' 리스트의 'mid'번째 값보다 작다면 'high'를 'mid-1'로 바꾼다.
④ 만약 위 반복문을 빠져나올 때까지 스크립트가 종료되지 않았다면 입력받은 학번은 '학번' 리스트에 없었다고 말한다.

위에서 설명한 검색 과정 중 반복문③의 처리 과정을 그림으로 표현하면 아래와 같다.

반복 1 :

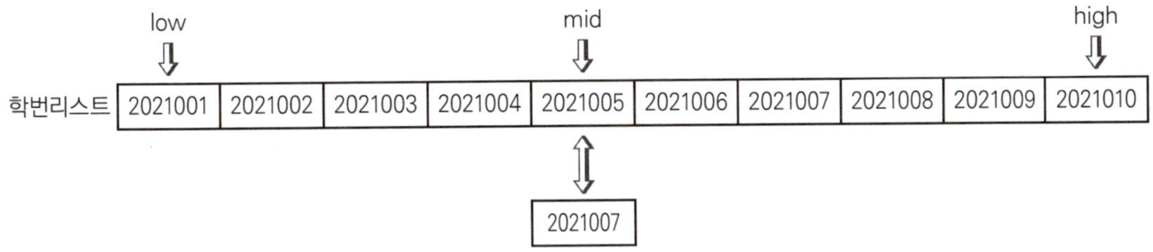

반복 2 :

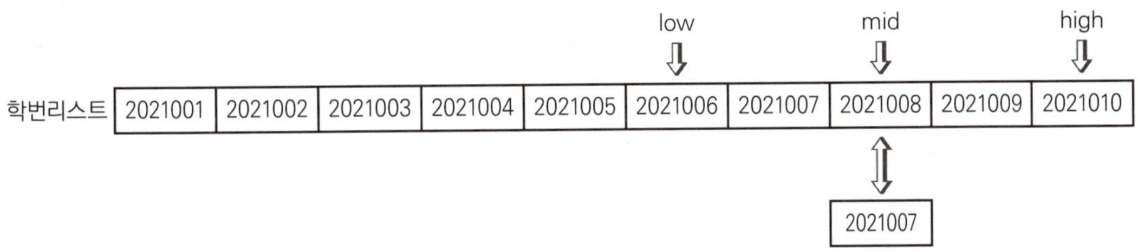

반복 3:

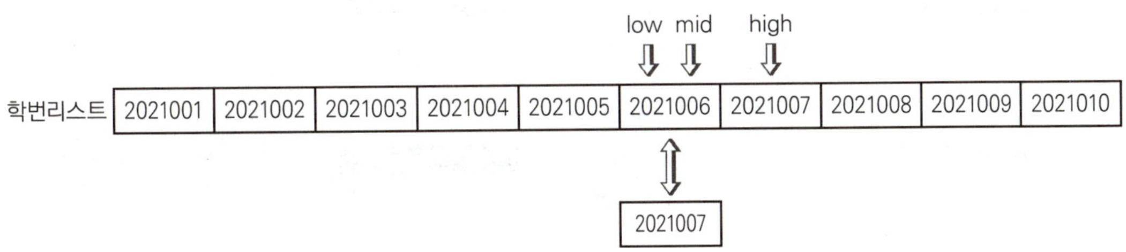

반복 4:

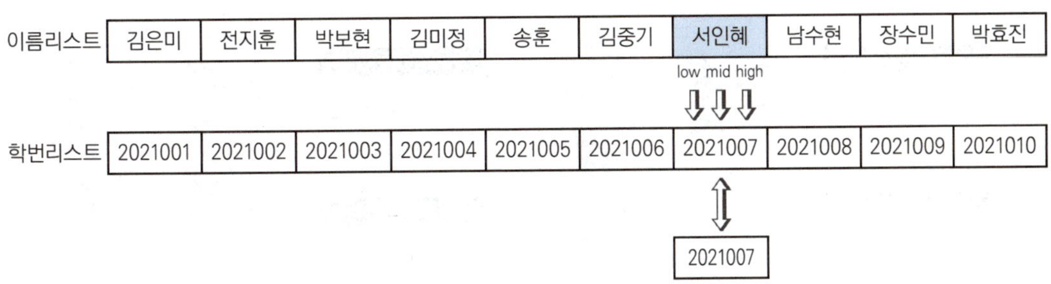

이진 탐색을 이용하였더니 7번째 위치한 학번을 4번의 비교 만에 찾아내는 것을 볼 수 있다. 자료의 양과 위치에 따라 순차 탐색과 이진 탐색의 비교 횟수는 더 많이 차이가 난다.

4.2. 리스트를 활용한 다양한 문제 해결

이번 장에서는 대량의 자료를 저장하는 리스트와 리스트에서 원하는 정보를 검색하는 알고리즘을 활용하여 다양한 프로그램을 구현해 보기로 한다.

4.2.1. 학생정보 검색하기

리스트에 저장된 많은 양의 학생 정보에서 순차탐색과 이진탐색 알고리즘을 이용하여 학번과 이름을 검색하는 프로그램을 작성해 보자. 학번으로 검색할 때에는 이진탐색 알고리즘을 이용하고, 이름으로 검색할 때에는 순차탐색 알고리즘을 이용한다. (단, '학번'과 '이름' 리스트에 동일한 데이터는 없다고 가정한다.)

● 실행 화면 미리 보기

① 시작하기(►)를 클릭한 후, '학번으로 검색(이진검색)' 버튼을 클릭한다. -> 검색할 학번을 입력받는다 -> 해당 학번과 이름을 같이 표시한다.

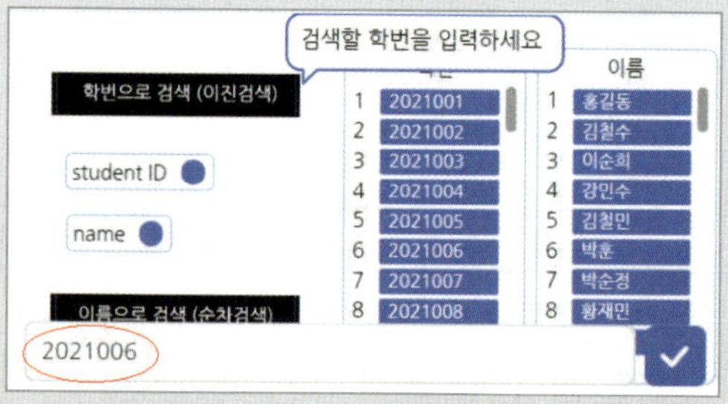

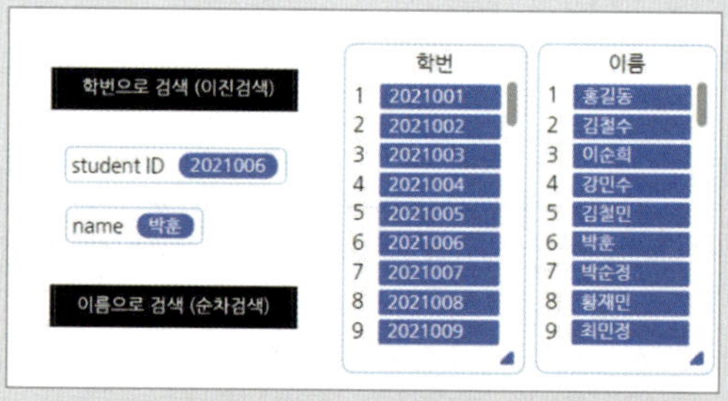

② 시작하기(►)를 클릭한 후, '이름으로 검색(순차검색)' 버튼을 클릭한다. -> 검색할 이름을 입력받는다. -> 해당 이름과 학번을 같이 표시한다.

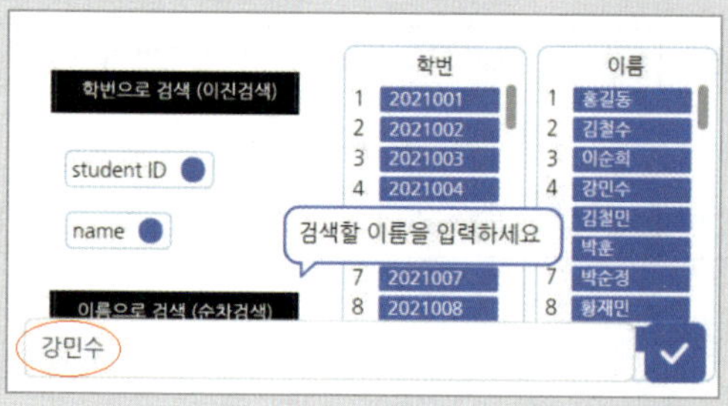

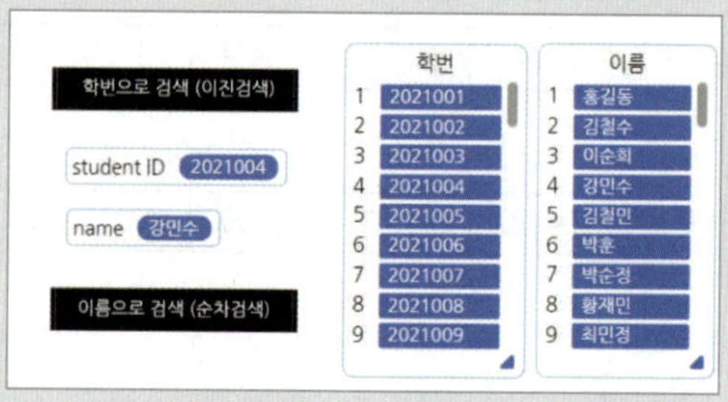

● 프로그램 구현 준비

① 오브젝트 준비 : '학번으로 검색(이진검색)', '이름으로 검색(순차검색)' 버튼 2개를 준비한다.
② 리스트 만들기 : '학번', '이름' 리스트 2개를 각각 생성한다.
③ 변수 만들기 : 'student ID', 'name', 'low', 'mid', 'high', '항목번호' 변수 6개를 생성한다.

1) 오브젝트 추가하기

'엔트리봇' 오브젝트는 삭제하고, '학번으로 검색 (이진검색)'와 '이름으로 검색 (순차검색)' 오브젝트 2개를 생성한다.

① 오브젝트 추가하기(+) -> [인터페이스]범주 -> '속이빈사각형'을 선택한다.

② [모양]에서 사각형 안을 검정으로 채우고, 글자색을 흰색으로 지정하여 글자를 입력한다.

③ 오른쪽 그림과 같은 2개의 버튼 오브젝트를 생성한다.

2) 리스트 만들기

'학번'과 '이름' 리스트를 생성하여, 외부 데이터 가져오기를 실행한다.

① [자료] 범주에 있는 [리스트 만들기]를 클릭한다.

② [새로운 리스트] 대화 창이 열리면 [리스트 이름]에 '학번'이라고 적고 '모든 오브젝트에 사용', '일반 리스트로 사용'을 선택한 후 [확인]을 누른다.

③ 같은 방법으로 '이름' 리스트도 만든다.

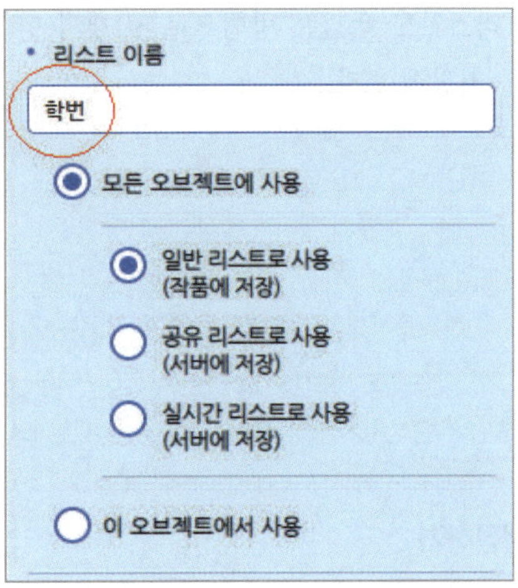

④ '학번' 리스트에 외부 파일 가져오기를 수행한다. 리스트 불러오기 창에서 'ch4_2_1_학생정보.txt' 파일의 학번 목록을 복사하여 붙여넣기 수행하고, 저장하기를 클릭한다.

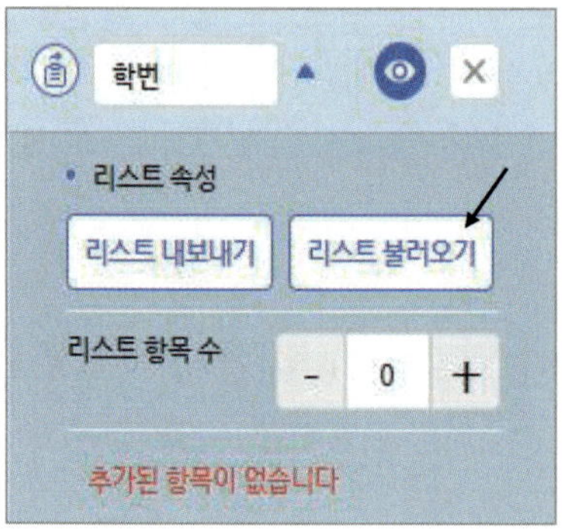

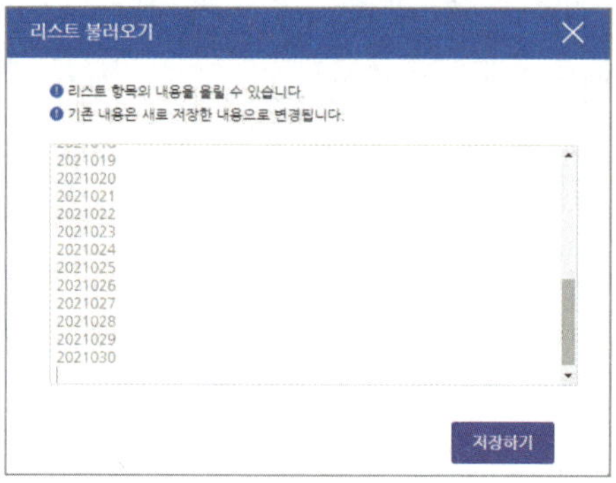

⑤ '학번' 리스트에 30개의 항목이 저장된 것을 확인할 수 있다.

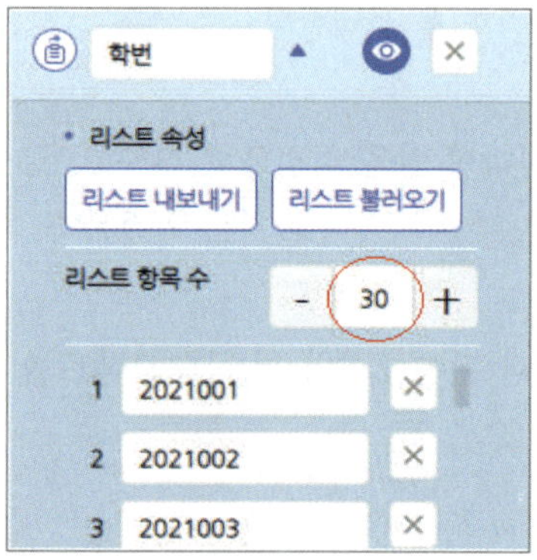

⑥ '이름' 리스트도 똑같은 방법으로 30개의 항목 값을 저장해 보자.

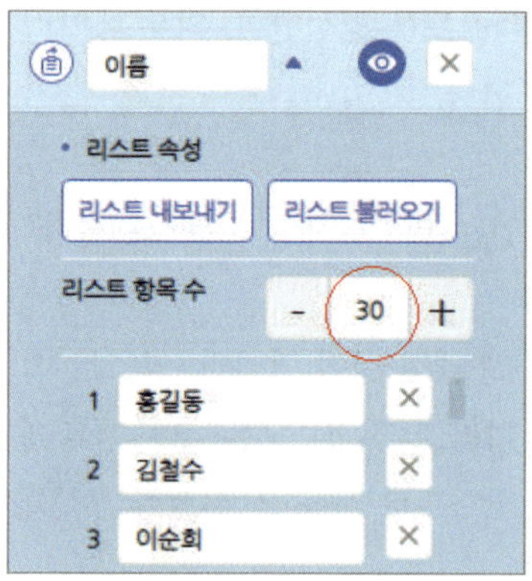

3) 변수 생성하기

실행 화면에 표시할 2개의 변수('student ID', 'name')와 실행 화면에 표시하지는 않지만 프로그램에서 사용할 4개의 변수('low', 'high', 'mid', '항목번호')를 포함하여 총 6개의 변수를 생성한다.

① [자료] 범주에 있는 [변수 만들기]를 클릭한다.

② [변수 이름]에 'student ID'라고 적고 '모든 오브젝트에 사용', '일반 변수로 사용'을 선택한 후 [확인]을 누른다.

③ 같은 방법으로 'name', 'low', 'high', 'mid', '항목번호' 변수도 만든다.

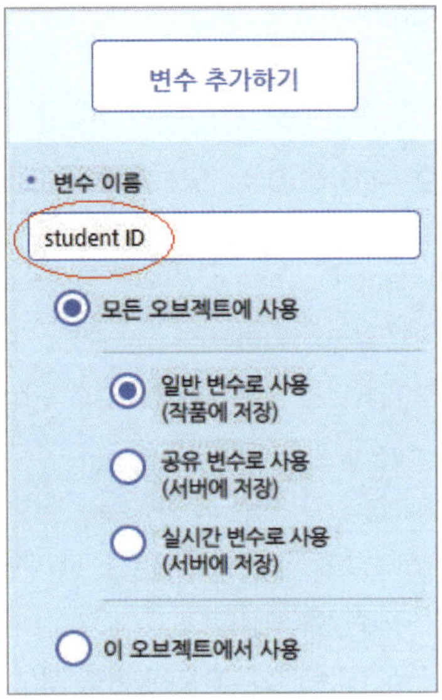

④ 'name', 'student ID' 변수는 실행 화면에 표시하고, 나머지 변수는 눈동자를 클릭하여 실행 화면에 표시하지 않는다.

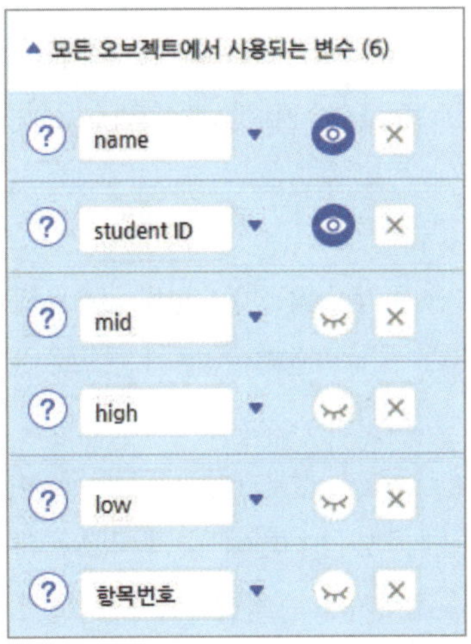

⑤ 버튼 오브젝트, 리스트, 변수를 실행 화면에 배치한다.

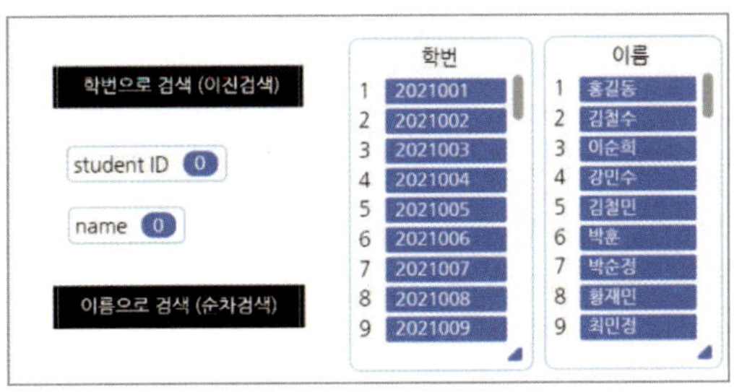

4) 프로그램 구현하기

▶ '학번으로 검색(이진검색)' 오브젝트를 클릭했을 때, 다음과 같이 움직인다.

```
(ㄱ) 'student ID', 'name' 변수를 공백으로 지정한다.
(ㄴ) 검색할 학번을 입력받는다.
(ㄷ) 만일 입력받은 학번이 '학번' 리스트에 존재하면, 다음을 수행한다.
   ⓐ 'low' 값을 1 로 정한다.
   ⓑ 'high' 값을 '학번'의 항목 수로 정한다.
   ⓒ 'low'값이 'high'값보다 커질 때까지 다음을 반복 수행한다.
     - 'mid'값을 계산한다.
       'mid'값은 '(low+high)/2'를 계산한 후 소수점 이하를 버린 값으로 정한다.
     - 만일 '학번' 리스트의 'mid'번째 항목 값과 입력 값이 같으면,
        : 'student ID' 변수에 입력 값(학번)을 지정한다.
        : 'name' 변수에 이름 리스트의 'mid'번째 항목 값을 지정한다.
        : 반복 수행을 멈춘다.
       아니면,
        : 만약 입력 값이 '학번' 리스트의 'mid'번째 항목 값보다 작으면,
            'high'값을 'mid-1'값으로 정한다.
          아니면,
            'low'값을 'mid+1'값으로 정한다.
(ㄹ) 만일 입력받은 학번이 '학번' 리스트에 존재하지 않으면,
   - "존재하지 않은 학번입니다." 라고 말한다.
```

오브젝트를 클릭했을 때
① student ID ▾ 를 (으)로 정하기
name ▾ 를 (으)로 정하기
② 검색할 학번을 입력하세요 을(를) 묻고 대답 기다리기
③ 만일 학번 ▾ 에 대답 이 포함되어 있는가? (이)라면
④ low ▾ 를 1 (으)로 정하기
⑤ high ▾ 를 학번 ▾ 항목 수 (으)로 정하기
⑥ low ▾ 값 > high ▾ 값 이 될 때까지 ▾ 반복하기
⑦ mid ▾ 를 low ▾ 값 + high ▾ 값 / 2 의 소수점 버림값 ▾ (으)로 정하기
⑧ 만일 학번 ▾ 의 mid ▾ 값 번째 항목 = 대답 (이)라면
⑨ student ID ▾ 를 대답 (으)로 정하기
⑩ name ▾ 를 이름 ▾ 의 mid ▾ 값 번째 항목 (으)로 정하기
⑪ 반복 중단하기
⑫ 아니면
⑬ 만일 대답 < 학번 ▾ 의 mid ▾ 값 번째 항목 (이)라면
⑭ high ▾ 를 mid ▾ 값 - 1 (으)로 정하기
⑮ 아니면
⑯ low ▾ 를 mid ▾ 값 + 1 (으)로 정하기
⑰ 아니면
⑱ 존재하지 않는 학번입니다.. 을(를) 말하기 ▾

▶ **'이름으로 검색(순차검색)' 오브젝트를 클릭했을 때, 다음과 같이 움직인다.**

① (ㄱ) 'student ID', 'name' 변수를 공백으로 지정한다.
② (ㄴ) 검색할 이름을 입력받는다.
③ (ㄷ) 만일 입력받은 이름이 '이름' 리스트에 존재하면, 다음을 수행한다.
④ ⓐ '항목번호'를 1로 정한다.
⑤ ⓑ '이름' 리스트의 항목 수만큼 다음을 반복 수행한다.
⑥ - 만일 '이름' 리스트의 '항목번호'번째 값과 입력 값이 같으면,
⑦ : 'name' 변수에 입력값(이름)을 지정한다.
⑧ : 'student ID' 변수에 학번 리스트의 '항목번호'번째 항목 값을 지정한다.
⑨ : 반복 수행을 멈춘다.
⑩ - '항목번호'를 1 증가시킨다.
⑪ (ㄹ) 만일 입력받은 이름이 '이름' 리스트에 존재하지 않으면,
⑫ ⓐ "존재하지 않는 이름입니다." 라고 말한다.

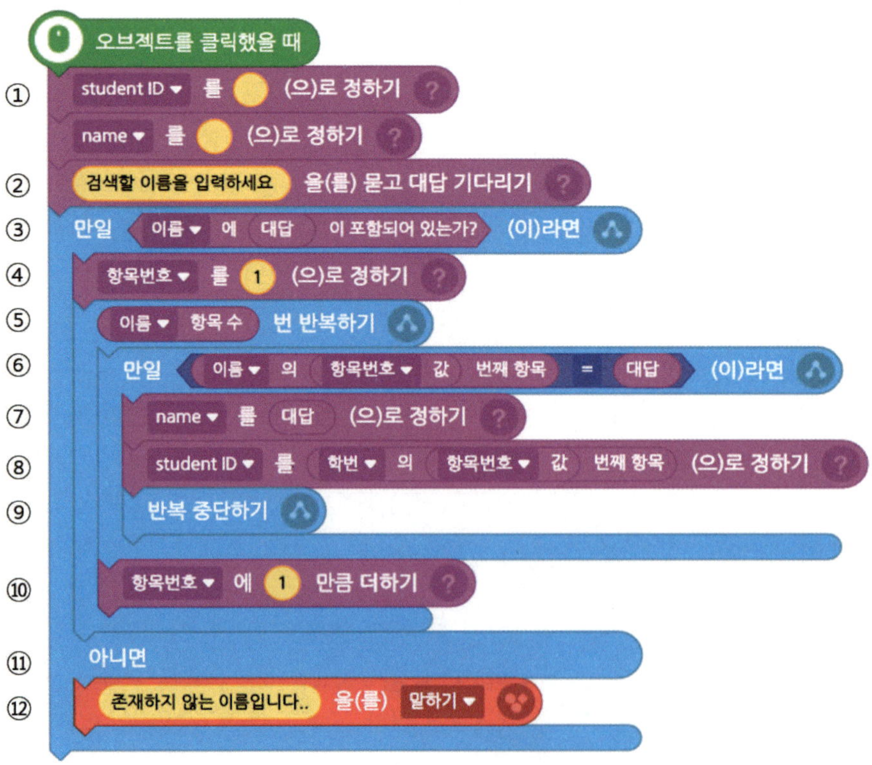

5) 실행하기

시작하기(▶)를 누른 후 '학번으로 검색(이진검색)' 버튼을 클릭하여 특정 학번의 이름이 검색되는지를 확인한다. 그리고 '이름으로 검색(순차검색)' 버튼을 클릭하여 특정 이름에 대한 학번이 검색되는지를 확인해 본다.

4.2.2. 연락처 검색하기

친구들의 전화번호와 이름을 저장하고 있는 리스트에서 특정 이름으로 연락처를 검색하는 프로그램을 작성해 보자. 현재 프로그램에서는 전화번호와 이름만을 관리하지만, 알고리즘을 정확하게 이해하게 되면 추가로 더 많은 정보를 관리할 수 있도록 프로그램을 쉽게 확장할 수 있을 것이다.

● 실행 화면 미리 보기

① 시작하기(▶)를 클릭 -> '이름으로 검색하기' 버튼을 클릭한다. -> 검색할 이름을 입력받는다.

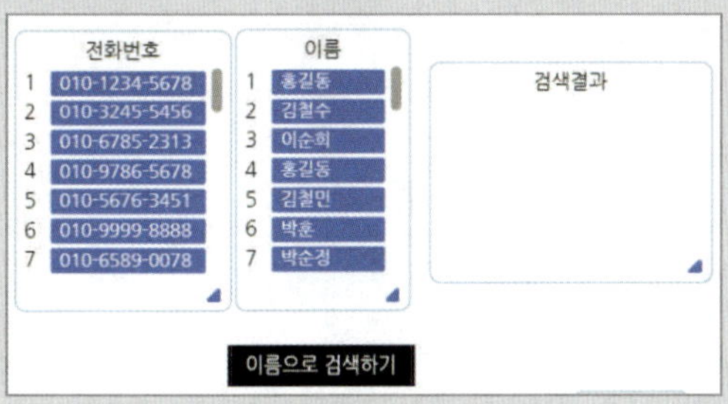

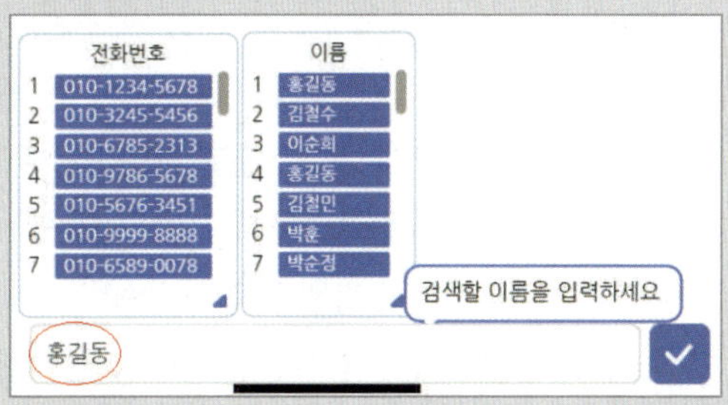

② 입력한 이름에 해당하는 모든 전화번호를 검색하여 '검색결과' 리스트에 표시한다.

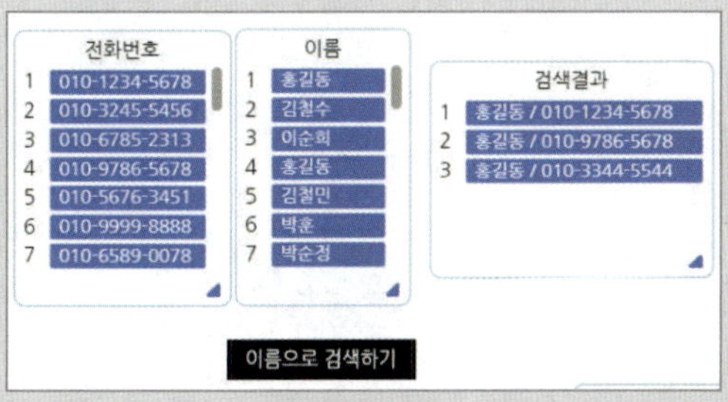

● 프로그램 구현 준비

① 오브젝트 준비하기 : '이름으로 검색하기' 버튼 오브젝트 1개를 준비한다.

② 리스트 만들기 : '전화번호', '이름', '검색결과' 리스트 3개를 생성한다.

1) 오브젝트 추가하기

'엔트리봇' 오브젝트는 삭제하고, '이름으로 검색하기' 버튼 오브젝트 1개를 생성한다.

① 오브젝트 추가하기(+) -> [인터페이스]범주 -> '속이빈사각형'을 선택한다.

② [모양]에서 사각형 안을 검정으로 채우고, 글자색을 흰색으로 지정하여 글자를 입력한다.

2) 리스트 만들기

'전화번호', '이름', '검색결과' 리스트를 생성하여, 전화번호와 이름은 외부 데이터 가져오기를 실행한다.

① [자료] 범주에 있는 [리스트 만들기]에서 '전화번호', '이름', '검색결과' 리스트 3개를 생성한다.

② '전화번호', '이름' 리스트에 외부 파일 가져오기를 수행한다. [리스트 불러오기] 창에서 'ch4_2_2_연락처.txt' 파일의 전화번호와 이름 목록을 복사하여 붙여넣기 수행하고, 저장하기를 클릭한다.

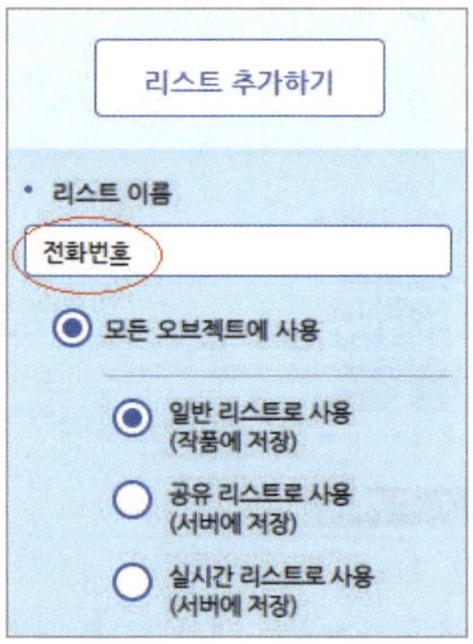

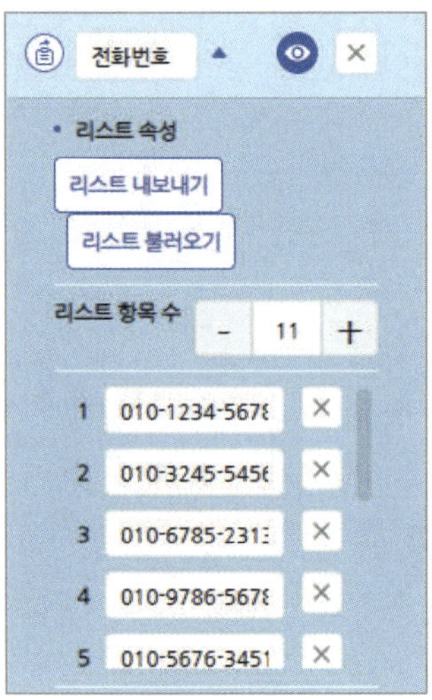

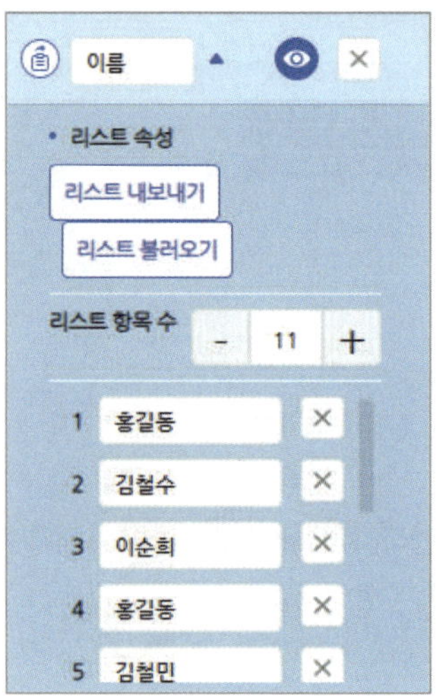

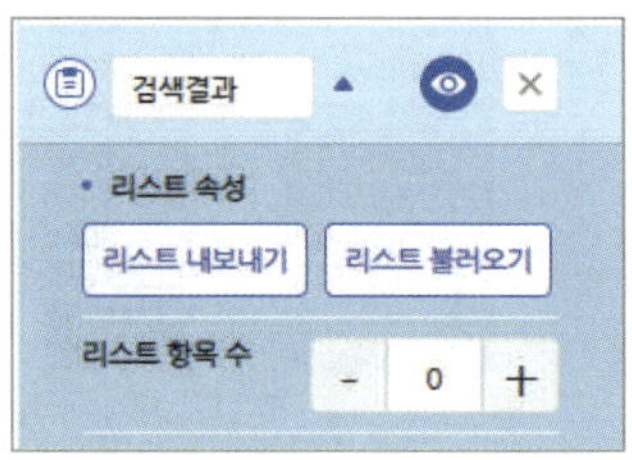

3) 프로그램 구현하기

▶ '이름으로 검색하기' 오브젝트를 클릭했을 때, 다음과 같이 움직인다.

①	(ㄱ) '검색결과' 리스트를 숨긴다.
②	(ㄴ) 검색할 이름을 입력받는다.
③	(ㄷ) 만일 입력받은 이름이 '이름' 리스트에 존재하지 않으면,
④	- "존재하지 않는 이름입니다." 라고 말한다.
⑤	(ㄹ) 만일 입력받은 이름이 '이름' 리스트에 존재하면, 다음을 수행한다.
⑥	ⓐ '항목번호'를 1 로 정한다.
⑦	ⓑ '항목번호'가 '이름' 리스트의 항목수보다 커질 때까지 다음을 반복 수행한다.
⑧	- 만일 '이름'리스트의 '항목번호'번째 값과 입력 값이 같으면, 다음을 수행한다.
⑨	: '항목번호'번째 이름과 전화번호를 '검색결과' 리스트에 추가한다.
⑩	- '항목번호'를 1 증가한다.
⑪	ⓒ '검색결과' 리스트를 보인다.

4) 실행하기

시작하기(▶)를 누른 후 '이름으로 검색하기' 버튼을 클릭하여 특정 이름에 대한 모든 전화번호가 '검색결과' 리스트에 추가되는지를 확인해 본다.

4.2.3. 최고기온 분석하기

7월, 8월, 9월의 기온을 저장한 리스트를 만든 후, 최고기온과 최고기온의 날짜를 구하는 프로그램을 작성해 보자. 먼저 리스트에서 제일 큰 수와 제일 작은 수를 찾는 알고리즘을 다음과 같다.

- 리스트에서 제일 큰 수를 찾을 때 :
  - ① 변수 'max'를 생성한다.
  - ② 'max'에 리스트의 첫 번째 항목 값을 지정한다.
  - ③ 리스트의 2번째 항목부터 마지막 항목까지 다음을 반복 수행한다.
    - 현재 항목 값이 'max'보다 더 크면, 'max'에 현재 항목 값을 지정한다.

- 리스트에서 제일 작은 수를 찾을 때 :
  - ① 변수 'min'을 생성한다.
  - ② 'min'에 리스트의 첫 번째 항목 값을 지정한다.
  - ③ 리스트의 2번째 항목부터 마지막 항목까지 다음을 반복 수행한다.
    - 현재 항목 값이 'min'보다 더 작으면, 'min'에 현재 항목 값을 지정한다.

실행 화면 미리 보기

① '최고기온 구하기(클릭)' 버튼을 누른다. -> 최고기온을 검색하여 표시한다.

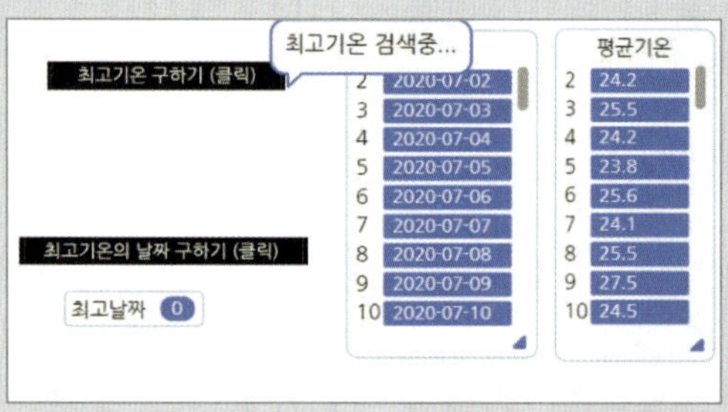

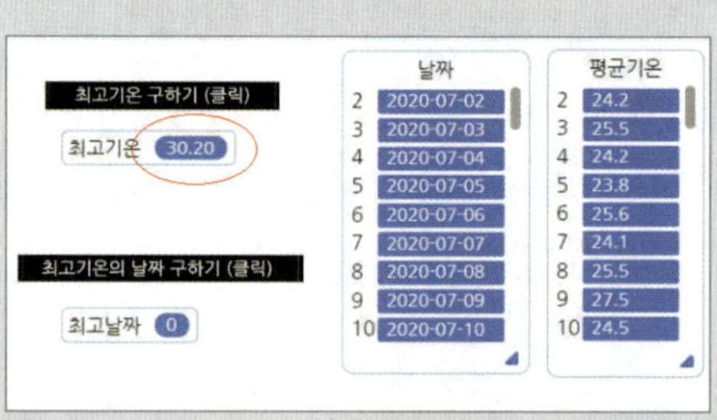

② '최고기온 날짜구하기(클릭)' 버튼을 누른다. -> 최고기온의 날짜를 검색하여 표시한다.

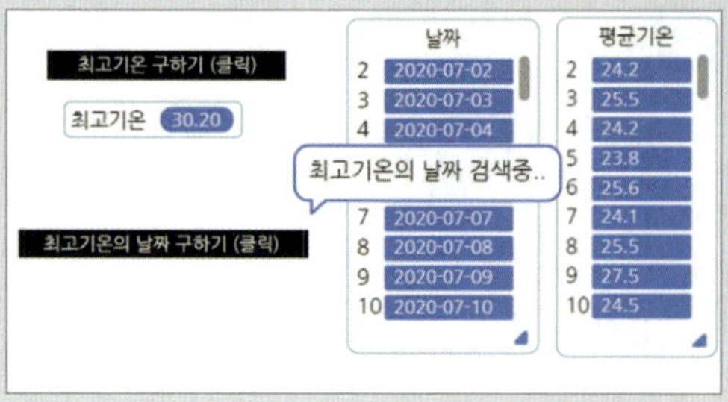

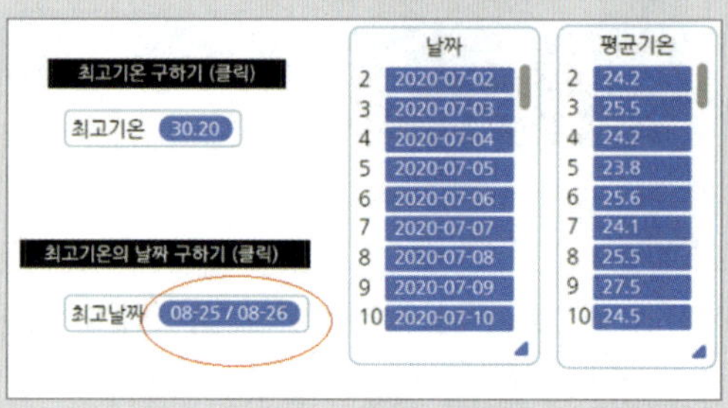

● **프로그램 구현 준비**

① 오브젝트 준비 : '최고기온구하기(클릭)', '최고기온 날짜구하기(클릭)' 2개를 준비한다.
② 리스트 만들기 : '날짜', '평균기온' 리스트 2개를 각각 생성한다.
③ 변수 만들기 : '최고기온', '최고날짜', '항목번호' 3개의 변수를 생성한다.

1) 오브젝트 추가하기

'엔트리봇' 오브젝트는 삭제하고, '최고기온 구하기(클릭)', '최고기온의 날짜 구하기(클릭)' 오브젝트 2개를 생성한다.

① 오브젝트 추가하기(+) -> [인터페이스]범주 -> '속이빈사각형'을 선택한다.

② [모양]에서 사각형 안을 검정으로 채우고, 글자색을 흰색으로 지정하여 글자를 입력한다.

③ 오른쪽 그림과 같은 2개의 버튼 오브젝트를 생성한다.

2) 리스트 만들기

'날짜', '평균기온' 리스트를 생성하여, 외부 데이터 가져오기를 실행한다.

① [자료] 범주에 있는 [리스트 만들기]에서 '날짜', '평균기온' 리스트 2개를 생성한다.

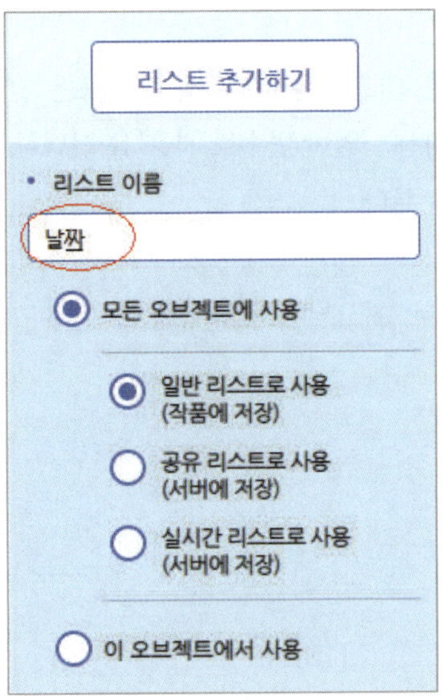

② 2개의 리스트에 외부 파일 가져오기를 수행한다. [리스트 불러오기] 창에서 'ch4_2_3_최고기온.txt' 파일의 날짜와 평균기온 목록을 복사하여 붙여넣기 수행하고, 저장하기를 클릭한다.

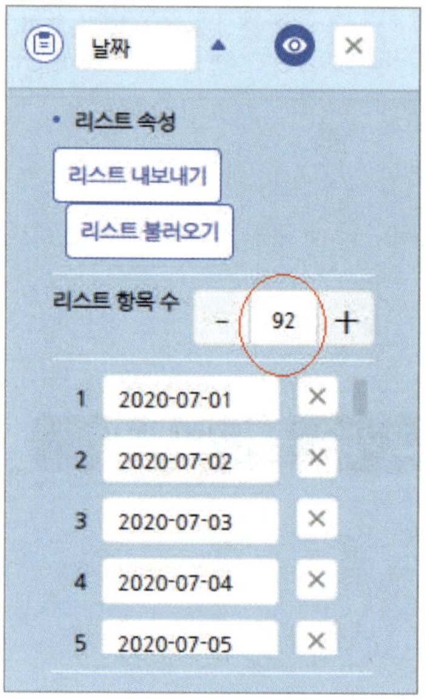

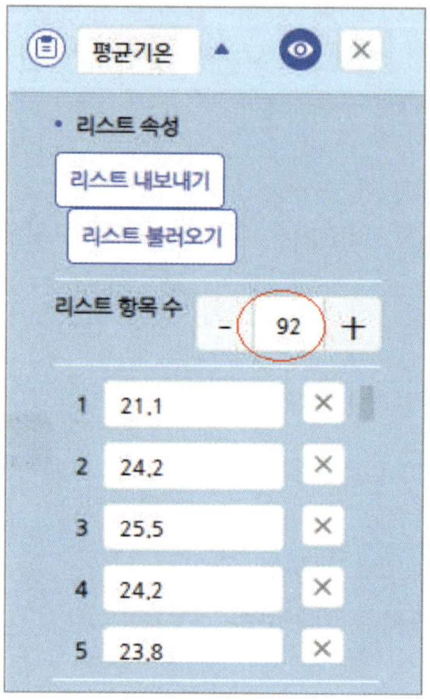

3) 변수 생성하기

무대에 표시할 2개의 변수('최고기온', '최고날짜')와 무대에 표시하지는 않지만 프로그램에서 사용할 변수('항목번호')를 포함하여 총 3개의 변수를 생성한다.

① [자료] 범주에 있는 [변수 만들기]를 클릭한다.

② [변수 이름]에 '최고기온'이라고 적고 '모든 오브젝트에사용', '일반 변수로 사용'을 선택한 후 [확인]을 누른다.

③ 같은 방법으로 '최고날짜', '항목번호' 변수도 만든다.

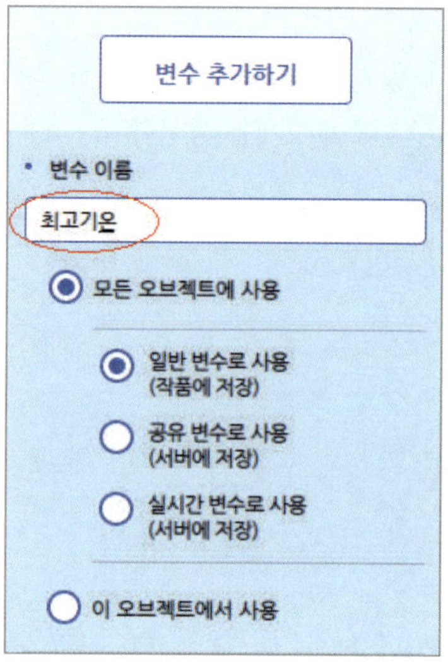

④ ‘최고기온’, ‘최고날짜’ 변수는 실행 화면에 표시하고, ‘항목번호’는 눈동자를 클릭하여 실행화면에 표시하지 않는다.

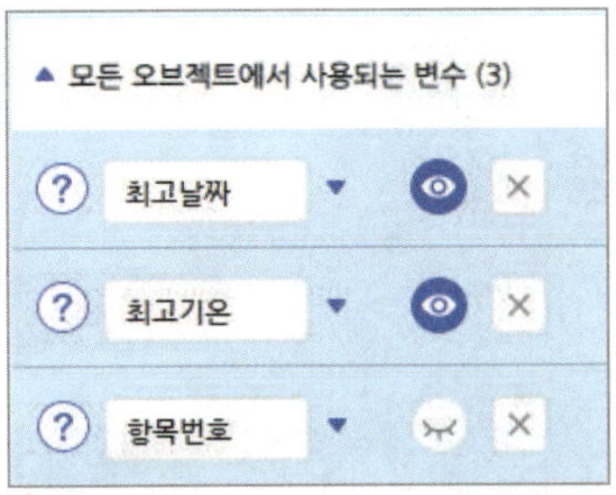

⑤ 버튼 오브젝트와 리스트, 그리고 변수를 실행 화면에 배치한다.

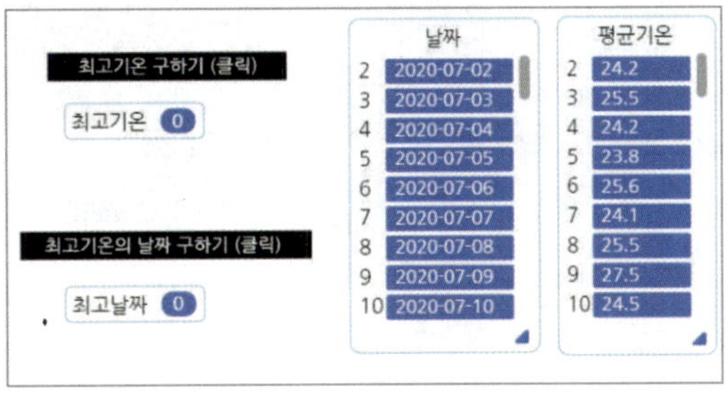

4) 프로그램 구현하기

▶ ‘최고기온 구하기(클릭)’ 오브젝트를 클릭했을 때, 버튼은 다음과 같이 움직인다.

① (ㄱ) 변수 ‘최고기온’을 숨긴다.
② (ㄴ) “최고기온 검색중...” 말한다.
③ (ㄷ) ‘최고기온’ 변수에 ‘평균기온’ 리스트의 1번째 항목 값을 지정한다.
④ (ㄹ) ‘항목번호’에 2를 지정한다.
⑤ (ㅁ) ‘항목번호’가 ‘평균기온’의 항목 수보다 커질 때까지 다음을 반복 수행한다.
⑥ ⓐ 만일 ‘평균기온’의 ‘항목번호’번째 항목 값이 ‘최고기온’보다 크면,
⑦ - ‘최고기온’에 ‘평균기온’의 ‘항목번호’번째 항목 값을 지정한다.
⑧ ⓑ ‘항목번호’를 1 증가시킨다.
⑨ (ㅂ) ‘최고기온’ 변수 보이기
⑩ (ㅅ) 말하기 지우기

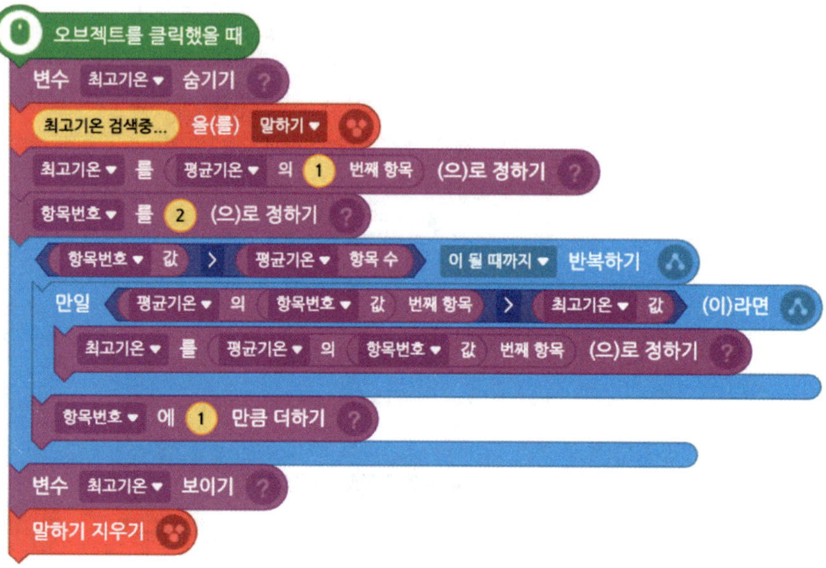

▶ '최고기온 날짜 구하기(클릭)' 오브젝트를 클릭했을 때, 버튼은 다음과 같이 움직인다.

① (ㄱ) '최고날짜' 변수를 공백으로 지정하고, 숨기기
② (ㄴ) "최고기온 날짜 검색중..." 말하기
③ (ㄷ) '항목번호'를 1로 지정한다.
④ (ㄹ) '항목번호'가 '평균기온'의 항목수보다 커질 때까지 다음을 반복 수행한다.
⑤ ⓐ '평균기온'의 '항목번호'번째 항목 값이 '최고기온'값과 같으면,
⑥ – '최고날짜'가 공백이면,
⑦ : '최고날짜'에 '항목번호'번째 날짜의 월과 일만 정한다.
⑧ – '최고날짜'가 공백이 아니면,
⑨ : '최고날짜'에 '항목번호'번째 날짜의 월과 일만 연결하여 정한다.
⑩ ⓑ '항목번호'를 1 증가시킨다.
⑪ (ㅁ) '최고날짜' 변수 보이기
⑫ (ㅂ) 말하기를 지운다.

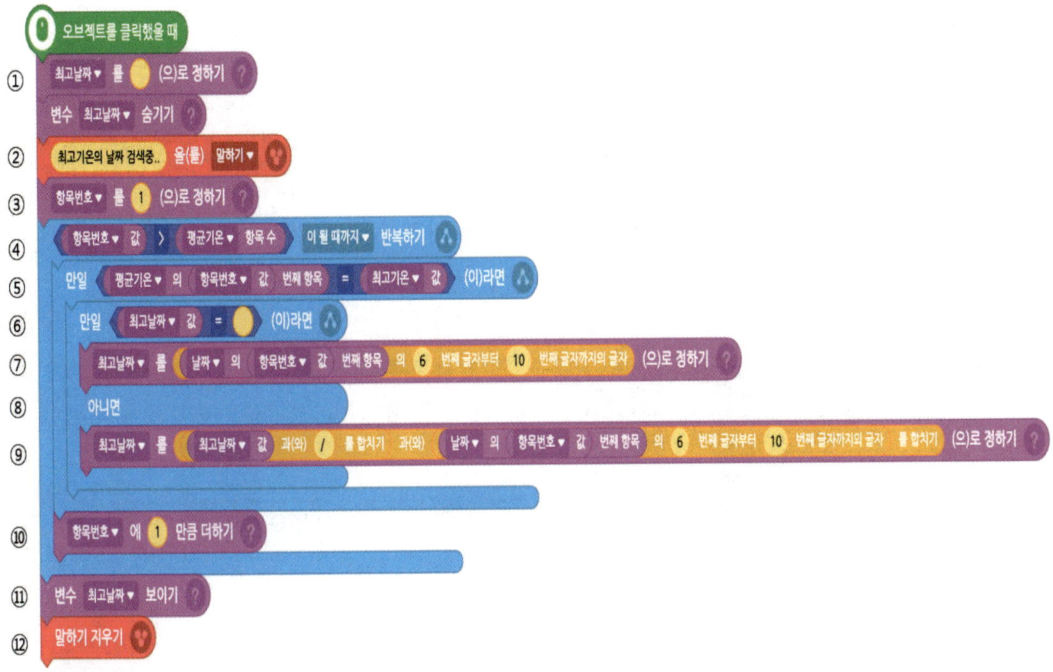

5) 실행하기

시작하기(▶)를 누른 후 '최고기온구하기(클릭)' 오브젝트를 클릭하여 평균 기온 중에서 최고 높은 기온이 검색되는지를 확인한다. 그리고 '최고날짜구하기(클릭)' 오브젝트를 클릭하여 최고 기온의 날짜가 모두 검색되는지를 확인한다.

연습문제

● 문제 1

4.2.1절에서 작성한 프로그램을 수정하여, 특정 성씨를 가진 사람의 인원수를 검색하는 프로그램을 작성해 보자.

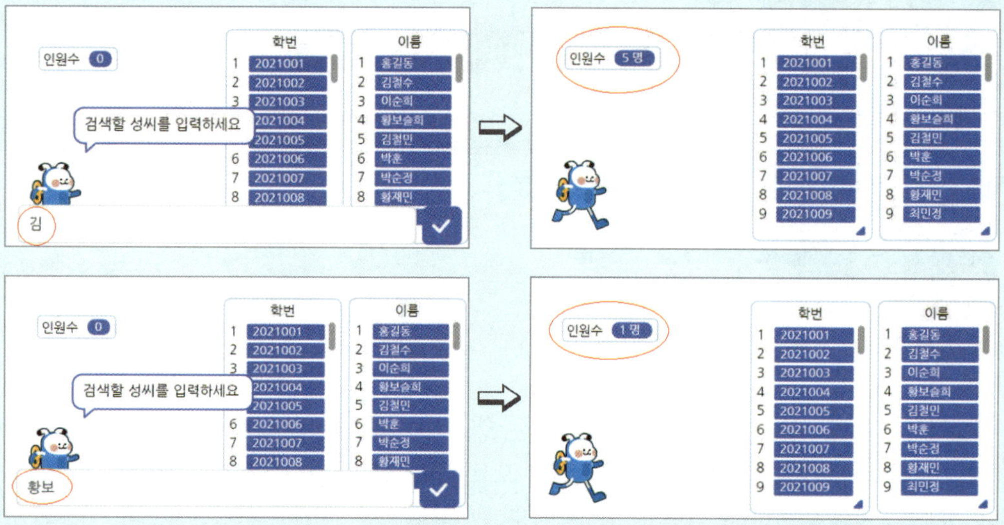

● 문제 2

동물 이름을 영어와 한글로 각각 리스트를 구성한 후, 화면에 동물의 한글 이름을 보여주고, 영어 이름을 대답으로 입력받아 맞았는지 틀렸는지를 보여주는 프로그램을 작성해 보자.

제5장
크기 순서대로 나열하기 - 정렬

5.1. 정렬의 필요성과 알고리즘

어떤 영어 단어를 영한사전에서 찾아야 한다고 생각해 보자. 이 때 사전 속에 수만 개의 영어 단어가 정리되지 않은 채 순서 없이 실려 있다면 해당 단어를 찾기가 참으로 막막할 것이다. 그러나 다행히도 영어 사전 속에 있는 단어들은 항상 'A, B, C, D, …' 순으로 정리되어 있다. 따라서 사전의 중간 부분을 임의로 펼친 후 펼쳐진 페이지에 있는 단어와 내가 찾는 단어의 알파벳 순서를 비교하면서 앞, 뒤로 몇 번만 뒤적거리면 원하는 단어가 실려 있는 페이지를 쉽게 찾아낼 수 있다.

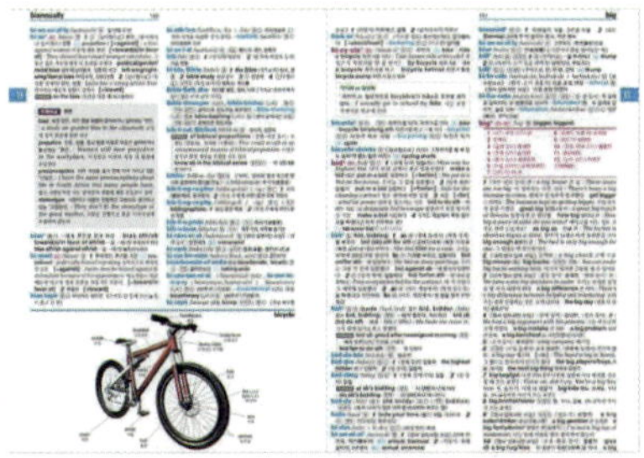

영어사전

대량의 자료 속에서 원하는 정보를 빨리 찾기 위해서는 자료들을 어떤 기준에 의해 정리해 두는 것이 필요하다. 즉, 자료를 날짜별, 종류별, 장소별 등의 기준을 정하여 분류하고, 분류된 데이터들을 가나다순으로 혹은 크기순으로 정렬해 놓으면 원하는 정보를 검색하는 데 드는 시간을 훨씬 단축할 수 있다.

이번 장에서는 효율적인 정보 검색을 위한 방법으로 정렬에 대해 다루어보고자 한다. 리스트에 담겨있는 대량의 데이터를 정렬하는 다양한 알고리즘들에 대해 생각해 보고, 정렬을 이용하여 효과적으로 정보를 검색하는 방법에 대해서도 배워보자.

5.1.1. 일상생활에서 사용되는 정렬

아래 그림과 같이 과일 이름을 적어놓은 리스트가 있다고 하자. 왼쪽에 있는 리스트는 순서 없이 정리된 목록이고, 오른쪽에 있는 리스트는 과일 이름을 가나다순으로 정리해 놓은 리스트이다. 과일 목록 중에 '황도'가 있는지 없는지 확인해 본다.

과일 이름 목록		
사과	파인애플	모과
복숭아	구아바	살구
포도	자몽	벚찌
배	감귤	고염
단감	메론	백도
바나나	체리	머루
딸기	레몬	다래
수박	용과	오디
키위	황도	으름
참외	석류	오얏
토마토	자두	대추
무화과	앵두	매실

순서 없이 정리된 리스트

과일 이름 목록		
감귤	고염	구아바
다래	단감	대추
딸기	레몬	매실
머루	메론	모과
무화과	바나나	배
백도	벚찌	복숭아
사과	살구	석류
수박	앵두	오디
오얏	용과	으름
자두	자몽	참외
체리	키위	토마토
파인애플	포도	황도

가나다순으로 정리된 리스트

순서 없이 정리된 왼쪽 리스트에서 '황도'를 찾으려면 처음부터 하나하나 과일 이름을 쭉 훑어보아야 한다. 반면에 가나다순으로 정리된 오른쪽 리스트에서는 'ㅎ'으로 시작하는 과일들만 훑어보면 되므로 빠르게 황도가 있는지 없는지를 알 수 있다. 과일 이름의 종류가 많으면 많을수록 '황도'를 찾는 시간은 더욱 차이가 날 것이다. 이 예에서 알 수 있듯이 정렬은 대량의 자료에서 정보를 검색할 때 검색 시간을 줄여주는 최고의 방법이라고 할 수 있다.

선택정렬 방식

일상생활에서 쓰이는 다양한 정렬 방식에 대해 생각해 보자. 먼저 초등학교 때 반 아이들을 키순서대로 앉히기 위해 선생님들이 사용하셨던 방법을 떠올려 보면 다음과 같다. 먼저 반 아이들을 모두 한 줄로 나란히 세워둔다. 그러고 나서 눈으로 쭉 훑어본 후 가장 작은 아이를 뽑아 제일 앞에 세워 둔다. 그리고 다시 쭉 훑은 후 두 번째로 작은 아이를 뽑아 두 번째 자리에 세워둔다. 이렇게 몇 번을 반복하면 전체 반 아이들이 키 순서대로 서 있게 된다. 이 방법을 그대로 응용한 정렬 알고리즘이 바로 선택정렬(Selection Sort)이다. 선택 정렬은 정렬되지 않은 데이터 중에서 가장 작거나 큰 데이터를 찾아서 가장 앞의 데이터와 교환해 나가는 방식이다.

또 다른 예로 아래와 같이 숫자가 적힌 원통 여섯 개가 있을 때, 원통에 적힌 숫자가 작은 순서대로 재배치해야 한다면 여러분은 어떻게 하겠는가? 대부분 양손에 원통 하나씩을 잡고 숫자를 비교하면서 자리 바꾸기를 할 것이다. 이를테면 맨 앞의 원통 두 개 '45'와 '16'을 잡고 두 숫자를 비교해서 숫자가 작은 '16'을 앞으로 보낸다. 다시 '45'와 '31'을 비교해서 숫자가 작은 '31'을 앞으로 보낸다. 이렇게 몇 번 반복하다보면 제일 큰 수 '45'는 맨 뒤에 놓이게 된다. 이런 식으로 이웃한 숫자를 두 개씩 비교해 가면서 큰 수를 계속해서 뒤로 보내기를 몇 차례 반복 하다보면 어느새 모든 원통들은 작은 숫자순으로 정렬된다. 이와 같이 인접한 두 숫자를 비교해서 큰 수를 뒤로 보내는 방식의 정렬 알고리즘을 버블정렬(Bubble Sort)이라고 한다.

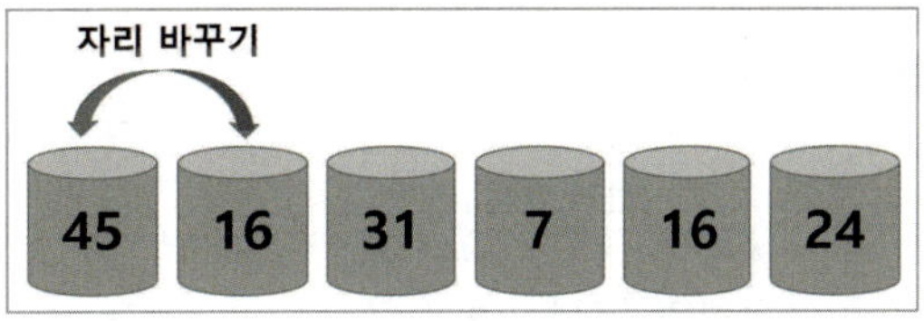

버블정렬 방식

예를 하나 더 들어보자. 만약 0점부터 100점까지 점수가 적힌 시험지 40장이 있다고 하자. 점수에 따라 등수를 매기기 위해 점수가 높은 순서대로 시험지를 재배열해야 한다면 또 어떻게 하겠는가? 아마도 아래 그림과 같이 10점대, 20점대, 30점대, …, 100점대 별로 따로 모아서 다시 점수대별로 정리하면 될 것이다. 이와 같은 방식을 버킷정렬(Bucket Sort)라고 한다. 버킷정렬은 자료를 조건에 따라 여러 바구니에 나누어 담아 정렬하는 방식이다.

버킷정렬 방식

이 외에도 생활 속에서 사용하는 방식 그대로를 데이터 정렬에 적용한 다양한 알고리즘이 있다. 다음 절에서는 이중 대표적인 몇 가지 정렬 알고리즘에 대해 좀 더 자세히 다루어 보고자 한다. 또한 이러한 정렬 알고리즘을 엔트리로 구현하여 대량의 데이터를 정렬하고, 정렬된 데이터 속에서 원하는 정보를 검색하는 과정도 직접 확인해 보도록 하자.

Check! 다양한 정렬 알고리즘

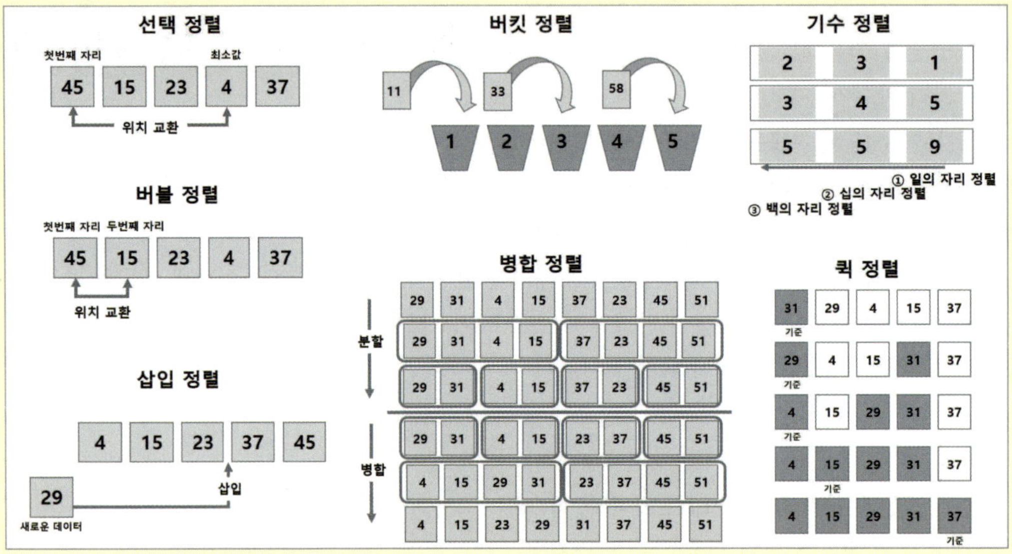

① 선택정렬 : 정렬되지 않은 데이터 중에서 가장 작은 값을 찾아 앞자리 숫자와 교환하는 방법.

② 버킷정렬 : 첫째자리 수만큼 통을 준비하여 그곳에 데이터를 분류하고 정렬하는 방법.

③ 기수정렬 : 숫자의 각 자리를 기준으로 차례대로 데이터를 정렬하는 방법.

④ 버블정렬 : 이웃한 데이터끼리 크고 작음을 따져 서로 위치를 교환하는 방법.

⑤ 삽입정렬 : 새로운 데이터의 크기를 따져 이미 정렬된 데이터 사이에 삽입하는 방법.

⑥ 병합정렬 : 정렬할 데이터를 반으로 자르고, 자른 데이터를 다시 반으로 계속해서 자른 후 최소 단위가 되었을 때 두 개씩 정렬하여 다시 병합하는 방법.

⑦ 퀵 정렬 : 정렬할 데이터 안에서 임의의 기준 값을 선택하고 작은 데이터는 기준 값 왼쪽에, 큰 데이터는 기준 값 오른쪽에 가져다 놓는 방법.

5.1.2. 정렬이 필요한 정보 검색

주변에서 '랭킹'이나 '순위'라는 용어로 정리해 놓은 많은 자료들을 볼 수 있다. 아래 그림과 같이 '대기업 연봉 순위', '국내 박스오피스 랭킹' 등의 자료가 그 예인데, 학생들은 '대기업 연봉 순위'를 보면서 어느 회사에 입사할 지를 결정하게 되고, 연인들은 '국내 박스오피스 랭킹'을 보면서 주말에 어떤 영화를 보러 갈지를 결정하게 된다. 같은 자료라도 의미 있는 순서대로 정리를 해 놓으면 사용자들의 의사 결정에 큰 도움을 줄 수 있다.

기업명	연봉	기준연도	업종	연봉정보
현대자동차	6,100만원	2015	승용차 및 기타 여객용 자동차 제조업	상세보기
만도헬라일렉트로닉스	5,800만원	2015	자동차 전자부품 제조 및 판매	상세보기
현대오일뱅크	5,800만원	2015	원유 정제처리업	상세보기
광주은행	5,475만원	2015	국내은행	상세보기
JB전북은행	5,240만원	2015	국내은행	상세보기
SK텔레콤	4,821만원	2015	무선통신업	상세보기
한국투자신탁운용	4,760만원	2015	자산운용회사	상세보기
롯데손해보험	4,650만원	2015	손해 보험업	상세보기
LG디스플레이	4,510만원	2015	액정 평판 디스플레이 제조업	상세보기
포스코	4,500만원	2015	제철업	상세보기
GS칼텍스	4,500만원	2015	원유 정제처리업	상세보기
세아상역	4,450만원	2015	섬유·의류·패션	상세보기
한화/기계	4,434만원	2015	산업용 오븐, 노 및 노용 버너 제조업	상세보기
한국미쓰비시상사	4,400만원	2015	상품 종합 도매업	상세보기
KDB산업은행	4,400만원	2015	국내은행	상세보기
쌍용자동차	4,400만원	2015	승용차 및 기타 여객용 자동차 제조업	상세보기
현대산업개발	4,400만원	2015	아파트 건설업	상세보기

2015년 대기업 연봉 순위

국내 박스오피스 랭킹

2016.09.30~2016.10.02

순위	영화명	날짜	주말관객	매출점유율	예매
1	아수라	2016-09-28	1,068,535 명	43.80%	예매하기
2	미스 페레그린과 이상한 아이들의 집	2016-09-28	595,629 명	23.50%	예매하기
3	브리짓 존스의 베이비	2016-09-28	208,082 명	8.40%	예매하기
4	설리: 허드슨강의 기적	2016-09-28	185,743 명	7.90%	예매하기
5	밀정	2016-09-07	181,341 명	7.10%	예매하기
6	벤허	2016-09-14	41,434 명	1.60%	예매하기
7	피터와 드래곤	2016-09-28	34,840 명	1.40%	예매하기
8	맨 인 더 다크	2016-10-05	29,448 명	1.20%	예매하기
9	바다 탐험대 옥토넛 시즌4: 늪지탐험선K	2016-09-28	22,960 명	0.70%	예매하기
10	백설공주 : 사라진 아빠를 찾아서	2016-09-29	22,364 명	0.80%	예매하기

2016년 9월 마지막 주 국내박스오피스 랭킹

의미 있는 순서로 정리된 여러 가지 자료를 주변에서 좀 더 찾아보자.

- 올림픽 국가별 메달 순위
- 2021시즌 프로야구 선수랭킹(홈런순, 타율순, 타점순)
- US University ranking (대학별 순위)

특정 기준에 의해 정렬된 대량의 자료를 통해 사용자는 원하는 정보를 더 빠르고 쉽게 찾을 수 있을 뿐 아니라, 보다 가치 있는 정보를 더 많이 생산해 낼 수 있게 되므로 일의 효율성을 높일 수 있다.

5.1.3 정렬 알고리즘

컴퓨터 프로그래밍에서도 수집된 대량의 데이터를 활용 목적에 따라 정리하는 작업을 하는데 이를 정렬이라고 한다. '정렬(sort)'이란 데이터를 일정한 규칙에 따라 재배열하는 것을 의미한다. 다음과 같이 다섯 개의 데이터가 있다고 가정해보자.

15	6	24	8	11

이때 작은 숫자부터 큰 숫자 순서대로 나열하는 것을 오름차순 정렬이라 하고, 반대로 큰 숫자부터 작은 숫자 순서대로 나열하는 것을 내림차순 정렬이라 한다.

6	8	11	15	24

오름차순 정렬

24	15	11	8	6

내림차순 정렬

많은 양의 데이터를 특정 기준에 의해 정렬하는 알고리즘은 다양한데, 이번 장에서는 선택정렬과 버블정렬 방식의 알고리즘에 대해 정확하게 이해하고, 그 과정을 엔트리로 구현하여 리스트 안의 데이터들이 잘 정렬되는지 확인해 본다.

제일 (작은 수/큰 수)를 찾아내어 정렬하기

다섯 개의 상자 안에 아래와 같이 숫자들이 하나씩 들어있다고 가정해 보자. 이 다섯 개의 상자 안에 있는 숫자들을 작은 숫자부터 큰 숫자순으로 빠르게 재배치해야 한다면 어떻게 하겠는가?

15	6	24	8	11

복잡하게 생각할 것 없이 일단 다섯 개의 상자 중 가장 작은 숫자인 '6'을 찾아 맨 앞 상자에 있는 '15'와 서로 위치를 바꾼다. 그 다음에는 두 번째로 작은 숫자 '8'을 찾아 두 번째 위치에 있는 '15'와 서로 위치를 바꾼다. 이런 식으로 계속 작업을 반복하다보면 제일 큰 숫자 '24'는 맨 뒤에 놓이게 되면서 모든 상자 안의 숫자들은 작은 숫자순으로 정렬된다. 반대로 만약 숫자들을 큰 숫자부터 작은 숫자순으로 재배치해야 한다면 가장 큰 숫자를 찾아서 맨 앞 상자에 있는 값과 위치를 바꿔나가면 된다. 이와 같은 정렬 방법을 선택정렬이라고 한다. '선택정렬(Selection Sort)' 알고리즘은 정렬되지 않은 데이터들에 대해 가장 작은 또는 가장 큰 데이터를 찾아 가장 앞의 데이터와 위치를 교환해나가는 방식이다. 오름차순 정렬을 위한 선택정렬 알고리즘의 단계별 처리 순서는 다음과 같다.

① 정렬을 위한 변수 'first', 'min'을 준비한다.

② 'first'에는 1을 넣어준다. (first는 제일 앞에 있는 상자 번호를 가리킨다고 생각하면 된다.)

③ 'first'가 마지막 상자 번호인 5와 같아질 때까지 아래 과정을 반복한다.

  (ㄱ) 'first'번째 와 5번째 사이를 쭉 훑으면서 가장 작은 숫자가 들어있는 상자의 위치를 'min'에 넣어준다.

  (ㄴ) 'first'값과 'min'값이 같지 않다면 'first'번째에 있는 값과 'min'번째에 있는 값을 서로 바꾸어준다.

  (ㄷ) 'first'를 1 증가시킨다.

위에서 설명한 정렬 과정 중 반복문③의 처리 과정을 그림으로 표현하면 아래와 같다.

반복 1 :

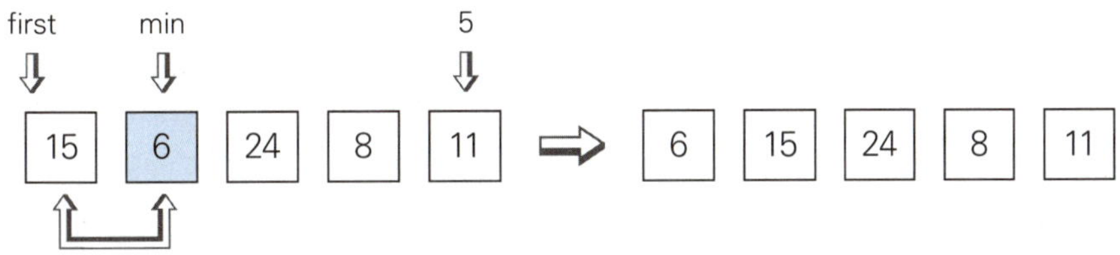

반복 2 :

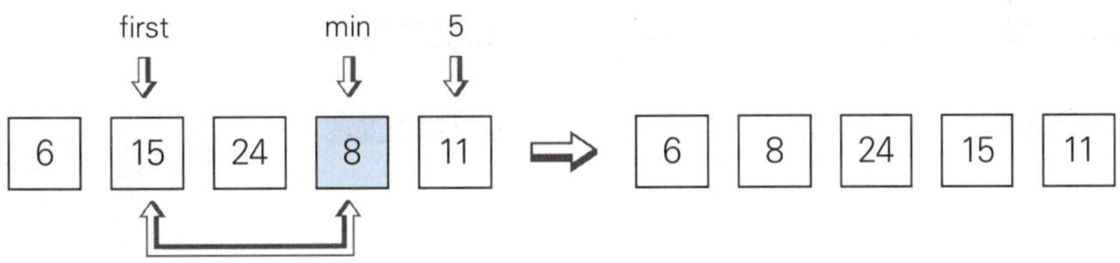

반복 3 :

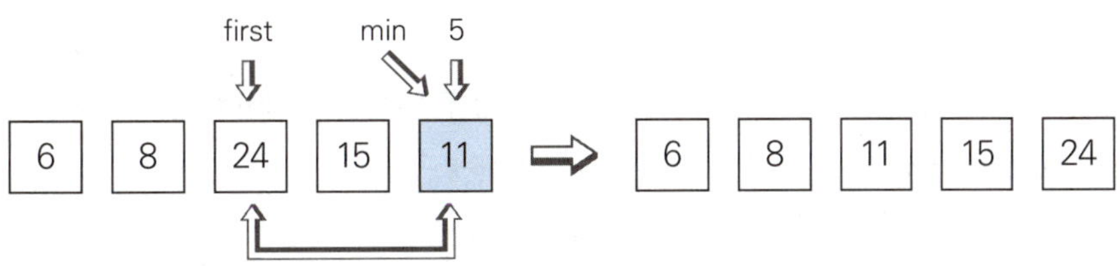

반복 4 :

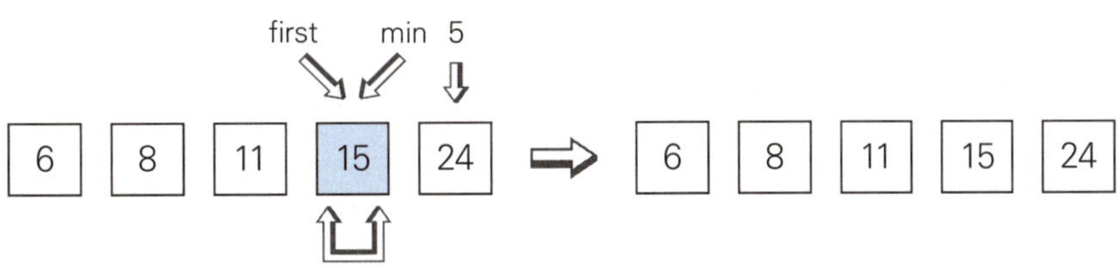

반복 5 :

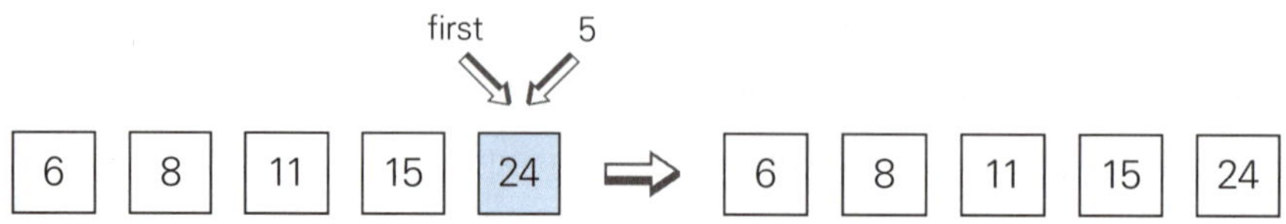

5번의 반복 끝에 모든 숫자가 오름차순으로 정렬된 것을 볼 수 있다.

위 과정이 이해되었다면 이제 엔트리를 이용해서 학번과 이름이 저장된 리스트에 대해 '학번순으로 정렬하기'와 '이름순으로 정렬하기' 프로그램을 구현해 보자. 먼저 '학번순으로 정렬하기'를 수행하면, 학번을 기준으로 학번과 이름이 함께 오름차순 정렬된다. 이때 선택 정렬 알고리즘을 사용한다.

● 실행 화면 미리 보기

① '학번순으로 정렬하기' 버튼을 클릭한다.

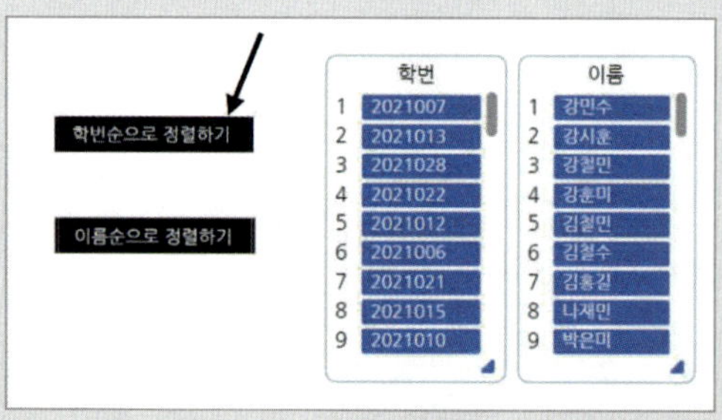

② 학번 순서로 학번과 이름이 오름차순 정렬된다.

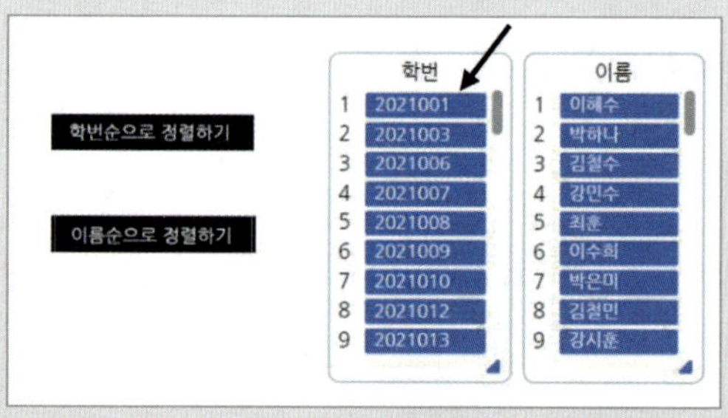

● 프로그램 구현 준비

① 오브젝트 준비 : '학번순으로 정렬하기', '이름순으로 정렬하기' 2개를 준비한다.

② 리스트 만들기 : '학번', '이름' 리스트 2개를 각각 생성한다.

③ 변수 만들기 : 'min값', 'min번호', 'first', 'temp', '항목번호' 5개의 변수를 생성한다.

1) 오브젝트 추가하기

'엔트리봇' 오브젝트는 삭제하고, '학번순으로 정렬하기', '이름순으로 정렬하기' 버튼 2개를 생성한다. 버튼 생성은 앞 단원에서 설명한 것과 같다.

2) 리스트 만들기

'학번' 과 '이름' 리스트를 생성하고, 리스트 데이터는 'ch5_1_3_학생정보.txt' 파일에서 외부 데이터 가져오기를 실행하여 저장한다. 리스트 생성은 앞 단원에서 설명한 것과 같다.

3) 변수 생성하기

모든 오브젝트에서 사용되는 변수 5개를 생성하고, 실행 화면에 표시하지는 않는다.
'min값', 'min번호', 'first', 'temp', '항목번호'

4) 프로그램 구현하기

'학번순으로 정렬하기'는 학번을 기준으로 학번과 이름을 오름차순 정렬한다. 이때 선택정렬 알고리즘을 이용한다.

▶ '학번순으로 정렬하기' 버튼을 클릭했을 때, 다음과 같이 움직인다.

① (ㄱ) "학번순으로 정렬중..." 말한다.
② (ㄴ) 변수 'first'를 1로 지정한다.
③ (ㄷ) 'first'가 학번의 항목수가 될 때까지 다음을 반복 수행한다.
④ ⓐ 변수 'min값'을 학번의 'first'번째 항목 값으로 지정한다.
⑤ ⓑ 변수 'min번호'를 'first'값으로 지정한다.
⑥ ⓒ '항목번호'를 'first+1' 로 지정한다.
⑦ ⓓ '항목번호'가 학번의 항목수보다 커질 때까지 다음을 반복 수행한다.
⑧ – 만일 학번의 '항목번호'번째 값이 'min값' 보다 작으면,
⑨ : 'min값'을 학번의 '항목번호'번째 값으로 지정한다.
⑩ : 'min번호'를 '항목번호'값으로 지정한다.
⑪ – '항목번호'를 1 증가시킨다.
⑫ ⓔ 만약 'first'값과 'min번호'값이 다르면,
⑬ : 학번 리스트의 'first'번째 값과 'min번호'번째 값을 교환한다.
⑭ : 이름 리스트의 'first'번째 값과 'min번호'번째 값을 교환한다.
⑮ ⓕ 'first'를 1 증가시킨다.
⑯ (ㄹ) 말하기를 지운다.

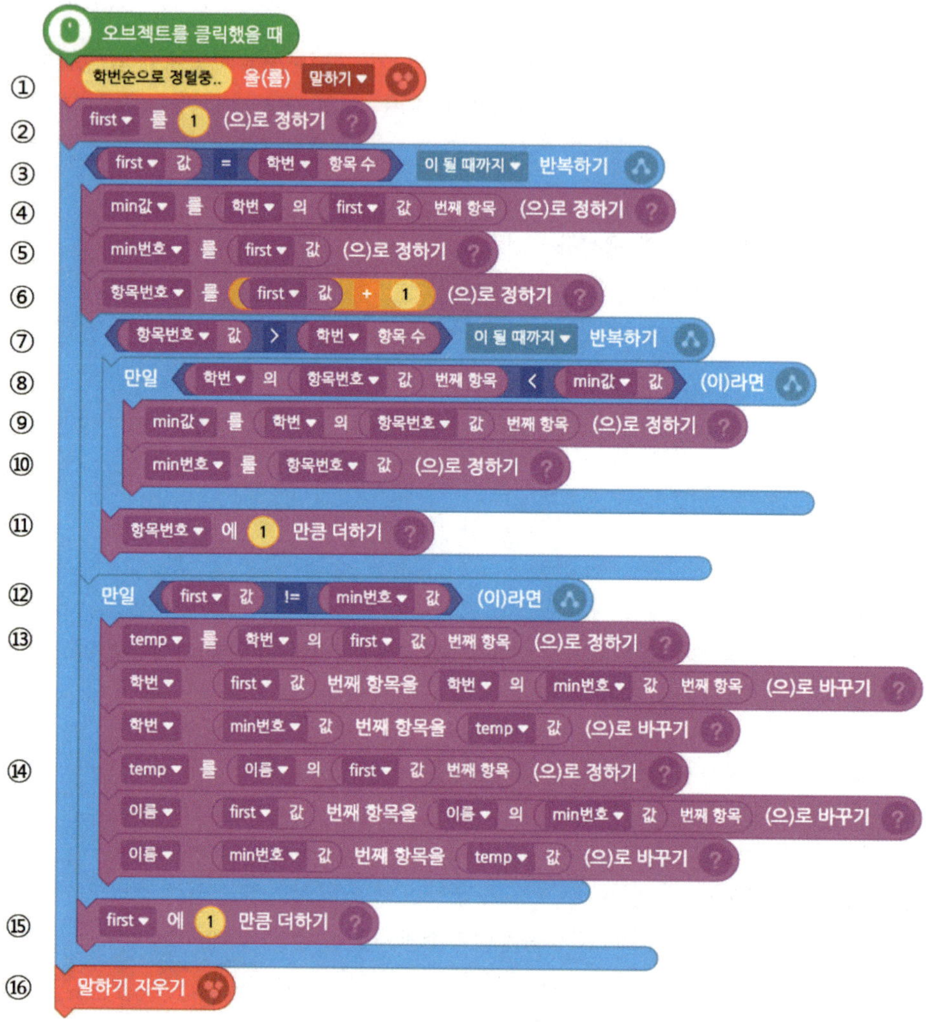
오브젝트를 클릭했을 때
① 학번순으로 정렬중.. 을(를) 말하기
② first 를 1 (으)로 정하기
③ first 값 = 학번 항목 수 이 될 때까지 반복하기
④ min값 를 학번 의 first 값 번째 항목 (으)로 정하기
⑤ min번호 를 first 값 (으)로 정하기
⑥ 항목번호 를 first 값 + 1 (으)로 정하기
⑦ 항목번호 값 > 학번 항목 수 이 될 때까지 반복하기
⑧ 만일 학번 의 항목번호 값 번째 항목 < min값 값 (이)라면
⑨ min값 를 학번 의 항목번호 값 번째 항목 (으)로 정하기
⑩ min번호 를 항목번호 값 (으)로 정하기
⑪ 항목번호 에 1 만큼 더하기
⑫ 만일 first 값 != min번호 값 (이)라면
⑬ temp 를 학번 의 first 값 번째 항목 (으)로 정하기
학번 first 값 번째 항목을 학번 의 min번호 값 번째 항목 (으)로 바꾸기
학번 min번호 값 번째 항목을 temp 값 (으)로 바꾸기
⑭ temp 를 이름 의 first 값 번째 항목 (으)로 정하기
이름 first 값 번째 항목을 이름 의 min번호 값 번째 항목 (으)로 바꾸기
이름 min번호 값 번째 항목을 temp 값 (으)로 바꾸기
⑮ first 에 1 만큼 더하기
⑯ 말하기 지우기

이웃한 데이터를 교환하여 정렬하기

또 다른 대표적 정렬 알고리즘인 버블 정렬에 대해 생각해 보자. '버블정렬(bubble sort)' 알고리즘으로 오름차순 정렬의 수행은 이웃한 두 숫자끼리 크고 작음을 따져서 서로의 위치를 교환함으로써 큰 숫자를 계속해서 뒤로 보내는 정렬 방식이다. 예를 들어 앞의 선택정렬에서 다룬 것처럼 다섯 개의 상자에 아래와 같이 숫자들이 들어있다고 가정해 보자. 이를 오름차순 정렬하고자 한다.

15	6	24	8	11

첫 번째 상자의 숫자 '15'와 두 번째 상자의 숫자 '6'을 비교해서 앞의 숫자가 뒤의 숫자보다 크면 두 상자 안에 있는 숫자들을 서로 바꾼다. 다시 두 번째 상자의 숫자 '15'와 세 번째 상자의 숫자 '24'를 비교해서 앞의 것이 크면 두 상자의 위치를 바꾼다. 이 때 앞의 숫자가 뒤의 숫자보다 크지 않다면 다음 상자로 넘어가면 된다. 다시 세 번째 상자의 숫자 '24'와 네 번째 상자의 숫자 '8'을 비교해서 앞의 것이 크면 숫자를 서로 바꾼다. 계속해서 진행하면 결국 가장 큰 숫자 '24'가 맨 뒤 상자에 들어있게 된다. 이미 제일 큰 숫자가 들어간 맨 뒤 상자를 하나씩 제외해 가면서 똑같은 작업을 몇 번 더 반복수행하면 결국에는 상자들 안에 있는 숫자들은 작은 값 순서대로 정렬된다.
버블 정렬 알고리즘을 이용한 오름차순 정렬의 단계별 처리 순서는 다음과 같다.

① 변수 'last'와 'n'을 준비한다.
② 'last'에는 마지막 상자의 위치를 넣어준다. (맨 뒤에 있는 상자를 가리킨다고 생각하면 된다.)
③ 'last'가 1과 같아질 때까지 아래 과정을 반복한다.
  (ㄱ) 'n'에 1을 넣어준다. (맨 앞에 있는 상자를 가리킨다고 생각하면 된다.)
  (ㄴ) 'n'이 'last'가 될 때까지 아래 과정을 반복한다.
    (a) 'n'번째 숫자가 'n+1'번째 숫자보다 크면 각 위치에 있는 값을 서로 교환한다.
    (b) 'n'을 1 증가시킨다.
  (ㄷ) 'last'를 1 감소시킨다.

위에서 설명한 정렬 과정 중 반복문③의 처리 과정을 그림으로 표현하면 다음과 같다.

반복 1 :

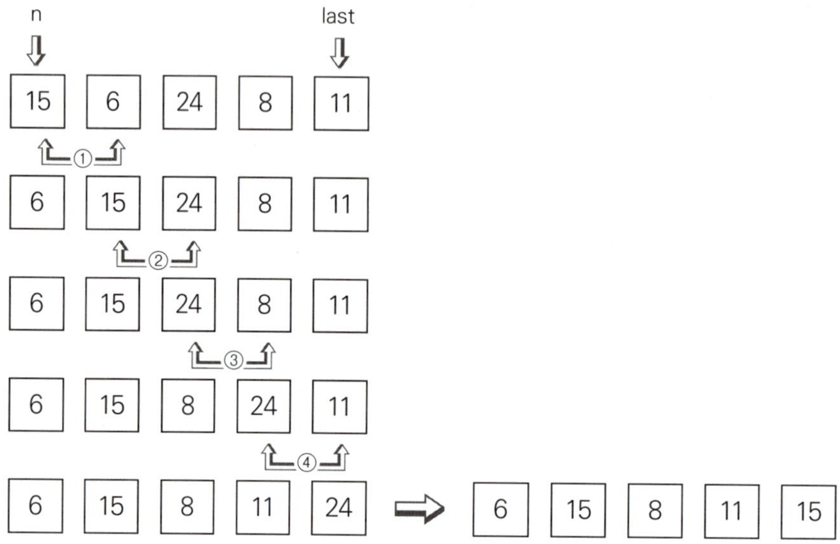
n
last
15 6 24 8 11
①
6 15 24 8 11
②
6 15 24 8 11
③
6 15 8 24 11
④
6 15 8 11 24
6 15 8 11 15

반복 2 :

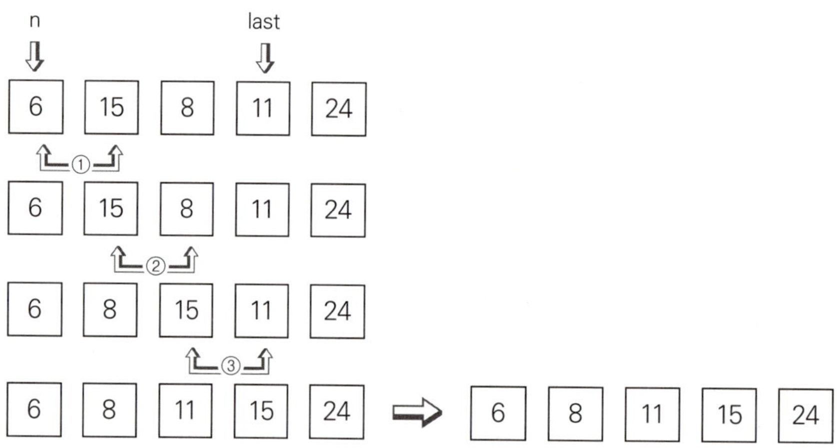
n
last
6 15 8 11 24
①
6 15 8 11 24
②
6 8 15 11 24
③
6 8 11 15 24
6 8 11 15 24

반복 3 :

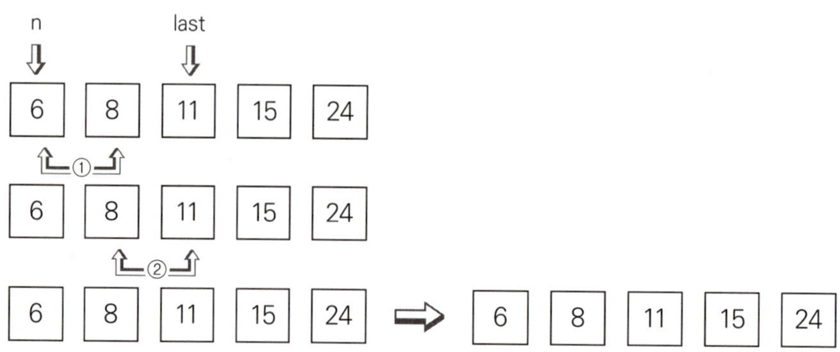
n
last
6 8 11 15 24
①
6 8 11 15 24
②
6 8 11 15 24
6 8 11 15 24

반복 4 :

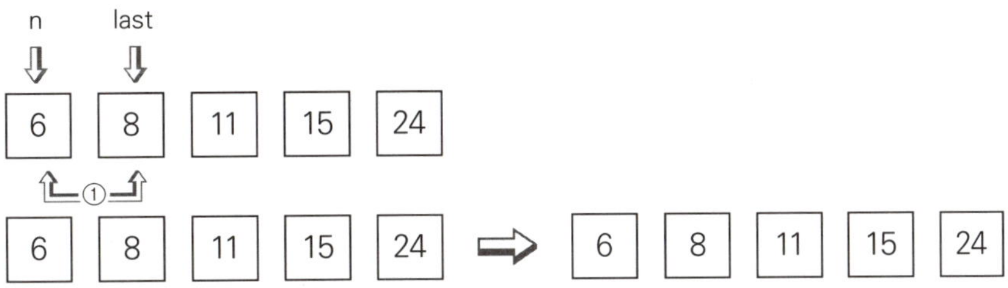

반복 5 :

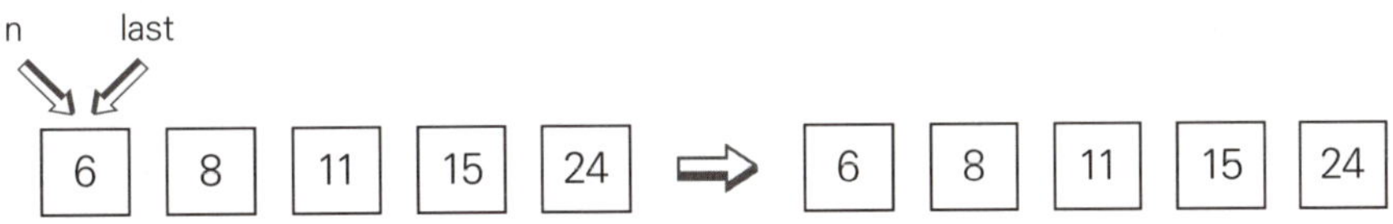

위 과정이 이해되었다면, 이번에는 '이름순으로 정렬하기' 오브젝트의 알고리즘을 추가해 보자. '이름순으로 정렬하기'를 클릭하면, 이름을 기준으로 학번과 이름이 오름차순 정렬된다. 이때 버블 정렬 알고리즘을 사용한다.

● 실행 화면 미리 보기

① '이름순으로 정렬하기' 버튼을 클릭한다.

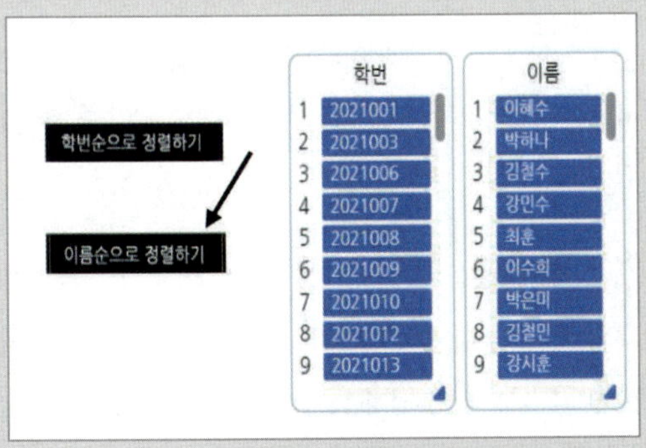

② 이름 순서로 학번과 이름이 오름차순 정렬된다.

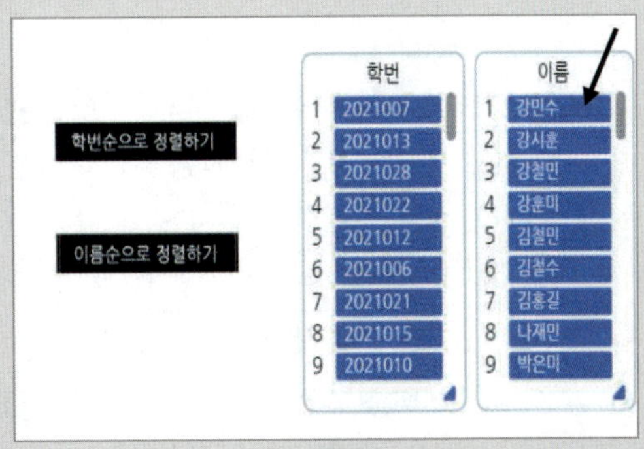

● 프로그램 구현 준비

① 변수 추가 : 'last'

1) 변수 추가하기

모든 오브젝트에서 사용되는 변수 'last'를 추가 생성하고, 실행 화면에 표시하지는 않는다.

2) 프로그램 구현하기

이름순으로 정렬하기는 버블정렬 알고리즘을 이용하여 이름 순서로 학번과 이름을 오름차순 정렬한다.

▶ '이름순으로 정렬하기' 버튼을 클릭했을 때, 다음과 같이 움직인다.

① (ㄱ) "이름순으로 정렬중..."을 말한다.
② (ㄴ) 변수 'last'를 이름의 항목수로 지정한다.
③ (ㄷ) last 가 1이 될 때까지 다음을 반복 수행한다.
④ ⓐ '항목번호'를 1로 정한다.
⑤ ⓑ '항목번호'가 'last'가 될 때까지 다음을 반복 수행한다.
⑥ - 만일 '이름'의 '항목번호'번째 값이 '항목번호+1'번째 값보다 크면,
⑦ : '이름' 리스트의 '항목번호'번째 값과 '항목번호+1'번째 값을 교환한다.
⑧ : '학번' 리스트의 '항목번호'번째 값과 '항목번호+1'번째 값을 교환한다.
⑨ - '항목번호'를 1 증가시킨다.
⑩ ⓒ 'last'를 1 감소시킨다.
⑪ (ㄹ) 말하기를 지운다.

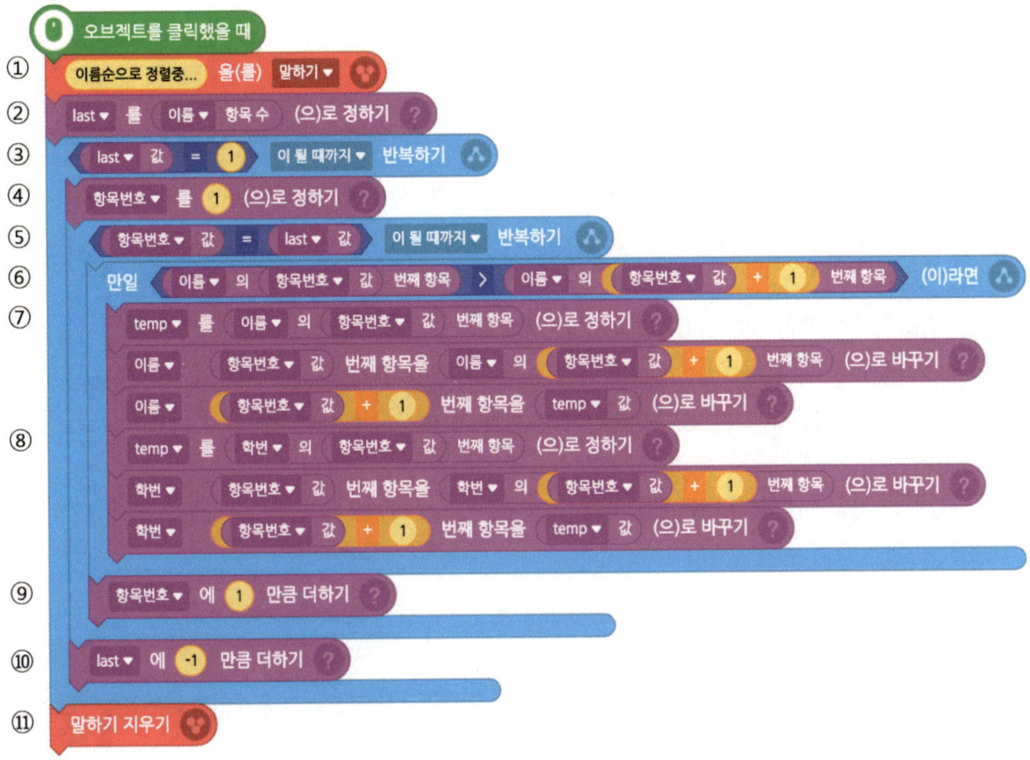

3) 실행하기

시작하기(▶)를 누른 후 '학번순으로 정렬하기' 오브젝트를 클릭하여 학번 순서로 오름차순 정렬되는지를 확인한다. 그리고 '이름순으로 정렬하기' 오브젝트를 클릭하여 이름 순서로 오름차순 정렬되는지도 확인해 본다.

5.2. 정렬을 활용한 다양한 문제 해결

이번 장에서는 선택 정렬과 버블 정렬을 활용한 다양한 프로그램을 구현해 보도록 한다.

5.2.1. 키 – 중앙값 구하기

우리 반 학생 30명의 키를 저장한 리스트에서 중앙값을 구하는 프로그램을 작성해 보자. 먼저 자료를 크기순으로 나열했을 때, 중앙에 위치하게 되는 수가 중앙값이다. 중앙값을 기준으로 자료의 반은 중앙값보다 큰 값을 갖고, 나머지 반은 중앙값보다 작은 값을 갖는다. 따라서 우리 반 친구들의 키를 크기순으로 정렬을 하면 쉽게 중앙값을 구할 수 있다. 정렬 알고리즘은 선택정렬을 이용한다.

리스트에서 중앙값을 구하는 알고리즘을 다음과 같다.

- 항목 수(n)가 **홀수**인 리스트에서 중앙값을 찾을 때 :

  { 1, 1, **2**, 4, 6 }

  위 다섯 개의 수 중 가운데인 세 번째에 위치한 2가 이 자료의 중앙값이 된다.

  즉, **(n+1)/2번째 값**이 중앙값이다.

- 항목 수(n)가 **짝수**인 리스트에서 중앙값을 찾을 때 :

  { 1, 1, **2**, **3**, 4, 6 }

  위 여섯 개 중 정가운데 있는 두 개의 값 (세 번째와 네 번째에 위치한 2와 3)의 평균이 중앙값이 된다.

  즉, **n/2번째 값**과 **(n/2)+1번째 값**의 **평균**이 중앙값이다.

● 실행 화면 미리 보기

① 시작하기(▶)를 클릭한 후, 중앙값구하기(클릭)을 누른다.

② 키 중앙값을 계산하여 표시한다.

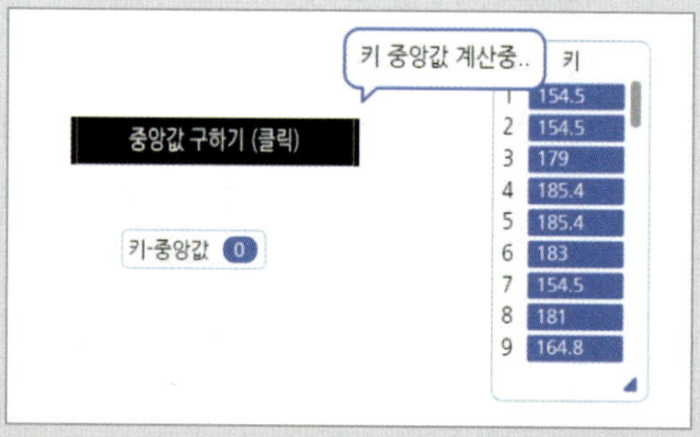

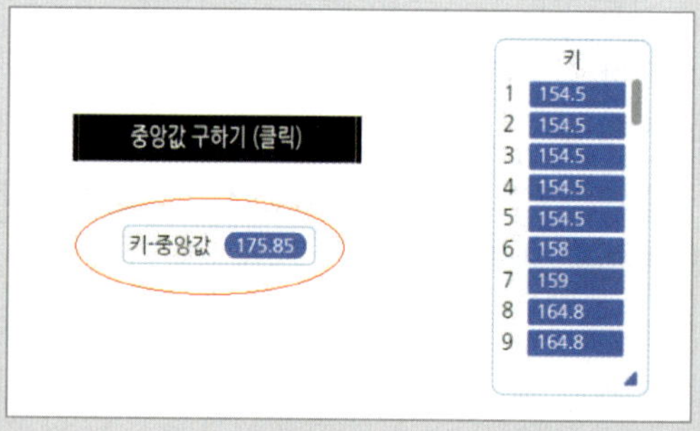

● 프로그램 구현 준비

① 오브젝트 준비 : '중앙값 구하기(클릭)' 버튼 1개를 준비한다.

② 리스트 만들기 : '키' 리스트 1개를 생성한다.

③ 변수 만들기 : '키-중앙값', 'min값', 'min번호', 'first', 'temp', '항목번호', '중앙1', '중앙2' 8개의 변수를 생성한다.

1) 오브젝트 추가하기

'엔트리봇' 오브젝트는 삭제하고, '중앙값 구하기(클릭)' 버튼 오브젝트를 생성한다.

2) 리스트 만들기

우리 반 30명의 키를 저장하기 위한 리스트 1개를 생성한다.

① [자료] 범주에 있는 [리스트 만들기]에서 '키' 리스트를 생성한다.

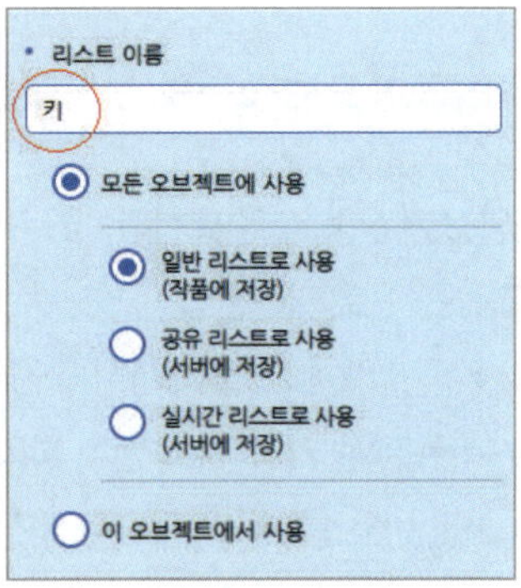

② 리스트에 외부 파일 가져오기를 수행한다. [리스트 불러오기] 창에서 'ch5_2_1_키.txt' 파일의 키 목록을 복사하여 붙여넣기 수행하고, 저장하기를 클릭한다.

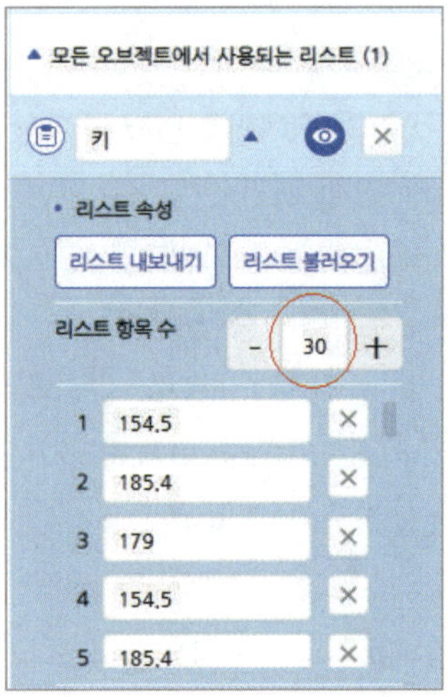

3) 변수 생성하기

프로그램에 사용할 8개의 변수를 생성한다.

① 8개의 변수는 '모든 오브젝트에 사용', '일반 변수로 사용'으로 생성한다.

② '키-중앙값' 변수만 실행 화면에 표시하고, 나머지 변수는 실행 화면에 표시하지 않는다.

③ '중앙1', '중앙2' 변수는 리스트의 개수가 짝수일 때, 가운데 있는 2개의 값을 평균 내는 데 사용한다. 나머지 5개의 변수는 선택 정렬 알고리즘에 사용한다.

4) 프로그램 구현하기

▶ '중앙값 구하기(클릭)' 오브젝트를 클릭했을 때 알고리즘은 다음과 같다.

(ㄱ) "키–중앙값 계산중..."을 말한다.
(ㄴ) 변수 'first'를 1 로 지정한다.
(ㄷ) 'first'가 키의 항목수가 될 때까지 다음을 반복 수행한다.
  ⓐ 변수 'min값'을 키의 'first'번째 항목으로 지정한다.
  ⓑ 변수 'min번호'를 'first' 값으로 지정한다.
  ⓒ '항목번호'를 first+1 로 지정한다.
  ⓓ '항목번호'가 키의 항목수보다 커질 때까지 다음을 반복 수행한다.
    – 만일 키의 '항목번호'번째 값이 'min값' 보다 작으면,
      : 'min값'을 키의 '항목번호'번째 값으로 지정한다.
      : 'min번호'를 '항목번호' 값으로 지정한다.
    – '항목번호'를 1 증가시킨다.
  ⓔ 만약 'first' 값과 'min번호' 값이 다르면,
      : 키 리스트의 'first'번째 값과 'min번호'번째 값을 교환한다.
  ⓕ 'first'를 1 증가시킨다.
(ㄹ) 만약 키 리스트의 항목 수가 짝수이면, 다음을 수행한다.
  ⓐ '중앙1'를 키 리스트의 '키 리스트의 항목수/2'번째 항목으로 정한다.
  ⓑ '중앙2'를 키 리스트의 '키 리스트의 항목수/2+1'번째 항목으로 정한다.
  ⓒ '키–중앙값'을 (중앙1+중앙2)/2 로 정한다.
(ㅁ) 만약 키 리스트의 항목 수가 홀수이면, 다음을 수행한다.
  – '키–중앙값'을 키 리스트의 '(키 리스트의 항목수+1)/2'번째 항목으로 정한다.
(ㅂ) 말하기를 지운다.

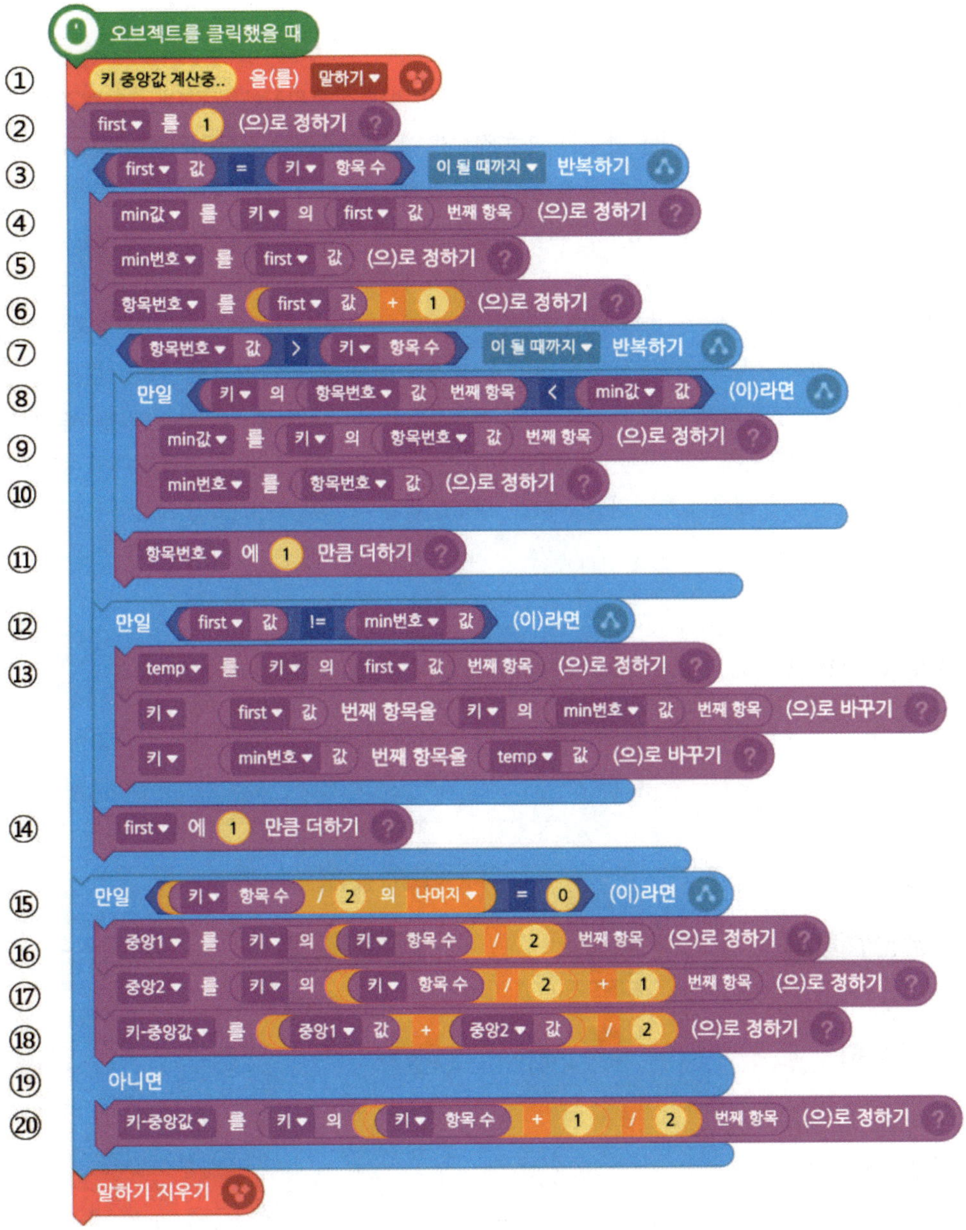
오브젝트를 클릭했을 때
① 키 중앙값 계산중.. 을(를) 말하기
② first 를 1 (으)로 정하기
③ first 값 = 키 항목 수 이 될 때까지 반복하기
④ min값 를 키 의 first 값 번째 항목 (으)로 정하기
⑤ min번호 를 first 값 (으)로 정하기
⑥ 항목번호 를 first 값 + 1 (으)로 정하기
⑦ 항목번호 값 > 키 항목 수 이 될 때까지 반복하기
⑧ 만일 키 의 항목번호 값 번째 항목 < min값 값 (이)라면
⑨ min값 를 키 의 항목번호 값 번째 항목 (으)로 정하기
⑩ min번호 를 항목번호 값 (으)로 정하기
⑪ 항목번호 에 1 만큼 더하기
⑫ 만일 first 값 != min번호 값 (이)라면
⑬ temp 를 키 의 first 값 번째 항목 (으)로 정하기
키 first 값 번째 항목을 키 의 min번호 값 번째 항목 (으)로 바꾸기
키 min번호 값 번째 항목을 temp 값 (으)로 바꾸기
⑭ first 에 1 만큼 더하기
⑮ 만일 키 항목 수 / 2 의 나머지 = 0 (이)라면
⑯ 중앙1 를 키 의 키 항목 수 / 2 번째 항목 (으)로 정하기
⑰ 중앙2 를 키 의 키 항목 수 / 2 + 1 번째 항목 (으)로 정하기
⑱ 키-중앙값 를 중앙1 값 + 중앙2 값 / 2 (으)로 정하기
⑲ 아니면
⑳ 키-중앙값 를 키 의 키 항목 수 + 1 / 2 번째 항목 (으)로 정하기
말하기 지우기

5.2.2. 체조경기 심사평점 구하기

체조 경기의 채점 방식에 대해 생각해 보자. 일반적으로 여러 명의 심사위원은 각각의 점수를 경기를 마친 선수에게 부여한다. 그런 다음 해당 선수의 최종 점수를 계산할 때에는 심사위원들이 준 점수 중 최고점수와 최저점수를 제외한 나머지 점수의 평균값으로 결정한다. 이와 같은 방식으로 점수를 처리할 때에도 정렬이 필요하다. 예를 들어 심사위원 7명이 준 점수에서 최고점수 2개와 최저점수 2개를 제외한 나머지 3개의 평균으로 심사평점을 처리한다고 가정하자. 이를 위해서는 7개의 점수 중에서 첫 번째 최고점수, 두 번째 최고점수, 첫 번째 최저점수, 두 번째 최저점수를 구하여 제외해야 한다. 물론 알고리즘이 불가능한 것은 아니지만, 심사 평점에 동일 점수가 있을 경우 간단한 알고리즘은 아니다. 이때 정렬을 활용하면 간단하게 해결 가능하다. 심사위원들이 준 7개의 점수를 먼저 오름차순으로 정렬한 후, 3번째부터 5번째까지 3개의 점수에 대한 평균을 구하면 쉽게 처리 가능하다. 엔트리를 이용하여 7명 심사위원 점수에 대한 심사평점을 구하는 프로그램을 작성해 보자. 이번 예제에서도 선택 정렬 알고리즘을 활용한다.

● 실행 화면 미리 보기

① 시작하기(▶)를 누른 후, 심사평점(클릭)을 누른다.

② 유효점수와 평점을 계산하여 표시한다.

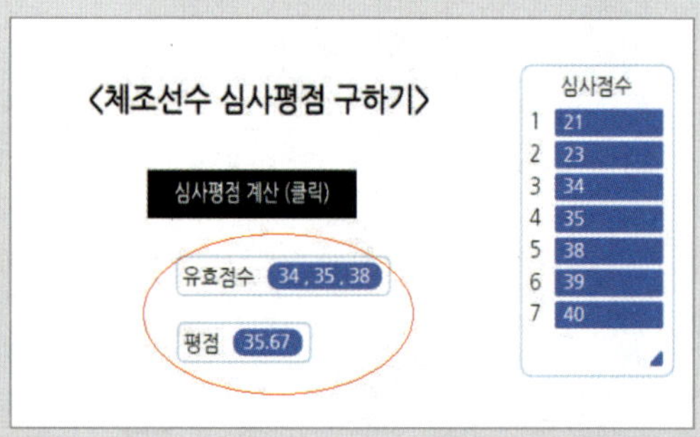

● 프로그램 구현 준비

① 오브젝트 준비 : '심사평점 계산(클릭)' 오브젝트를 준비한다.

② 리스트 만들기 : '심사점수' 1개를 생성한다.

③ 변수 만들기 : '유효점수', '평점', 'min값', 'min번호', 'first', 'temp', '항목번호' 7개의 변수를 생성한다.

1) 오브젝트 추가하기

'엔트리봇' 오브젝트는 삭제하고, '심사평점 계산(클릭)' 버튼 오브젝트를 생성한다.

2) 리스트 만들기

심사위원 7명의 점수를 저장하기 위한 리스트를 1개를 생성한다.

① [자료] 범주에 있는 [리스트 만들기]에서 '심사점수' 리스트를 생성한다.

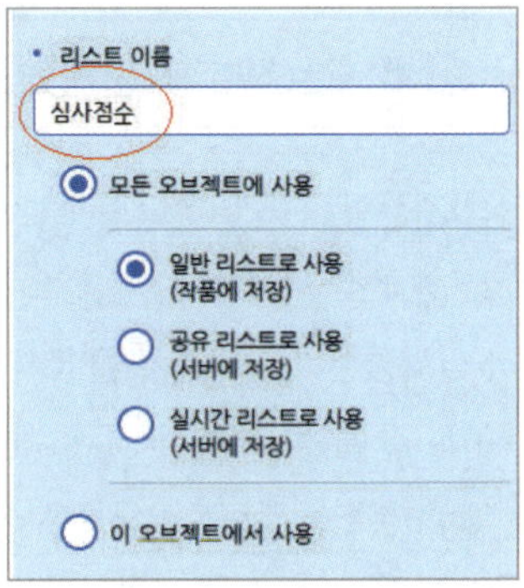

② '심사점수' 리스트에 7명의 심사점수를 편집 창에서 직접 입력한다.

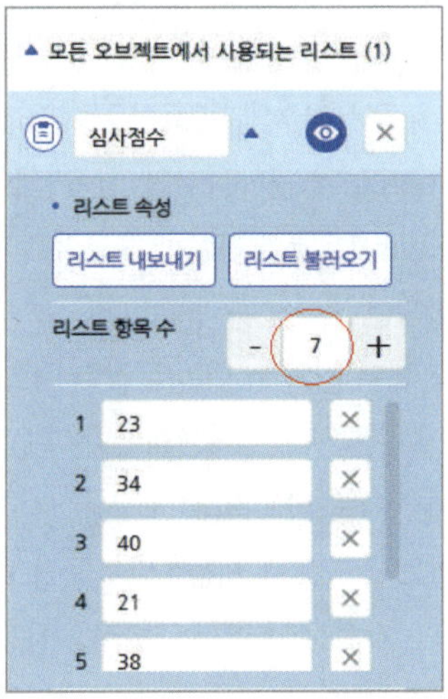

3) 변수 생성하기

프로그램에 사용할 7개의 변수를 생성한다.

① 7개의 변수는 '모든 오브젝트에 사용', '일반 변수로 사용'으로 생성한다.

② '유효점수', '평점' 변수는 실행 화면에 표시하고, 나머지 변수는 실행 화면에 표시하지 않는다.

4) 프로그램 구현하기

▶ '심사평점 계산(클릭)' 오브젝트를 클릭했을 때 알고리즘은 다음과 같다.

```
(ㄱ) "심사평점 계산중..."을 말한다.
(ㄴ) 변수 'first'를 1 로 지정한다.
(ㄷ) 'first' 가 심사점수의 항목수가 될 때까지 다음을 반복 수행한다.
   ⓐ 변수 'min값'을 심사점수의 'first'번째 항목으로 지정한다.
   ⓑ 변수 'min번호'를 'first' 값으로 지정한다.
   ⓒ '항목번호'를 first+1 로 지정한다.
   ⓓ '항목번호'가 심사점수의 항목수보다 클 때까지 다음을 반복 수행한다.
      - 만일 심사점수의 '항목번호'번째 값이 'min값' 보다 작으면,
        : 'min값'을 심사점수의 '항목번호'번째 값으로 지정한다.
        : 'min번호'를 '항목번호' 값으로 지정한다.
      - '항목번호'를 1 증가시킨다.
   ⓔ 만약 'first'값과 'min번호'값이 다르면,
        : 심사점수 리스트의 'first'번째 값과 'min번호'번째 값을 교환한다.
   ⓕ 'first'를 1 증가시킨다.
(ㄹ) '항목번호'를 3 으로 지정한다.
(ㅁ) '항목번호'가 5 보다 커질 때까지 다음을 반복 수행한다.
   ⓐ 변수 '평점'에 심사점수 리스트의 '항목번호'번째 값을 더한다.
   ⓑ '항목번호'를 1 증가시킨다.
(ㅂ) 변수 '유효점수'에 심사점수 리스트의 3,4,5번째 항목 값을 연결하여 지정한다.
(ㅅ) 변수 '평점'에 평점/3 을 계산하여 지정한다.
(ㅇ) 말하기를 지운다.
```

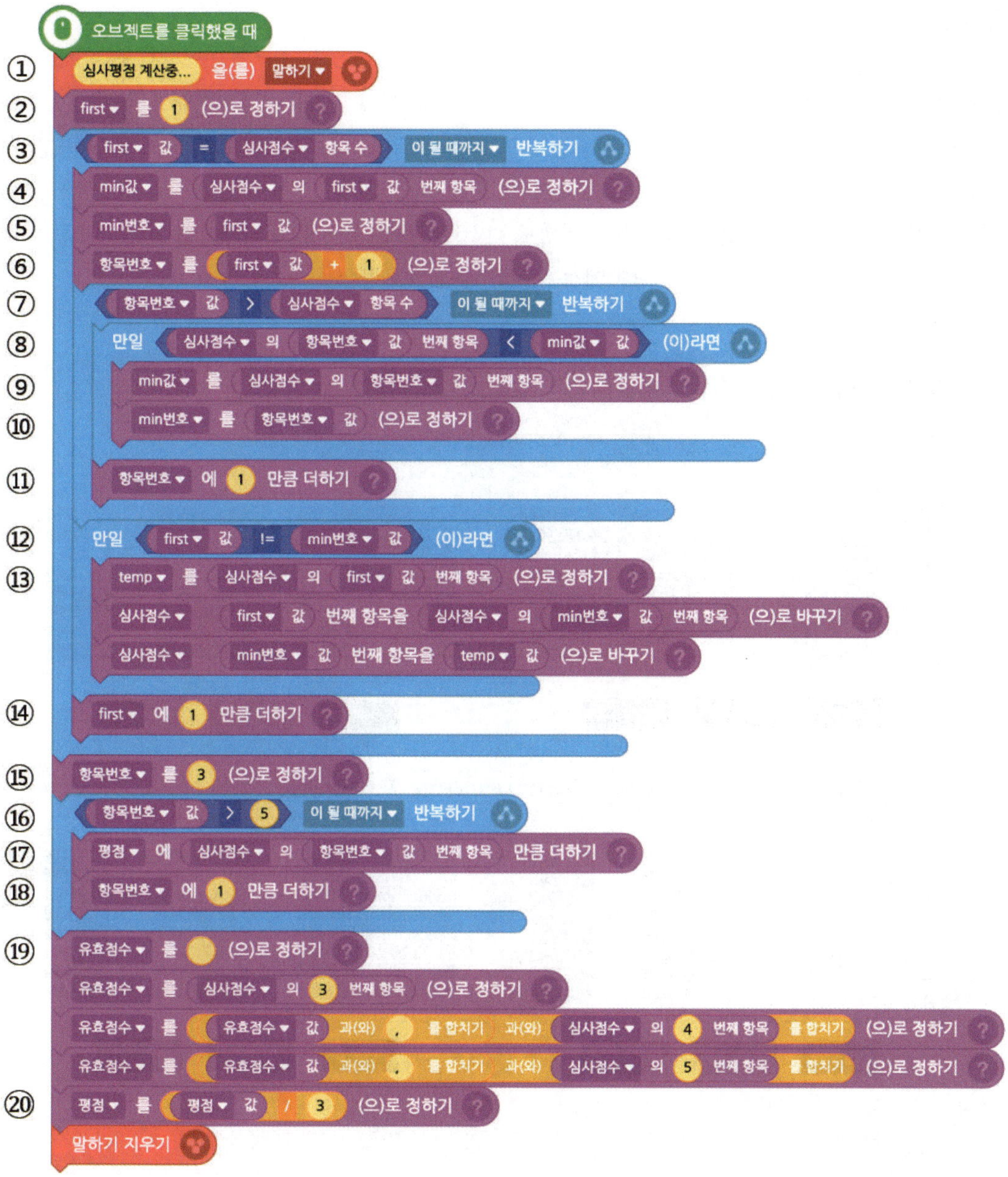
오브젝트를 클릭했을 때
① 심사평점 계산중... 을(를) 말하기
② first 를 1 (으)로 정하기
③ first 값 = 심사점수 항목 수 이 될 때까지 반복하기
④ min값 를 심사점수 의 first 값 번째 항목 (으)로 정하기
⑤ min번호 를 first 값 (으)로 정하기
⑥ 항목번호 를 first 값 + 1 (으)로 정하기
⑦ 항목번호 값 > 심사점수 항목 수 이 될 때까지 반복하기
⑧ 만일 심사점수 의 항목번호 값 번째 항목 < min값 값 (이)라면
⑨ min값 를 심사점수 의 항목번호 값 번째 항목 (으)로 정하기
⑩ min번호 를 항목번호 값 (으)로 정하기
⑪ 항목번호 에 1 만큼 더하기
⑫ 만일 first 값 != min번호 값 (이)라면
⑬ temp 를 심사점수 의 first 값 번째 항목 (으)로 정하기
심사점수 first 값 번째 항목을 심사점수 의 min번호 값 번째 항목 (으)로 바꾸기
심사점수 min번호 값 번째 항목을 temp 값 (으)로 바꾸기
⑭ first 에 1 만큼 더하기
⑮ 항목번호 를 3 (으)로 정하기
⑯ 항목번호 값 > 5 이 될 때까지 반복하기
⑰ 평점 에 심사점수 의 항목번호 값 번째 항목 만큼 더하기
⑱ 항목번호 에 1 만큼 더하기
⑲ 유효점수 를 (으)로 정하기
유효점수 를 심사점수 의 3 번째 항목 (으)로 정하기
유효점수 를 유효점수 값 과(와) , 를 합치기 과(와) 심사점수 의 4 번째 항목 를 합치기 (으)로 정하기
유효점수 를 유효점수 값 과(와) , 를 합치기 과(와) 심사점수 의 5 번째 항목 를 합치기 (으)로 정하기
⑳ 평점 를 평점 값 / 3 (으)로 정하기
말하기 지우기

5.2.3. 도서목록 관리하기

도서 정보를 리스트에 관리하는 경우에 많은 양의 도서 목록에서 원하는 것을 한 눈에 찾아내기 어려운 경우가 많이 있다. 어떤 경우에는 도서명 순으로 정렬이 되어 있는 것이 좋을 수도 있고, 어떤 경우에는 저자 순으로 정렬되어 있는 것이 내가 원하는 것을 빨리 찾는데 도움이 될 수 있다. 따라서 이번에는 도서명/저자/발행년도를 관리하는 도서정보 리스트에서 각각의 항목 기준으로 모든 리스트를 정렬하는 프로그램을 작성해 보자. 이 예제에서는 버블 정렬 알고리즘을 사용한다.

● 실행 화면 미리 보기

① '도서명순 정렬' 클릭 -> 도서명 순서로 도서명/저자/발행년도가 정렬된다.

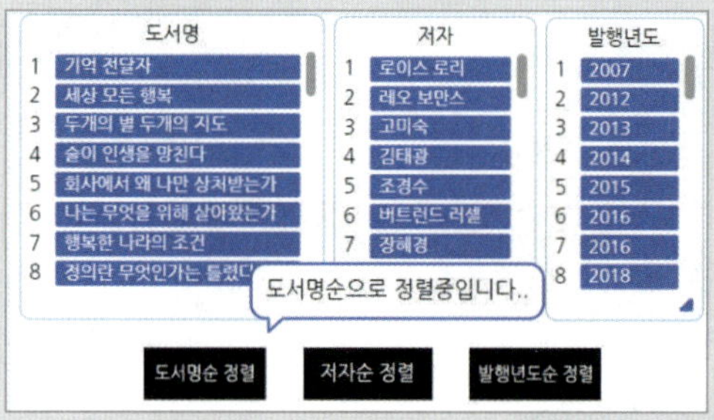

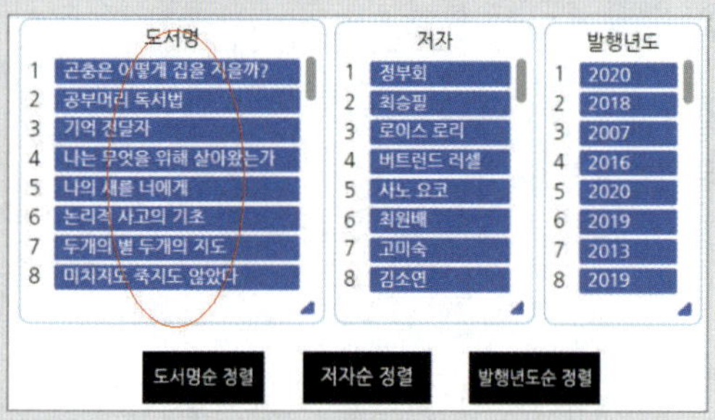

② '저자순 정렬' 클릭 -> 저자 순서로 도서명/저자/발행년도가 정렬된다.

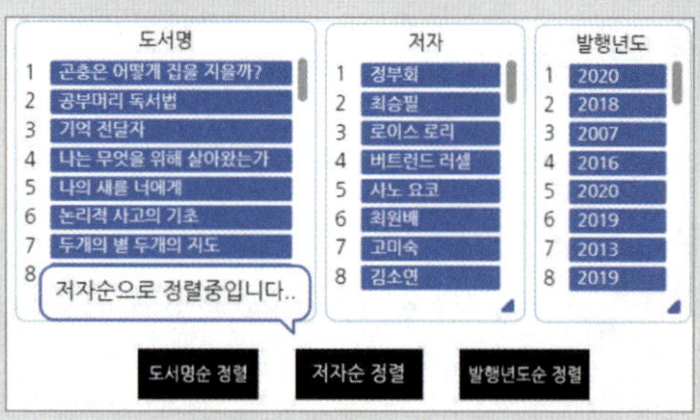

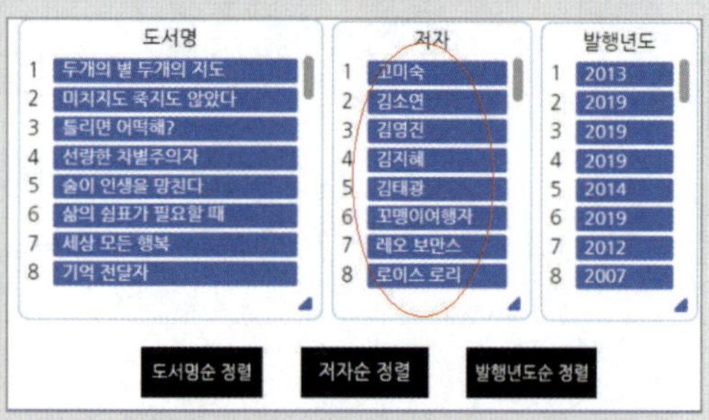

③ '발행년도순 정렬' 클릭 -> 발행년도 순서로 도서명/저자/발행년도가 정렬된다.

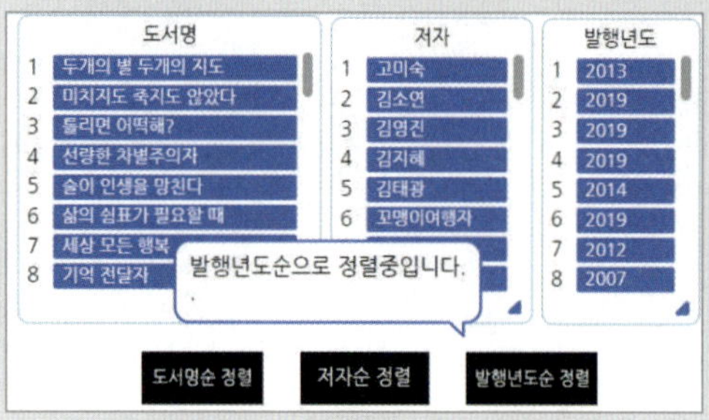

● **프로그램 구현 준비**

① 오브젝트 준비 : '도서명순 정렬', '저자순 정렬', '발행년도순 정렬' 버튼 3개를 준비한다.

② 리스트 만들기 : '도서명', '저자', '발행년도' 3개를 생성한다.

③ 변수 만들기 : 'last', 'temp', '항목번호' 3개를 생성한다.

1) 오브젝트 추가하기

'엔트리봇' 오브젝트는 삭제하고, '도서명순 정렬', '저자순 정렬', '발행년도순 정렬' 버튼 오브젝트 3개를 생성한다.

2) 리스트 만들기

도서명, 저자, 발행년도를 저장하기 위한 리스트 3개를 생성한다.

① [자료] 범주에 있는 [리스트 만들기]에서 '모든 오브젝트에 사용', '일반 리스트로 사용'을 지정하고, 3개의 리스트를 생성한다.

② 3개의 리스트에 외부 파일 가져오기를 수행한다. [리스트 불러오기] 창에서 'ch5_2_3_도서정보.txt' 파일의 도서명/저자/발행년도 목록을 복사하여 붙여넣기 수행하여 저장한다.

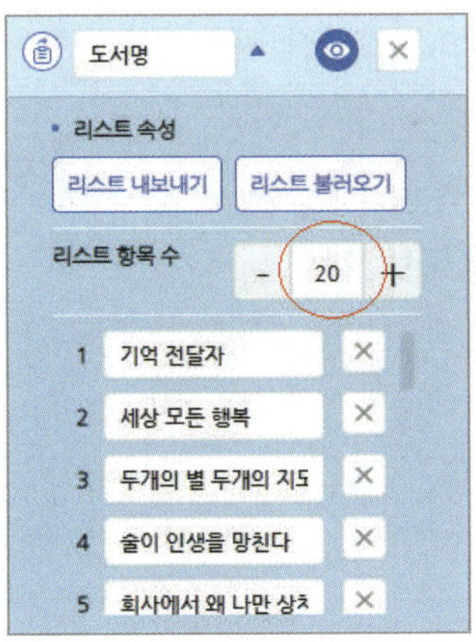

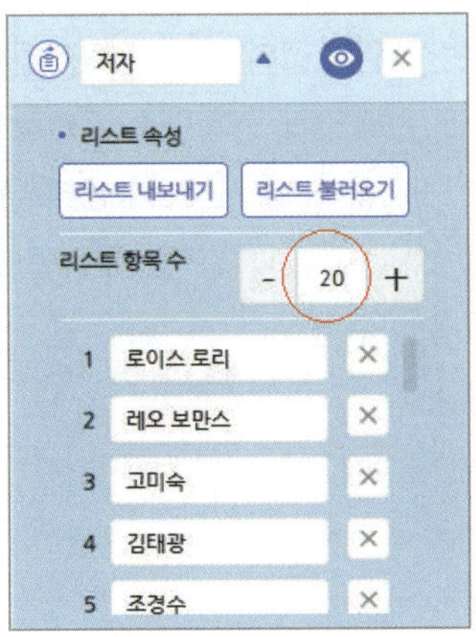

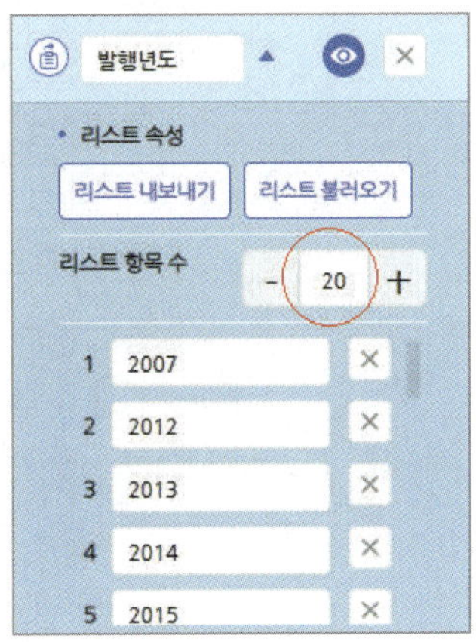

3) 변수 생성하기

프로그램에 사용할 3개의 변수를 생성한다.

① 3개의 변수는 '모든 오브젝트에 사용', '일반 변수로 사용'으로 생성한다. 'temp', 'last', '항목번호'

② 실행 화면에 표시하지 않는다.

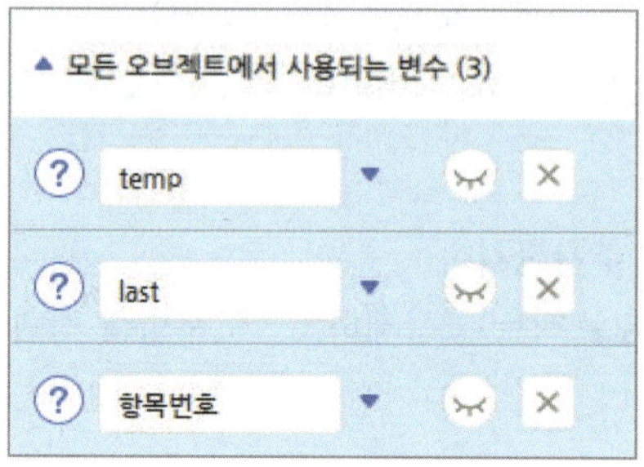

4) 프로그램 구현하기

▶ '도서명순 정렬' 오브젝트를 클릭했을 때 알고리즘은 다음과 같다.

```
(ㄱ) "도서명순으로 정렬합니다."를 말한다.
(ㄴ) 변수 'last'를 도서명의 항목수로 지정한다.
(ㄷ) 'last' 가 1 이 될 때까지 다음을 반복 수행한다.
    ⓐ '항목번호'를 1 로 지정한다.
    ⓑ '항목번호'가 'last'가 될 때까지 다음을 반복 수행한다.
        – 만일 도서명의 '항목번호'번째 값이 '항목번호+1'번째 값보다 크면,
            : 도서명의 '항목번호'번째 값과 '항목번호+1'번째 값을 교환한다.
            : 저자의 '항목번호'번째 값과 '항목번호+1'번째 값을 교환한다.
            : 발행년도의 '항목번호'번째 값과 '항목번호+1'번째 값을 교환한다.
        – '항목번호'를 1 증가시킨다.
    ⓒ 'last'값을 1 감소시킨다.
(ㄹ) "도서명순 정렬 끝 ~" 말한다.
```

▶ '저자순 정렬' 오브젝트를 클릭했을 때 알고리즘은 다음과 같다.

①	(ㄱ) "저자순으로 정렬합니다."을 말한다.
②	(ㄴ) 변수 'last'를 저자의 항목수로 지정한다.
③	(ㄷ) 'last'가 1 이 될 때까지 다음을 반복 수행한다.
④	ⓐ '항목번호'를 1 로 지정한다.
⑤	ⓑ '항목번호'가 'last'가 될 때까지 다음을 반복 수행한다.
⑥	– 만일 저자의 '항목번호'번째 값이 '항목번호+1'번째 값보다 크면,
⑦	: 도서명의 '항목번호'번째 값과 '항목번호+1'번째 값을 교환한다.
⑧	: 저자의 '항목번호'번째 값과 '항목번호+1'번째 값을 교환한다.
⑨	: 발행년도의 '항목번호'번째 값과 '항목번호+1'번째 값을 교환한다.
⑩	– '항목번호'를 1 증가시킨다.
⑪	ⓒ 'last' 값을 1 감소시킨다.
⑫	(ㄹ) "저자순 정렬 끝 ~" 말한다.

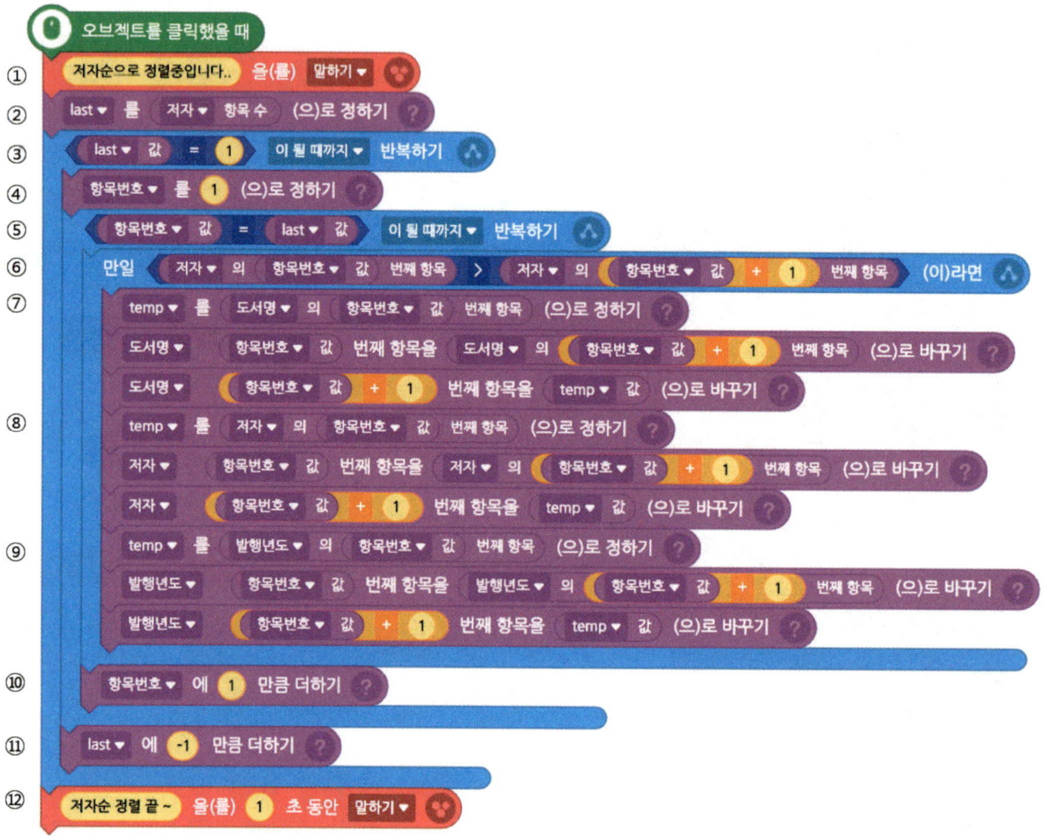

▶ **'발행년도순 정렬' 오브젝트를 클릭했을 때 알고리즘은 다음과 같다.**

① (ㄱ) "발행년도순으로 정렬합니다."를 말한다.
② (ㄴ) 변수 'last'를 저자의 항목수로 지정한다.
③ (ㄷ) 'last'가 1이 될 때까지 다음을 반복 수행한다.
④ ⓐ '항목번호'를 1 로 지정한다.
⑤ ⓑ '항목번호'가 'last'가 될 때까지 다음을 반복 수행한다.
⑥ – 만일 발행년도의 '항목번호'번째 값이 '항목번호+1'번째 값보다 크면,
⑦ : 도서명의 '항목번호'번째 값과 '항목번호+1'번째 값을 교환한다.
⑧ : 저자의 '항목번호'번째 값과 '항목번호+1'번째 값을 교환한다.
⑨ : 발행년도의 '항목번호'번째 값과 '항목번호+1'번째 값을 교환한다.
⑩ – '항목번호'를 1 증가시킨다.
⑪ ⓒ 'last'값을 1 감소시킨다.
⑫ (ㄹ) "발행년도순 정렬 끝 ~" 말한다.

```
   오브젝트를 클릭했을 때
①  발행년도순으로 정렬중입니다.. 을(를) 말하기▾
②  last▾ 를 저자▾ 항목 수 (으)로 정하기
③  last▾ 값 = 1 이 될 때까지▾ 반복하기
④      항목번호▾ 를 1 (으)로 정하기
⑤      항목번호▾ 값 = last▾ 값 이 될 때까지▾ 반복하기
⑥          만일 발행년도▾ 의 항목번호▾ 값 번째 항목 > 발행년도▾ 의 (항목번호▾ 값 + 1) 번째 항목 (이)라면
⑦              temp▾ 를 도서명▾ 의 항목번호▾ 값 번째 항목 (으)로 정하기
               도서명▾ 항목번호▾ 값 번째 항목을 도서명▾ 의 (항목번호▾ 값 + 1) 번째 항목 (으)로 바꾸기
               도서명▾ (항목번호▾ 값 + 1) 번째 항목을 temp▾ 값 (으)로 바꾸기
⑧              temp▾ 를 저자▾ 의 항목번호▾ 값 번째 항목 (으)로 정하기
               저자▾ 항목번호▾ 값 번째 항목을 저자▾ 의 (항목번호▾ 값 + 1) 번째 항목 (으)로 바꾸기
               저자▾ (항목번호▾ 값 + 1) 번째 항목을 temp▾ 값 (으)로 바꾸기
               temp▾ 를 발행년도▾ 의 항목번호▾ 값 번째 항목 (으)로 정하기
⑨              발행년도▾ 항목번호▾ 값 번째 항목을 발행년도▾ 의 (항목번호▾ 값 + 1) 번째 항목 (으)로 바꾸기
               발행년도▾ (항목번호▾ 값 + 1) 번째 항목을 temp▾ 값 (으)로 바꾸기
⑩          항목번호▾ 에 1 만큼 더하기
⑪      last▾ 에 -1 만큼 더하기
⑫  발행년도 순 정렬 끝~ 을(를) 1 초 동안 말하기▾
```

연습문제

● 문제 1

4.2.3절에서 제공된 'ch4_2_3_최고기온.txt' 파일을 이용하여 '날짜'와 '평균기온' 리스트를 생성한 후, 평균기온을 기준으로 평균기온이 높은 순으로, 그리고 평균기온이 낮은 순으로 정렬하는 프로그램을 작성해 보자. 실행 결과 화면은 다음과 같다.

평균기온이 높은 순서로 날짜/평균기온이 정렬된다.

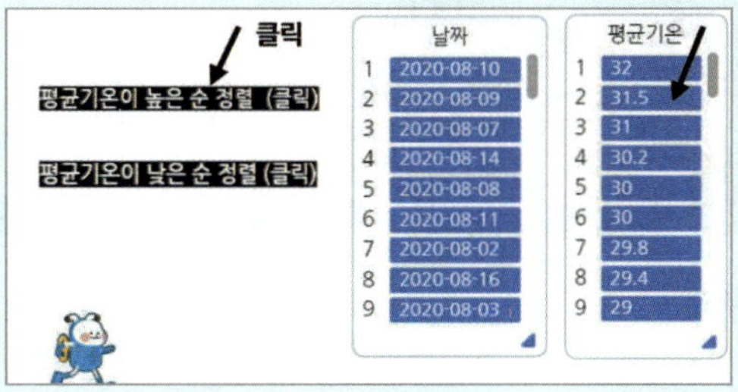

평균기온이 낮은 순서로 날짜/평균기온이 정렬된다.

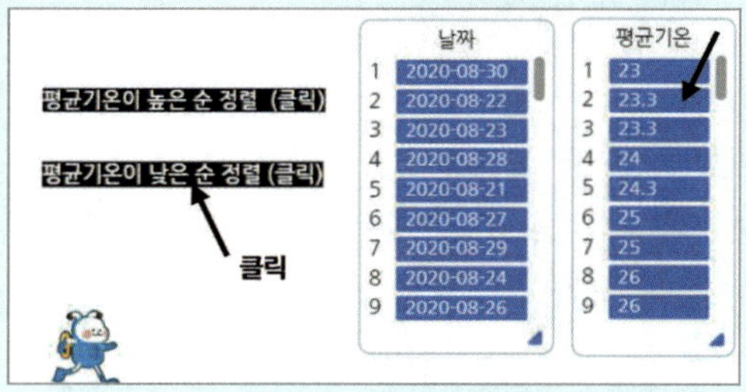

● 문제 2

5.2.1절에서 작성한 「키-중앙값 구하기」프로그램을 확장해 보자. 프로그램을 불러내서 학번 리스트를 추가한다. 시작하기(▶)를 클릭하면, '엔트리봇'이 키의 중앙값을 계산하여 표시하고 키-중앙값에 해당하는 학번을 같이 표시한다. 실행결과 화면은 다음과 같다.

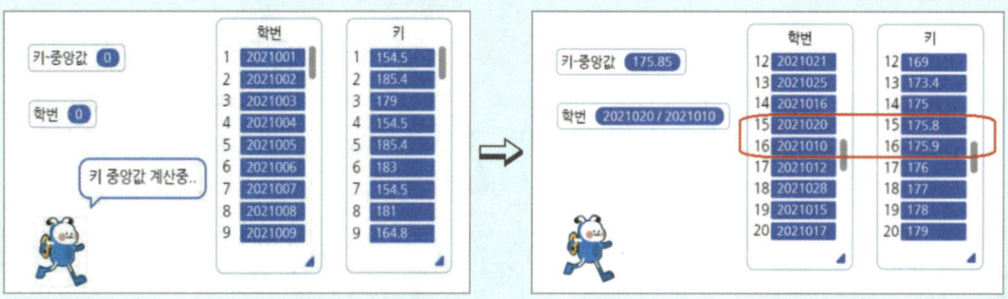

제6장
나누어서 처리하기

6.1. 문제 세분화의 필요성과 프로그램 구현

누구나 어렸을 적에 한 번쯤 블록 조립을 한 기억이 있을 것이다. 그때의 기억을 떠올려 도시 전체를 블록으로 만든다고 상상해 보자. 도시 전체를 한 번에 만들기는 쉽지 않다. 그렇기 때문에 일단 도시를 여러 개의 구역으로 나눈다. 예를 들어 도시를 한 3~4개의 구역으로 나누어, A구역은 주택 단지, B구역은 학교, C구역은 상가, D구역은 공항 등으로 구분한다. 그런 다음 A구역인 주택 단지부터 작업을 시작한다. 주택 단지 안에는 다시 집이나 아파트, 건물들도 필요하고 공원, 주차장, 자동차, 사람 등도 필요할 것이다. 그러므로 건물들은 건물대로, 공원은 공원대로, 주차장은 주차장대로 따로따로 만든 후 메인 보드에 순서대로 끼워 넣으면 된다. A구역이 다 완성되면 그다음 B구역, C구역 차례대로 완성하면 어느새 멋진 도시가 만들어진 것을 볼 수 있다. 혹시나 어떤 구역의 모양이 마음에 안 들면 해당 구역 블록만 빼내어 모양을 바꾼 후 다시 끼워 넣으면 된다.

블록 조립

블록 조립의 방식을 일상생활에도 확대 적용할 수 있다. 어렵고 복잡한 문제를 만났을 때 그 문제를 한 번에 처리하려 들지 말고 쉽고 작은 문제들로 나누어 하나씩 해결해 나가면 쉽게 풀리는 경우가 많다. 주어진 큰 문제를 잘 관찰하여 그 안에 숨겨진 작은 단위의 일들로 찾아 쪼갠 후 하나씩 처리하는 이런 세분화 과정은 문제 해결의 가장 기본적이면서도 중요한 해법이라고 할 수 있다. 이번 장에서는 세분화가 필요한 복잡한 문제들의 상황들을 생각해 보고 그러한 문제들을 어떻게 하면 단순화시켜 해결할 수 있는지에 대해 여러 가지 방법을 모색해 보도록 하자.

6.1.1. 일상생활에서의 작업 세분화

정신없이 어지럽혀진 방을 청소한다고 가정해 보자. 어디부터 손을 대야할 지 막막하고 답이 없다. 그럼 일단 종이를 꺼내서 청소 리스트를 작성해 본다. 방을 침대, 책상, 옷장, 바닥 등 여러 개의 구역으로 나누고 각각의 구역을 어떻게 정리해야 할지 간략하게 적는다. 그리고 아래와 같이 작업 순서를 매겨준다.

To do list

① 침대 위의 물건 치우고 정리하기
② 바닥에 떨어진 물건 제자리 놓기
③ 벗어놓은 옷들 옷장에 정리해서 넣기
④ 책상에 있는 책들 분류해서 꽂아놓기
⑤ 먼지 털기
⑥ 청소기 돌리기
⑦ 걸레질 하기

이제 정해진 순서에 따라 부분 부분을 차례대로 정리한다. 복잡했던 공간들이 어느새 깨끗하게 치워진 것을 볼 수 있다. 만약 책상에 꽂힌 책들의 순서가 마음에 안 들면 다시 정리할 수도 있고, 시간이 부족하면 옷장 정리는 내일로 미룰 수도 있다.
이렇듯 작업을 세분화하면 어떤 작업을 먼저 해야 할지 혹은 나중에 해야 할지 우선순위를 정할 수 있다. 또한 일이 완성된 후 잘된 곳과 잘못된 곳을 정확하게 구분할 수 있어서 잘못된 부분만 다시 실행할 수도 있다. 세분화되어진 일은 여러 명이 나누어 할 수 있으므로 작업 시간을 단축할 수도 있다. 따라서 주어진 일을 정확히 세분화하는 작업은 작업 결과의 정확도, 처리 시간 그리고 사후 관리에 많은 영향을 미치게 된다.

6.1.2. 프로그램의 '나누어 정복하기' 표현과 적용

컴퓨터 프로그래밍에서도 세분화가 가능하다. 복잡한 문제를 한 번에 처리하려면 프로그램의 길이도 길어지고 코드도 난해해진다. 이런 경우 문제를 다루기 쉽게 작은 부분들로 나누어준다. 나누어진 부분 부분의 문제들을 해결한 후 이 문제들을 재조합하여 원래의 문제를 해결하는 방법이 있는데 이를 '나누어 정복하기(Divide & Conquer)'라고 부른다. 아래 그림은 '나누어 정복하기' 프로그램의 진행 과정을 설명하고 있다. 그림에서처럼 크고 복잡한 문제들은 먼저 작고 독립적인 문제들로 분해한다. 분해된 독립적 문제들은 각각 하나의 부프로그램으로 정의해 놓는다. 그리고 나서 주프로그램에서는 필요한 시점에서 해당 부프로그램을 호출하면 된다.

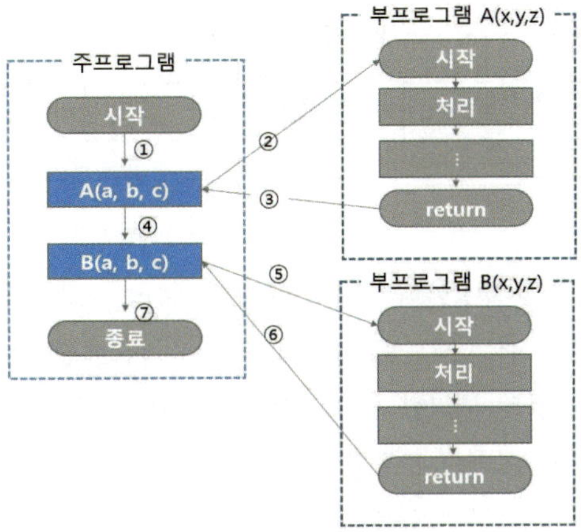

주프로그램과 부프로그램

프로그램에서 전체를 총괄하는 중심 뼈대가 되는 주프로그램을 메인 모듈(main module)이라 부르고 작게 쪼개져 여러 번 반복 사용할 수 있는 부프로그램을 서브 모듈(sub module)이라고 부른다. 프로그램 언어에 따라서 서브 모듈은 함수(procedure 또는 function) 또는 서브루틴(sub routine)이라고도 부른다. 프로그램의 세세한 실행을 담당하는 서브 모듈은 메인 모듈에 의해 호출될 때만 실행된다. 메인 모듈과 서브 모듈은 매개변수를 이용하여 데이터를 주고받을 수도 있다.

프로그램을 여러 개의 서브 모듈로 작성하는 가장 큰 이유는 각각의 모듈이 해야 할 일이 간단명료해지므로 프로그램의 오류를 줄일 수 있다는 것이다. 혹여 오류가 나더라도 프로그램 전체를 다 훑을 필요 없이 오류가 난 서브 모듈만 확인하고 수정하면 되기 때문에 프로그램의 디버깅(Debugging)이 쉬워진다. 또한 작성된 서브 모듈은 여러 번 재사용할 수 있으므로 코드 작성 시간과 프로그램 코드를 줄일 수 있다. 복수의 CPU를 가지는 멀티 프로세싱이 가능한 컴퓨터인 경우에는 여러 개의 서브 모듈을 동시에 실행시킬 수 있어서 작업 시간을 현저히 줄일 수도 있다.

실제 성적 처리 프로그램에 '나누어 정복하기' 기법을 적용해 보자.

앞 문단에 이어서 학생들의 중간고사와 기말고사에 대한 성적 처리를 한다고 할 때 한 번에 학점이나 순위에 대한 결과를 얻기는 쉽지 않다. 그런 경우 성적 처리에 필요한 과정들이 어떤 것들이 있는지를 세세히 분석한 후 처리 과정을 작은 단위의 작업들로 나누어 본다. 일단 중간고사와 기말고사 점수를 각각 파일로부터 불러와야 할 것이다. 다음 단계로 2개의 점수에 대한 평균을 구한다. 그런 다음 평균 점수를 기준으로 학점을 구한다. 마지막으로 평균을 기준으로 순위를 매겨준다. 끝으로 처리된 평균/학점/순위를 다시 성적파일에 저장하는 과정까지를 성적 처리라고 정의해 본다.

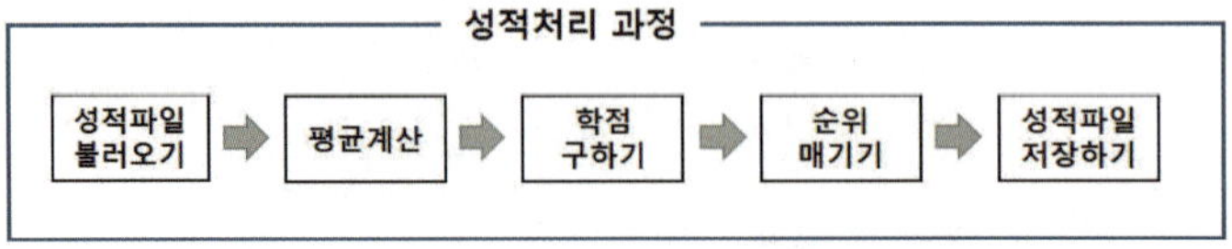

자, 그럼 이 과정을 프로그램으로 작성한다고 생각해 보자. 여러 개의 처리 과정을 하나의 프로그램에서 모두 해결하려고 하면 프로그램의 코드도 길어지고 너무 복잡해진다. 따라서 이미 분리해 놓은 과정 과정을 각각 하나의 서브 모듈로 분리한 후 각자는 맡은 부분만 처리하도록 한다. 그리고 메인 모듈은 성적처리 과정에 따라 순서대로 서브 모듈을 호출하면 된다. 이때 '성적파일 불러오기'와 '성적파일 저장하기' 작업은 사용자가 직접 외부 파일을 가져오거나 내보내는 처리를 해야 하는 부분이므로 서브 모듈화 시키지 않는다.

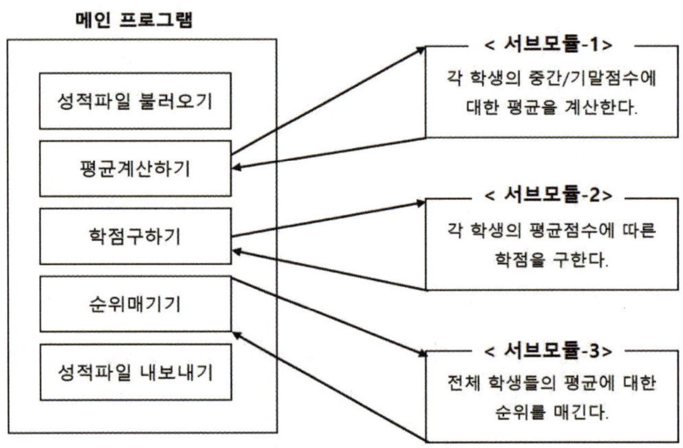

① 성적파일 불러오기 : 제공된 외부 파일로부터 학생들의 중간고사와 기말고사 점수를 '중간', '기말' 리스트에 불러온다.

② 서브모듈-1(평균 계산) : 리스트에 담겨진 중간고사, 기말고사 점수에 대하여 각 학생별로 평균을 계산하여 '평균' 리스트에 넣는다.

③ 서브모듈-2(학점 구하기) : '평균' 리스트에 담겨진 각 학생별 성적을 기준으로 학점을 구하여 '학점' 리스트에 넣는다.

④ 서브모듈-3(순위 매기기) : '평균' 리스트에 담겨진 성적을 기준으로 각 학생별 순위를 구하여 '순위' 리스트에 넣는다.

⑤ 성적파일 내보내기 : '평균', '학점', '순위' 리스트에 담겨진 데이터를 각각 외부 파일로 저장한다.

6.1.3. '나누어 정복하기(Divide&Conquer)' 문제의 프로그래밍

위에서 설명한 성적처리 프로그램을 엔트리에서 구현해 보고, 정확한 결과를 만들어내는지 직접 확인해 보도록 하자.

● 실행 화면 미리 보기

시작하기(▶)를 눌렀을 때

'성적처리' 버튼을 클릭했을 때

● 프로그램 구현 준비

① 오브젝트 준비 : '성적처리' 버튼 1개를 준비한다.

② 리스트 만들기 : '학번', '이름', '중간', '기말', '평균', '학점', '순위' 7개를 생성한다.

③ 변수 만들기 : 'stu', 'myrank', '항목번호' 3개의 변수를 생성한다.

프로그램 준비하기

1) 변수 생성

- [자료] 범주에 있는 [변수 만들기]에서 '모든 오브젝트에 사용', '일반 변수로 사용'으로 3개의 변수를 생성한다.

  'stu', 'myrank' : 순위 매기기에서 사용

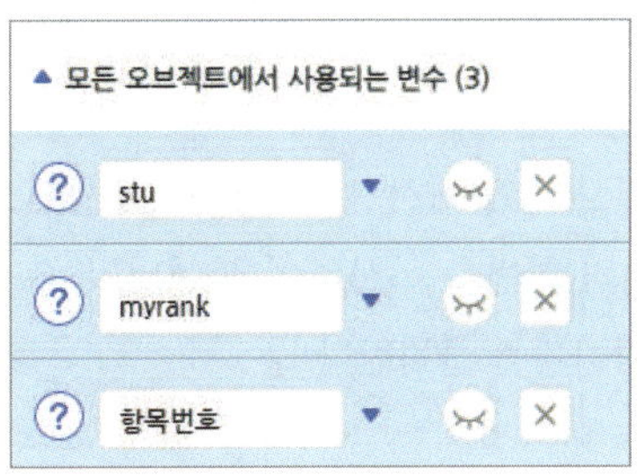

2) 리스트 생성

① [자료] 범주에 있는 [리스트 만들기]에서 '모든 오브젝트에 사용', '공유 리스트로 사용'을 지정하고, 7개의 리스트를 생성한다.

특히 평균/학점/순위를 저장할 리스트는 '공유 리스트로 사용'으로 생성을 하여서 프로그램 수행이 끝난 후에 처리 결과를 저장하도록 해야 한다.

② 실행 화면에 각 리스트의 크기를 조정하여 오른쪽 그림과 같이 배치한다.

3) 버튼 오브젝트 만들기

① '엔트리봇' 오브젝트는 삭제한다.

② '성적처리' 버튼을 생성하여 실행 화면에 배치한다.

4) 성적파일 불러오기

① 학번/이름/중간/기말의 4개의 리스트에 데이터를 가져와 저장한다.

리스트 불러오기 창에서 'ch6_1_3_학생정보.txt' 파일의 학번을 복사하여 붙여넣기 수행하고, 저장하기를 클릭한다.

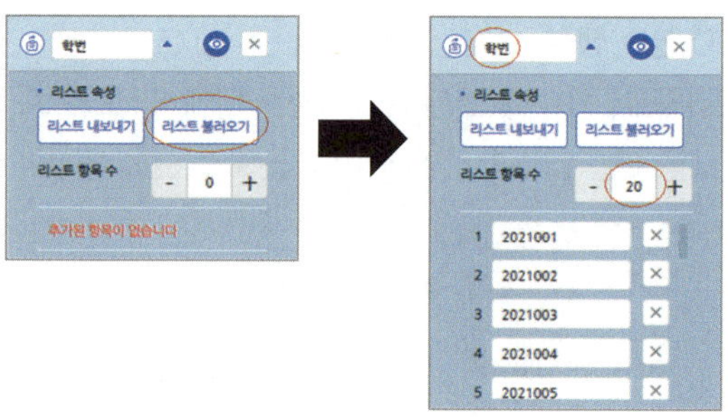

② 같은 방법으로 이름/중간/기말 데이터를 'ch6_1_3_학생정보.txt'에서 가져와 저장한다.

서브 모듈 작성하기 (Divide)

서브 모듈은 전체 4개로 구성되어진다. 앞에서 설명한 평균을 계산하는 서브 모듈, 학점을 구하는 서브 모듈, 순위를 매기는 서브 모듈 3개와 추가로 초기화를 진행하는 서브 모듈 1개를 더 만든다. 프로그램 구현에서 초기화 서브 모듈이 필요한 이유를 생각해 보자. 성적처리 과정의 마지막 단계가 평균/학점/순위의 자료를 외부 파일에 저장하는 일이다. 이를 위해 평균/학점/순위 리스트를 '공유 리스트로 사용'으로 생성하여서, 프로그램이 종료되었을 때 각 리스트에 결과 값이 저장되도록 하였다. 따라서 시작하기(▶) 버튼을 눌렀을 때 이전의 성적처리 결과를 모두 삭제하고 초기화하는 서브 모듈이 필요하다.

1) '평균계산하기' 서브 모듈 만들기

'평균계산하기' 모듈은 각 학생의 중간, 기말점수에 대한 평균을 계산하여 '평균' 리스트에 저장한다.

① [함수] 범주에 있는 [함수 만들기]를 클릭한다.

② [함수 정의하기]에서 함수 이름에 '평균계산하기'라고 적는다. [확인]을 누르면 '평균계산하기' 블록이 생성된다.

③ '평균계산하기' 블록을 더블클릭하여, 서브 모듈을 코딩한다.

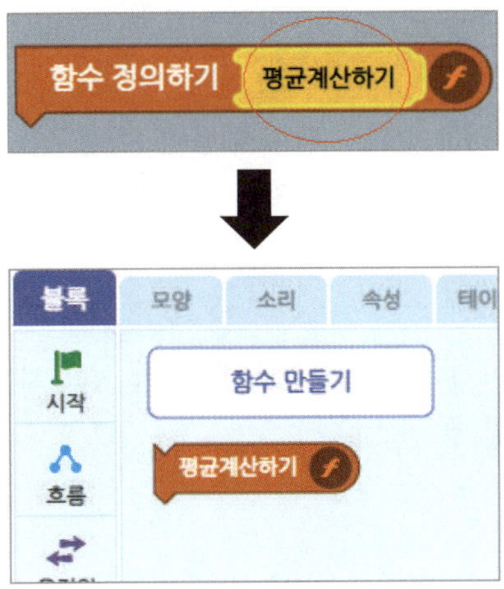

④ '평균계산하기' 모듈의 알고리즘은 다음과 같다.

① (ㄱ) '항목번호'를 1 로 정한다.
② (ㄴ) 학번의 항목 수만큼 다음을 반복 수행한다.
③ ⓐ '항목번호'번째 학생의 평균을 계산하여 '평균' 리스트에 추가한다.
평균 = (중간 + 기말)/2 로 계산한다.
④ ⓑ '항목번호'를 1 증가시킨다.

2) '학점구하기' 서브 모듈 만들기

'학점구하기' 모듈은 각 학생의 평균 점수에 따른 학점을 구하여 '학점' 리스트에 저장한다. 저장할 학점은 평균 점수가 80이상이면 "우수", 60 이상이면 "보통", 60 미만은 "미흡"으로 한다.

① [함수] 범주에 있는 [함수 만들기]를 클릭한다.

② [함수 정의하기]에서 함수 이름에 '학점구하기'라고 적는다. [확인]을 누르면 '학점구하기' 블록이 생성된다.

③ '학점구하기' 블록을 더블클릭하여, 서브 모듈을 코딩한다.

④ '학점구하기' 모듈의 알고리즘은 다음과 같다.

① (ㄱ) '항목번호'를 1 로 정한다.
② (ㄴ) 평균의 항목 수만큼 다음을 반복 수행한다.
③ ⓐ 만일 평균의 '항목번호'번째 값이 80 이상이면,
④ : '학점' 리스트에 "우수"를 추가한다.
⑤ ⓑ 만일 평균의 '항목번호'번째 값이 60 이상이면,
⑥ : '학점' 리스트에 "보통"을 추가한다.
⑦ ⓒ 만일 평균의 '항목번호'번째 값이 60 미만이면,
⑧ : '학점' 리스트에 "미흡"을 추가한다.
⑨ ⓓ '항목번호'를 1 증가시킨다.

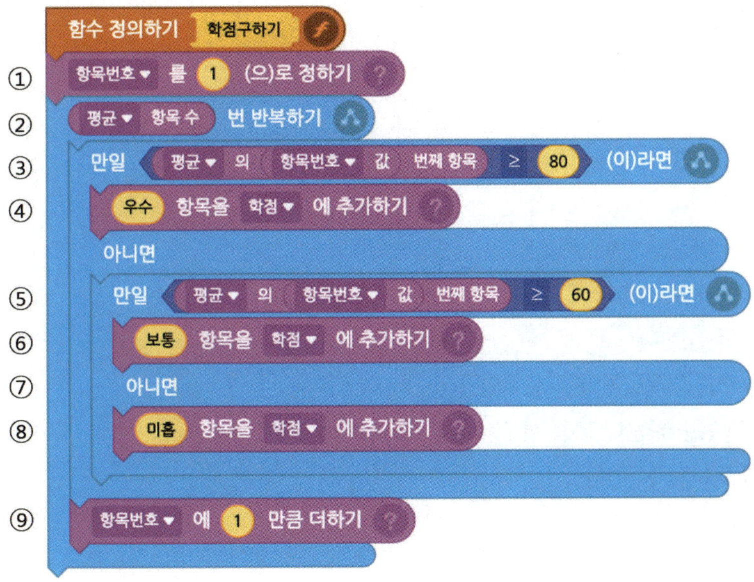

3) '순위매기기' 서브 모듈 만들기

'순위매기기' 모듈은 전체 평균 점수에서 각 학생의 평균 점수에 대한 순위를 매겨서 '순위' 리스트에 저장한다. 각 학생의 순위는 자신보다 평균 점수가 높은 학생의 숫자를 세어서 구한다.

① [함수] 범주에 있는 [함수 만들기]를 클릭한다.

② [함수 정의하기]에서 함수 이름에 '순위매기기'라고 적는다. [확인]을 누르면 '순위매기기' 블록이 생성된다.

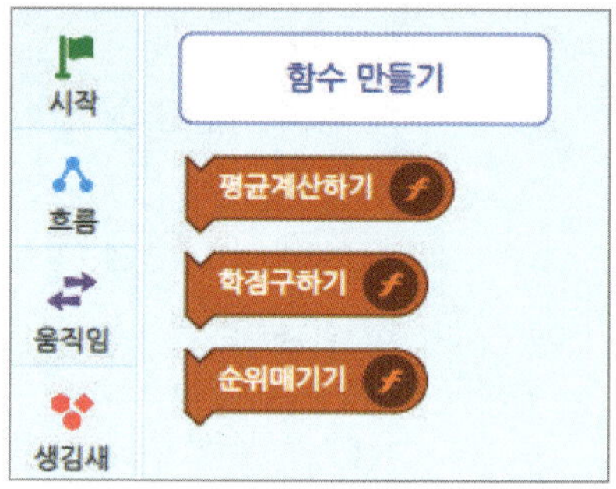

③ '순위매기기' 블록을 더블클릭하여, 서브 모듈을 코딩한다.

④ '순위매기기' 모듈의 알고리즘은 다음과 같다.

```
(ㄱ) "순위 계산중..."을 말한다.
(ㄴ) 변수 'stu'를 1 로 정한다.
(ㄷ) 평균의 항목 수만큼 다음을 반복 수행한다.
    ⓐ 변수 'myrank'를 1 로 정한다.
    ⓑ '항목번호'를 1 로 정한다.
    ⓒ 평균의 항목 수만큼 다음을 반복 수행한다.
      - 만일 평균의 '항목번호'번째 값이 'stu'번째 값보다 크면,
        : 'myrank'값을 1 증가시킨다.
      - '항목번호'를 1 증가시킨다.
    ⓓ 'myrank'값을 '순위' 리스트에 추가한다.
    ⓔ 'stu'값을 1 증가시킨다.
(ㄹ) 말하기를 지운다.
```

4) '초기화' 서브 모듈 만들기

초기화 모듈은 시작하기(▶)를 클릭했을 때, 앞서 계산한 평균, 학점, 순위 리스트의 값을 모두 삭제하기 위한 모듈이다.

① [함수] 범주에 있는 [함수 만들기]를 클릭한다.

② [함수 정의하기]에서 함수 이름에 '초기화'라고 적는다. [확인]을 누르면 '초기화' 블록이 생성된다.

③ '초기화' 블록을 더블클릭하여, 서브 모듈을 코딩한다.

④ '초기화' 모듈의 알고리즘은 다음과 같다.

① (ㄱ) 평균 리스트의 항목 수만큼 다음을 반복 수행한다.
② - 평균 리스트의 1번째 항목을 삭제한다.
③ (ㄴ) 학점 리스트의 항목 수만큼 다음을 반복 수행한다.
④ - 학점 리스트의 1번째 항목을 삭제한다.
⑤ (ㄷ) 순위 리스트의 항목 수만큼 다음을 반복 수행한다.
⑥ - 순위 리스트의 1번째 항목을 삭제한다.

메인 모듈에서 정복하기(Conquaer)

이제 메인 모듈에서 정해진 순서대로 서브 모듈을 호출해서 각각의 작업이 진행되도록 처리하면 된다.

1) 메인 모듈 작성하기

① 시작하기(▶)를 클릭하면, 평균/학점/순위 리스트는 모두 삭제되고 초기화가 이루어진다.

② '성적처리' 버튼을 클릭하면, 순서대로 '평균계산하기', '학점구하기', '순위매기기' 함수를 호출하여 프로그램이 수행된다.

2) 성적처리 후에 결과를 외부파일에 저장하기

① 시작하기(▶)를 클릭 후, '성적처리' 버튼을 눌러 실행해 보자. 평균, 학점, 순위가 순서대로 처리되는 것을 확인할 수 있다.

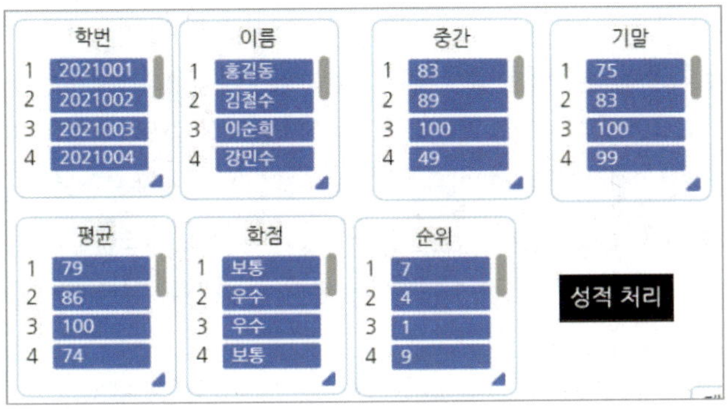

② 처리된 평균, 학점, 순위를 외부 파일로 저장해 보자. [속성]에서 리스트를 선택하고, '리스트 내보내기'를 선택한다. 리스트 항목의 내용을 클립보드로 복사하거나, 엑셀로 내보내기가 가능하다.

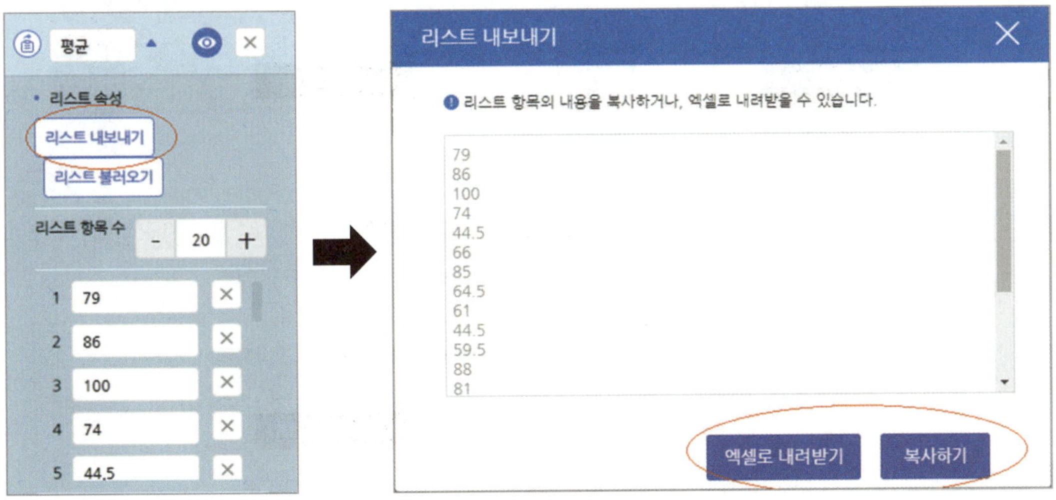

6.2. '나누어정복하기'를 활용한 다양한 문제 해결

6.2.1. 심사 평점 구하기

5장에서 작성해 보았던 「체조선수 심사 평점 구하기」 프로그램을 '나누어 정복하기' 방식으로 다시 작성해 보자. 프로그램에 대한 설명을 다시 정리하면, 체조 선수는 7명의 심사 위원에게 평가를 받는다. 한 선수의 심사 평점은 7명 심사 점수 중에서 최고점수 2개와 최저점수 2개를 제외한 나머지 3개의 평균으로 한다. 5장에서는 이미 입력되어져 있는 심사 점수를 이용하여 유효점수와 평점을 구하였다. 여기서는 심사 점수를 입력하는 것부터 유효점수와 평점을 구하는 것까지 전 과정의 프로그램을 작성하려고 한다. 프로그램은 3개의 서브 모듈 (심사 점수를 입력하는 모듈, 정렬하는 모듈, 심사 평점을 계산하는 모듈)과 1개의 메인 모듈로 구성되어진다.

● 실행 화면 미리 보기

① 시작하기(▶)를 클릭했을 때

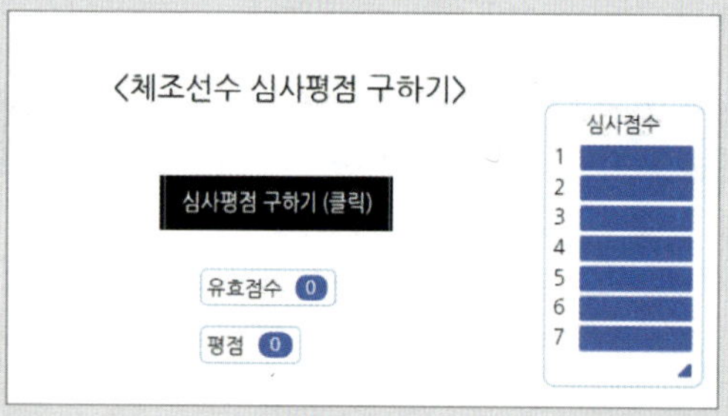

② '심사평점 구하기(클릭)' 버튼을 클릭했을 때

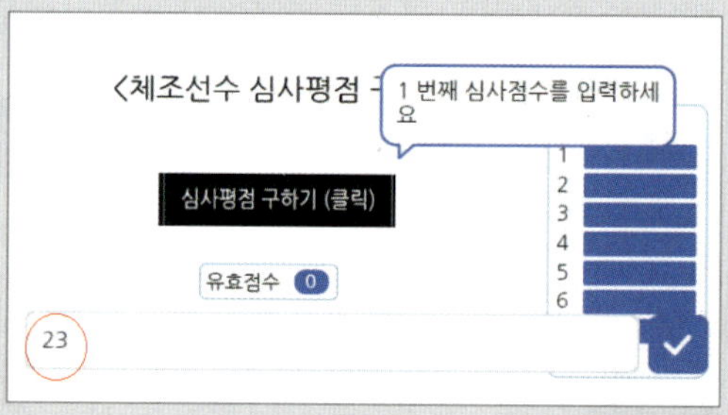

③ 1번째 ~ 7번째 심사점수를 입력한다.

순서대로 다음 데이터 입력함.

23 , 20 , 24 , 30 , 27 , 20 , 27

④ 유효점수와 심사평점 표시된다.

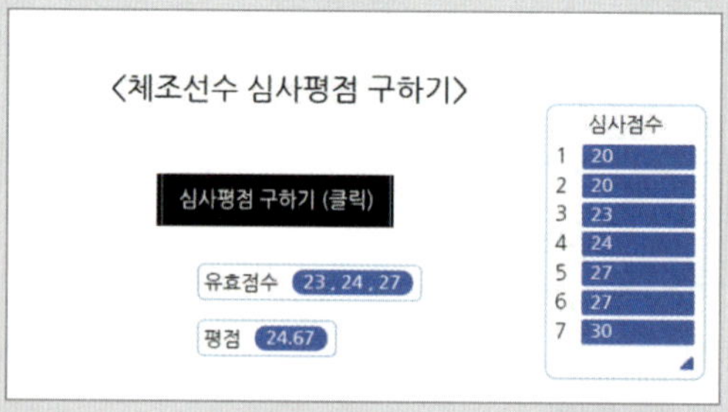

● 프로그램 구현 준비

① 오브젝트 준비 : '심사평점구하기(클릭)' 버튼 1개를 준비한다.

② 리스트 만들기 : '심사점수' 1개를 생성한다.

③ 변수 만들기 : '유효점수', '평점', 'min값', 'min번호', 'first', 'temp', '항목번호' 7개의 변수를 생성한다.

프로그램 준비하기

1) 제목 만들기

① 오브젝트 추가하기(+) ->[인터페이스] 범주 -> '속이빈사각형'을 선택한다. -> 글자 "〈 체조선수 심사평점 구하기〉"를 입력한다.

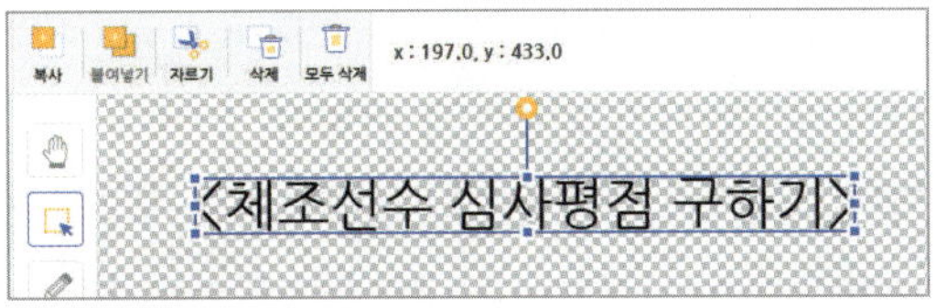

2) 리스트와 변수 생성

① [자료] 범주에 있는 [리스트 만들기]에서 '모든 오브젝트에 사용', '일반 리스트로 사용'을 지정하고, '심사점수' 리스트를 생성한다.

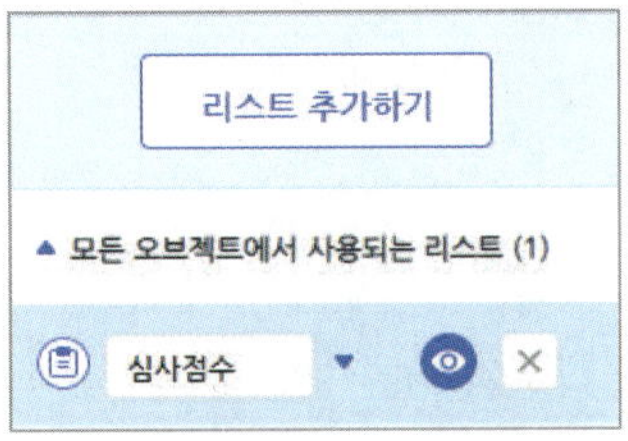

② [자료] 범주에 있는 [변수 만들기]에서 '모든 오브젝트에 사용', '일반 변수로 사용'으로 7개의 변수를 생성한다.

유효점수와 평점 변수는 실행 화면에 표시하고, 나머지 5개는 실행 화면에 표시하지 않는다.

'min번호', 'min값', 'temp', 'first' : 정렬에 사용

3) 버튼 오브젝트 만들기

① '엔트리봇' 오브젝트는 삭제한다.

② '심사평점 구하기(클릭)' 버튼 오브젝트를 생성하여 실행 화면에 배치한다.

③ 제목, 버튼, 변수, 리스트를 실행 화면에 배치한다.

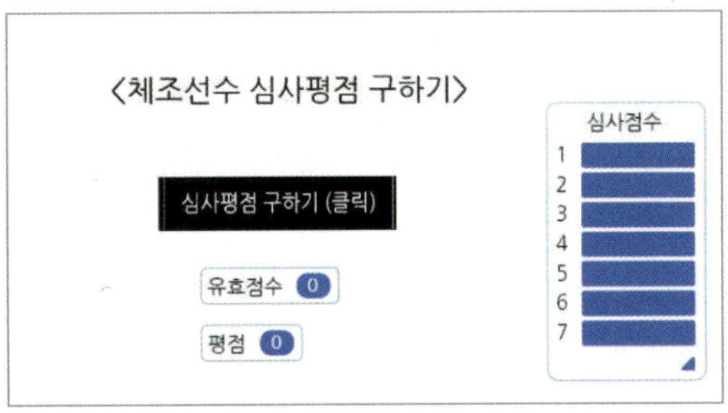

서브 모듈 작성하기 (Divide)

3개의 서브 모듈 (심사 점수를 입력하는 모듈, 정렬하는 모듈, 심사 평점을 계산하는 모듈)을 작성한다.

1) '점수입력하기' 서브 모듈 만들기

'점수입력하기' 모듈은 7명의 심사위원 점수를 차례대로 입력받아서, '심사점수' 리스트에 저장한다. '점수입력하기' 모듈의 알고리즘은 다음과 같다.

① (ㄱ) '항목번호'를 1 로 정한다.
② (ㄴ) 다음을 7번 반복 수행한다.
③ ⓐ '항목번호'번째 심사위원 점수를 입력받는다.
④ ⓑ 입력 값을 '심사점수' 리스트의 '항목번호'번째에 저장한다.
⑤ ⓒ '항목번호'를 1 증가시킨다.

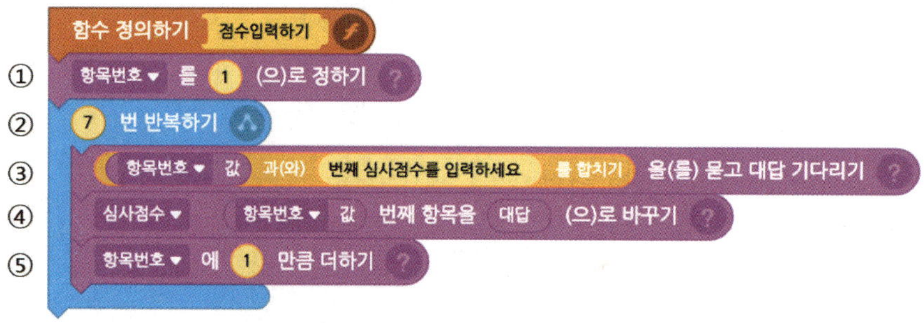

2) '정렬하기' 서브 모듈 만들기

'정렬하기' 서브 모듈은 7명의 심사 점수를 오름차순 정렬한다. 정렬은 선택 정렬 알고리즘을 사용한다. '정렬하기' 모듈의 알고리즘은 다음과 같다.

① (ㄱ) 변수 'first'를 1 로 지정한다.
② (ㄴ) 'first'가 심사점수의 항목수가 될 때까지 다음을 반복 수행한다.
③ ⓐ 변수 'min값'을 심사점수의 'first'번째 항목으로 지정한다.
④ ⓑ 변수 'min번호'를 'first'값으로 지정한다.
⑤ ⓒ '항목번호'를 'first+1'로 지정한다.
⑥ ⓓ '항목번호'가 심사점수의 항목수보다 클 때까지 다음을 반복 수행한다.
⑦ – 만일 심사점수의 '항목번호'번째 값이 'min값' 보다 작으면,
⑧ : 'min값'을 심사점수의 '항목번호'번째 값으로 지정한다.
⑨ : 'min번호'를 '항목번호' 값으로 지정한다.
⑩ – '항목번호'를 1 증가시킨다.
⑪ ⓔ 만약 'first'값과 'min번호'값이 다르면,
⑫ : 심사점수 리스트의 'first'번째 값과 'min번호'번째 값을 교환한다.
⑬ ⓕ 'first'를 1 증가시킨다.

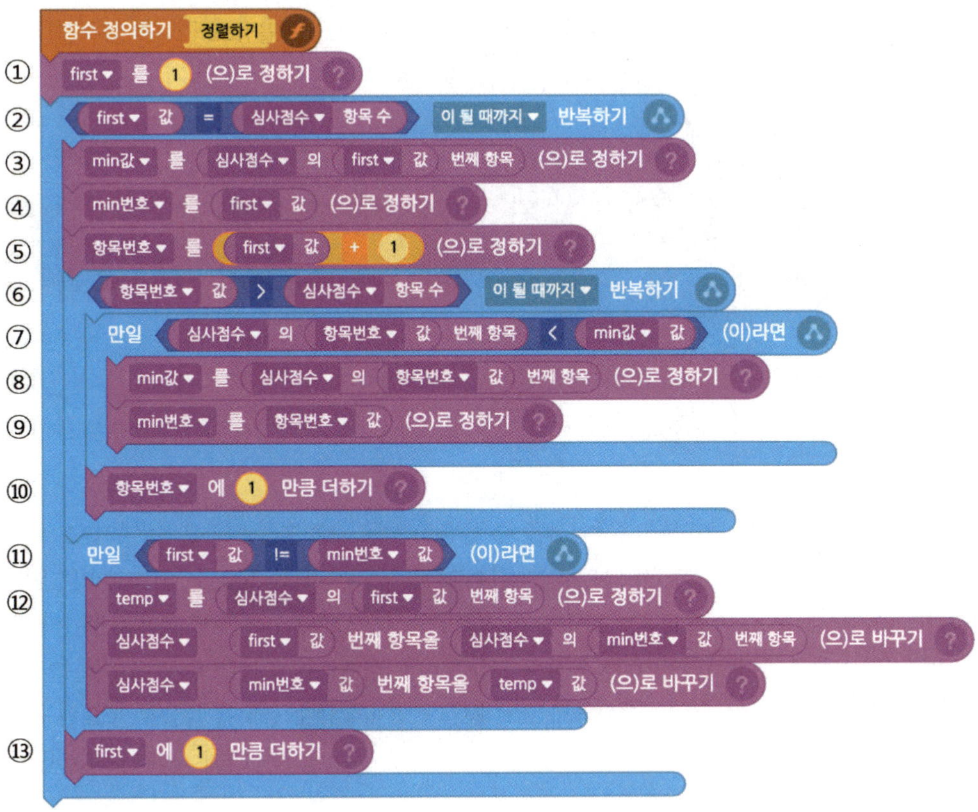

3) '평점계산하기' 서브 모듈 만들기

'평점계산하기' 모듈은 7명의 심사 점수 중에서 유효점수에 대한 평균을 계산한다. 유효점수는 정렬된 심사점수 리스트에서 앞에서 2개와 뒤에서 2개를 제외하고 3번째, 4번째, 5번째 점수이다. 심사 평점은 이 3개의 점수에 대한 평균이다. '평점계산하기' 모듈의 알고리즘은 다음과 같다.

① (ㄱ) '항목번호'를 3 으로 지정한다.
② (ㄴ) '항목번호'가 5 보다 커질 때까지 다음을 반복 수행한다.
③ ⓐ 변수 '평점'에 심사점수 리스트의 '항목번호'번째 값을 더한다.
④ ⓑ '항목번호'를 1 증가시킨다.
⑤ (ㄷ) '유효점수'에 '심사점수' 리스트의 3,4,5번째 항목 값을 연결하여 지정한다.
⑥ (ㄹ) '평점'에 "평점/3"을 계산하여 지정한다.

메인 모듈 작성하기 (Conquer)

위의 3개의 서브 모듈을 이용하여, '심사평점 구하기 (클릭)' 버튼의 메인 모듈을 작성한다.

① 프로그램은 '심사평점 구하기 (클릭)' 버튼을 클릭했을 때 실행된다.
② '심사평점구하기(클릭)' 버튼을 클릭하면, 7명의 심사점수를 키보드 입력받아서 유효 점수와 평점이 구해진다.

6.2.2. 정다각형 그리기

2장에서 작성한 「정다각형 그리기」프로그램을 "나누어서 정복하기'를 활용해서 확장해 보자. 변의 개수와 변 길이 그리고 반복 횟수를 키보드 입력받아서, 정다각형을 연속해서 그리는 프로그램을 작성하려 한다. 프로그램은 2개의 서브 모듈(초기화 모듈, 정다각형 그리는 모듈)과 1개의 메인 모듈로 나누어서 처리한다.

● 실행 화면 미리 보기

① 시작하기(▶)를 클릭하면, 변의 개수를 입력받는다.

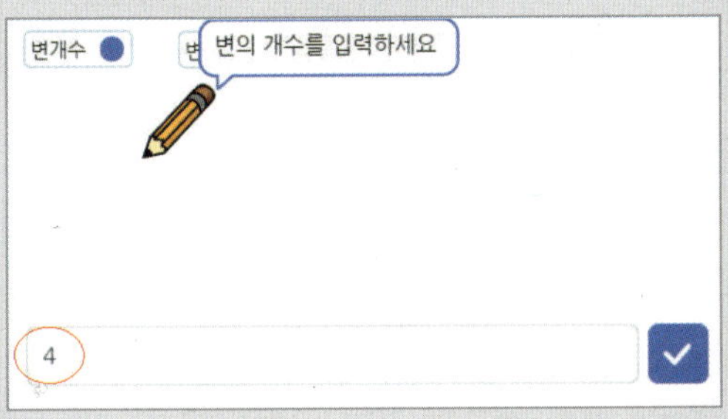

② 변의 길이를 입력받는다.

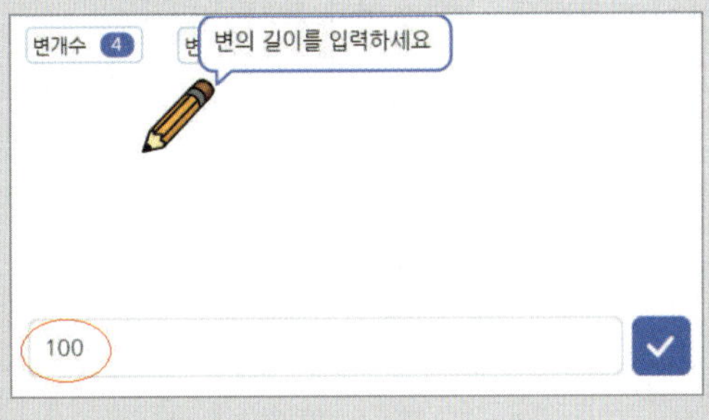

③ 횟수를 입력받는다.

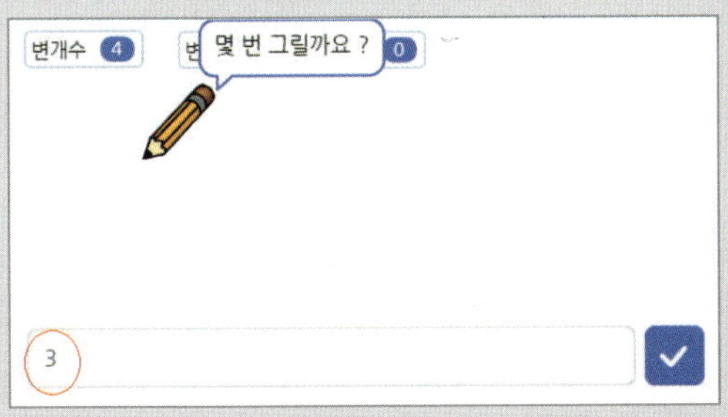

④ 정다각형을 연속하여 그린다.

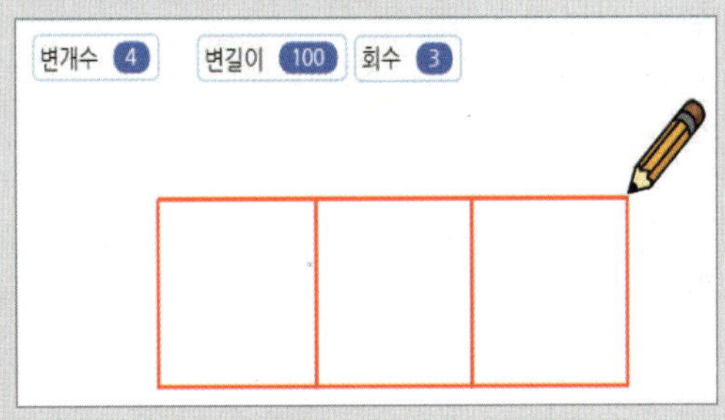

● 프로그램 구현 준비

① 오브젝트 준비 : '연필' 1개를 준비한다.

② 변수 만들기 : '변개수', '변길이', '회수' 3개의 변수를 생성한다.

프로그램 준비하기

1) 변수 생성

① [자료] 범주에 있는 [변수 만들기]에서 '모든 오브젝트에 사용', '일반 변수로 사용'으로 3개의 변수를 생성한다.

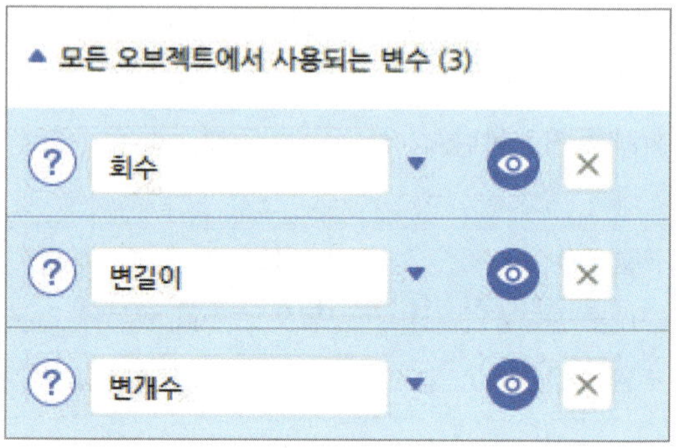

② 3개의 변수를 실행 화면에 표시한다.

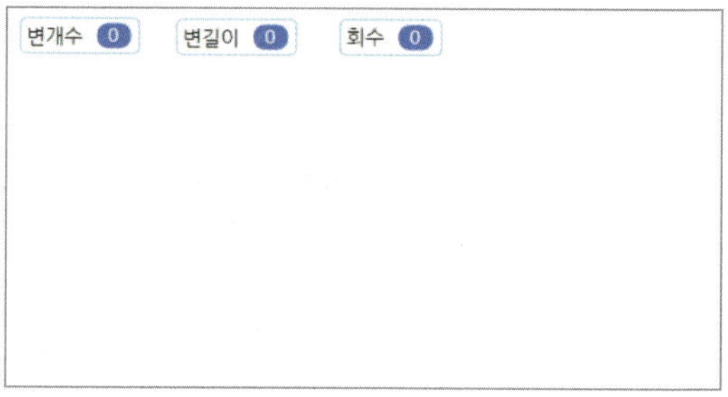

2) '연필' 오브젝트 만들기

① '엔트리봇' 오브젝트는 삭제한다.

② '연필' 오브젝트를 추가하여 준비한다. 추가하는 방법은 2장에서의 설명과 같다.

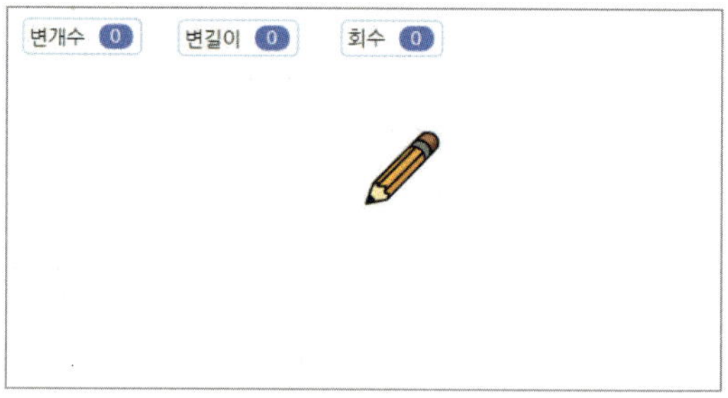

서브 모듈 작성하기 (Divide)

2개의 서브 모듈(초기화 모듈, 정다각형 그리는 모듈)을 작성한다.

1) '초기화' 서브 모듈 만들기

'초기화' 서브 모듈은 프로그램 실행 시에 실행 화면을 깨끗하게 지우고 변수 값을 초기화하며, 준비 위치로 이동하는 역할을 수행한다. '초기화' 모듈의 알고리즘은 다음과 같다.

① (ㄱ) 화면을 지운다.
② (ㄴ) 준비 위치로 이동한다.
③ (ㄷ) '변개수', '변길이', '회수' 변수를 공백으로 지정한다.

2) '정다각형' 서브 모듈 만들기

'정다각형' 서브 모듈은 변의 개수와 변의 길이를 입력 매개변수로 받아서, 해당 정다각형을 그리는 모듈이다.

① [함수] 범주에 있는 [함수 만들기]를 클릭한다.

② [함수 정의하기]에서 함수 이름에 '정다각형' 이라고 적는다. 숫자로 된 입력매개변수가 2개 들어와야 하므로, '문자/숫자값 1', '문자/숫자값 2' 입력 매개변수 2개를 만든다. 첫 번째 입력 매개변수인 '문자/숫자값 1' 은 변의 개수가 입력되고, 두 번째 입력 매개변수인 '문자/숫자값 2'는 변의 길이가 입력된다. [확인]을 누르면 입력 매개변수가 2개 들어오는 '정다각형' 함수 블록이 생성된다.

③ '정다각형' 블록을 더블 클릭하여, 서브 모듈을 코딩한다.

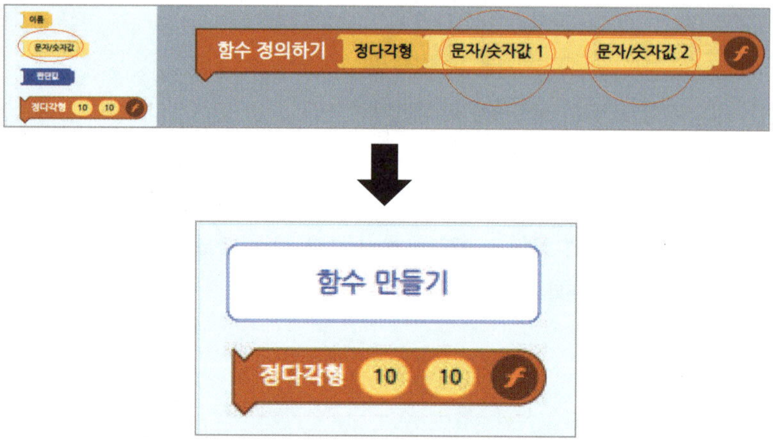

④ '정다각형' 모듈의 알고리즘은 다음과 같다.

① (ㄱ) 붓의 색상을 정한다.
② (ㄴ) 붓의 굵기를 정한다.
③ (ㄷ) 그리기를 시작한다.
④ (ㄹ) 이동 방향을 90으로 정한다.
⑤ (ㅁ) 변의 개수만큼 다음을 반복 수행한다.
⑥ ⓐ 한 변을 그린다.
⑦ ⓑ 정다각형 외각의 크기만큼 회전한다.
⑧ ⓒ 1초 기다린다.
⑨ (ㅂ) 그리기를 멈춘다.

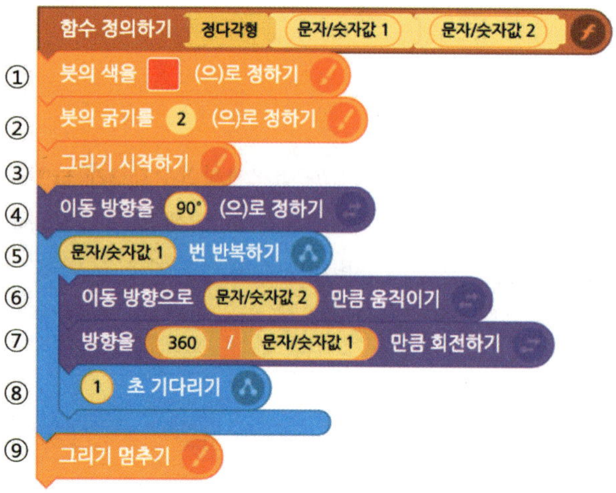

메인 모듈 작성하기(Conquer)

위의 2개의 서브 모듈을 이용하여, 정다각형을 연속해서 그리는 메인 모듈을 작성한다.

① 프로그램은 시작하기(▶)를 클릭 했을 때 수행된다.

② 시작하기(▶)를 클릭했을 때의 메인 모듈의 알고리즘은 다음과 같다.

① (ㄱ) '초기화' 서브 모듈을 호출한다.
② (ㄴ) 변의 개수를 키보드로 입력받는다.
③ (ㄷ) 한 변의 길이를 키보드로 입력받는다.
④ (ㄹ) 몇 번 그릴 것인지 횟수를 키보드로 입력받는다.
⑤ (ㅁ) 횟수만큼 다음을 반복 수행한다.
⑥ ⓐ '정다각형' 서브 모듈을 호출한다.
서브 모듈 호출 시에 변개수와 변길이를 매개변수로 넘겨준다.
⑦ ⓑ X 좌표를 변길이 만큼 바꾼다.
⑧ ⓒ 1초 기다린다.

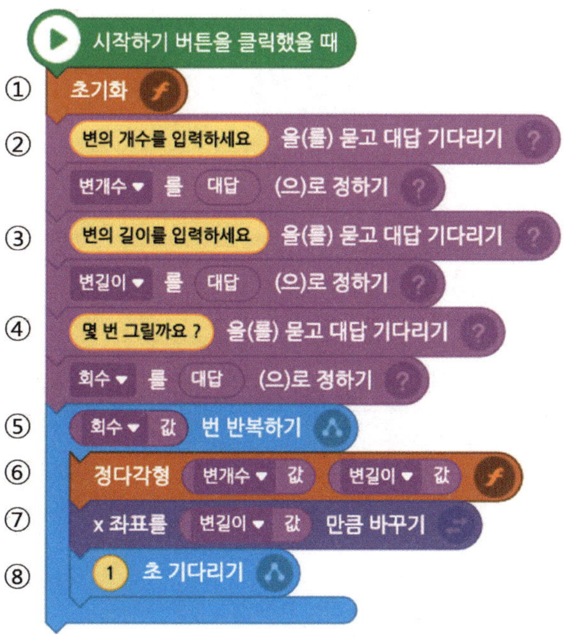

6.2.3. 로또 번호 자동 생성기

Lotto 번호를 자동 추첨하는 프로그램을 작성해 보자. Lotto 번호는 1부터 45까지의 숫자 중에서 서로 중복되지 않는 6개의 숫자를 랜덤하게 추출한다. 그런 다음 당첨 여부를 확인하기 좋도록 번호가 작은 숫자부터 큰 숫자 순서로 정렬하여 화면에 보여준다. 이번 예제에서는 버블정렬(Bubble Sort) 알고리즘을 이용하여 프로그램을 작성해 보도록 한다. 프로그램은 3개의 서브 모듈(로또번호생성하기 모듈, 정렬하기 모듈, 로또번호표시하기 모듈)과 1개의 메인 모듈로 나누어서 처리한다.

● 실행 화면 미리 보기

① 시작하기(▶)를 클릭했을 때

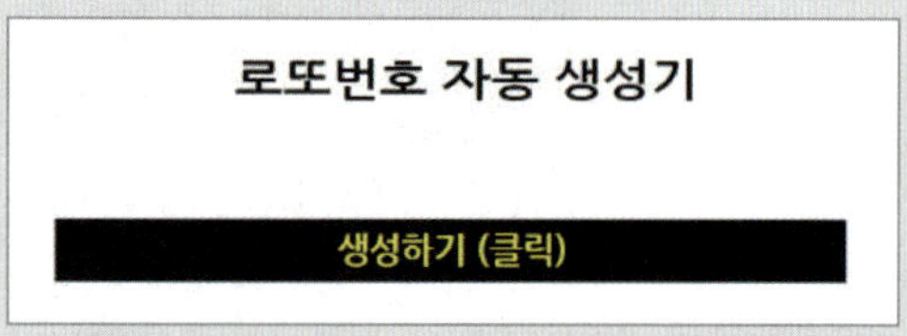

② '생성하기(클릭)' 오브젝트를 클릭했을 때

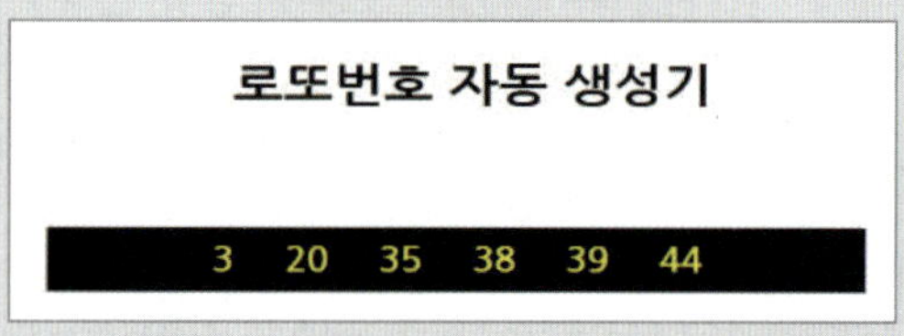

● 프로그램 구현 준비

① 오브젝트 준비 : '생성하기 (클릭)' 글상자 1개를 준비한다.

② 리스트 만들기 : '로또리스트' 1개를 생성한다.

③ 변수 만들기 : 'last', 'temp', '로또번호', '항목번호' 4개의 변수를 생성한다.

프로그램 준비하기

1) 제목 만들기

① 오브젝트 추가하기(+) ->[인터페이스] 범주 -> '속이빈사각형'을 선택한다. -> 사각형을 지우고, 글자 "로또번호 자동 생성기 "를 입력한 후 저장한다.

② 크기 조정하여, 실행 화면에 배치한다.

2) 리스트와 변수 생성

① [자료] 범주에 있는 [리스트 만들기]에서 '모든 오브젝트에 사용', '일반 리스트로 사용'을 지정하고, '로또리스트' 리스트를 생성한다.

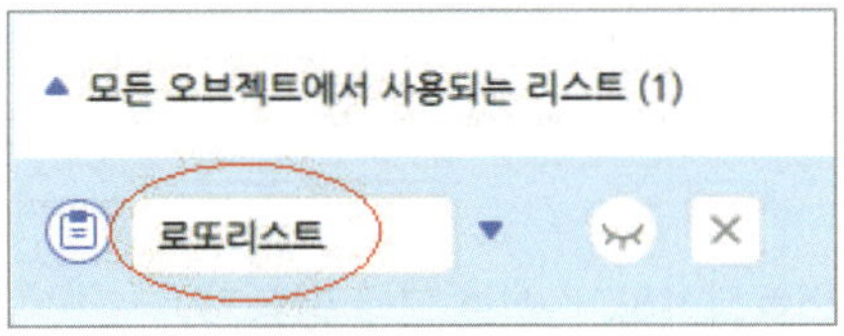

② [자료] 범주에 있는 [변수 만들기]에서 '모든 오브젝트에 사용', '일반 변수로 사용'으로 4개의 변수를 생성하고 실행 화면에 표시하지 않는다.

'last', 'temp' : 버블 정렬에 사용
'로또번호' : 난수 생성에 사용

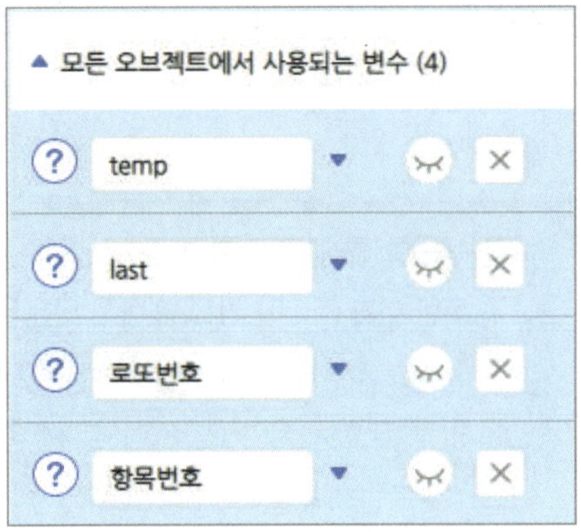

3) 글상자 오브젝트 만들기

① 오브젝트 추가하기(+) -> [글상자]탭을 선택 한다 -> 글상자에 "생성하기 (클릭)"을 입력한다.

② 글꼴 "나눔고딕체", 배경색 "검정", 글자색 "노랑", '여러 줄 쓰기'를 지정한다.

③ '생성하기(클릭)' 오브젝트를 제목과 함께 실행 화면에 배치한다.

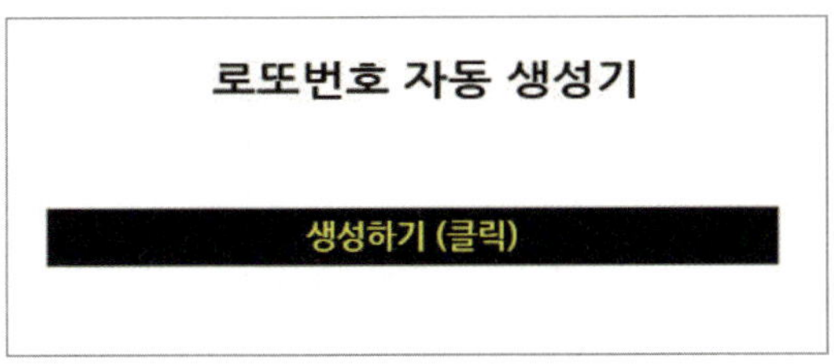

서브 모듈 작성하기 (Divide)

3개의 서브 모듈(로또번호생성하기, 정렬하기, 로또번호표시하기)을 작성한다.

1) '로또번호생성하기' 서브 모듈 만들기

'로또번호생성하기' 모듈은 1부터 45까지의 숫자 중에서 서로 중복되지 않는 6개의 숫자를 랜덤하게 추출하여 '로또리스트' 리스트에 저장한다. '로또번호생성하기' 모듈의 알고리즘은 다음과 같다.

① (ㄱ) '항목번호'를 1 로 정한다.
② (ㄴ) '항목번호'가 6 보다 커질 때까지 다음을 반복 수행한다.
③ ⓐ 1~45사이의 난수를 발생하여 '로또번호' 변수에 저장한다.
④ ⓑ 만약 '로또번호'가 '로또리스트'에 존재하지 않으면, 다음을 수행한다.
⑤ - '로또번호'값을 '로또리스트'에 추가한다.
⑥ - '항목번호'를 1 증가시킨다.

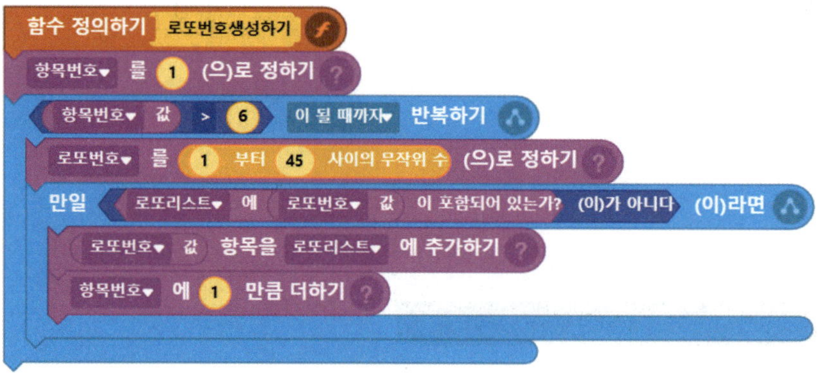

2) '정렬하기' 서브 모듈 만들기

'정렬하기' 서브 모듈은 '로또리스트'에 저장되어 있는 6개의 로또번호를 오름차순 정렬한다. 정렬 알고리즘은 버블 정렬을 사용한다. '정렬하기' 모듈의 알고리즘은 다음과 같다.

① (ㄱ) 'last'를 6 으로 정한다.
② (ㄴ) 'last'가 1 이 될 때까지 다음을 반복 수행한다.
③ ⓐ '항목번호'를 1 로 정한다.
④ ⓑ '항목번호'가 'last'가 될 때까지 다음을 반복 수행한다.
⑤ – 만약 로또리스트의 '항목번호'번째 값이 '항목번호+1'번째 값보다 크면,
⑥ : '항목번호'번째 값과 '항목번호+1'번째 값을 교환한다.
⑦ – '항목번호'를 1 증가시킨다.
⑧ ⓒ 'last'를 1 감소시킨다.

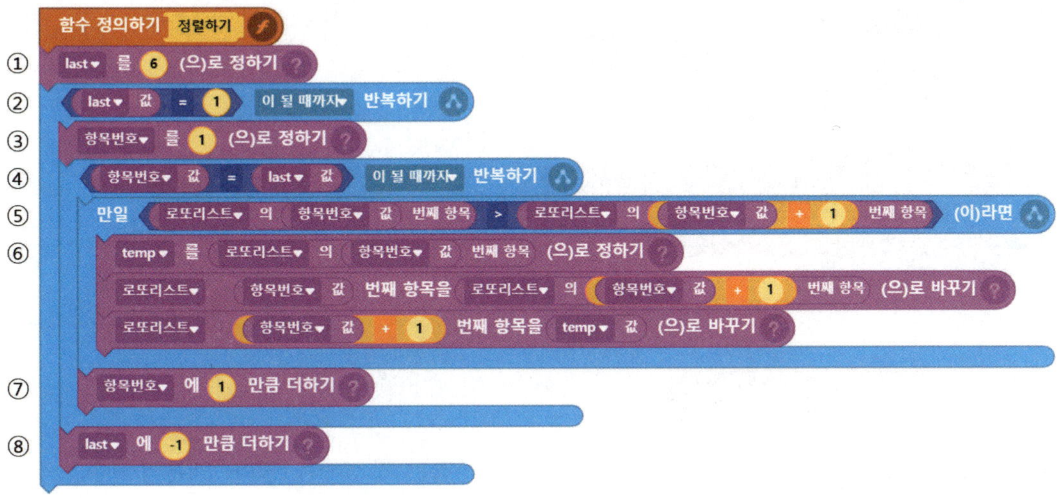

3) '로또번호표시하기' 서브 모듈 만들기

'로또번호표시하기' 서브 모듈은 '로또리스트'에 오름차순으로 정렬되어져 있는 6개의 로또번호를 순서대로 글상자에 표시한다. '로또번호표시하기' 모듈의 알고리즘은 다음과 같다.

①	(ㄱ) 글상자의 글자를 모두 지운다.
②	(ㄴ) 글상자에 '로또리스트'의 1 번째 항목 값으로 글을 쓴다.
③	(ㄷ) '항목번호'를 2로 지정한다.
④	(ㄹ) 다음을 5번 반복 수행한다.
⑤	ⓐ 글상자에 '로또리스트'의 '항목번호'번째 값을 연결하여 쓴다.
⑥	ⓑ '항목번호'를 1 증가시킨다.

①
②
③
④
⑤
⑥

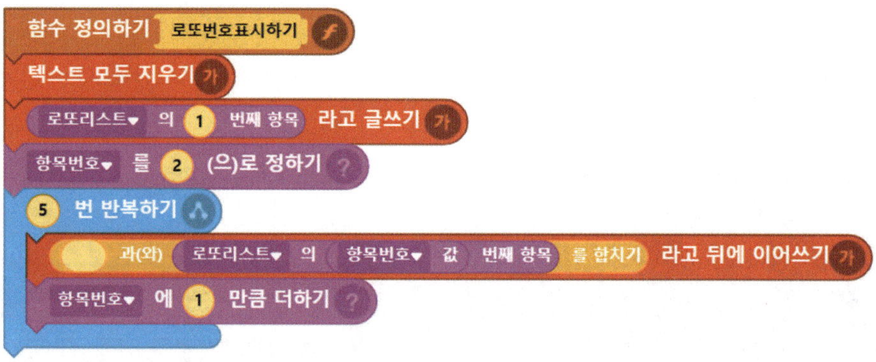

메인 모듈 작성하기 (Conquer)

위의 3개의 서브 모듈을 이용하여, 로또번호를 자동 생성하는 '생성하기 (클릭)' 버튼의 모듈을 작성한다. '생성하기(클릭)' 오브젝트를 클릭했을 때의 알고리즘은 다음과 같다.

① 프로그램은 '생성하기 (클릭)' 오브젝트를 클릭했을 때 실행된다.

② '생성하기 (클릭)' 오브젝트를 클릭하면, 6개의 중복되지 않는 로또번호가 생성되어서 표시된다.

연습문제

문제 1

6.2.2에서 작성한 「정다각형 연속 그리기」프로그램을 수정해 보자. 알고리즘은 다음과 같다.

- 시작하기(▶)를 클릭하면, 다음을 **무한 반복**한다.
  ⓐ 변의 개수와 변의 길이를 순서대로 입력받는다.
  ⓑ 함수 '정다각형'을 호출하여, 정다각형을 그린다.
  ⓒ "계속하려면 [ENTER]키를 누르세요"를 말하고, 기다린다.

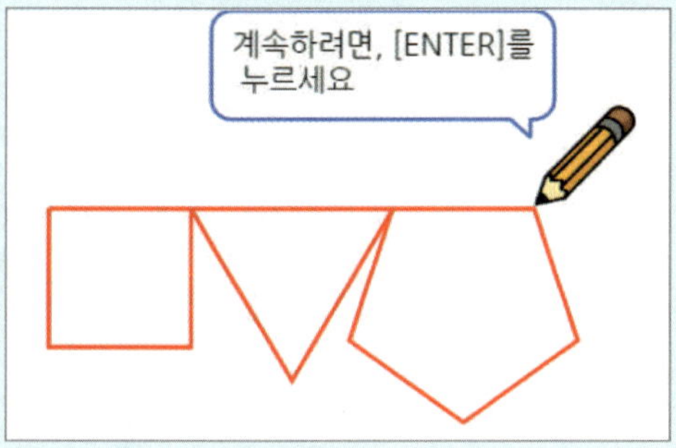

문제 2

피보나치 수열의 특정 항 값을 구하는 프로그램을 작성해 보자. 피보나치 수열(Fibonacci sequence)은 첫 번째 항의 값이 1 이고, 두 번째 항의 값이 1 일 때, 이후의 항들은 이전의 두 항을 더한 값으로 이루어지는 수열을 말한다. 즉 1 , 1 , 2 , 3 , 5 , 8 , 13 … 인 수열이다.

〈조건〉 항 번호를 입력 매개변수로 받아서, 피보나치 수열의 해당 항 값을 구하는 함수를 정의하여 사용한다.

Part

III

인터페이스와 인공지능

2002년에 개봉한 영화 〈마이너리티 리포트〉는 당시로선 획기적인 미래 모습을 보여 주었다. 감독인 스티븐 스필버그는 여러 분야 전문가들의 조언을 구해 당시 50년 후인 2054년 이후에나 기술적으로 구현 가능하리라 생각되는 모습을 영화 속에서 묘사하였다. 영화 속 주인공 톰 크루즈는 당시 컴퓨터 사용에 있어 당연시 되는 마우스나 키보드 등의 도구 없이 허공의 화면을 터치하는 멀티 터치 인터페이스 기술을 활용하여 정보를 찾고, 건물 내에 위치한 홀로그램 디스플레이 시스템은 보행자의 정보를 인식하여 연령과 관심사를 파악하고 그에 맞는 서비스를 제공하는 맞춤형 서비스 기술을 적용하고 있다. 이와 같은 기술은 영화가 개봉 당시에는 공상과학 영화에 걸맞게 현실성이 없어 보이는 모습이었다. 그러나 10여 년이 지난 오늘날에는 이와 같은 기술의 구현가능성에 대해 의문을 품는 사람은 거의 없다.

멀티 터치 인터페이스
(영화 : 마이너리티 리포트 장면)

홀로그램 디스플레이 시스템
(영화 : 마이너리티 리포트)

뇌파 컴퓨터 인터페이스
(영화 : 써로게이트 장면)

2009년에 개봉된 영화 〈써로게이트〉에는 사용자의 뇌파를 사용하여 생각만으로 대리 로봇을 조정한다. 영화 속에만 존재할 것으로 보이는 생각만으로 IT기기를 동작시키는 컴퓨터 뇌파 인터페이스는 벌써 시제품이 나와 게임, 장애인 보조 등의 분야에서 사용되고 있으며, 사용의 영역을 넓히기 위한 연구가 지속적으로 진행되고 있다. 인공지능 기술의 발달로 영화에서 보여지는 기술이 많은 부분 실현가능하게 되었다. 스마트폰의 음성인식, 영화채널의 맞춤형 콘텐츠 추천, 자율주행 자동차, 인공지능 스피커 등은 이미 우리 생활에 쉽게 접할 수 있는 인공지능 기술이다. 앞으로도 거의 모든 분야에 인공지능 기술의 융합은 더욱 가속화 될 것이다.

인공지능 시스템은 지능화된 서비스를 제공하여 우리 삶의 질을 향상시키고 있다. 인공지능 기반의 번역기를 통해 전 세계의 정보에 쉽게 접근할 수 있으면, 언어가 다른 나라간의 문화적 차이에 대한 이해도 높여줄 수 있다. 또한 인공지능 기술은 지구온난화나 불치병, 에너지 고갈 문제 등 인류의 난제를 해결하는데 도움을 주고 있다.

본 교재의 Part III에서는 인터페이스와 인공지능에 대해서 알아본다. 7장에서는 사용자와 컴퓨터와의 의사소통 방식인 인터페이스에 대해서 알아보고, 엔트리 프로그램의 신호를 이용하여 프로그램 인터페이스에 대해 확인한다. 8장에서는 컴퓨터 사용자 인터페이스의 과거와 현재에 대해서 알아보고, 엔트리에서 제공하는 인공지능 블록의 번역과 읽어주기를 이용하여 대화형 인공지능 프로그램을 학습한다. 9장에서는 컴퓨터 인지 도구의 미래와 발전방향에 대해서 알아보고, 엔트리에서 제공하는 인공지능 블록의 오디오감지를 이용한 음성인식 프로그램을 학습한다. 이와 같이 인공지능 블록을 이용한 문제해결은 넓고 다양한 인공지능의 세계를 경험하고 미래사회에 대한 통찰력을 키워줄 것이라 기대한다.

제7장
인터페이스와 프로그램

7.1. 인터페이스란?

컴퓨터 프로그램을 학습하다 보면 인터페이스(interface)란 용어를 자주 접하게 된다. 일반적으로 인터페이스는 사물과 사물 사이 또는 사물과 인간 사이의 경계에서, 상호 간의 소통을 위해 만들어진 물리적 매개체나 프로토콜을 말하며, 주로 컴퓨터 분야에서는 인터페이스를 하드웨어 인터페이스, 소프트웨어 인터페이스 그리고 사용자 인터페이스로 구분한다. 우리는 의식하든 의식하지 않든 컴퓨터나 스마트폰을 사용할 때면, 스마트폰 개발자가 설계해 둔 하드웨어 인터페이스와 사용자 인터페이스를 이해하고 이들 인터페이스를 적절하게 이용해서 기기가 제공하는 다양한 기능을 사용한다. 자신의 스마트폰과 컴퓨터를 연결하기 위해 어떤 케이블을 사용하여 어디에 꽂아야 하는지를 우리는 이미 알고 있다. 즉, 이 케이블의 타입과 컴퓨터의 USB 포트가 바로 스마트폰과 컴퓨터를 연결하는 하드웨어 인터페이스이다. 또한 우리는 스마트폰을 사용할 때, 어떤 부분을 어떻게 터치하면 스마트폰의 특정 기능이 수행된다는 것을 알고 있다. 이와 같이 스마트폰과 사용자인 여러분을 연결해 주는 기능이 사용자 인터페이스이다.

스마트폰 연결 케이블의 예

스마트폰 사용자 인터페이스의 예

소프트웨어 인터페이스는 무엇일까? 우리가 현재까지 스마트폰이나 컴퓨터를 사용만 했다면 소프트웨어 인터페이스를 만나지 못했을 것이다. 그러나 본 교재를 학습한 우리는 소프트웨어 개발과정에 대하여 "앱 개발자들은 어떻게 스마트폰의 앱과 같은 복잡한 프로그램을 짧은 기간에 빠르게 개발하지?"라는 궁금증을 가지고 있을 것이다. 즉, 우리는 버스 시간 대기 앱, 코로나 확진자 동선을 알려주는 앱, 우리 동네 날씨를 알려주는 앱 등과 같이 유용한 기능을 가진 앱을 1~2주 정도의 기간에 개발했다는 기사를 자주 접해 왔다. 이들 앱을 만든 개발자는 어떻게 짧은 기한 내에 이러한 앱을 만들 수 있을까? 여기에 소프트웨어 인터페이스의 힘이 있다. 이미 개발되어있는 소프트웨어의 인터페이스를 안다면 그 소프트웨어를 내가 만들 소프트웨어에 연결하여 사용할 수 있다. 대부분의 스마트폰 앱과 컴퓨터 프로그램은 이와 같이 이미 개발된 소프트웨어를 활용하여 개발하기 때문에 빠른 시일 내에 소프트웨어를 제작할 수 있다. 이때 소프트웨어와 소프트웨어를 연결해주는 기능이 소프트웨어 인터페이스 또는 프로그램 인터페이스라고 한다.

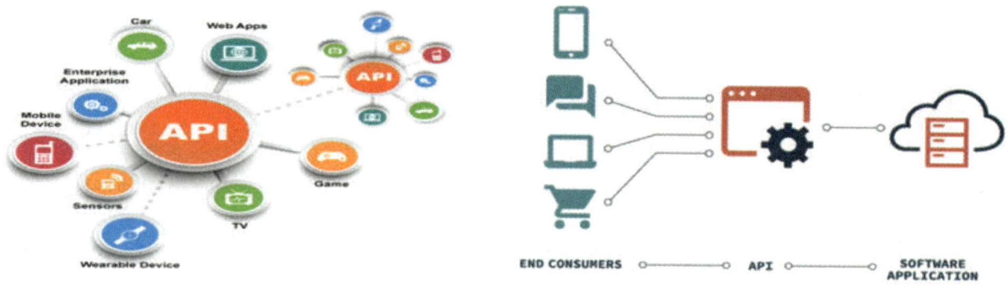

응용 프로그램 인터페이스(Application Program Interface) 개념도

본 장에서는 소프트웨어 개발에 필요한 사용자 인터페이스와 소프트웨어 인터페이스에 대하여 알아보고, 엔트리에서 프로그램 내부적으로 사용하는 대화 도구를 통해 소프트웨어 인터페이스의 활용에 대해서 살펴본다.

7.1.1. 사용자 인터페이스와 소프트웨어 인터페이스

우리는 주로 키보드와 마우스를 이용해서 컴퓨터를 사용한다. 스마트폰을 사용할 때는 터치스크린에 손가락을 누르거나 움직여서 이용한다. 인터페이스(interface)는 서로 다른 두 개의 시스템이나 장치 사이에서 정보나 신호를 주고받는 접점이나 경계면을 의미한다. 즉, 사용자가 기기를 쉽게 동작시키는데 도움을 주는 시스템 혹은 컴퓨터 시스템끼리 정보를 교환하는 경계면을 우리는 인터페이스라고 한다. 예를 들어 우리가 스마트폰으로 문자를 보낼 때 사용자는 내가 보낸 문자가 수신자의 스마트폰으로 어떻게 전송되는지 알 필요가 없다. 자신의 스마트폰에서 문자를 발생하는 앱을 실행시켜 원하는 문자를 입력하고 보내기 버튼을 클릭하면 된다. 이때 사람과 스마트폰 사이에는 문자 앱을 실행시키기 위한 아이콘, 실행된 앱에서 문자를 보내고자 하는 대상을 선택하는 문자 영역, 메시지를 입력하기 위한 자판 영역, 작성한 문자를 보내기 위한 '보내기' 버튼 등의 다양한 사용자 인터페이스의 터치가 사용된다. 이와 마찬가지로 컴퓨터에서는 사람의 명령을 컴퓨터에게 전달하기 위한 키보드와 마우스, 컴퓨터의 처리결과를 사람에게 전달하기 위한 모니터와 프린터, 스피커 등이 컴퓨터와 사람의 경계선에서 사람과 컴퓨터를 이어주는 사용자 인터페이스이다.

이러한 사용자 인터페이스는 과거 장치 중심에서 현재 사람 중심으로 발전해왔다. 즉, 불과 몇십 년 전만 하더라도 컴퓨터는 매우 비싼 장치였으므로 컴퓨터 사용을 위한 프로그램은 사용의 편리성보다는 시스템 활용의 효율성에 더 많은 관심을 두고 사용자 인터페이스를 설계하였다. 이 결과 컴퓨터를 사용하기 위해서는 매우 숙련된 전문적인 지식이 필요하였다. 즉, 컴퓨터를 사용하기 원하는 사람은 컴퓨터의 운영체제가 이해하는 수십 가지 이상의 명령어를 외우고 각 명령어의 사용법을 숙지하여야 하였다. 이는 쉬운 일이 아니었으므로 일반인의 컴퓨터 사용을 막는 장애물이었다. 그러나 컴퓨터의 성능이 향상되고 일반인의 컴퓨터 사용에 대한 요구가 증가함에 따라 효율성 중심의 사용자 인터페이스는 사용자의 편리성을 중시하는 사용자 인터페이스로 변화하였다. 이러한 변화는 모든 명령어를 외워서 직접 키보드로 입력해서 실행하는 명령어 줄 사용자 인터페이스(CLI-Command line interface)에서 나열된 아이콘을 선택함으로써 원하는 프로그램과 기능을 사용할 수 있는 그래픽 사용자 인터페이스(GUI-Graphical user interface)로 발전하였다. 현재에는 아이콘이나 메뉴를 더욱 편리하게 선택할 수 있는 터치 사용자 인터페이스나 사람이 사용하는 자연어를 이해하여 프로그램을 실행시켜주는 음성 사용자 인터페이스도 사용되고 있다.

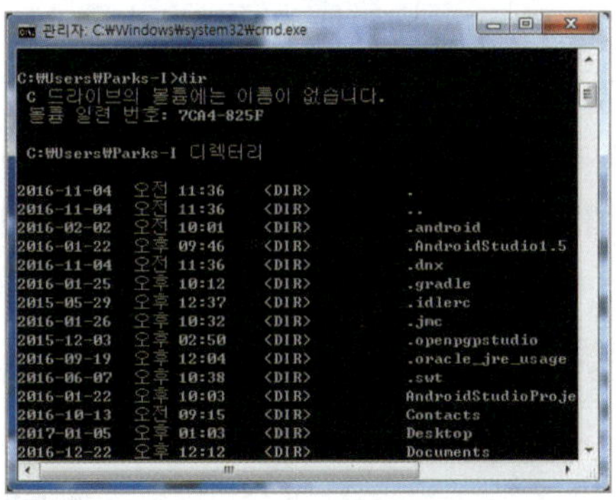

명령어 줄 사용자 인터페이스(CLI)

그래픽 및 터치 사용자 인터페이스

특히 프로그래머는 앱이나 컴퓨터 프로그램을 개발할 때, 사용자가 특별히 사용하고자 하는 프로그램을 학습하지 않더라도 이들이 제공하는 기능을 이해하고 있다면 쉽게 사용할 수 있도록 사용자 인터페이스를 제공하여야 한다. 예를 들어 우리가 3장에서 만들었던 「지하철 요금 안내기」와 같은 경우 연령과 구간을 선택하기 위한 버튼 뿐 아니라 요금을 보여주기 변수 및 사용 방법을 알려주는 말풍선 등으로 사용자 인터페이스를 구성하여 프로그램을 처음 보는 사용자 누구라도 이 프로그램이 제공하는 기능을 사용할 수 있도록 사용자 인터페이스를 디자인하였다. 이와 같이 사용자 중심의 사용자 인터페이스 개발을 위해 수많은 앱 프로그래머와 디자이너들이 최선의 노력을 다하고 있다.

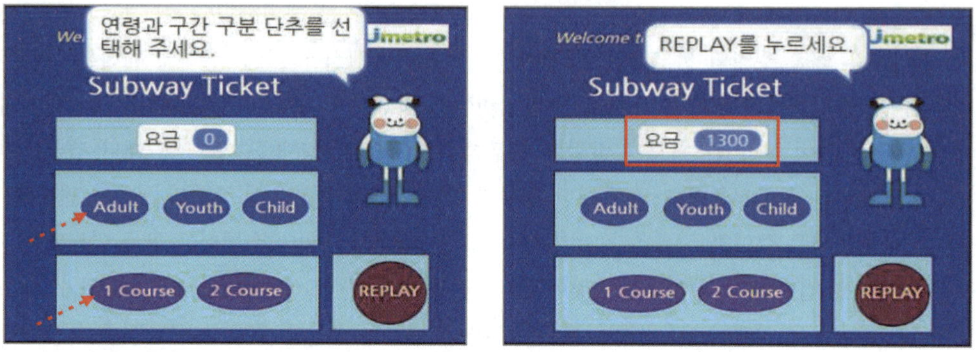

사용자 인터페이스 개발의 예

사용자 인터페이스가 스마트폰, 컴퓨터 등의 장치를 사람이 편리하게 사용하기 위해 이어주는 기능을 수행하였다면 소프트웨어 인터페이스는 소프트웨어 개발자가 소프트웨어를 신속하고 편리하게 개발할 수 있도록 이미 개발된 소프트웨어들 간의 연결을 지원하는 기능을 수행한다. 우리는 어렸을 때 한 번쯤은 레고 장난감을 가지고 놀아보았다. 레고 장난감에서 제공된 다양한 블록들을 쌓아올려 자신이 원하는 집이나 자동차 등을 만들어 보았다. 우리가 한 칸짜리 레고 블록을 이용하여 집을 짓는 것이 아니라 이미 만들어져 있는 다양한 레고 블록을 가지고 집을 짓는 것처럼 현대의 소프트웨어 개발은 이미 만들어져 있는 소프트웨어를 연결하여 자신이 원하는 소프트웨어를 제작하는 방식을 추구한다. 이때 소프트웨어 간의 연결을 지원하는 것이 소프트웨어 인터페이스이다.

레고 블록과 레고 블록으로 만든 집

7.1.2. 소프트웨어 인터페이스

소프트웨어 인터페이스는 소프트웨어들끼리 정보를 주고받기 위한 약속을 규정한 것이라 할 수 있다. 즉, 특정 소프트웨어 A가 다른 소프트웨어 B의 기능을 사용하기 위해서는 특정 소프트웨어 A가 소프트웨어 B에게 제공해야할 정보의 종류와 형식이 규정되어 있어야 하며, 또한 소프트웨어 B가 소프트웨어 A에게 응답으로 제공해야 할 정보의 종류와 형식 역시 정의되어 있어야 한다. 이와 같이 서비스를 요청하는 소프트웨어와 서비스를 제공하는 소프트웨어 간의 정보(메시지) 종류와 개수, 전달방식 등이 소프트웨어 인터페이스이다. 이들 소프트웨어 인터페이스는 운영체제와 하드웨어 드라이버들 사이의 인터페이스, 운영체제와 응용 프로그램 사이의 인터페이스, 독립적인 프로그램들 간의 인터페이스 등으로 분류되며, 웹 서핑에서 사용되는 http(HyperText Transfer Protocol)와 같은 프로토콜 형식과 수학시간에 사용했던 함수 형식이 있다.

소프트웨어 인터페이스의 형식

최근 소프트웨어 개발환경은 개발자들이 이미 개발된 소프트웨어를 편리하게 사용할 수 있도록 지원하고 있다. 우리가 앞에서 사용한 엔트리의 프로그램 블록도 특정 정보를 제공받아 처리한 결과를 반환하므로 소프트웨어 인터페이스가 존재한다고 할 수 있다. 프로그램 개발자는 사용할 소프트웨어가 어떻게 구현되었지 알지 못해도 인터페이스만 안다면 그 소프트웨어가 제공하는 기능을 사용하는데 아무런 불편함이 없다. 이러한 소프트웨어 인터페이스를 대표하는 것에는 소프트웨어 개발 키트(SDK, Software Development Kit)에 포함된 응용 프로그래밍 인터페이스(API, Application Programming Interface)와 인터넷을 통해 특정 사이트가 제공하는 기능을 사용할 수 있도록 제공하는 오픈(Open) API가 있다.

소프트웨어 개발 키트(SDK)는 일반적으로 하드웨어 플랫폼, 운영 체제(Operating System, OS) 또는 프로그래밍 언어 제작사가 제공하는 소프트웨어 개발 툴로써 이미 개발되어 안정화된 다양한 소프트웨어를 포함하고 있으며, 개발자에게 이들 소프트웨어에 대한 API를 제공하고 있다. 개발자는 소프트웨어 인터페이스인 API를 이해함으로써 SDK에 포함된 소프트웨어를 간단하게 자신의 소프트웨어에 가져다 사용할 수 있다. 특히 현재는 프로그램 개발에 있어 공유와 공개에 대한 관심이 높아지고 있다. 따라서 MS사와 같은 특정 개발사에 얽매이지 않고 독립적으로 소프트웨어와 이 소프트웨어를 사용할 수 있는 API를 패키지 형식으로 인터넷을 통해 공개하는 단체가 증가하고 있고, 이는 소프트웨어 개발의 편리성을 높이고 있다.

또한 오픈 API는 인터넷을 통해 다른 사이트의 기능과 정보를 활용할 수 있도록 지원한다. 예를 들면, 공공데이터 포털(www.data.go.kr)에서는 오픈 API를 제공함으로써 프로그램 개발자들은 누구나 이 오픈 API를 이용하여 공공 기관이 제공하는 데이터를 활용한 새로운 서비스를 만들 수 있다. 공공데이터포털은 기상청의 날씨 정보, 도로명 주소조회 서비스, 동네 예보 정보 조회 서비스, 대기오염 정보, 코로나19 감염 현황 등의 다양한 데이터를 제공하고 있다. 프로그램 개발자가 급격한 기상, 기후 변화를 극복하기 위하여 날씨 정보를 활용한 판매예측 프로그램 개발을 원한다면 공공데이터 포털에서 제공하는 오픈 API를 이용하여 기상청에서 제공하는 날씨 정보를 자동으로 연결하여 사용할 수 있다. 이러한 기술은 큰 비용 증가 없이 자신의 업무와 융합된 다양한 서비스 창출할 수 있을 것이다.

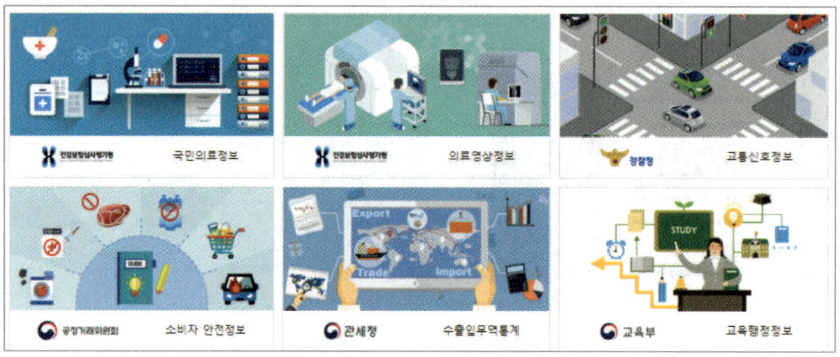

공공데이터포털에서 제공하는 국가중점데이터

또 하나의 예를 들어 보자. 오픈뱅킹은 금융기술과 은행이 표준방식을 이용하여 모든 은행의 자금이체, 조회 기능을 제공하는 금융서비스이다. 은행이 보유한 결제 기능과 고객 데이터를 오픈 API방식으로 제3자에게 제공하는 것을 통칭한다. 여러 은행 계좌를 보유한 소비자는 은행별로 프로그램을 설치하지 않아도 앱 하나에 자신의 모든 은행 계좌를 등록해 송금·이체·조회 업무를 원스톱으로 처리할 수 있다. 또한 오픈 API를 핀테크 기업에 제공하고 있어서 핀테크 기업은 이를 이용해 고객의 편의성을 높일 수 있는 새로운 서비스를 만들어 낼 수 있다.

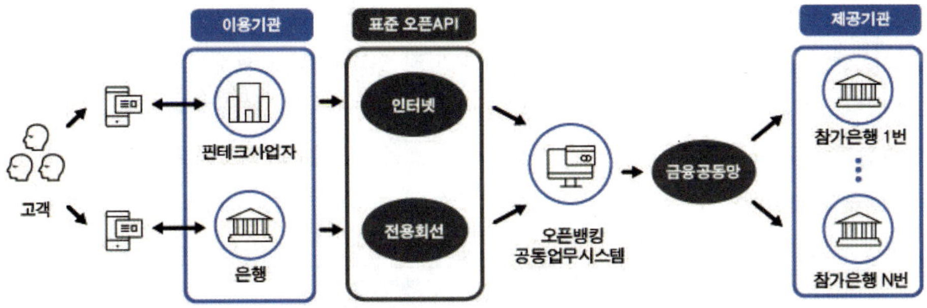

오픈뱅킹 (출처:금융위원회)

본격적인 AI와 빅데이터 시대를 맞이하여 AI Hub(www.aihub.or.kr)는 AI 기술 및 제품/서비스 개발에 필수적인 AI 데이터, AI SW API, 컴퓨팅 자원 등의 AI 인프라를 통합 제공하는 플랫폼이다. 인공지능 학습을 위한 법률, 특허, 사물이미지, 한국어 말뭉치, 위해물품 이미지 등 다양한 데이터 셋을 누구에게나 제공하고 있다. 뿐만 아니라 오픈 API를 통해 인공지능 스피커나 비서, 챗봇 기반 대화형 정보상담 서비스, 지능형 CCTV관제 시스템, 자동번역서비스와 같은 다양한 인공지능 응용서비스를 개발할 수 있다.

7.1.3. 프로그램 인터페이스의 구현

소프트웨어 인터페이스에는 프로그램 내의 오브젝트들이 서로 상호작용할 수 있도록 하는 전달방식, 메시지 전달 방식도 포함한다. 다음과 같이 하늘에서 눈이 내리는 프로그램을 작성한다고 생각해 보자. 프로그램을 실행시켰을 때 일방적으로 눈이 내리는 장면이 바로 시작되기 보다는 〈시작〉 버튼을 통해서 사용자가 시작을 제어할 수 있는 것이 사용자와 상호작용하는 프로그램이다. 따라서 프로그램을 작성할 때는 다음과 같이 시작버튼을 넣어주는 것이 좋다.

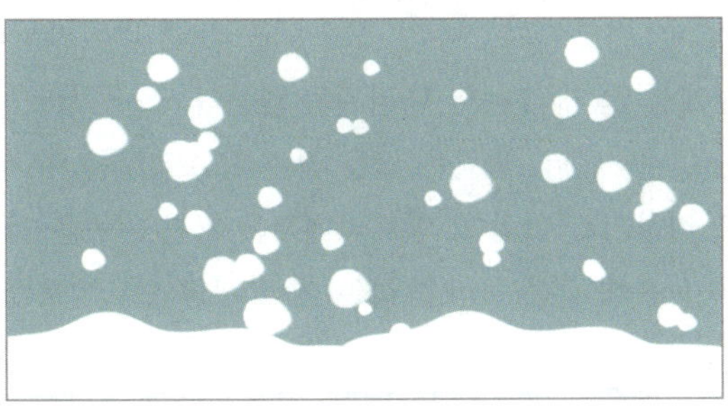

위와 같은 경우 시작버튼이 있는 경우 시작버튼 오브젝트를 클릭했을 때 눈 오브젝트가 위에서 아래로 이동을 시작한다. 이때 한 오브젝트의 코드를 실행하는 도중에 다른 오브젝트의 코드의 실행이 시작되도록 오브젝트간의 상호작용이 필요할 때 엔트리 프로그램에서는 "신호"를 사용한다. 버튼을 클릭했을 때 버튼 오브젝트는 '눈내리기시작'이라는 신호를 보내고 그 신호를 받은 '눈' 오브젝트는 움직이기 시작한다. 엔트리 프로그램을 작성할 때, 경우에 따라 여러 개의 오브젝트를 이용하여 프로그램을 작성할 수 있다. 이때 오브젝트는 다른 오브젝트와 서로 상호작용하면서 실행이 되는 경우도 많다. [속성]탭에서 [신호] - [신호추가하기]를 누르고 새로운 신호를 추가한다. 신호와 관련된 블록은 [시작] 범주에 있는 다음 블록을 이용한다.

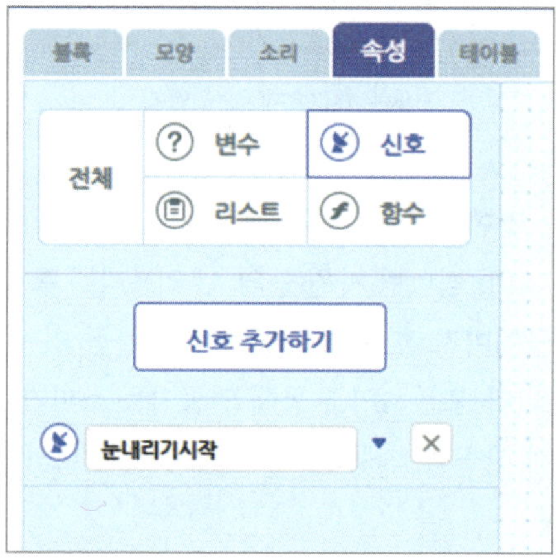

[시작] 범주 블록	설명
눈내리기시작 ▾ 신호를 받았을 때	설정된 신호를 받았을 때 아래에 연결된 블록들을 실행한다.
눈내리기시작 ▾ 신호 보내기	선택한 신호를 보낸다.
눈내리기시작 ▾ 신호 보내고 기다리기	선택한 신호를 보내고, 해당 신호를 받는 블록들의 실행이 끝날 때까지 기다린다.

다음은 하늘에서 눈이 내리는 것을 상상해보자. 하늘에서 한 개의 눈이 내리지는 않는다. 불규칙하게 크기가 다른 여러 눈송이가 비슷하지만 다른 방향으로 내려온다. 똑같은 일을 하는 오브젝트를 여러 개 복사 생성하여 화면에 배치할 수도 있지만 이는 관리하기가 어렵다. 엔트리에서는 기본 기능을 가진 오브젝트를 1개 생성한 다음 '복제본 만들기' 블록을 통해 같은 동작을 하는 여러 개의 오브젝트를 생성한다.

'복제본 만들기'를 통해 여러 눈송이를 시간차를 두고 생성한 다음 눈송이가 벽에 닿으면 '복제본 삭제하기'를 이용하면 복제본이 사라진다. '복제본 만들기'와 관련된 블록은 [흐름] 범주에 있는 다음 블록을 이용한다.

[흐름] 범주 블록	설명
복제본이 처음 생성되었을때	해당 오브젝트의 복제본이 새로 생성되었을 때 이 블록에 연결된 블록들을 실행한다.
자신▾ 의 복제본 만들기	선택된 오브젝트의 복제본을 생성한다.
모든 복제본 삭제하기	해당 오브젝트의 모든 복제본을 삭제한다.
이 복제본 삭제하기	복제본이 처음 생성되었을때 블록과 함께 사용되며 연결된 블록들이 실행되고 있는 복제본를 삭제한다.

하늘에서 눈이나 비가 내려오는 프로그램을 작성해 보자. 눈과 비는 위에서부터 아래방향으로 움직인다. '시작하기 버튼'을 눌렀을 때 눈이 내리도록 하자. '복제본 만들기'를 통해 '눈' 오브젝트를 많이 생성하고, 복제되었을 때 다양한 크기의 눈이 내려오도록 하자. 벽에 닿으면 '복제본 삭제하기'를 이용하여 삭제되도록 한다.

● 실행 화면 미리 보기

간략하게 개조식으로 서술하면 다음과 같다.

(시작버튼 오브젝트)
(오브젝트를 클릭했을 때)
① 시작 버튼의 모양을 숨긴다.
② '눈내리기시작' 신호를 보낸다.

(눈 오브젝트)
(눈내리기시작 신호를 받았을 때)
① '눈' 모양을 숨긴다.
② 무한 반복한다.
(ㄱ) '복제본 만들기'를 한다.
(ㄴ) 0.2초 기다린다.
(복제본이 처음 생성되었을 때)
① 화면에 보인다.
② '눈'을 화면의 위쪽에 놓고 진행 방향을 아래쪽으로 정한다.
③ 다양한 크기를 정한다.
④ 이동 방향을 다양하게 정한다.
⑤ 벽에 닿을 때까지 반복한다.
(ㄱ) 10만큼 움직인다.
⑥ '복제본 삭제하기'를 한다.
(끝)

1) 프로그램 불러오기

메뉴 [파일]-[오프라인작품 불러오기]를 눌러 제공된 'ch7_1_3_눈오는날.ent' 프로그램을 불러온다.

2) '시작 버튼' 오브젝트

① [속성]탭에서 [신호] - [신호추가하기]를 누르고 신호이름을 '눈내리기시작'으로 정해준다.

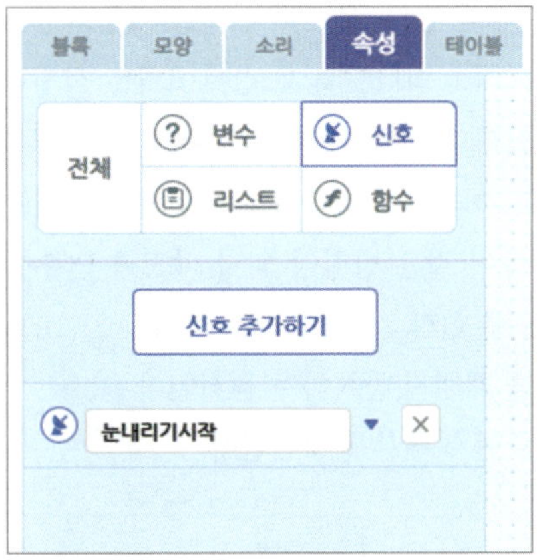

② 시작버튼 오브젝트를 선택한 후 [시작] 범주 안에 있는 '오브젝트를 클릭했을 때' 블록을 블록조립소 영역에 가져다 놓는다.

③ 시작 버튼을 누르면 버튼이 사라지도록 '모양 숨기기'를 설정한다.

④ '눈내리기시작' 신호를 보내어 '눈' 오브젝트가 동작하도록 한다.

3) '눈' 오브젝트

- '눈내리기시작' 신호를 받았을 때

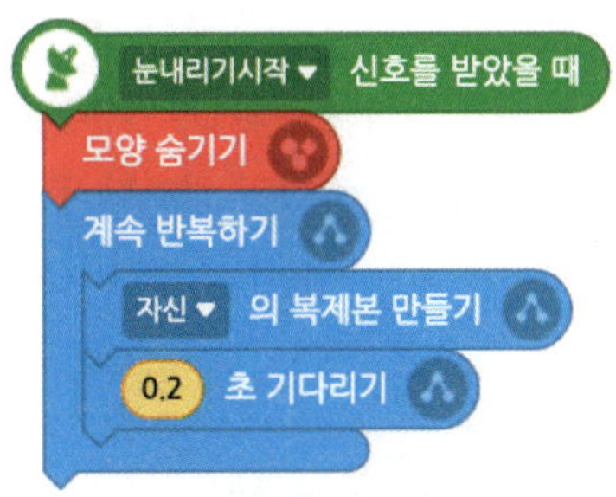

① 오브젝트를 선택한 후 [시작] 범주 안에 있는 '눈내리기시작 신호를 받았을 때' 블록을 블록조립소 영역에 가져다 놓는다.

② 첫 번째 눈이 나타나지 않도록 '모양 숨기기'를 설정한다.

③ '자신의 복제본 만들기'를 이용하여 눈 오브젝트를 복제한다.

④ 0.2초 기다리기를 추가하여 너무 빠르게 복제되지 않도록 한다.

⑤ [흐름] 범주에 있는 '계속 반복하기' 블록을 전체 블록에 씌워준다.

- 복제본이 처음 생성되었을 때 코드 작성하기

① [흐름] 범주에 있는 '복제본이 처음 생성되었을 때' 블록을 블록조립소 영역에 가져다 놓는다.
② 복제된 눈이 나타나도록 모양 보이기를 설정한다.
③ 눈이 임의의 위치에서 나타나도록 난수를 이용하여 화면의 위쪽에 배치한다.
④ 다양한 크기의 눈이 나타나도록 임의의 크기(10~30)로 정한다.
⑤ 눈의 이동이 같은 방향이 되지 않도록 난수를 이용하여 이동방향을 임의의 방향(160 ~ 200)으로 진행하도록 한다.
⑥ 벽에 닿을 때까지 반복하여 움직인다.
⑦ 벽에 닿으면 복제본을 삭제한다.

지금까지 엔트리의 신호와 복제본 만들기 기능을 활용하여 「눈 오는 날」 프로그램을 구현하여 보았다. 만일 프로그램이 정확하게 동작하지 않거나 사라지지 않는 눈이 있다면 무엇이 잘못되었는지 확인하고 수정해 보자.

7.2. 인터페이스 프로그램

엔트리의 글상자 기능은 화면에 프로그램에 대한 지시문이나 점수 등 다양한 정보를 제공하는데 사용할 수 있다. 오브젝트 추가하기(+)을 클릭하고 글상자를 선택한다. 글상자의 내용을 입력해서 화면에 글상자를 추가한다.

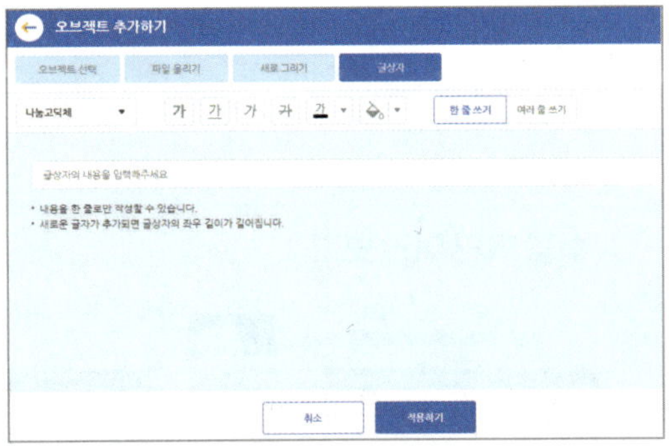

[글상자] 범주 블록	설명
글상자 글상자▾ 의 내용	선택한 글상자에 입력된 텍스트 값
엔트리 라고 글쓰기 가	글상자의 내용을 입력한 값으로 변경한다.
엔트리 라고 뒤에 이어쓰기 가	글상자의 내용 뒤에 입력한 값을 추가한다.
엔트리 라고 앞에 추가하기 가	글상자의 내용 앞에 입력한 값을 추가한다.
텍스트에 가로줄▾ 효과 켜기▾ 가	글상자에 선택한 텍스트 효과를 켜거나 끈다.
글씨체를 바탕체▾ 로 변경 가	글상자를 선택한 글씨체로 변경한다.
글씨색을 ■ 로 변경 가	글씨색을 변경한다.
배경색을 ■ 로 변경 가	배경색을 변경한다.
텍스트 모두 지우기 가	글상자의 내용을 모두 지운다.

생성된 글상자도 오브젝트 중의 하나이다. 따라서 글상자에 글을 표시한 다음 다른 오브젝트로 제어권을 넘기려면 '신호' 기능을 사용해야 오브젝트간의 소통을 원활하게 할 수 있다. 이번 절에서는 글상자를 활용하면서 신호와 복제 등의 다양한 기능을 추가해서 자연스런 흐름의 프로그램을 작성해 보자.

7.2.1. 단어 퀴즈 프로그램 만들기

스스로 영단어 실력을 체크해 보거나 다른 사람에게 문제를 제공해서 실력을 테스트할 수 있는 영단어 퀴즈 프로그램을 작성해보자. 한글로 문제가 제시되면 사용자는 이에 대한 영단어를 입력한다. 맞는 단어를 입력하면 점수가 올라가고 오브젝트가 앞으로 나아간다. 문제는 '글상자' 오브젝트를 이용해 사용자에게 제시된다.

● **실행 화면 미리 보기**

간략하게 개조식으로 서술하면 다음과 같다.

(글상자 오브젝트)
(스페이스키를 눌렀을 때)
① 문제 수만큼 반복한다.
　(ㄱ) 한글단어 문제를 글상자에 제시한다.
　(ㄴ) 한글단어에 해당하는 영어단어를 묻고 대답하기에 입력한다.
　(ㄷ) 대답과 영어단어가 일치하면 '엔트리봇'에게 정답 신호를 보낸다. 점수는 10점 증가한다.
　(ㄹ) 단어가 일치하지 않으면 '엔트리봇'에게 오답신호를 보낸다.
② 마지막으로 글상자에 점수를 나타낸다.

(엔트리봇 오브젝트)
(시작하기 버튼을 클릭했을 때)
① '엔트리봇'의 위치와 모양을 초기화 한다.
(정답 신호를 받았을 때)
① '엔트리봇' 모양을 신남으로 바꾼다.
② '엔트리봇' 모양을 걷기로 바꾼다.
③ '엔트리봇'을 20만큼 움직인다.

(오답 신호를 받았을 때)
① '엔트리봇' 모양을 슬픔으로 바꾼다.
② '엔드리봇' 모양을 걷기로 바꾼다.
(끝)

「영어단어퀴즈」를 엔트리 프로그램으로 작성하기 위한 과정은 다음과 같다.

① 먼저 'ch7_2_1_영어단어퀴즈.ent' 프로그램을 불러온다. 프로그램에서 필요한 오브젝트들은 다음과 같다.

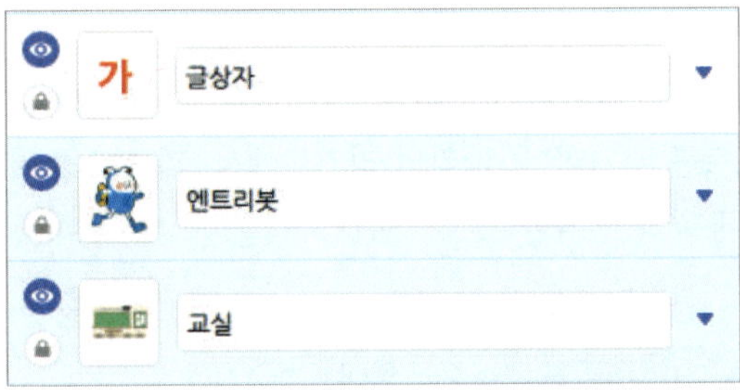

□ 글상자 : 문제를 제시하고, 대답을 입력받는다. 결과에 따라 '정답', '오답' 신호를 보낸다.

□ 엔트리봇 : 정답과 오답 신호를 받고 엔트리봇의 모양을 변경한다.

② 프로그램에서 필요한 변수를 추가한다. [속성] 범주에서 변수를 선택하고 '변수 추가하기'를 클릭하여 '점수' 와 '번호' 변수를 추가한다. 각 변수는 화면에 보이지 않도록 비활성화한다.

점수	사용자가 획득한 점수를 저장한다. 1문제당 10점
번호	출제되는 문제 번호를 저장한다.

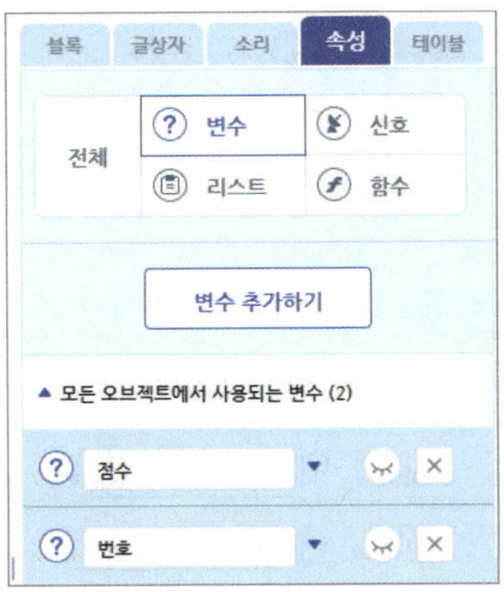

③ 다음으로 프로그램에서 사용할 신호를 추가한다. [속성] 범주에서 신호를 클릭하고 '신호추가하기' 버튼을 눌러 각각 '정답' 과 '오답'을 입력하여 신호를 생성한다.

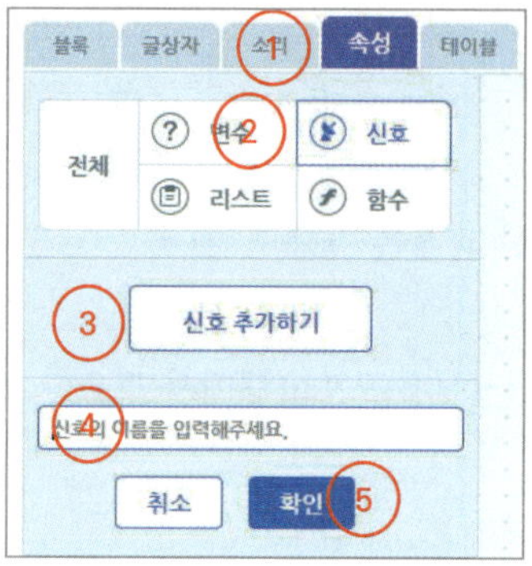

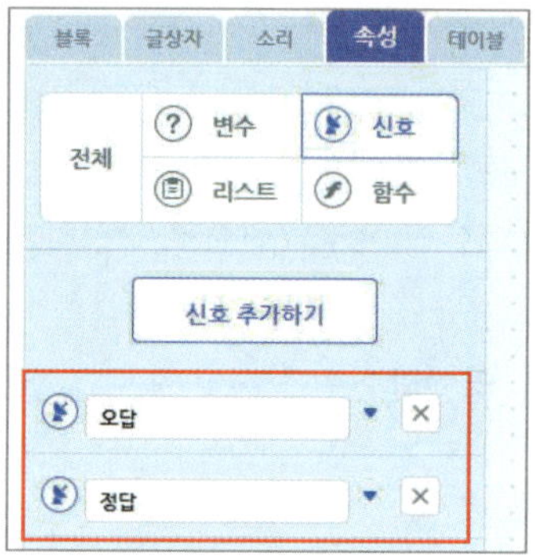

④ 문제출제와 정답체크에서 사용할 한글, 영어 리스트를 추가한다. [속성] 범주의 리스트를 선택하고 '리스트 추가하기'를 클릭하여 '한글', '영어' 리스트를 추가한다. 각각의 리스트에서 '리스트 불러오기'를 클릭하여 다음 한글과 영어단어를 리스트에 각각 추가한다.

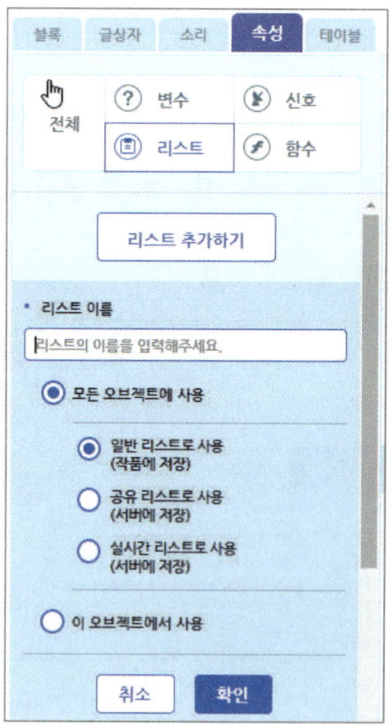

한글	영어
춤추다	dance
위험하다	danger
어둡다	dark
사슴	deer
책상	desk

1) '글상자' 오브젝트

① 오브젝트를 선택한 후 [시작] 범주 안에 있는 '스페이스키를 눌렀을 때' 블록을 블록조립소 영역에 가져다 놓는다.

② 변수 '점수'를 0으로 정한다.

③ 1번 문제부터 출제되도록 변수 '번호'를 1로 정한다.

④ '한글' 리스트의 항목 수 번 반복한다.

(ㄱ) 한글 리스트의 '번호'번째 항목을 '글상자'에 제시한다.

(ㄴ) ?를 묻고 대답을 기다린다.

(ㄷ) 영어의 '번호'번째 항목의 값과 대답이 같다면

ⓐ '점수' 변수에 10점을 더한다.

ⓑ '정답' 신호를 보내고 기다린다.

(ㄹ) 아니면 '오답' 신호를 보내고 기다린다.

(ㅁ) 변수 '번호'에 1만큼 더한다.

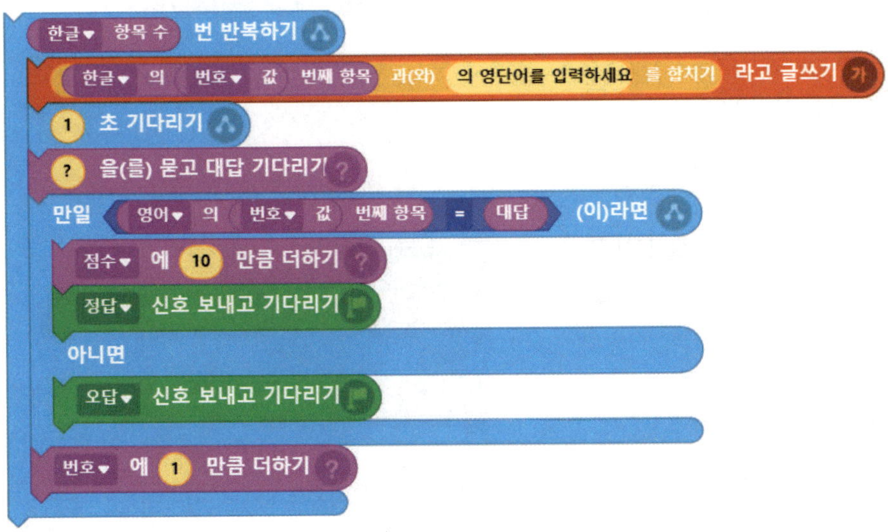

⑤ 변수 '점수'를 이용하여 글상자에 점수를 표시한다.

2) '엔트리봇' 오브젝트

- 시작하기 버튼을 클릭했을 때

① 오브젝트를 선택한 후 [시작] 범주 안에 있는 '시작하기 버튼을 클릭했을 때' 블록을 블록 조립소 영역에 가져다 놓는다.
② 대답이 표시되지 않도록 대답숨기기를 한다.
③ '엔트리봇'의 초기위치(-160, -47)을 정한다.
④ '엔트리봇'의 크기를 100으로 정한다.
⑤ '엔트리봇'의 모양을 '엔트리봇_걷기1'로 바꾼다.

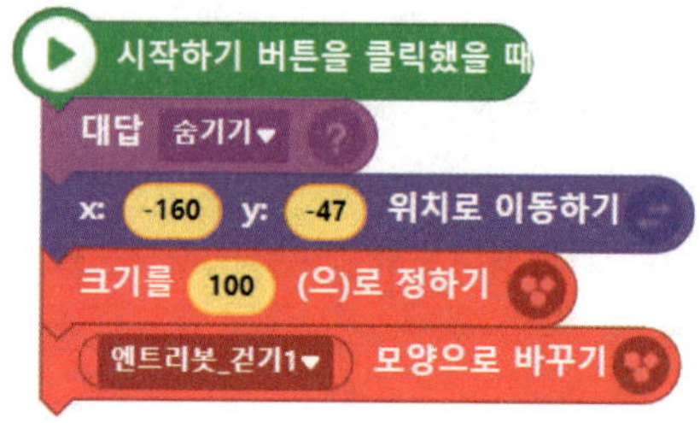

- '정답' 신호를 받았을 때

① '엔트리봇' 오브젝트를 선택한 후 [시작] 범주 안에 있는 '정답 신호를 받았을때' 블록을 블록조립소 영역에 가져다 놓는다.
② '엔트리봇'의 모양을 '다양한 표정 엔트리봇_신남'으로 변경한다.
③ '엔트리봇'의 모양을 '엔트리봇_걷기1'로 변경한다.
④ 이동방향으로 20만큼 움직인다.

- '오답' 신호를 받았을 때

① 엔트리봇 오브젝트를 선택한 후 [시작] 범주 안에 있는 '오답 신호를 받았을때' 블록을 블록조립소 영역에 가져다 놓는다.
② 엔트리봇의 모양을 '다양한 표정 엔트리봇_슬픔'으로 변경한다.
③ 엔트리봇의 모양을 '엔트리봇_걷기1'로 변경한다.

영어단어 퀴즈 프로그램은 다음과 같다. 작성한 「영어단어 퀴즈 프로그램」 프로그램이 정확하게 동작하는지 확인해 보자. 만일 정확하게 동작하지 못한다면 그 이유가 무엇인지 확인해 보자.

- '글상자' 오브젝트

- '엔트리봇' 오브젝트

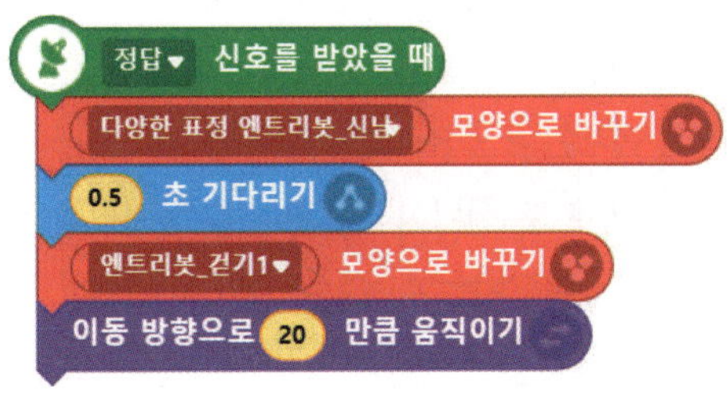

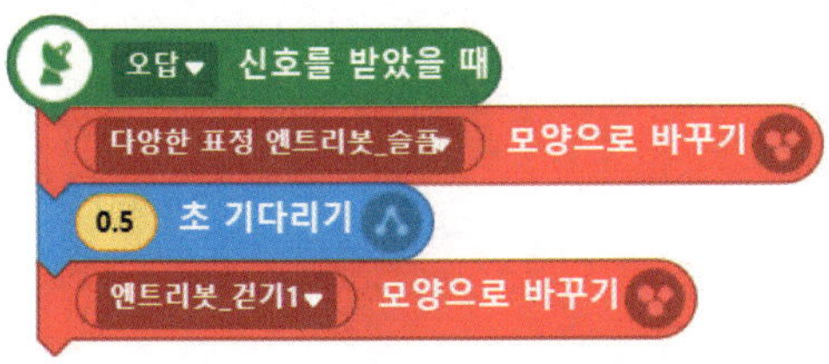

7.2.2. 타자 연습 게임 만들기

타자연습을 통해 키보드 배열을 외울 수 있도록 도와주는 타자연습게임을 작성해보자. 랜덤한 위치에서 단어가 나타나서 아래로 내려온다. 사용자가 맞는 단어를 입력하면 단어는 사라지고 점수가 올라간다. 단어가 벽에 닿을 때까지 입력하지 못한다면 감점된다.

● 실행 화면 미리 보기

간략하게 개조식으로 서술하면 다음과 같다.

(문제글상자 오브젝트)
(시작하기 버튼을 클릭했을 때)
① 게임오버값을 5로 정하고, 질문 신호를 보낸다.
② 3초마다 자신의 복제본을 만든다.
③ 생성된 복제본은 단어리스트에서 임의의 단어를 하나 정한다.
④ 임의의 위치에 나타나서 아래벽에 닿을 때까지 반복 이동한다.
⑤ 사용자가 입력한 대답과 같으면 점수를 더하고 복제본을 삭제한다.
⑥ 벽에 닿았다면 점수를 감점하고 게임오버에 -1 감소한다. 복제본을 삭제한다.

(질문 오브젝트)
(질문 신호를 받았을 때)
① 반복하여 묻고 대답하기를 표시하여 사용자로부터 입력을 받는다.
② 게임오버의 값이 0보다 작으면 모든 코드를 멈춘다.
(끝)

「타자게임」을 엔트리 프로그램으로 작성하기 위한 과정은 다음과 같다.

① 먼저 'ch7_2_2.타자게임.ent' 프로그램을 불러온다. 프로그램에서 필요한 오브젝트들은 다음과 같다.

- 대답 : 질문신호를 받고 화면에 묻고 답하기를 표시한다. (-1000, 0)에 위치해서 화면에 표시되지 않도록 한다.
- 문제글상자 : 질문신호를 보내고 복제기능을 이용해서 화면에 단어를 표시한다. 복제된 다음 계속해서 아래로 이동한다.

② 프로그램에서 필요한 변수를 추가한다. [속성] 범주에서 변수를 선택하고 '변수 추가하기'를 클릭하여 '문제단어' 와 '게임오버', '점수' 변수를 추가한다. '문제단어'와 '게임오버' 변수는 화면에 보이지 않도록 비활성화한다.

점수	사용자가 획득한 점수를 저장한다. 1문제당 10점
문제단어	출제되는 문제 단어를 저장한다.
게임오버	5의 값에서 단어를 입력하지 못할 때마다 -1씩 감점해서 0 보다 작으면 게임을 종료한다.

③ 프로그램에서 사용할 신호를 추가한다. [속성] 범주에서 신호를 클릭하고 '신호추가하기' 버튼을 눌러 '질문'을 입력하여 신호를 생성한다. 질문신호를 받은 '대답' 오브젝트는 묻고 대답하기를 표시한다.

⑤ 문제출제에서 사용할 '단어리스트'를 추가한다. [속성] 범주의 리스트를 선택하고 '리스트 추가하기'를 클릭하여 '단어리스트'를 추가한다. 리스트에서 '리스트 불러오기'를 클릭하여 단어를 리스트에 추가한다.

단어리스트
apple book girl boy desk cat dock galaxy banana door can cake mouse refrigerator green red

1) '문제글상자' 오브젝트

- 시작하기 버튼을 클릭했을 때

① '글상자' 오브젝트를 선택한 후 [시작] 범주 안에 있는 '시작하기 버튼을 클릭했을 때' 블록을 블록조립소 영역에 가져다 놓는다.
② 변수 '게임오버'를 5로 정한다.
③ '질문' 신호를 보낸다.
④ 모양을 숨긴다.

⑤ 다음을 계속 반복한다.
(ㄱ) 자신의 복제본을 만든다.
(ㄴ) 3초 기다린다.

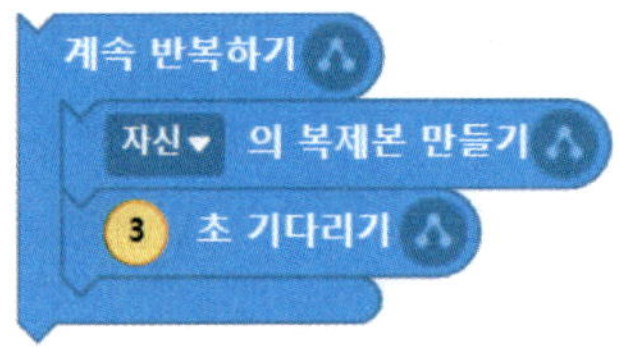

- 복제본이 처음 생성되었을 때

① '글상자' 오브젝트를 선택한 후 [시작] 범주 안에 있는 '복제본이 처음 생성되었을 때' 블록을 블록조립소 영역에 가져다 놓는다.
② 모양 보이기
③ 단어리스트에서 무작위번째 항목을 문제단어로 정한다.
④ 랜덤한 위치 (-160~200 , 120)로 이동한다.
⑤ 크기를 무작위 (25 ~ 60) 사이로 정한다.
⑥ 문제단어를 글상자에 표시한다.

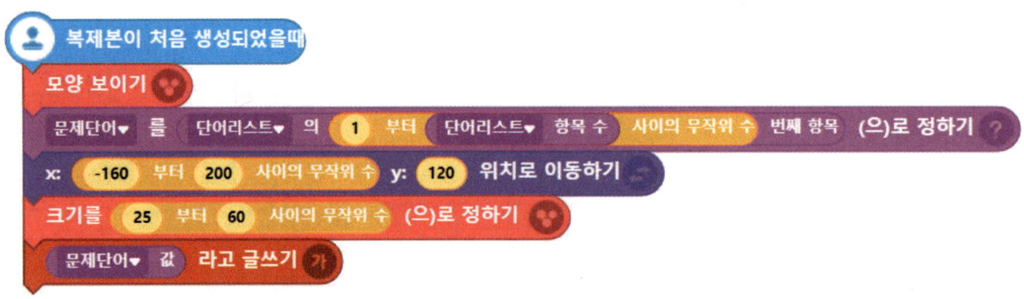

⑦ 다음을 아래쪽 벽에 닿을 때까지 반복한다.
(ㄱ) y 좌표를 - 1 만큼 바꿔서 아래쪽으로 이동한다.
(ㄴ) 대답과 문제단어의 값이 같으면

ⓐ 변수 '점수'에 10점을 더한다.

ⓑ 복제본을 삭제한다.

⑧ 변수 '점수'를 - 10 만큼 더한다.

⑨ 변수 '게임오버'에 - 1 만큼 더한다.

⑩ 복제본을 삭제한다.

2) '대답' 오브젝트

① 오브젝트를 선택한 후 [시작] 범주 안에 있는 '질문 신호를 받았을 때' 블록을 블록조립소 영역에 가져다 놓는다.

② 다음을 계속 반복한다.

(ㄱ) 변수 '게임오버'의 값이 0 보다 작으면, 모든 코드를 멈춘다.

(ㄴ) 묻고 대답하기를 표시한다.

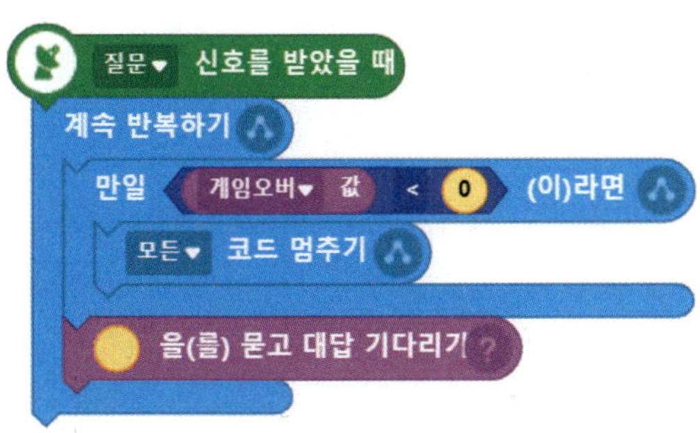

최종적으로 완성한 타자연습게임 프로그램은 다음과 같다. 만일 프로그램이 제대로 동작하지 않는다면 못한다면 무엇이 잘못되었는지 확인해보자.

- '대답' 오브젝트

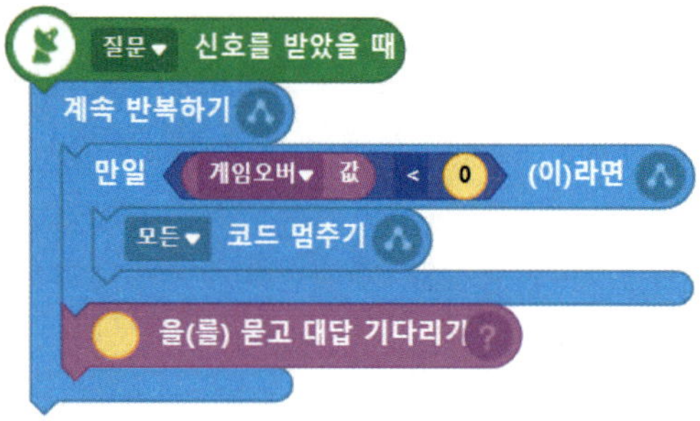

- '문제글상자' 오브젝트

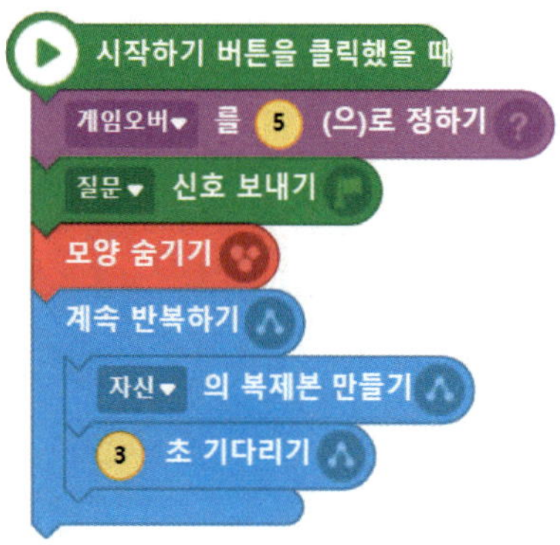

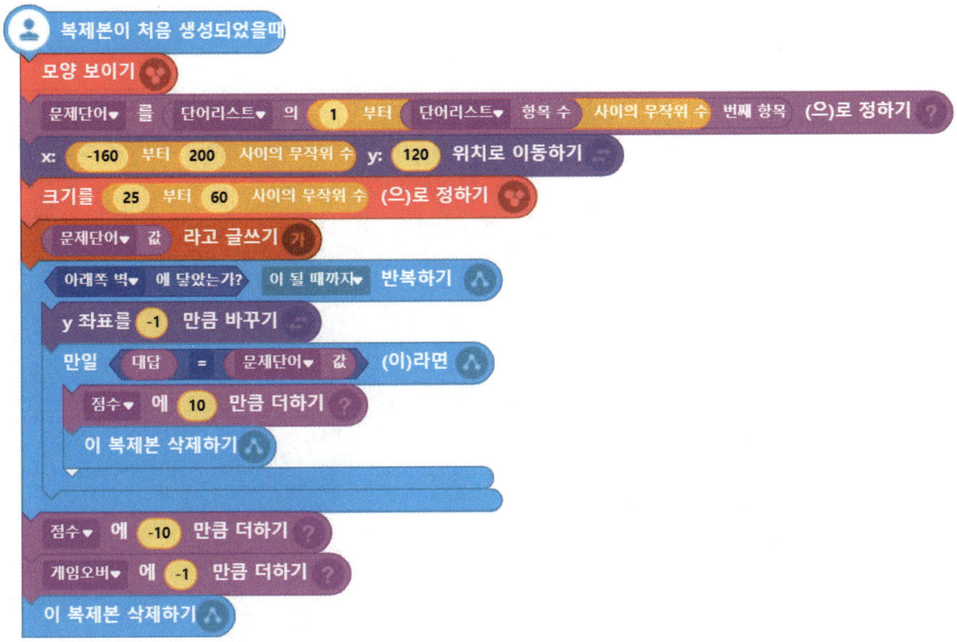

7.2.3. 펜아트 만들기

복제기능을 이용하여 마우스 클릭하는 위치에 펜아트가 나타나는 프로그램을 작성해보자.

실행 화면 미리 보기

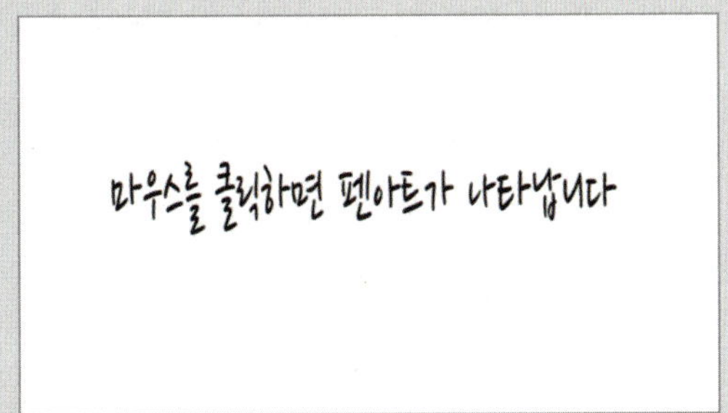

간략하게 개조식으로 서술하면 다음과 같다.

(글상자 오브젝트)
(마우스를 클릭했을 때)
① 마우스를 클릭하면 화면 밖으로 이동한다.

(빈모양 오브젝트)
(시작하기 버튼을 클릭했을 때)
① 마우스를 클릭하면 마우스 포인트 위치로 이동하여 복제본을 생성한다.
(복제본이 처음 생성되었을 때)
① 붓의 투명도 50%로 정한다.
② 붓의 색을 무작위로 정한다.
③ 모양을 나타나게 한 다음 그리기 시작한다.
④ 0 ~ 60사이 수만큼 반복한다.
(ㄱ) 이동방향으로 move 값만큼 움직인다.
(ㄴ) 89도 방향을 회전한다.
(ㄷ) move 값을 1만큼 증가시킨다.
⑤ 3초 후에 복제본을 삭제한다.
(끝)

「펜아트」를 엔트리 프로그램으로 작성하기 위한 과정은 다음과 같다.

① 먼저 'ch7_2_3_펜아트.ent' 프로그램을 불러온다. 프로그램에서 필요한 오브젝트들은 다음과 같다.

- 글상자 : 지시문을 화면에 표시한다.
- 빈모양 : 빈 오브젝트를 이용해 화면에 그림이 나타나도록 한다.

② 프로그램에서 필요한 변수를 추가한다. [속성] 범주에서 변수를 선택하고 '변수 추가하기'를 클릭하여 'move' 변수를 추가한다. 변수는 화면에 보이지 않도록 비활성화한다.

move	그려질 한 변의 길이 변수이다. 0에서부터 1씩 증가한다.

1) '글상자' 오브젝트

① 글상자 오브젝트를 선택한 후 [시작] 범주 안에 있는 '마우스를 클릭했을 때' 블록을 블록 조립소 영역에 가져다 놓는다.

② 10초동안 (0, -500) 화면 아래쪽으로 이동 한다.

2) '빈모양' 오브젝트

- 시작하기 버튼을 클릭했을 때

① 오브젝트를 선택한 후 [시작] 범주 안에 있는 '시작하기 버튼을 클릭했을 때' 블록을 블록 조립소 영역에 가져다 놓는다.

② 다음을 계속 반복한다.

(ㄱ) 만일 마우스를 클릭했다면

ⓐ 마우스 포인터 위치로 이동한다

ⓑ 복제본을 만든다

(ㄴ) 0.1초 기다린다.

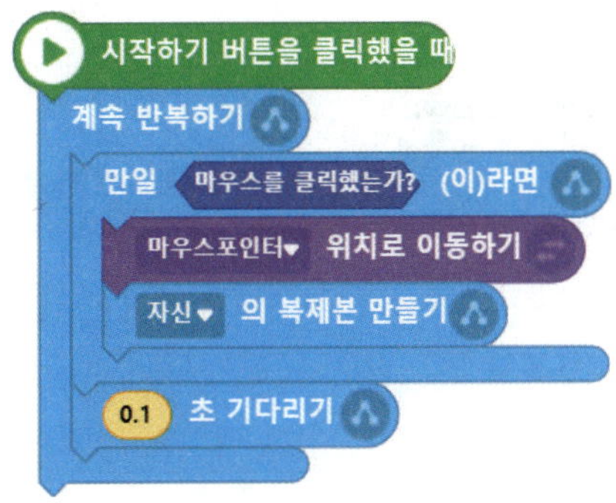

- 복제본이 처음 생성되었을 때

① 오브젝트를 선택한 후 [시작] 범주 안에 있는 '복제본이 처음 생성되었을 때' 블록을 블록 조립소 영역에 가져다 놓는다.

② 붓의 투명도를 50%로 정한다.

③ 붓의 색을 무작위로 정한다.

④ 그리기 시작한다.

⑤ 모양보이기

⑥ 크기를 1로 정한다.

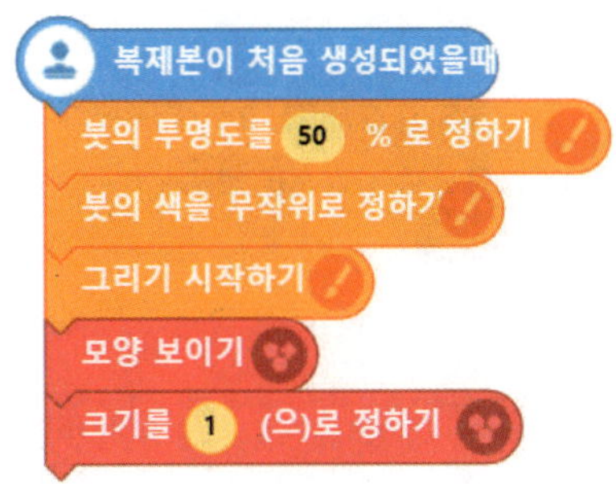

⑦ 'move' 변수를 0 으로 정한다.

⑧ 30 ~60 사이의 무작위수로 반복한다.

(ㄱ) 이동방향으로 'move' 변수 만큼 움직인다.

(ㄴ) 방향을 89만큼 회전한다.

(ㄷ) 'move' 변수를 1만큼 더한다.

⑨ 3초(화면에 그림이 남아있는 시간)를 기다린다.
⑩ 그리기를 멈춘다.
⑪ 복제본을 삭제한다.

최종적으로 완성한 「펜아트」 프로그램은 다음과 같다. 만일 프로그램이 제대로 동작하지 않는다면 무엇이 잘못되었는지 확인해보자.

- '글상자' 오브젝트

- '빈모양' 오브젝트

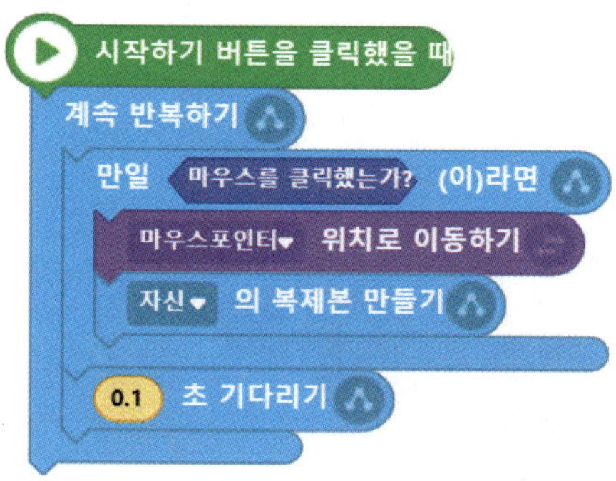

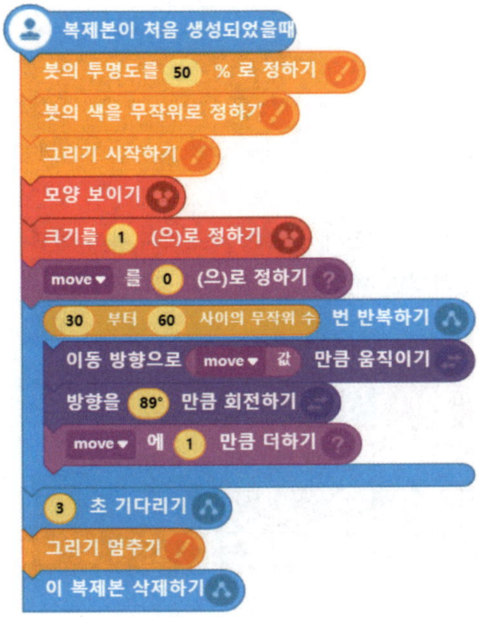
복제본이 처음 생성되었을때
붓의 투명도를 50 % 로 정하기
붓의 색을 무작위로 정하기
그리기 시작하기
모양 보이기
크기를 1 (으)로 정하기
move 를 0 (으)로 정하기
30 부터 60 사이의 무작위 수 번 반복하기
이동 방향으로 move 값 만큼 움직이기
방향을 89° 만큼 회전하기
move 에 1 만큼 더하기
3 초 기다리기
그리기 멈추기
이 복제본 삭제하기

연습문제

● 문제 1

쥐와 치즈 오브젝트를 추가한 다음 방향키로 쥐를 이동한다. 치즈에 닿으면 치즈의 모양이 바뀌도록 프로그램을 작성해 보자. 치즈의 모양이 바뀌도록 하려면 신호를 이용하여야 한다.

● 문제 2

마우스를 누른 상태에서 마우스가 움직이는 대로 그림을 그리고 마우스를 누르지 않은 상태에서는 그림을 그리지 않는 그림판 프로그램을 작성해 보자. '다시하기' 버튼을 클릭하면 그림을 모두 지우도록 하자.

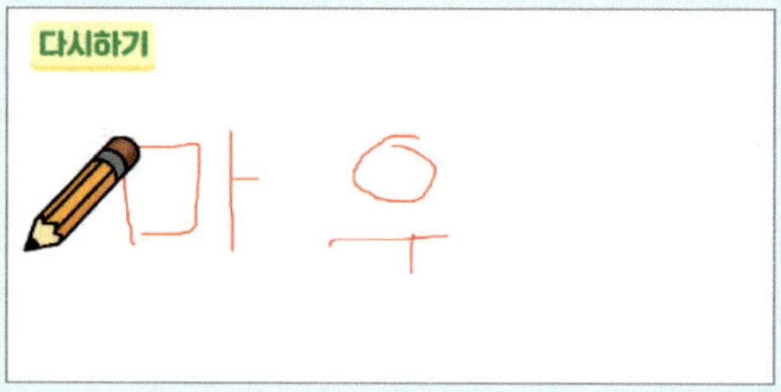

● 문제 3

START 버튼을 누르면 난수를 이용하여 1~6 사이의 임의의 숫자를 생성한 다음 그에 해당하는 주사위의 모양이 나타나도록 프로그램을 작성해 보자.

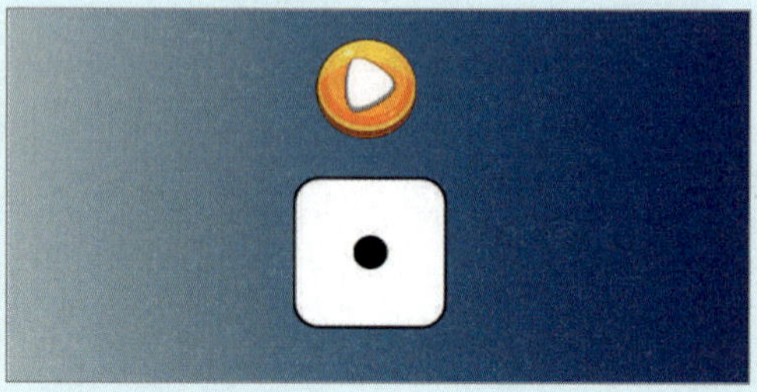

제8장
인공지능으로 말하는 컴퓨터

8.1. 컴퓨터 사용자 인터페이스의 과거와 현재

자동차를 운전하기 위해서는 핸들, 엑셀레이터, 브레이크, 기어레버, 계기판 등의 조작 장치가 필요하다. 마찬가지로 컴퓨터를 사용하기 위해서도 컴퓨터를 조작하고 출력 결과를 확인할 수 있는 장치가 필요하다. 입력장치는 주로 사람이 사용하는 숫자, 문자, 음성, 동영상 등의 정보를 컴퓨터가 이해할 수 있는 형태로 변환시켜 주는 장치이고, 출력장치는 컴퓨터가 처리한 결과를 받아서 사용자가 볼 수 있는 형태의 정보로 변환시켜 주는 장치를 뜻한다. 즉 사용자는 입력 장치를 이용하여 컴퓨터에 정보를 전달하고, 컴퓨터는 출력 장치를 이용하여 사용자에게 정보를 전달한다. 컴퓨터 사용자 인터페이스는 이러한 입력장치와 출력장치를 이용하여 프로그램이 사용자에게 보여주는 그림, 문자, 소리 정보와 프로그램을 조작하기 위한 키보드 입력이나 마우스 움직임 등을 말한다. 이 장에서는 컴퓨터를 편리하게 사용할 수 있도록 지원하는 컴퓨터 입출력 장치와 사용자 인터페이스에 대해서 알아본다.

8.1.1. 컴퓨터와 대화를 위한 주변장치

컴퓨터에 자료를 입력하기 위해 가장 기본적으로 사용하는 입력 장치는 키보드이다. 키보드 없는 컴퓨터란 상상하기 힘들지만 1970년대 초까지만 해도 키보드는 그렇게 흔한 입력장치가 아니었다. 그렇다면 키보드는 언제부터 사용하게 되었을까? 키보드가 없던 시기에는 어떻게 자료를 입력하였을까? 최초의 전자식 컴퓨터라 알려진 '에니악'은 아래의 그림과 같이 현재의 컴퓨터와 아주 다른 형태를 가지고 있었으며, 지금과는 비교하기 어려울 정도로 큰 장치였다. 1만 8000여 개의 진공관으로 구성되고 높이 5.5m, 길이 24.5m, 무게만 해도 30톤이나 되는 거대한 계산기였다. 초기의 컴퓨터들은 입출력 방식도 지금과는 매우 달라서 현재 사용되고 있는 OMR 카드와 비슷하게 생긴 천공카드라는 입력장치를 사용하였다. 천공카드는 종이카드의 정해진 위치에 구멍을 뚫어 구멍의 유무에 따라 디지털 정보를 전달하고, 그에 대한 결과 값을 받는 입출력 장치였다. 초기 컴퓨터는 화면도 존재하지 않아서 컴퓨터 안에서 일어나고 있는 일을 눈으로 확인할 수 없었다. 단지 전구가 켜지고 꺼지는 것만 표시되어서 기계의 상태를 감시(모니터)할 수 있었고, 이것이 모니터로 알려지게 되었다.

최초의 컴퓨터 - 에니악(ENIAC)

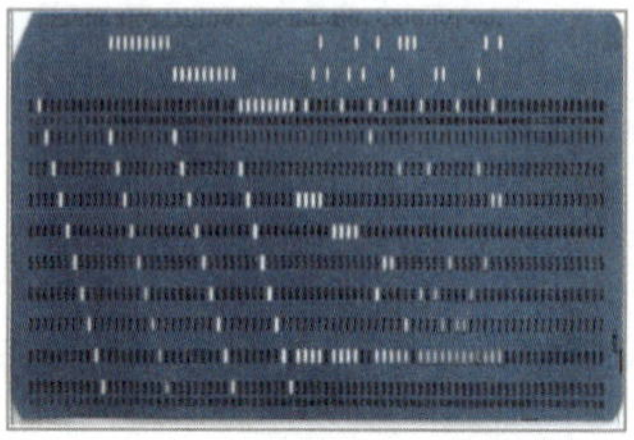

천공카드

모니터

1964년이 되어서야 미국의 벨연구소에서 최초로 모니터를 통해 컴퓨터의 정보를 표시하기 시작했고, 이때부터 컴퓨터의 사용자 인터페이스인 입·출력 장치의 중요성이 강조되었다. 1970년대에 개발된 '타자기' 모양을 한 키보드의 출현은 간단해 보이지만 컴퓨터 입·출력 인터페이스에 있어서 하나의 혁명적인 사건이었다. 키보드는 컴퓨터에 자료를 직접 입력하고 그 결과를 모니터를 통해 즉시 볼 수 있었기 때문에 컴퓨터를 이용한 작업 시간을 크게 단축시킬 수 있었다.1980년대에 IBM의 개인용 컴퓨터인 '모델 M'은 현재 사용하고 있는 101개 키를 가진 키보드를 개발하여 사용하였다. 이 키보드는 화살표 키, 기능(function) 키, 조합키(Ctrl, Alt 등) 등 컴퓨터 사용의 편리성을 위한 별도의 키들이 추가되었다.

요즘은 게임 전용 키보드나 인체 공학적인 키보드, 좌우로 분리되는 키보드, 마우스와 일체화 된 마우스 일체형 키보드 등 다양한 형태의 키보드가 등장하고 있다. 스마트폰과 태블릿 같이 물리적인 키보드를 가지지 않고 터치스크린 방식으로 작동하는 기기들도 있으며, 음성 인식 기술을 이용하여 손을 사용하지 않는 기기들도 개발되고 있다.

인체공학 키보드

좌·우 분리형 키보드

키보드 외에 컴퓨터의 또 다른 중요한 입력 장치로는 마우스가 있다. 마우스는 포인터를 이동시켜 컴퓨터 화면 위의 어떤 위치를 선택하거나, 영역을 지정함으로써 컴퓨터에게 특정 명령을 내릴 수 있다. 1968년에 더글러스 엥겔바트가 세계 최초로 만든 마우스의 원래 명칭은 X-Y 위치 조절장치였지만 쥐를 닮았다고 해서 마우스라는 별칭을 얻어 현재까지 마우스라는 장치명으로 사용되고 있다. 마우스는 1984년 미국 애플사가 매킨토시의 표준 입력장치로 사용하면서 널리 보급되기 시작하였으며, MS Windows와 같은 GUI(Graphic User Interface) 환경 운영체제를 지원하는 컴퓨터의 보급이 일반화되면서 마우스는 컴퓨터 사용에 없으면 안 될 필수 입력 장치가 되었다.

마우스 발명가로 유명한 엥겔바트는 인간과 컴퓨터 간에 효율적인 상호작용을 위해 하이퍼텍스트 시스템도 제안하였다. 액정 화면을 처음으로 채택했던 이 상호작용 시스템은 벡터 그래픽, 클릭 가능한 하이퍼텍스트 링크, 윈도즈 개념을 사용했으며 1968년 시연 당시 큰 반향을 불러일으켰다. 오늘날 우리에게 친숙한 폴더, 메뉴, 중복 창은 PARC(Palo Alto Research Center)의 알란 케이가 엥겔바트의 기본 아이디어를 더욱 발전시켜 컴퓨터 사용자 인터페이스를 그래픽으로 표현한 것이다.

최초의마우스

오늘날 일반적인 무선 마우스

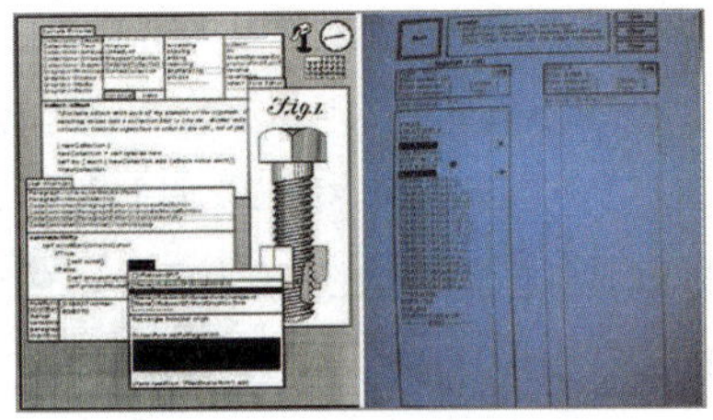

제록스 아토의 인터페이스 화면

전통적으로 출력을 담당하는 모니터를 대체할 출력장치로 HMD(Head Mounted Display)나 구글 글라스 등이 관심을 받고 있다. HMD는 머리에 쓰는 디스플레이 장비로써 사람의 눈 바로 앞에 화면을 띄우고 주변의 시야를 차단함으로써 화면 시청에 몰입감을 높일 수 있다. 특히 최근 개발되는 HMD는 각종 센서를 통해 사용자 시선의 움직임을 포착하여 반응하는 기술을 탑재함으로써 3D 디스플레이나 가상현실 등의 응용에 매우 유용하게 사용된다. 반면에 구글 글라스는 주변 시야를 차단하지 않은 상태에서 사용자가 출력된 정보를 볼 수 있게 해 주는 출력 장치로써 착용하고 다니는 웨어러블 컴퓨팅 기술에서 유용한 출력장치로 주목을 받고 있다. 그러나 이들 모두 소형화된 모니터 기술을 활용하는 출력장치이다.

HMD 사용의 예

구글글라스 사용의 예

1960년대 모니터의 등장과 그래픽의 등장으로 핀볼과 같이 이미지를 통해 기계와 상호 작용하는 그래픽 컴퓨터 게임이 등장했다. 이러한 그래픽 컴퓨터 게임은 1980년대 초에 가정용 PC가 보급되면서 하나의 대중문화로 자리 잡기 시작하고 급속하게 발전하였다. 1980년대를 대표하는 그래픽 컴퓨터 게임인 테트리스는 1984년 구소련의 알렉세이 파지노프가 개발한 게임으로 수많은 아류작이 생겨났으며 기네스북에 가장 많이 이식된 게임, 가장 많은 아류작이 발매된 게임으로 등재되어 있다. 컴퓨터에 그래픽 사용자 인터페이스가 일반화됨에 따라 게임 산업의 초석을 다진 다양한 컴퓨터 그래픽 게임이 개발되어 보급되었다. 1990년대에는 컴퓨터의 성능이 좋아지고 인터넷이 대중화되면서 온라인 멀티플레이어 게임이 개발되어 빠른 속도로 보급되었다. 최근에는 스마트폰이 일반화 되면서 스마트폰과 컴퓨터에서 동시에 즐길 수 있는 모바일 게임의 인기도 높아지고 있다. 오늘날 컴퓨터 게임은 영화, 텔레비전, 음반과 같은 멀티미디어 문화의 한 장르로 경쟁하고 있으며, e-스포츠라는 새로운 문화영역을 개척하고 있다. 이와 같이 컴퓨터 게임이 대중문화로 자리잡고 발전하게 된 이유에는 모니터, 스피커, 마이크, 웹캠과 같은 다양한 입출력 장치를 이용한 사용자 인터페이스의 발전이 있었기 때문이다.

오늘날에는 프로그램 기능의 개발과 동시에 사용자가 프로그램을 편리하게 사용할 수 있는 인터페이스를 개발하는 것이 프로그램의 성공 여부를 결정한다. 좋은 인터페이스는 프로그램의 가치를 높이는 중요한 요소로 인정받고 있다. 예를 들어 지난 몇 년 동안 삼성과 애플의 특허권분쟁을 보더라도 인터페이스의 중요성이 점점 커지고 있음을 알 수 있다. 두 회사 간에는 기술 중심의 소송뿐만 아니라 밀어서 잠금 해제하기, 바운드백과 같은 사용자 인터페이스에 대한 특허도 중요한 소송이 되고 있다.

좋은 사용자 인터페이스를 가진 프로그램은 사용자가 별도로 사용 매뉴얼을 학습하지 않아도 쉽고 편리하게 프로그램이나 기기를 사용할 수 있게 한다. 그러므로 소비자들은 특별한 기능의 차이가 아니면 잘 디자인된 사용자 인터페이스를 가진 프로그램이나 이들 프로그램을 탑재한 기기를 선택한다. 그러므로 프로그램을 개발할 경우, 기능뿐만 아니라 사용자와의 대화 도구인 사용자 인터페이스 개발에도 관심을 가져야 한다.

사람은 시각, 청각, 촉각, 후각, 미각의 오감을 통해 정보를 획득한다. 따라서 가장 사람에게 친근한 사용자 인터페이스는 이들 오감을 통해 정보를 제공할 수 있는 사용자 인터페이스가 될 것이다. 또한 사람은 음성이나 손짓, 표정 등으로 자신의 의사를 표현한다. 그러므로 대부분의 컴퓨터나 스마트폰은 카메라나 마이크를 통해 사용자가 표시하는 의사를 인식하는 사용자 인터페이스를 탑재하고 있다.

혼자서 해보기

다양한 입출력 기술이 개발되고 있는 상황에서 앞으로 어떤 기술이 개발될 가능성이 있는지 생각해보고 어떻게 활용하면 좋을지 기술해보자.

8.1.2. 컴퓨터와의 대화가 필요한 상황

다양한 정보통신 기술이 발전함에 따라 컴퓨터는 사람을 대신해 단순한 작업을 반복하는 기기에서 벗어나 사용자와 일상생활을 함께하는 동반자의 역할을 수행하도록 진화하였다. 과거에는 컴퓨터 시스템을 탑재한 로봇이 주로 생산 공장에서 인간을 대신해 조립, 용접 등의 정해진 단순 노동을 수행해 왔다. 반면 오늘날에는 사람들이 즐거워하는 오락게임을 제공하기도 하고, 턱시도를 입고 나비넥타이를 멘 호텔리어로서 호텔 로비에서 손님을 맞이하고 손님의 일정이나 예산에 맞는 최적의 방과 맛있는 레스토랑 등을 안내하기도 한다. 이를 위해서는 로봇에 탑재된 컴퓨터 프로그램이나 오락프로그램은 사용자들과 원활하게 소통할 수 있는 기능을 가져야 한다. 오늘날의 이러한 시스템은 사람이 친숙하게 느끼도록 사람의 오감을 통해 대화할 수 있는 사용자 인터페이스를 탑재하고 있다.

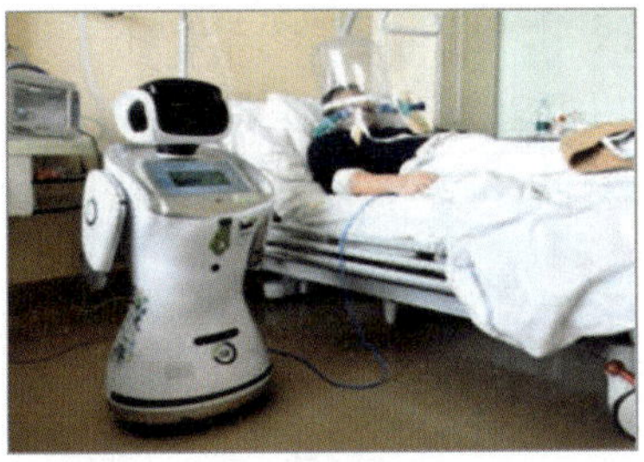

로봇 간호사

아마존 AI 스피커 - 에코

특히 사람의 오감 중에서 청각은 다른 감각과 함께 정보를 받아 들여서 보다 효율적으로 정보를 인식하도록 한다. 영화를 보는데 배경음악도 안 나오고, 문을 열거나 닫을 때 나는 소리와 같은 효과음이 없다면 영화를 보는 느낌이 어떨까 생각해 보자. 게임을 할 때 스피커를 켜고 게임을 하는 경우와 음소거를 한 상태에서 게임을 하는 경우 어느 쪽이 더 스릴이 있는지 생각해 보자. TV의 예능 프로그램을 보더라도 출연자들의 대화나 행동 외에도 다양한 효과음과 자막이 있는 것을 볼 수 있다. 이와 같은 효과음과 자막은 보다 평범한 상황도 흥미롭게 만들어 주는 장치가 된다. 마찬가지로 컴퓨터 프로그램의 화려한 배경과 음향 등은 사용자와의 대화를 원활하게 해주는 장치이다.

또한 음성은 문자보다 직관적으로 인지하기 쉽고, 문자를 인지하기 어려운 사람들에게는 접근성이 뛰어난 매개체이다. 그러나 인터넷 정보의 대부분이 문자로 제공되고 있다. 문자정보를 음성으로 변환하여 들려준다면 보다 많은 사람들이 정보를 인지하기 쉽게 될 것이다. 장애인, 노인, 외국인등 정보소외계층을 위해 다수 국가의 공공기관 웹사이트 및 의료, 복지 분야와 일반 기업 웹사이트에도 음성서비스가 제공되고 있다.

포털기사 음성변환 서비스(네이버)

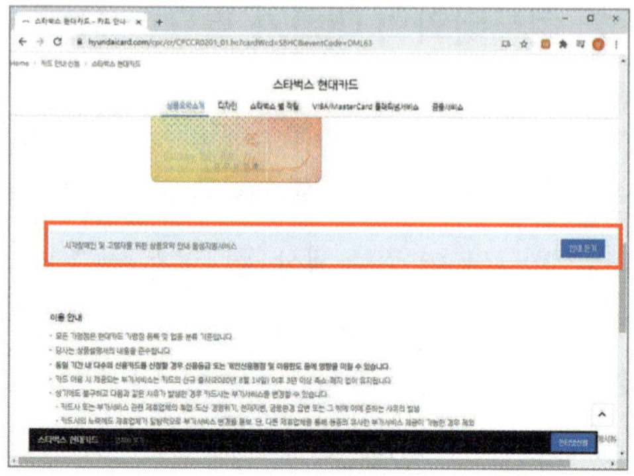

상품요약 안내 음성지원 서비스(카드사)

앞 절에서 작성한 「지하철 요금 안내기」 프로그램에서는 "연령과 구간 구분 단추를 선택해 주세요."와 같이 문자를 이용하여 사용자에게 원하는 정보를 제공한다. 말풍선으로 지시를 하는 것도 시각적인 효과를 줄 수 있지만, 음성으로 지원한다면 보다 사용자의 주의를 집중시킬 수 있을 것이다. 이때 필요한 기능이 음성합성(speech synthesis) 기술이다. 음성합성은 사람이 녹음한 목소리나 말소리를 이용해 기계가 말소리의 음파를 조작해서 인위적으로 사람의 소리를 합성하는 기술을 의미한다. 텍스트를 음성으로 변환한다는 의미로 텍스트 음성 변환 (text-to-speech, 줄여서 TTS) 기술라고 부르기도 한다. 사람이 직접 말을 녹음한다면 대사가 바뀔 때마다 혹은 틀렸을 경우 그 부분을 다시 녹음해야 한다. 그러나 음성 합성 기술만 있으면 대사를 작성하고 인공지능이 특정인과 비슷한 소리로 텍스트를 읽어내기 때문에 다시 녹음할 필요가 없다.

음성합성 기술은 다양한 활용 분야와 잠재력을 가지고 있다. 뉴스, 음악과 같은 서비스는 사람의 목소리와 유사한 음성합성기술이 필수적이다. 좋아하는 연예인의 목소리로 생일 축하 노래를 불러주는 개인 맞춤형 서비스도 제공할 수 있고, 1950년대에 녹음된 6분 정도의 백범 김구 선생님의 육성 자료를 이용하여 백범 김구 선생님의 전체 연설문 육성을 복원할 수도 있다. 시각 장애인들을 위한 오디오 콘텐츠, 아이들을 위한 교육콘텐츠 등 사회적 약자를 대상으로 한 사업에도 사용될 수 있다. 그러나 음성합성 기술의 이면에는 목소리의 진위구별이 어렵기 때문에 정치적 선전 목적으로 악용되거나 사생활 침해가 발생할 수 있으므로 신뢰할 수 있는 매체를 판별하는 사람들의 안목이 매우 중요해 지고 있다. 그럼 실제로 음성합성이 어떻게 이루어지고 있는지 알아보자.

음성합성 기능은 먼저 사용자가 입력한 텍스트를 분해한 후, 단어로 나누고 다시 음소로 나눈다. 그리고 이렇게 나누어진 요소에 발음기호를 할당해서 기호화된 언어표현을 만들어 낸다. 다음 보다 자연스런 음성이 나오도록 운율 등의 음성을 조정하여 실제 음성 데이터로 출력한다. 다시 말해서 문자가 입력되면 먼저 문자열 처리 과정이 진행된다. 입력된 문자열은 철자 변환, 형태소 분석, 구문 분석 등 다양한 방법으로 분석되고, 이후 문자와 매칭되는 발음기호를 찾고, 그 다음은 언어 특성에 따라 음절 운율을 찾아서 음성 조각을 생성하는 과정이 진행된다. 마지막으로 이 음성 조각이 순서대로 합성된 뒤에 출력된다.

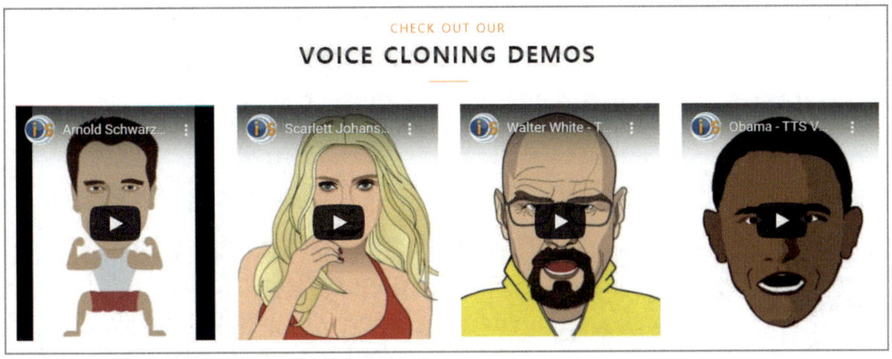

음성 복제 https://www.ispeech.org/voice-cloning

문자열에 대한 분석과 음절 운율을 고려한 분석 등의 이러한 복잡한 과정에 인공지능이 활용되고 있다. 그런데 이런 과정은 인공지능 전문가가 아닌 일반 프로그래머가 구현하기는 매우 어려운 작업이며 많은 시간이 소요된다. 따라서 초보자나 일반 프로그래머들은 인공지능을 활용한 프로그램이 어렵게 느껴질 수도 있다. 그러나 이것은 괜한 걱정이다. 앞 절에서 언급한 API를 이용한다면 이미 만들어진 인공지능 소프트웨어를 활용하여 프로그래밍 할 수 있다. 그러므로 대부분의 경우 인공지능 프로그램을 만든다는 것은 IT기업들이 제공하는 인공지능 플랫폼에서 인공지능 기술을 이용하여 자신의 제품이나 서비스를 개발하는 것이다. 즉, 카카오나 네이버에서 제공하는 오픈 API나 SDK를 사용하면 간단하게 메신저와 연계된 인공지능 챗봇 등의 프로그램을 제작할 수 있다. 본 장에서는 엔트리의 TTS 서비스를 이용하여 다양한 대화형 프로그램을 작성해 볼 것이다.

8.1.3. 인공지능 기능을 이용한 대화도구

본 절에서는 엔트리에서 제공하는 다양한 인공지능 블록 중 "읽어주기"를 이용하여 대화형 프로그램을 작성해 본다.

먼저 [인공지능] 탭을 열고, [AI 블록 불러오기]버튼을 클릭해서 '읽어주기' 블록을 불러오자. 엔트리의 읽어주기 블록은 네이버의 음성합성기술 nVoice를 사용하고 있다. AI 활용 블록은 인터넷이 연결되어 있어야 정상적으로 동작한다. '읽어주기'와 관련된 블록은 다음과 같다.

[인공지능] 범주 블록	설명
엔트리 읽어주기	입력된 문자값을 설정된 목소리로 읽는다. 입력은 2500자까지 가능하다. 인터넷에 연결되어 있지 않거나 인터넷환경이 불안할 경우, 해당 블록은 실행이 되지 않고 다음 블록으로 넘어갈 수 있다.
엔트리 읽어주고 기다리기	입력한 문자값을 읽어준 후 다음 블록을 실행한다.
여성▾ 목소리를 보통▾ 속도 보통▾ 음높이로 설정하기	목소리, 속도, 음높이를 다양하게 설정한다.

자율주행 자동차는 신호등이 변하는 것을 인지해서 자동으로 차를 멈추거나 주행한다. 3.1.2절의 「횡단보도 지나가기」 프로그램을 불러온 다음, 신호등을 인지해서 운전자에게 음성으로 알려주는 프로그램을 작성해 보자.

● 실행 화면 미리 보기

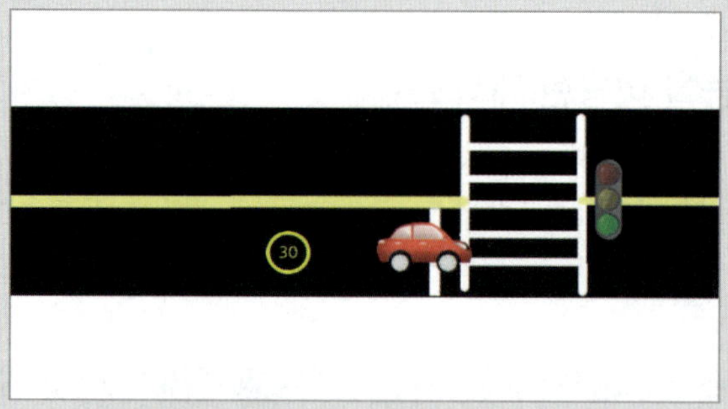

기존에 작성했던 프로그램에 빨간불인 경우 "기다리세요" 라고 음성안내를 할 수 있도록 하고, 어린이 보호구역표시인 '시속30' 오브젝트를 추가하여 사용자에게 "보호구역입니다"라고 음성안내 하도록 한다.

「대화형 주행 시스템」의 문제해결 절차를 간략하게 개조식으로 서술하면 다음과 같다.

(신호등)
(시작하기 버튼을 클릭했을 때)
① 신호등 색을 빨간색으로 한다.
② 4초가 지난 후 신호등을 초록색으로 변경한다. 4초 후에 다시 노란색, 1초 후에 빨간색으로 신호등을 변경한다. 이 작업을 무한 반복한다.

(자동차)
(시작하기 버튼을 클릭했을 때
① 자동차 오브젝트를 도로 위 출발 위치에 놓는다.
② 다음을 무한 반복한다.
(ㄱ) 만일 정지선에 도착해서 신호등의 색이 빨간색이거나 노란색이면 "빨간불입니다. 기다려주세요"를 음성 안내한다. 초록색이 될 때까지 기다린다.
(ㄴ) 벽에 닿았다면 자동차를 처음 출발 위치로 이동한다.
(ㄷ) 보호구역에 닿았다면 "어린이보호구역입니다"라고 음성안내한다.
(ㄹ) 앞으로 이동한다.
(끝)

1) 프로그램 불러오기

① 메뉴 [파일]-[오프라인작품 불러오기]를 눌러 제공된 'ch3_1_2_횡단보도 지나가기.ent' 프로그램을 불러온다.

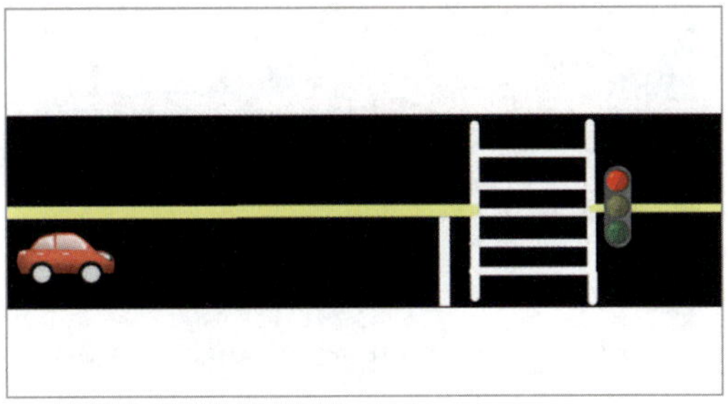

② [인공지능]탭을 클릭한다.
[AI블록 불러오기]에서 '읽어주기' 블록을 추가한다.

③ 오브젝트 추가하기(+)를 클릭한다. '파일올리기'를 클릭하여 미리 작성된 '보호구역.eo' 오브젝트 파일을 추가한다.
오브젝트의 속성에서 위치를 x:-50, y:-34로 설정한다.

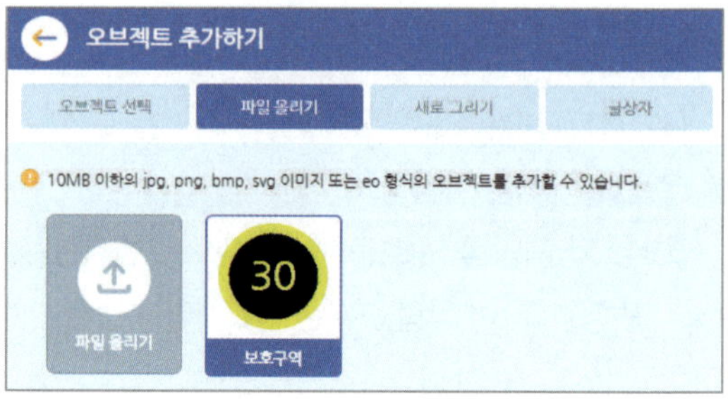

2) '자동차' 오브젝트

① '자동자' 오브젝트를 선택한 다음 '시작하기 버튼을 클릭했을 때' 블록 아래에 '맨 앞으로 보내기'를 추가한다.

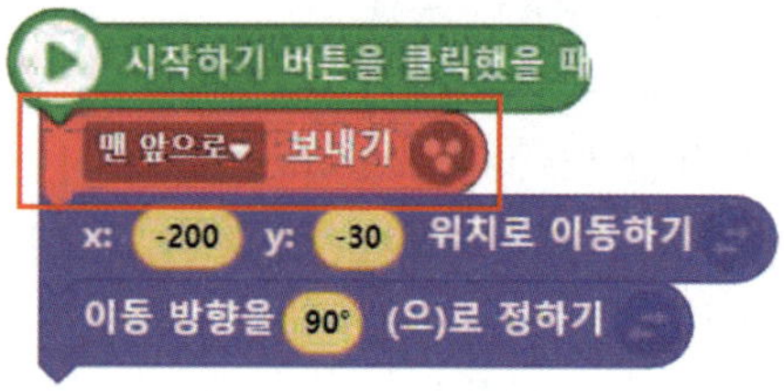

② '만일 신호등 모양이름이 빨강색 또는 신호등 모양이름이 노랑이라면' 블록 아래에 [인공지능] 범주의  블록을 추가한 후 "빨간불입니다. 기다리세요"를 입력한다.

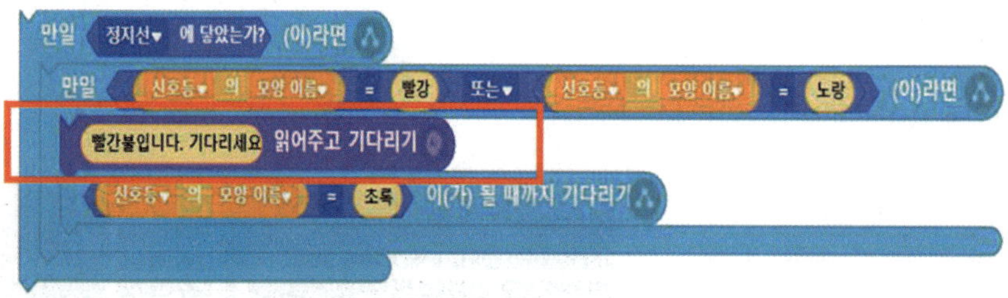

③ '만일 보호구역에 닿았다면' 블록 아래에 [인공지능] 범주의  블록을 추가한 후 "어린이보호구역입니다" 라고 입력한다.

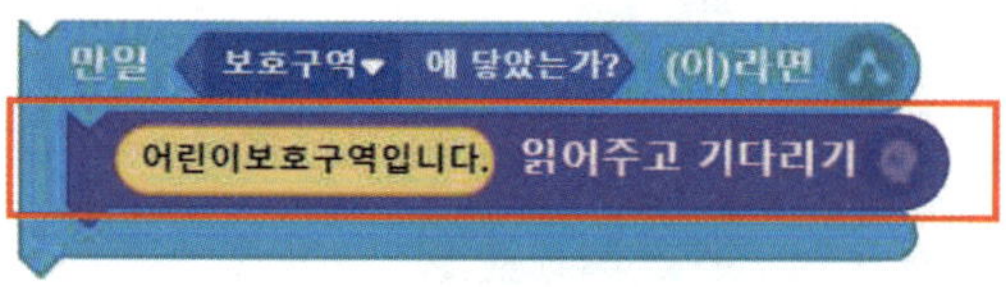

최종적으로 완성한 엔트리 프로그램의 완성된 전체 블록은 다음과 같다. 만일 프로그램이 정확하게 동작하지 않거나 음성이 나오지 않는다면 무엇이 잘못되었는지 확인해보자.

• '자동차' 오브젝트

8.2. 대화형 컴퓨터 프로그래밍

바벨탑 이야기는 인간이 다양한 언어를 갖게 된 이유에 관한 신화이다. 인간의 욕망은 하늘에 도달할 정도의 탑을 건설하게 되고, 신은 언어로써 인간을 벌하게 된다. 언어학자들은 전 세계 언어가 5000 ~ 7000개 정도가 되는 것으로 추정한다. 1950년대 냉전시대 사람들은 러시아어와 영어의 법칙을 적용하면 컴퓨터가 러시아를 영어로 술술 번역해 줄 거라고 생각했다. 하지만 언어란 복잡해서 규칙을 많이 적용할수록 결과는 이상해졌다.

이제는 구글과 네이버가 인공지능 기반 번역 서비스를 제공하면서 번역에 많은 변화가 일어났다.

사람이 시행착오를 겪으면서 언어를 배우듯이 인공지능으로 하여금 스스로 학습하도록 한 결과 이제는 매우 자연스럽게 번역하게 된 것이다.

엔트리는 [인공지능] 범주에서 번역기능을 제공하고 있다.

[인공지능] 범주 블록	설명
한국어▾ 엔트리 을(를) 영어▾ 로 번역하기	입력한 문자값을 선택한 언어로 번역한다. 3000자까지 가능하다.
엔트리 의 언어	입력된 문자값의 언어를 감지한다.

이번 절에서는 엔트리에서 제공하는 [AI 블록] 중 '번역'과 '읽어주기' 기능을 활용한 다양한 프로그램을 작성해보자.

8.2.1. 번역 프로그램 만들기

외국인과 채팅을 할 때 내가 작성한 글이 자동으로 영어로 보내지거나 상대방이 영어로 작성한 글을 내가 바로 한글로 볼 수 있다면 어떨까? 문장을 입력하면 외국어로 번역해주는 프로그램을 작성해 보자.

● 실행 화면 미리 보기

간략하게 개조식으로 서술하면 다음과 같다.

(엔트리봇 오브젝트)
(시작하기 버튼을 클릭했을 때)
① 묻고 대답하기를 통해 문장을 입력받는다.
② 문장을 선택되어진 언어에 따라 영어 또는 불어로 번역해서 리스트에 추가한다.
③ 번역된 문장을 말한다.

(영어/불어 버튼 오브젝트)
(시작하기 버튼을 클릭했을 때)
① 기본 모양선택은 영어 모양으로 한다.
(오브젝트를 클릭했을 때)
① 버튼을 클릭하면 번역할 언어의 종류를 정한다.
② 클릭한 버튼의 모양을 활성화모양으로 변경하고 다른 버튼은 버튼초기화 신호를 통해 비활성화 버튼으로 변경한다.
(버튼초기화 신호를 받았을 때)
① 선택된 언어가 아니면 비활성 모양으로 변경한다.
(끝)

「번역기 만들기」를 엔트리 프로그램으로 작성하기 위한 과정은 다음과 같다.

① 먼저 'ch8_2_1_번역기만들기.ent' 프로그램을 불러온다. 프로그램에서 필요한 오브젝트들은 다음과 같다.

- 영어버튼 : 번역할 언어의 종류를 영어로 정한다. 초기값은 영어이다. 영어활성화/비활성화 두 가지 모양으로 언어의 선택된 상태를 나타낸다.
- 불어버튼 : 번역할 언어의 종류를 불어로 정한다. 영어활성화/비활성화 두 가지 모양으로 언어의 선택된 상태를 나타낸다.
- 엔트리봇 : 사용자로부터 대답을 받아서 영어 또는 불어로 번역한다. 번역된 글은 리스트에 추가하고 읽어준다.
- 배경 : 프로그램의 배경을 표시한다.

② 프로그램에서 필요한 변수를 추가한다. [속성] 범주에서 '변수'를 선택하고 '변수 추가하기'를 클릭하여 '언어' 와 '번역된글' 변수를 추가한다. 각 변수는 화면에 보이지 않도록 비활성화한다.

언어	번역할 글의 종류를 저장한다.
번역된글	대답에 대해 영어 또는 불어로 번역된 글을 저장한다.

③ 프로그램에서 사용할 신호를 추가한다. [속성] 범주에서 '신호'를 클릭하고 '신호추가하기' 버튼을 눌러 "버튼초기화"를 입력하여 신호를 생성한다. 영어버튼과 불어버튼이 클릭된 경우 클릭된 버튼의 모양을 바꾸어 주고, 다른 버튼의 모양을 바꾸기 위해 사용한다.

④ 번역된 글들을 저장할 리스트를 추가한다. [속성] 범주의 '리스트'를 선택하고 '리스트 추가하기'를 클릭하여 '리스트'를 추가한다. 리스트의 내용이 나타날 수 있도록 활성화한다.

⑤ [인공지능] 범주에서 [AI블록 불러오기]클릭하고 '번역', '읽어주기'를 선택한 다음 추가하기를 눌러 모듈을 추가한다.

1) '영어버튼' 오브젝트

- 시작하기 버튼을 클릭했을 때

① 오브젝트를 선택한 후 [시작] 범주 안에 있는 '시작하기 버튼을 클릭했을 때' 블록을 블록 조립소 영역에 가져다 놓는다.

② '영어활성' 모양으로 바꾼다. 프로그램이 시작할 때 기본 선택을 '영어' 모양으로 한다.

• 오브젝트를 클릭했을 때

① 오브젝트를 선택한 후 [시작] 범주 안에 있는 '오브젝트를 클릭했을 때' 블록을 블록조립소 영역에 가져다 놓는다.

② '언어' 변수를 영어로 정한다.

③ 버튼의 모양을 변경하도록 '버튼초기화' 신호를 보내고 기다린다.

• '버튼초기화' 신호를 받았을 때

① 오브젝트를 선택한 후 [시작] 범주 안에 있는 '버튼초기화 신호를 받았을 때' 블록을 블록조립소 영역에 가져다 놓는다.

② 설정된 '언어' 변수의 값이 불어면 '영어버튼'의 모양을 '영어비활성'으로 바꾼다.

③ 설정된 '언어' 변수의 값이 영어면 '영어버튼'의 모양을 '영어활성'으로 바꾼다.

2) '불어버튼' 오브젝트

• 시작하기 버튼을 클릭했을 때

① 오브젝트를 선택한 후 [시작] 범주 안에 있는 '시작하기 버튼을 클릭했을 때' 블록을 블록조립소 영역에 가져다 놓는다.

② '불어비활성' 모양으로 바꾼다.

• 오브젝트를 클릭했을 때

① 오브젝트를 선택한 후 [시작] 범주 안에 있는 '오브젝드를 클릭했을 때' 블록을 블록조립소 영역에 가져다 놓는다.

② '언어' 변수를 불어로 정한다.

③ 버튼의 모양을 변경하도록 '버튼초기화' 신호를 보내고 기다린다.

- '버튼초기화' 신호를 받았을 때

① 오브젝트를 선택한 후 [시작] 범주 안에 있는 '버튼초기화 신호를 받았을 때' 블록을 블록 조립소 영역에 가져다 놓는다.

② 설정된 '언어' 변수의 값이 영어면 '불어버튼'의 모양을 '불어비활성'으로 바꾼다.

③ 설정된 '언어' 변수의 값이 불어면 '불어버튼'의 모양을 '불어활성'으로 바꾼다.

2) '엔트리봇' 오브젝트

① 오브젝트를 선택한 후 [시작] 범주 안에 있는 '시작하기 버튼을 클릭했을 때' 블록을 블록 조립소 영역에 가져다 놓는다.

② 대답을 숨긴다.

③ '언어' 변수를 영어로 정한다.

④ 다음을 계속 반복한다.

(ㄱ) 번역할 글을 묻고 대답을 기다린다.

(ㄴ) '언어'변수의 값이 '영어'면 대답을 영어로 번역하고, '번역된글' 변수에 저장한다.

(ㄷ) '언어'변수의 값이 '불어'면 대답을 불어로 번역하고, '번역된글' 변수에 저장한다.

(ㄹ) '번역된글' 변수를 리스트에 추가한다.

(ㅁ) 목소리와 속도 음높이를 설정한다.

(ㅂ) '번역된글'을 읽어주고 기다린다.

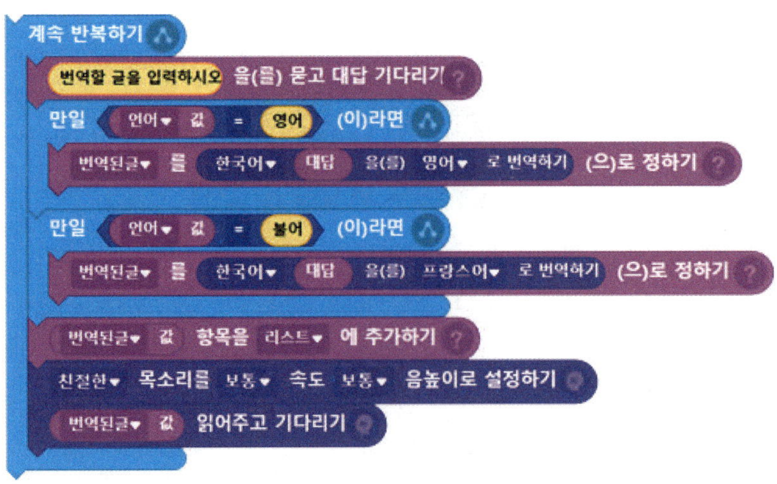

최종적으로 완성한 엔트리 프로그램의 완성된 전체 블록은 다음과 같다. 프로그램을 실행시켜 문장을 입력한 후 정확하게 동작하는지 알아보자. 만일 프로그램이 정확하게 동작하지 않는다면 무엇이 잘못 되었는지 확인해보자.

- '엔트리봇' 오브젝트

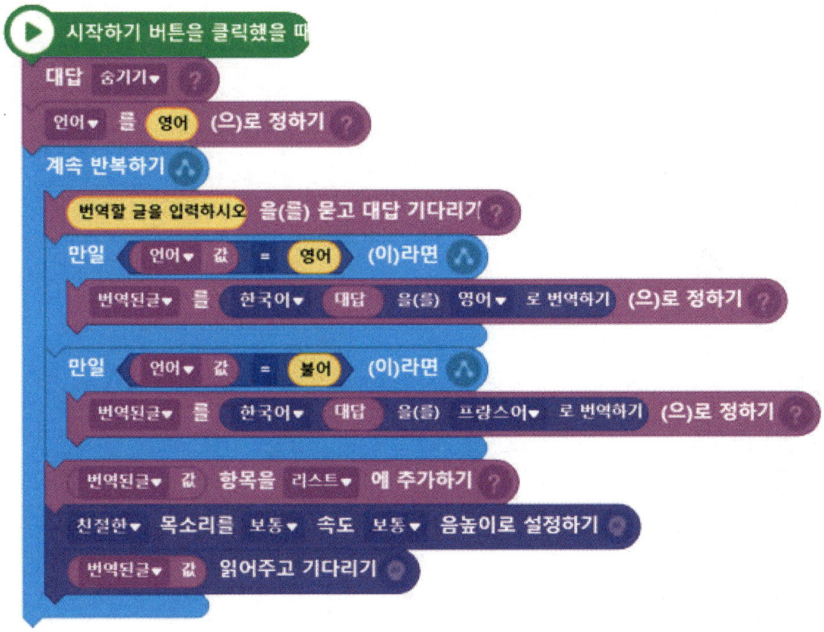

- '영어버튼' 오브젝트

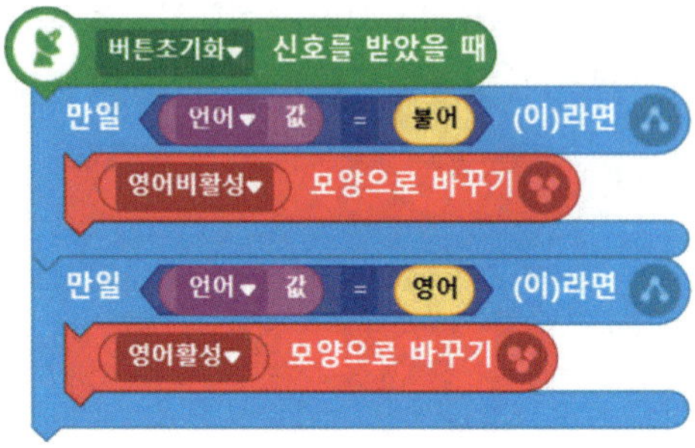
버튼초기화 신호를 받았을 때
만일 언어 값 = 불어 (이)라면
영어비활성 모양으로 바꾸기
만일 언어 값 = 영어 (이)라면
영어활성 모양으로 바꾸기

- '불어버튼' 오브젝트

시작하기 버튼을 클릭했을 때
불어비활성 모양으로 바꾸기

오브젝트를 클릭했을 때
언어 를 불어 (으)로 정하기
버튼초기화 신호 보내기

버튼초기화 신호를 받았을 때
만일 언어 값 = 영어 (이)라면
불어비활성 모양으로 바꾸기
만일 언어 값 = 불어 (이)라면
불어활성 모양으로 바꾸기

8.2.2. 안내문 읽어주는 프로그램 만들기

지하철이나 버스를 타면 안내방송이 나온다. 미리 입력된 글을 음성합성을 통해 읽어주는 방식이다. 이와 같은 다양한 언어로 안내문을 읽어주는 프로그램을 작성해보자.

● **실행 화면 미리 보기**

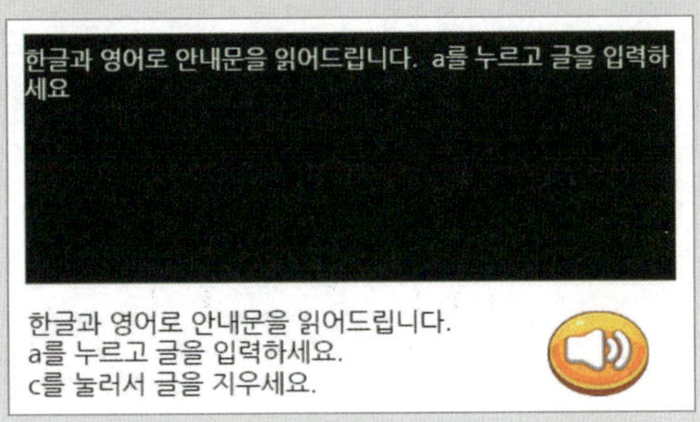

간략하게 개조식으로 서술하면 다음과 같다.

(안내문 오브젝트)
(안내문읽기 신호를 받았을 때)
① 사용자가 입력한 글을 한글과 영어로 읽어준다.
(글쓰기 신호를 받았을 때)
① 대답의 내용을 글상자 뒤에 이어쓴다.
(지우기 신호를 받았을 때)
① 글상자의 텍스트를 모두 지운다.

(대답 오브젝트)
① a를 누르면 묻고 대답하기를 통해 대답을 입력받아 글쓰기 신호를 통해 안내문 글상자에 추가한다.
② c를 누르면 지우기 신호를 보내 안내문 글상자의 글을 모두 지운다.

(읽기버튼 오브젝트)
(오브젝트를 클릭했을 때)
① 안내문읽기 신호를 보낸다.
(끝)

「안내문 읽어주는 프로그램」을 엔트리 프로그램으로 작성하기 위한 과정은 다음과 같다.

① 먼저 'ch8_2_2_안내문읽어주는프로그램.ent' 프로그램을 불러온다. 프로그램에서 필요한 오브젝트들은 다음과 같다.

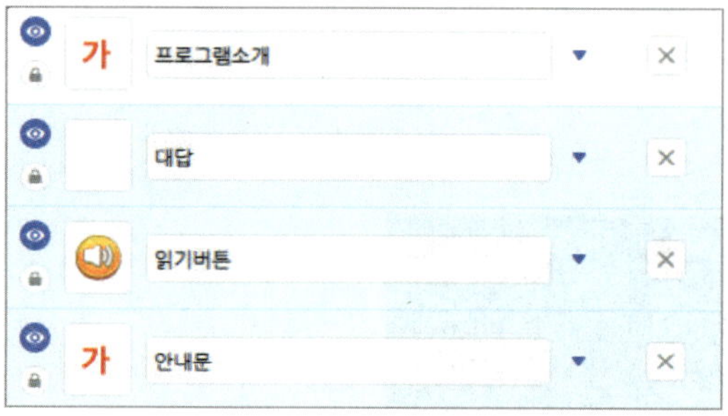

- 프로그램소개 : 프로그램의 개요와 작동법을 알려준다.
- 대답 : 묻고 대답하기를 통해 사용자로부터 입력을 받아 글쓰기 신호를 통해 안내문에게 알려준다. 위치를 (-1000,0) 로 설정하여 사용자에게 보이지 않도록 한다.
- 읽기버튼 : 버튼을 누르면 신호를 보내 안내문 오브젝트가 읽기를 시작한다.
- 안내문 : 신호를 받아 글상자에 글을 추가/삭제 하거나 글을 읽어준다.

② 프로그램에서 사용할 신호를 추가한다. [속성] 범주에서 '신호'를 클릭하고 '신호추가하기' 버튼을 눌러 '지우기', '글쓰기', '안내문읽기'을 입력하여 신호를 생성한다.

③ [인공지능] 범주에서 [AI블록 불러오기]클릭하고 '번역', '읽어주기'를 선택한 다음 추가하기를 눌러 모듈을 추가한다.

1) '대답' 오브젝트

- a키를 눌렀을 때

① 오브젝트를 선택한 후 [시작] 범주 안에 있는 'a 키를 눌렀을 때' 블록을 블록조립소 영역에 가져다 놓는다.

② 묻고 대답 기다리기 블록을 놓는다.

③ '글쓰기' 신호를 보낸다.

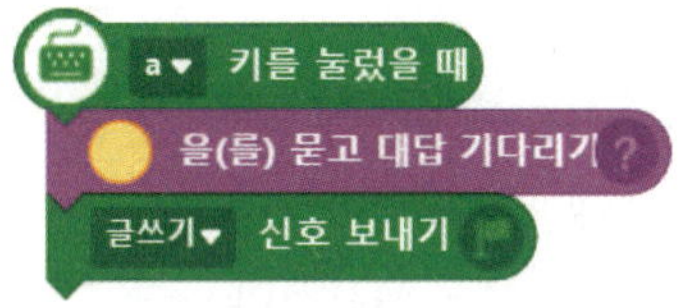

- c키를 눌렀을 때

① 오브젝트를 선택한 후 [시작] 범주 안에 있는 'c 키를 눌렀을 때' 블록을 블록조립소 영역에 가져다 놓는다.

② '지우기' 신호를 보낸다.

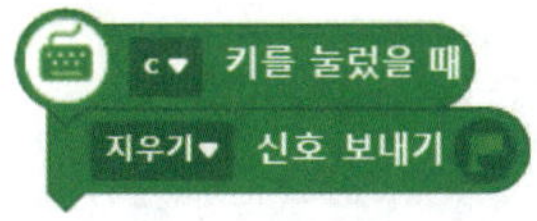

2) '읽기 버튼' 오브젝트

① 오브젝트를 선택한 후 [시작] 범주 안에 있는 '오브젝트를 클릭했을 때' 블록을 블록조립소 영역에 가져다 놓는다.

② '안내문읽기' 신호를 보낸다.

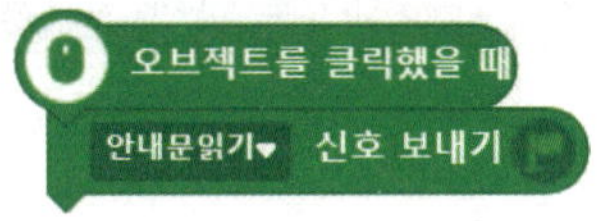

3) '안내문' 오브젝트

- 시작하기 버튼을 클릭했을 때

① 오브젝트를 선택한 후 [시작] 범주 안에 있는 '시작하기 버튼을 클릭했을 때' 블록을 블록조립소 영역에 가져다 놓는다.

② 대답을 숨긴다.

③ 텍스트를 모두 지운다.

- '안내문읽기' 신호를 받았을 때

① 오브젝트를 선택한 후 [시작] 범주 안에 있는 '안내문읽기 신호를 받았을 때' 블록을 블록조립소 영역에 가져다 놓는다.
② 목소리 속도 음높이를 설정한다.
③ 안내문 글상자의 내용을 읽고 기다린다.
④ 소리가 섞이지 않도록 1초 기다린다.
⑤ 목소리 속도 음높이를 설정한다.
⑥ 안내문 글상자의 내용을 영어로 번역하고 읽어준다.

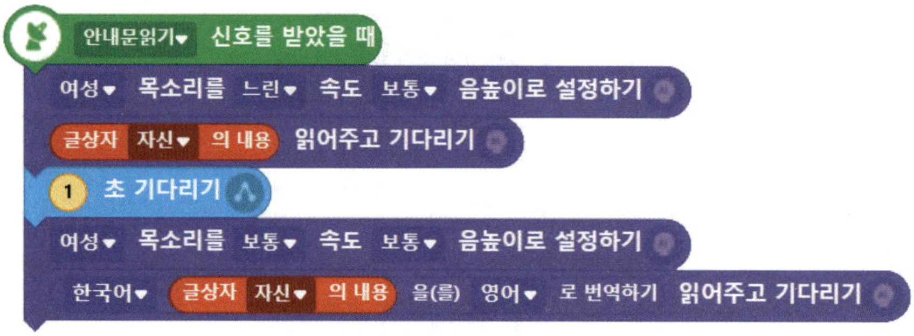

- '글쓰기' 신호를 받았을 때

① 오브젝트를 선택한 후 [시작] 범주 안에 있는 '글쓰기 신호를 받았을 때' 블록을 블록조립소 영역에 가져다 놓는다.
② '대답'의 내용을 안내문 글상자 뒤에 이어쓴다. 빈칸을 넣어주어야 읽을 때 자연스럽다.

- '지우기' 신호를 받았을 때

① 오브젝트를 선택한 후 [시작] 범주 안에 있는 '지우기 신호를 받았을 때' 블록을 블록조립소 영역에 가져다 놓는다.
② 텍스트를 모두 지운다.

최종적으로 완성한 엔트리 프로그램의 완성된 전체 블록은 다음과 같다. 프로그램을 실행시켜 정확하게 동작하는지 알아보자. 만일 프로그램이 정확하게 동작하지 않는다면 무엇이 잘못되었는지 확인해 보자.

- '안내문' 오브젝트

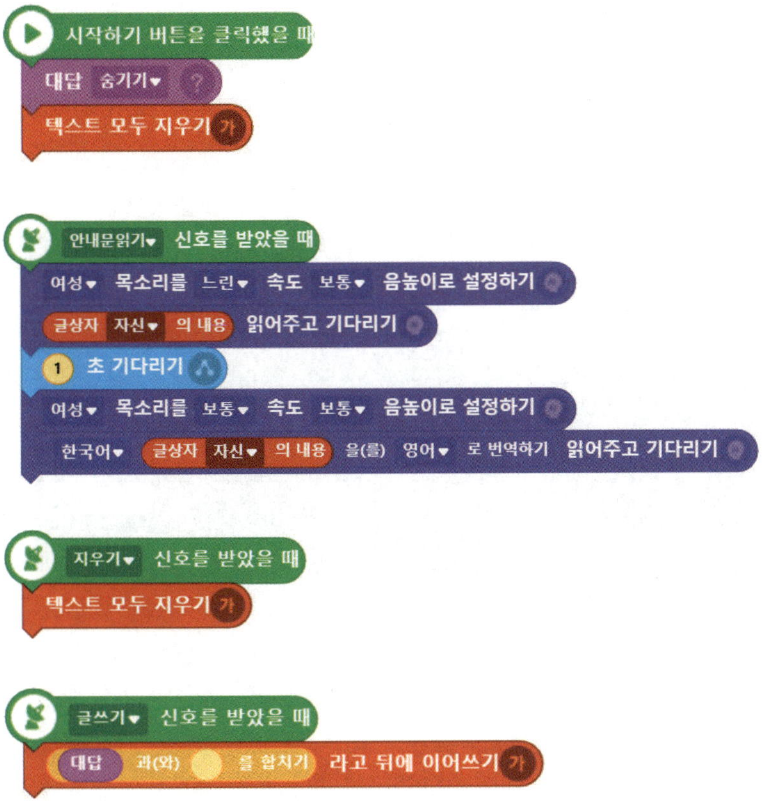

- '대답' 오브젝트

- '읽기버튼' 오브젝트

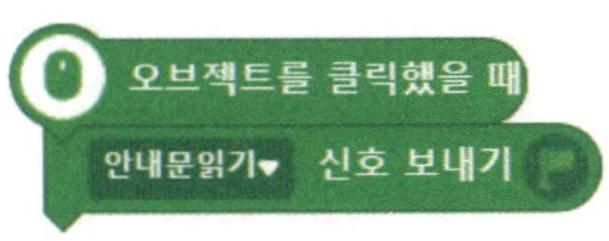

8.2.3. 받아쓰기 프로그램 만들기

여러분은 초등학교 저학년 때 받아쓰기를 한 것을 기억하는가? 선생님이 단어나 문장을 읽어주시면 학생은 받아쓰기 공책에 글을 적고 점수를 받았다. 받아쓰기 전날은 미리 집에서 단어를 부모님께 부탁해서 써보기 연습을 한 적도 있을 것이다. 이것을 컴퓨터가 문제를 불러주고 스스로 결과를 확인할 수 있도록 프로그램으로 작성해보자.

● **실행 화면 미리 보기**

간략하게 개조식으로 서술하면 다음과 같다.

(똑똑한 다람쥐)
① 단어리스트의 항목만큼 반복한다.
　(ㄱ) 문제리스트에 있는 문제를 하나씩 차례로 읽어준다.
　(ㄴ) 대답을 묻고 기다린다.
　(ㄷ) 대답과 문제가 같다면 "정답입니다"를 말한다.
　(ㄹ) 아니면 "틀렸습니다"를 말하고, 문제를 오답리스트에 추가한다.
② 오답리스트의 항목이 1개 이상이라면 즉 하나라도 틀렸다면 오답리스트를 보여준다.
③ 틀린 문제가 없다면 "축하합니다. 만점입니다"를 읽어준다.
(끝)

「받아쓰기 프로그램」을 엔트리 프로그램으로 작성하기 위한 과정은 다음과 같다.

① 먼저 'ch8_2_3_받아쓰기프로그램.ent'프로그램을 불러온다. 프로그램에서 필요한 오브젝트들은 다음과 같다.

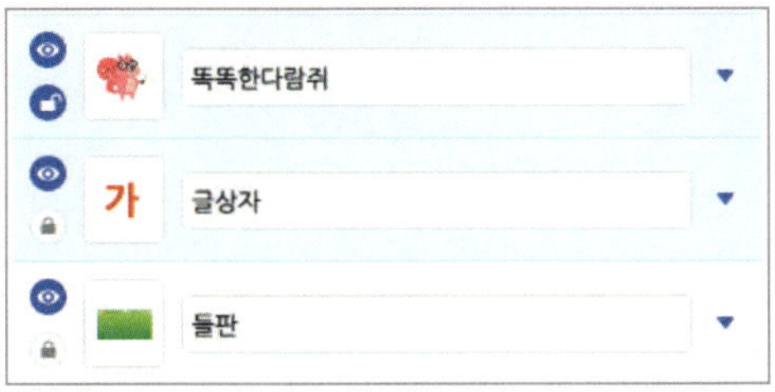

- 똑똑한다람쥐 : 문제를 제시하고 대답을 묻고 기다려 정답과 오답을 판별한다.
- 글상자 : 프로그램 소개글을 표시한다.
- 들판 : 프로그램의 배경을 표시한다.

② 프로그램에서 필요한 변수를 추가한다. [속성] 범주에서 '변수'를 선택하고 '변수 추가하기'를 클릭하여 '단어수' 변수를 추가한다. 변수는 화면에 보이지 않도록 비활성화한다.

단어수	문제리스트에서 현재 제시할 문제 번호를 저장한다.

③ 문제를 저장할 리스트를 추가한다. [속성] 범주의 리스트를 선택하고 '리스트 추가하기'를 클릭하여 '문제리스트'를 추가한다. 리스트의 내용이 나타나지 않도록 비활성화한다. 리스트에서 '리스트 불러오기'를 클릭하여 단어를 리스트에 추가한다.

문제리스트
사과 침대 고양이 하늘 닭

'리스트 추가하기'를 클릭하여 '오답리스트'를 추가한다. 오답리스트는 빈 리스트이다. 리스트의 내용이 나타나지 않도록 비활성화한다.

④ [인공지능] 범주에서 'AI블록 불러오기'를 클릭하고, '읽어주기'를 선택한 다음 '추가하기'를 눌러 모듈을 추가한다.

1) '똑똑한 다람쥐' 오브젝트

① 오브젝트를 선택한 후 [시작] 범주 안에 있는 '시작하기 버튼을 눌렀을 때' 블록을 블록조립소 영역에 가져다 놓는다.

② 대답숨기기를 한다.

③ 변수 '단어수'를 1로 정한다.

④ '문제리스트'의 항목수 번 반복한다.

㈀ '문제리스트'에서 '단어수' 번째 항목을 읽어준다.

㈁ "대답을 입력하세요"라고 묻고 대답을 기다린다.

㈂ 만약 대답과 '문제리스트'의 '단어수' 번째 항목이 같다면 "정답입니다"를 말한다.

㈃ 아니면

(a) "틀렸습니다"를 말한다.

(b) 문제를 '오답리스트'에 추가한다.

㈄ 변수 '단어수'에 1만큼 더한다.

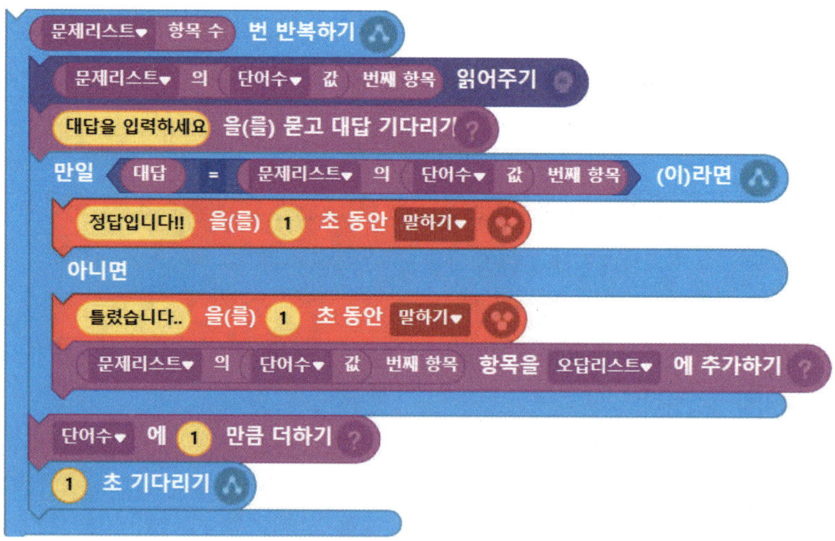

⑤ "시험을 종료합니다"를 읽어준다.

⑥ 만약 '오답리스트'의 항목수가 1개라도 있다면 '오답리스트'를 보여준다.

⑦ 아니면

㈀ "축하합니다. 만점입니다."를 읽어준다.

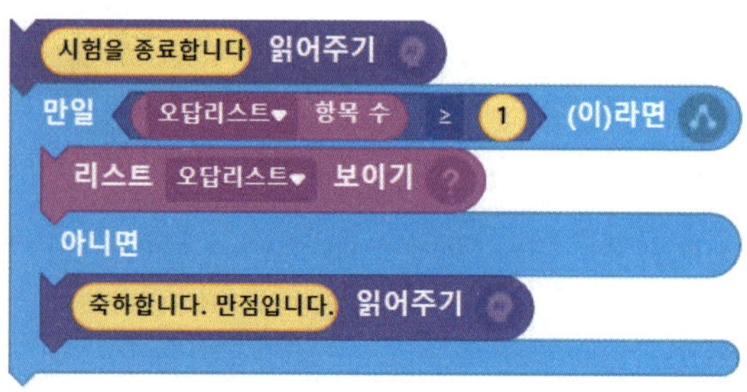

최종적으로 완성한 엔트리 프로그램의 완성한 전체 블록은 다음과 같다. 프로그램을 실행시켜 정확하게 동작하는지 알아보자. 만일 프로그램이 정확하게 동작하지 않는다면 무엇이 잘못되었는지 확인해보자. 「한글받아쓰기 프로그램」을 변형하여 「영어받아쓰기 프로그램」으로 작성해보자.

- 똑똑한 다람쥐 오브젝트

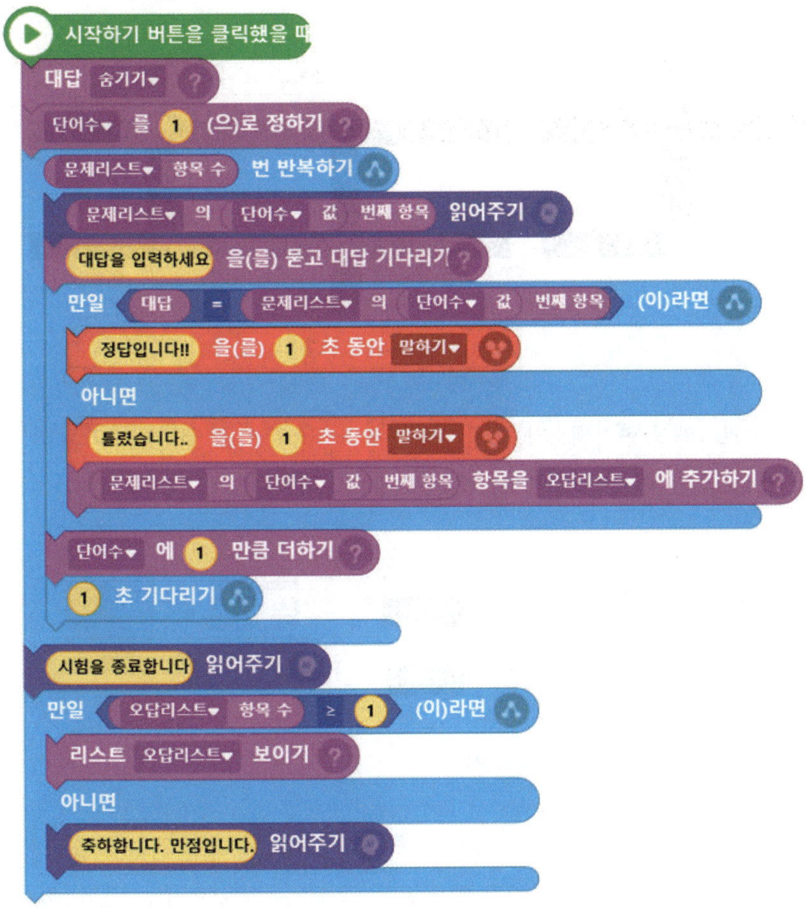

연습문제

● 문제 1

4장 「엔트리봇 학교찾아가기」 프로그램을 변경해보자. 인공지능 블록의 읽어주기를 활용하여 엔트리봇이 하는 말을 모두 음성안내 하도록 프로그램을 작성해 보자.

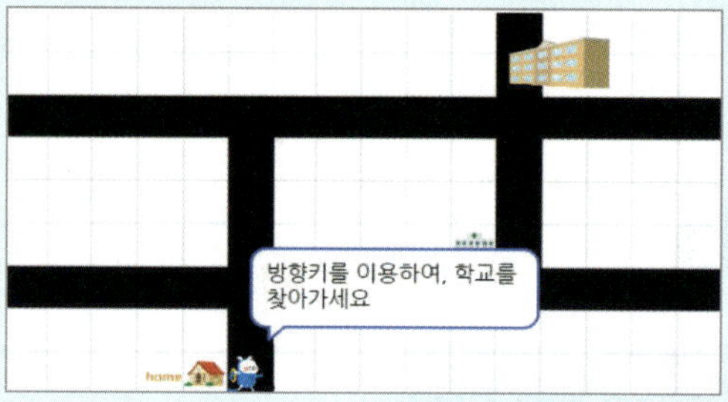

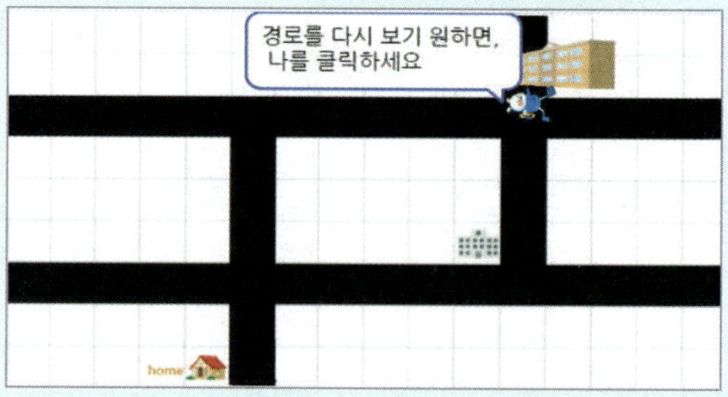

● 문제 2

4장 「학생정보 검색하기」 프로그램을 변경해보자. 인공지능 블록의 읽어주기를 활용하여 기존 안내 지시문을 음성안내 하도록 프로그램을 작성해 보자.

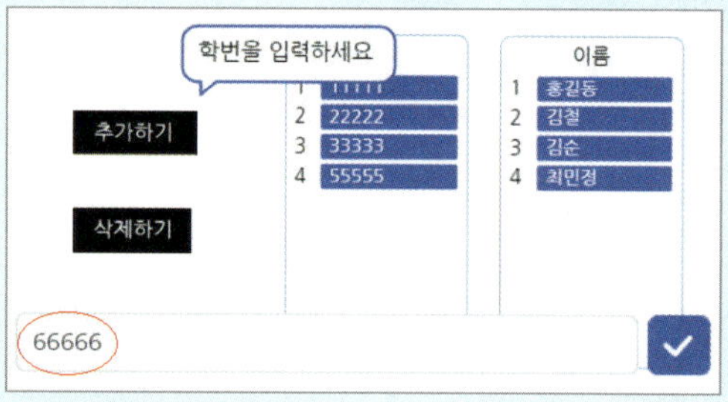

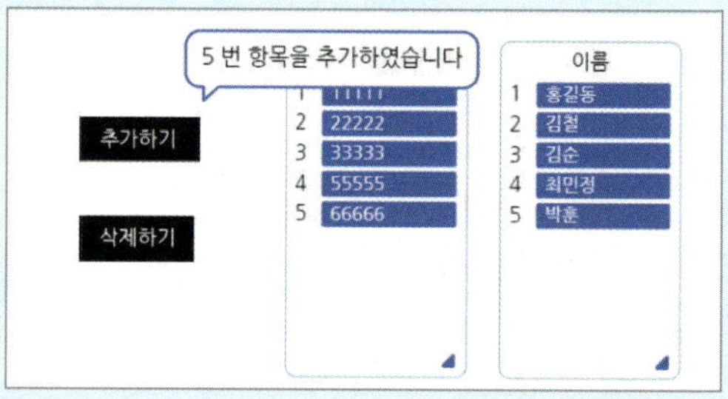

● 문제 3

인공지능 블록의 비디오감지를 활용하여 프로그램을 작성해 보자. 카메라를 이용하여 사람의 얼굴을 인식하고 입 부위에 마스크를 표시하자. 단 , 비디오 감지기능은 온라인에서 동작한다.

제9장
인공지능으로 소통하는 컴퓨터

9.1. 컴퓨터 인지 도구의 현재와 미래

오늘날 대부분의 컴퓨터 사용자는 키보드와 마우스를 이용하거나 터치스크린을 이용한 사용자 인터페이스에 익숙해져 있다. 그러나 현재에는 인공지능 기술의 발전으로 다양한 입력 기술을 이용한 새로운 사용자 인터페이스가 등장하고 있다. 이제는 텍스트나 화면 클릭 위주의 전통적인 사용자 인터페이스 입력 환경에서 벗어나 음성 인식, 동작 인식 등을 이용한 새로운 사용자 인터페이스 입력 환경을 제공한다. 이러한 새로운 사용자 인터페이스의 입력 기술은 과거 공상 과학 영화 속에서만 볼 수 있었던 웨어러블 컴퓨터를 오늘날에는 실생활에 사용할 수 있도록 발전시켰다. 다가오는 미래의 인공지능을 이용한 사용자 인터페이스의 기술은 컴퓨터나 로봇을 마치 친구처럼 친숙하게 대화하듯이 정보를 주고받을 수 있는 대상이 되도록 진화하고 있다. 본 장에서는 이런 사용자 인터페이스에 적용되는 현재의 입력장치와 미래에 실용화 될 입력 장치 기술에 대해 알아본다.

9.1.1. 컴퓨터의 인지 도구

컴퓨터가 사용된 이후로 많은 사람들이 컴퓨터와 소통하는 다양한 방식을 시도해 봤다. 전통적으로 컴퓨터에서 사용해 왔던 키보드, 마우스뿐만 아니라 모바일 기기에서는 터치스크린을 많이 사용하고 있으며, 그 외에도 다양한 장치로 진화하고 있다.

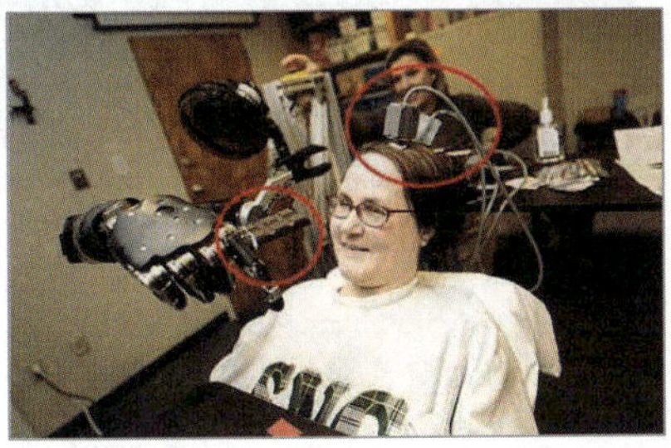

ScienceDaily 2012.12,17

신경 인터페이스(출처:CTRL-랩스)

영화 '아바타'에서는 인간의 생각이 실시간으로 아바타에게 전송되어 아바타의 움직임을 조정한다. 마치 인간의 뇌가 아바타에게로 옮겨진 듯한 모습이다. 이런 영화와 같은 일이 현실에서 실제 이루어지고 있다. 이것이 가능한 것은 머리에 부착된 장치가 사람의 뇌파를 인식하여 디지털로 변환시킨 다음

작동 명령을 내리는 뇌컴퓨터 인터페이스(BCI- Brain Computer Interface)'라는 장치 덕분이다. 앞의 사진은 사지마비 환자인 잔 슈어만 여사가 장치를 이용하여 로봇 팔로 초콜릿을 먹고 있는 장면이다. 스타트업 회사인 CTRL-랩스는 손 근육이 보내는 전기 신호를 포착해 컴퓨터가 이해할 수 있는 입력신호로 변화하는 신경인터페이스 장치인 손목밴드 장비를 개발했다. 이 신경 인터페이스 기술을 응용하여 디지털 단말기를 제어할 수 있다.

영화 : 마이너리티 리포트

마이크로소프트 홀로렌즈

또한 과거의 공상과학 영화에서 등장하는 첨단 인터페이스 기기들을 이제는 현실 속에서 만나볼 수 있다. 영화 〈마이너리티 리포트〉에서 톰크루즈가 장갑을 낀 손으로 허공에 움직여서 화면을 컨트롤 하는 장면은 가장 신기한 기술 중의 하나였다. 아직 영화에서 보듯이 상용 단계는 아니지만 이와 비슷한 제품들이 많이 나와 있다. 전용 글라스를 이용하여 3D 영상을 생성하고 다양한 센서를 이용하여 손의 위치와 움직임을 감지하여 사용자가 내리는 명령을 입력받을 수 있도록 고안되었다.

스마트 반지(logbar ring)

동작인식 (출처 BMW)

그 이외에도 컴퓨터나 IT기기들과 대화하기 위한 새로운 인터페이스에 대한 다양한 연구가 이루어지고 있다. 시계 다음으로 많이 개발되는 웨어러블 기기 중 하나는 반지이다. 위 그림의 반지는 동작을 감지하는 기능을 가지고 있다. 이 반지를 낀 손가락을 움직이면 미리 약속된 동작에 따라 기기가 작동한다. 즉, 반지에 모션 센서가 있어서 움직임을 파악하고 그 결과를 분석하여 명령으로 인지한다. 또한 반지를 낀 손가락으로 글자를 쓰면 이를 문자로 인지하여 컴퓨터의 텍스트 입력으로 사용할 수 있다. 아직까지는 동작인식 기능에 있어 많은 노력이 필요하지만 보완이 이루어진다면 이 반지 하나로 모든 사물을 제어할 수도 있을 것이다.

모션인식 시스템은 몸짓을 입력으로 활용하고자하는 장치이다. 스마트폰에 걸려온 전화를 특정 손동작으로 받을 수 있으며, 손 동작으로 사진찍기가 가능한 스마트폰도 있다. 최근 들어 자동차 산업에도 이와 같은 사용자 인터페이스가 적용되어 손동작만으로 운전 중에 전화를 받거나 거절할 수 있으며, 손동작으로 라디오나 대시보드를 조작하는데 사용할 수 있다. 모션 인식 사용자 인터페이스가 키보드와 마우스를 완전히 대체하기는 어렵겠지만 로봇 조정이나 웨어러블 컴퓨터의 사용 등의 다양한 시스템을 활용하는데 매우 유용한 사용자 인터페이스로 발전하고 있다.

이러한 사람 중심의 사용자 인터페이스는 키보드 입력이나 마우스 클릭에 의해서 컴퓨터에게 명령을 하는 전통적인 사용자 인터페이스에 비해 사람을 몸짓을 파악하거나 뇌파와 근육의 전기 신호를 읽어서 사용자의 의도를 파악해야 한다. 이 작업을 위해 사용자 인터페이스 개발자는 인공지능 기술을 활용한다. 즉, 인공지능 기술이 발전함으로써 사용자의 의도를 정확하게 인지할 수 있는 인식률이 높아졌으며, 이제는 사람 중심의 사용자 인터페이스를 다양한 기기에 사용하고 있다.

9.1.2. 음성을 인식하는 인공지능

인공지능(Artificial Intelligence, AI)은 사전적 의미로 '기계로부터 만들어지는 지능'으로 '컴퓨터 공학에서 이상적인 지능을 갖춘 존재, 혹은 시스템에 의해 만들어진 지능'을 의미한다. 다시 말해 인공지능이라는 의미는 '의사소통, 상황의 상관관계 이해 및 결론 도출 등 인간의 행동을 모방할 수 있는 기술'이라고 정리할 수 있다.

인공지능은 인간과 같은 행동(Acting Humanly), 인간과 같은 사고(Thinking Humanly), 논리적 행동(Acting Rationally), 논리적 사고(Thinking Rationally)를 목표로 한다. 먼저 인간과 같은 행동(Acting Humanly)의 사례로는 계단을 오르는 '아시모'나 춤을 추는 '휴보'와 같이 인간과 유사한 행동을 하는 로봇 등이 개발되어 있으며 현재 상용화 단계에 접어들었다.

또한 공상 과학영화 〈Her〉에서는 인간과 같은 사고를 하는 인공지능 '사만다'가 있다. 영화 속에서 인공지능을 탑재한 컴퓨터인 사만다는 주인공과 함께 음악을 듣고 대화를 하면서 주인공의 말동무가 되어준다. 현재 아마존의 AI 스피커는 영화 속의 사만다 정도는 되지 않지만 사용자와 대화하며 사용자가 원하는 정보를 검색하여 제공한다. 영화 〈아이언맨〉에서 나왔던 '자비스'는 주인공 토니 스타크의 만능 비서 역할을 충실히 수행한다. 자비스는 키보드나 마우스 같은 입력장치를 필요로 하지 않는다. 토니 스타크가 "자비스"라고 음성으로 호출한 후 질문이나 명령을 하면 자비스는 이에 대응할 뿐 아니라 스스로 판단하여 토니 스타크에게 필요한 작업을 수행한다. 이 영화의 자비스는 궁극적으로 인공지능의 나아갈 방향을 잘 표현하고 있다. 즉, 인공지능은 사람과 표정이나 언어로 소통을 하며, 사람과 같은 사고와 행동이 가능한 단계를 잘 표현하고 있다.

영화 her에서 사만다와 대화하는 장면

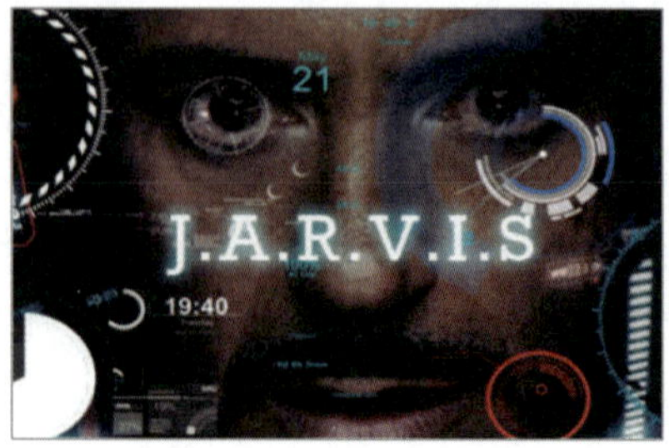

영화 아이언맨의 자비스

음성은 인간이 의사소통을 하는 기본이 되는 중요한 수단이다. 따라서 음성을 이용하는 것은 인간과 컴퓨터의 상호작용에 가장 이상적인 인터페이스로 여겨져 왔다. 4차 산업혁명의 시대에 음성인식이 주목받는 이유는 편리한 입력에 있다. 음성인식 사용자 인터페이스(UI)는 신체를 기기에 접촉시키지 않고도 기기나 소프트웨어 기능을 실행하고 제어할 수 있다. 즉, 컴퓨터 시스템이 탑재된 다양한 기기들에 터치 패널이나 키보드 같은 입출력 장치를 더하는 대신 음성인식 사용자 인터페이스만 탑재해 주면 된다. 개인용 컴퓨터와 같은 전통적인 기기에서 스마트폰으로 기기가 변할 때 터치 사용자 인터페이스 기술이 새로운 인터페이스로 각광받았던 것처럼, 미래의 다양한 웨어러블 기기에는 음성인식이 주요 사용자 인터페이스가 될 전망이다.

음식인식 사용자 인터페이스는 우리 생활에 이미 많은 부분에서 활용되고 있다. 특히, 음성인식 비서 불리는 기능은 대부분의 스마트폰이나 AI 스피커 또는 AI TV에 탑재되어 있다. 이 음성인식 서비스는 사용자로부터 음성으로 명령을 전달받고 사용자와 대화를 나누면서 기능을 수행한다.

스마트폰의 음성인식 비서

'어도비 디지털 인사이트 2018' 보고서에 따르면 음성인식 비서를 갖고 있는 소비자들의 절반 이상이 하루에 최소 한번 사용하고 있는 것으로 조사되었다. 사람들이 주로 이용하는 "음성인식 비서" 기능은 주로 음악감상(61%), 날씨 예보 확인(60%), 가볍고 재미있는 질문(54%), 일반 조사(53%) 등에 사용하는 것으로 조사되었다.

음성인식 비서 이외에도 다양한 분야에 이미 음성인식 기술이 활용되고 있다. 예를 들어 경찰의 진술조사에 도입된 AI 음성인식 기술은 과거 수사관이 직접 워드를 타이핑하느라 피해자에게 집중하지 못한 한계를 극복하여 수사관들이 조서 작성 부담에서 벗어나 자유롭게 문답을 하고, 조서내용을 AI 음성인식을 통해 간편하고 정확하게 문서로 작성함으로써 효율적인 업무를 수행할 수 있도록 지원한다. 또한 공항 철도가 도입한 AI 음성인식 자동발매기는 이용객이 도착역과 인원을 말하면, 음성을 인식하고 승차권을 발행한다.

인공지능 시대를 맞아 AI 스피커는 단순한 콘텐츠를 즐기는 수준에서 가정용 IoT(사물인터넷)기기를 제어하거나, 앱에 탑재되어 정보검색, 감성대화는 물론이고 목소리만으로 송금이 되는 시대를 열고 있다. 음성인식 사용자 인터페이스는 컴퓨터나 스마트 폰 사용을 어려워하는 디지털 소외계층에도 쉽게 디지털 기기를 사용하여 원하는 정보를 활용할 수 있도록 한다. 음성인식 사용자 인터페이스는 앞으로 다양한 시스템에 탑재되어 일상생활을 더욱 편리하게 하는데 사용될 것이다.

9.1.3. 인공지능을 이용한 음성인식 프로그램

본 절에서는 엔트리에서 제공하는 다양한 인공지능 블록 중 '오디오 감지'를 이용하여 대화형 프로그램을 작성해 본다.

먼저 [인공지능]탭을 열고, [AI 블록 불러오기] 버튼을 클릭해서 '오디오감지' 블록을 불러오자. 엔트리의 '오디오감지'는 마이크를 이용하여 소리와 음성을 감지할 수 있는 블록 모음이다. [AI 블록]은 인터넷이 연결되어 있어야 정상적으로 동작한다. 오디오감지와 관련된 블록은 다음과 같다.

[인공지능] 범주 블록	설명
마이크가 연결되었는가?	컴퓨터에 마이크가 연결되어 있는 경우 '참'으로 판단한다.
음성 인식하기	마이크에 입력되는 사람의 목소리를 텍스트로 변환한다
음성을 문자로 바꾼 값	사람의 목소리를 문자로 바꾼 값이다. 목소리가 입력되지 않거나, 음성인식 도중 오류가 발생한 경우 무조건 0 값을 갖는다.
마이크 소리크기	마이크에 입력되는 소리의 크기 값이다.

1장에서 출발지에서 목적지까지 길을 찾는 과정을 순차적으로 표현하는 방법에 대해서 알아보았다. 1장에서처럼 '엔트리봇'의 모든 동작이 미리 프로그램으로 작성된 상태에서 길을 찾아갈 수도 있지만 상황에 따라 다양한 변수가 생길 수 있기 때문에 사람의 음성을 명령어로 인식해서 길을 찾아가도록 프로그램을 작성해보자

● 실행 화면 미리 보기

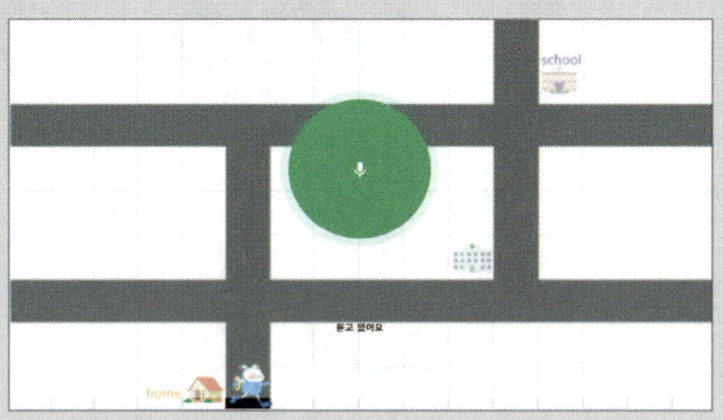

"앞으로", "뒤로", "우회전", "좌회전" 등의 음성으로 명령하면 엔트리봇이 각 명령에 따라 움직인다. 이때 명령어 리스트에 들어있지 않은 명령을 한다면 "다시 말해주세요"라고 말하도록 프로그램을 작성해보자.

「음성인식 길찾기」 프로그램의 문제해결 절차를 간략하게 개조식으로 서술하면 다음과 같다.

(엔트리봇)
① 음성을 인식한다.
② 음성을 문자로 바꾼 값이 명령어 리스트에 포함될 때까지 반복한다.
(ㄱ) "명령어를 다시 말해주세요"라고 읽어준다.
(ㄴ) 음성인식을 한다.
③ 음성을 문자로 바꾼 값이 "앞으로" 이면 이동방향으로 30만큼 움직인다.
④ 음성을 문자로 바꾼 값이 "뒤로" 이면 이동방향으로 -30만큼 움직인다.
⑤ 음성을 문자로 바꾼 값이 "오른쪽"이면 방향을 90만큼 회전한다.
⑥ 음성을 문자로 바꾼 값이 "왼쪽" 이면 방향을 -90만큼 회전한다.
(끝)

「음성인식 길찾기」를 엔트리 프로그램으로 작성하기 위한 과정은 다음과 같다.

① 메뉴 [파일]-[오프라인작품 불러오기]를 눌러 제공된 'ch9_1_3_음성인식길찾기.ent' 프로그램을 불러온다.

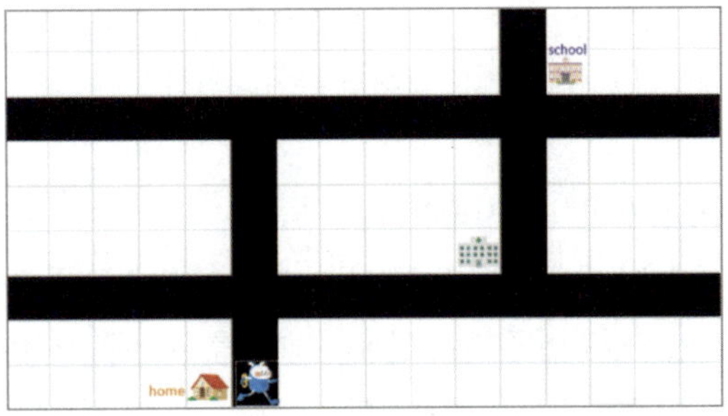

② 프로그램에서 사용할 리스트를 추가한다. [속성] 범주에서 '리스트'를 클릭하고 '리스트 추가하기' 버튼을 눌러 "명령어"을 입력하여 리스트를 생성한다. 리스트의 내용이 나타나지 않도록 비활성화 한다. 리스트에서 리스트 불러오기를 클릭하여 단어를 리스트에 추가한다.

명령어 리스트
앞으로 뒤로 오른쪽 왼쪽

③ [인공지능] 탭을 클릭하고 [AI블록 불러오기]에서 '오디오 감지'와 '읽어주기' 블록을 추가한다.

1) '엔트리봇' 오브젝트

① 오브젝트를 선택한 후 [시작] 범주 안에 있는 '시작하기 버튼을 눌렀을 때' 블록을 블록조립소 영역에 가져다 놓는다.

② 초기 출발위치(-75, -120)으로 이동한다.

③ "집에서 출발"을 읽어주고 기다린다.

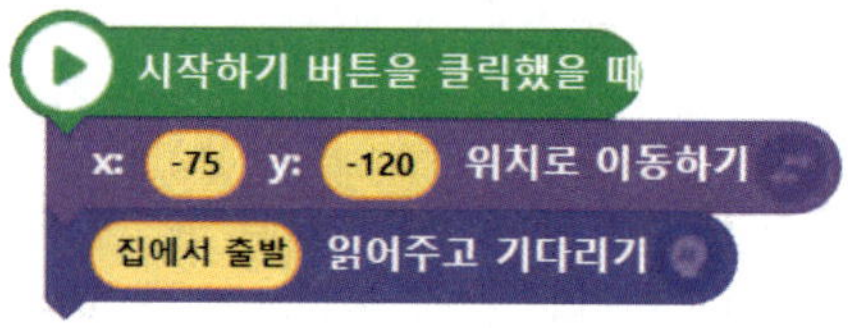

④ 음성인식을 시작한다.

⑤ '음성을 문자로 바꾼 값'이 명령어 리스트에 포함될 때까지 반복한다.

(ㄱ) "명령어를 다시 말해주세요"를 읽어주고 기다린다.

(ㄴ) 음성인식을 시작한다.

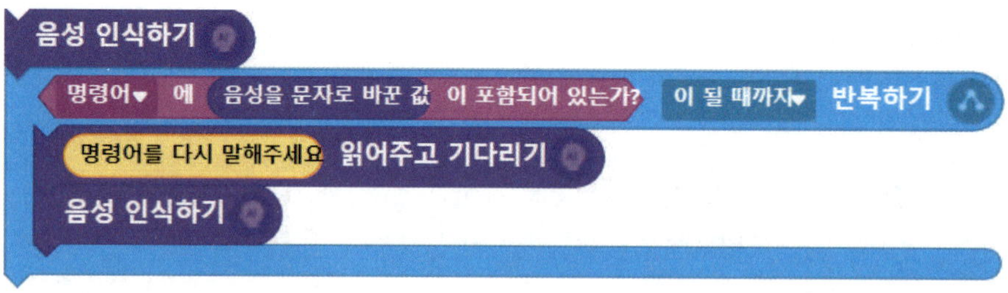

⑥ 만약 '음성을 문자로 바꾼 값'이 "앞으로" 이면 이동 방향으로 30만큼 움직인다.

⑦ 만약 '음성을 문자로 바꾼 값'이 "뒤로" 이면 이동 방향으로 -30만큼 움직인다.

⑧ 만약 '음성을 문자로 바꾼 값'이 "오른쪽" 이면 방향을 90도 만큼 회전한다.

⑨ 만약 '음성을 문자로 바꾼 값'이 "왼쪽" 이면 방향을 - 90도 만큼 회전한다.

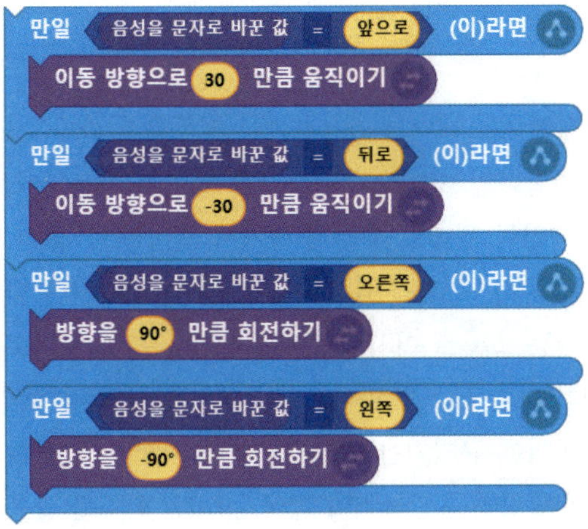

최종적으로 완성한 엔트리 프로그램의 완성된 전체 블록은 다음과 같다. 프로그램을 실행시켜 정확하게 동작하는지 알아보자. 만일 프로그램이 정확하게 동작하지 않는다면 무엇이 잘못되었는지 확인해 보자.

- '엔트리봇' 오브젝트

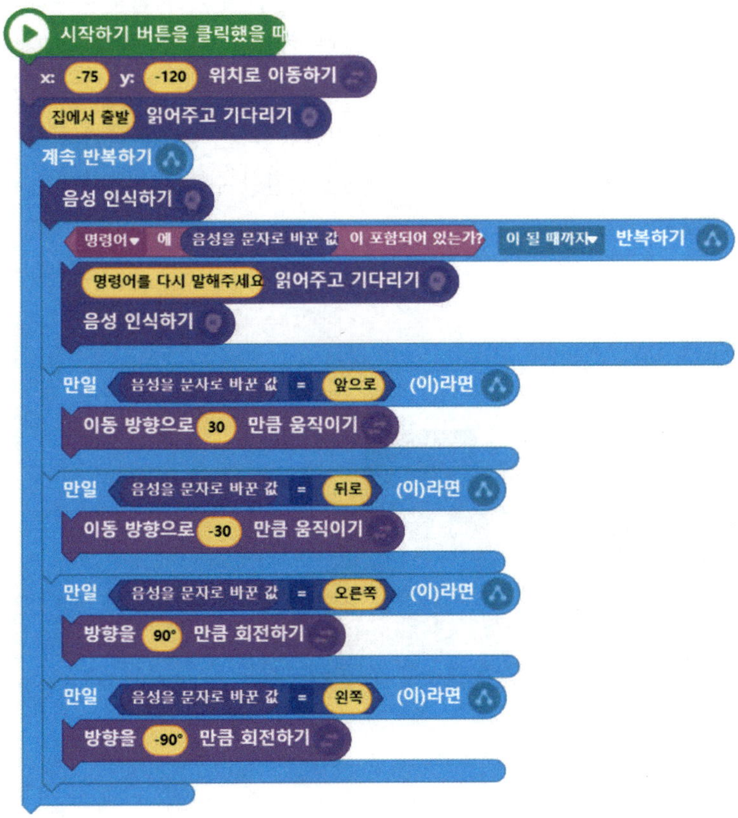

9.2. 멀티미디어 대화형 컴퓨터 프로그램

사물인터넷은 사물 자체에 인터넷 환경을 연결하여 자체적으로 제어가 가능해지는 것들을 말한다. 사물인터넷을 우리가 항상 가지고 다니는 스마트폰과 연결한다면 어디서든 자유롭게 제어가 가능하다, 요즘은 인공지능 스피커, 무인자동차, 스마트 워치 등 다양한 형태로 우리 주변에서 찾아볼 수 있다. 이러한 기기에 음성 기반 플랫폼을 적용한다면 손을 이용하지 않고도 편리하게 기기를 관리하거나 제어할 수 있다. 이번 절에서는 AI블록을 활용하여 인공지능 스마트 어시스턴트를 작성해보자. 실제로 많은 명령어를 추가해 놓는다면 다양한 명령어를 인식하여 반응할 수 있다. 마치 지능을 가진 것처럼 보이지만 이러한 인공지능은 넓은 의미의 인공지능에 속하는 규칙기반 인공지능이다. 이러한 인공지능은 맞춤법, 사투리, 띄어쓰기 사용 등을 고려해서 많은 명령어를 만들어야 한다. 이러한 한계를 극복하기 위해 학습기반의 인공지능이 필요하다.

9.2.1. 음성인식 AI 홈

인공지능 스피커는 초창기에 제공되었던 음악을 재생하거나 알람과 날씨를 알려주는 정도의 기능에 그치지 않고, 이제는 가전제품과 연결되어 스마트 홈 시스템의 중심역할을 하고 있다. 인공지능 스피커는 인공지능 알고리즘을 이용해 사용자와 음성으로 의사소통을 한다. 인공지능 스피커를 이용하면 음성인식을 통해 집안의 기기를 목소리만으로 간편하게 제어할 수 있다. 예를 들어 "TV 켜줘"라고 한다면 TV를 켜는 등의 기능을 한다.

이 절에서는 "청소해"라는 명령을 하면 청소기가 청소를 시작하고, "그만" 이라는 명령을 하면 청소기가 청소를 멈추고, "tv"라는 명령을 하면 tv를 켜고 끄는 두 개의 동작을 번갈아 수행하는 음성인식 AI 홈을 엔트리 프로그램으로 작성해 보자.

● **실행 화면 미리 보기**

간략하게 개조식으로 서술하면 다음과 같다.

(거실 오브젝트)
(시작하기 버튼을 클릭했을 때)
① 음성인식을 한다.
② 음성을 문자로 바꾼 값이 명령어 리스트에 포함될 때까지 반복한다.
(ㄱ) "인식되지 않은 명령어입니다. 다시말해주세요."라고 읽어준다.
(ㄴ) 음성인식을 한다.
③ 음성을 문자로 바꾼 값이 "청소해" 이면 '청소하기' 신호를 보낸다.
④ 음성을 문자로 바꾼 값이 "그만" 이면 '청소그만' 신호를 보낸다.
⑤ 음성을 문자로 바꾼 값이 "TV" 이면 '티비' 신호를 보낸다.

(로봇청소기 오브젝트)
('청소하기' 신호를 받았을 때)
① '청소값' 변수를 10으로 정한다.
② '청소값' 변수가 0보다 큰 동안 반복한다.
(ㄱ) 이동방향으로 10만큼 움직인다.
(ㄴ) 화면 끝에 닿으면 튕긴다.
('청소그만' 신호를 받았을 때)
① '청소값' 변수를 0으로 정한다.

(TV 오브젝트)
('티비' 신호를 받았을 때)
① 오브젝트의 모양을 다음 모양으로 바꾼다.
(끝)

「음성인식 AI 홈」을 엔트리 프로그램으로 작성하기 위한 과정은 다음과 같다.

① 먼저 'ch9_2_1음성인식AI홈.ent' 프로그램을 불러온다. 프로그램에서 필요한 오브젝트들은 다음과 같다.

- TV : 신호를 받아서 화면을 켜거나 끈다.
- 로봇청소기 : 신호를 받아서 청소를 시작하거나 멈춘다.
- 거실 : 음성인식을 통해 음성을 문자로 바꾼 값에 따라 로봇청소기나 TV에 신호를 보낸다.

② 프로그램에서 필요한 변수를 추가한다. [속성] 범주에서 '변수'를 선택하고 '변수 추가하기'를 클릭하여 '청소값' 변수를 추가한다. 변수는 화면에 보이지 않도록 비활성화한다.

청소값	'청소하기' 신호를 받았을 때, '청소값' 변수를 1로 지정한다. '청소값' 변수의 값이 1인 동안 청소기를 반복하여 움직인다. '청소 그만' 신호를 받았을 때 ,'청소값' 변수를 0으로 지정하여 '청소하기'의 반복문을 멈춘다.

③ 프로그램에서 사용할 신호를 추가한다. [속성] 범주에서 '신호'를 클릭하고 '신호추가하기' 버튼을 눌러 "청소하기", "청소그만", "티비"를 입력하여 신호를 생성한다. 배경인 거실 오브젝트에서는 음성인식을 하고 음성값에 따라서 'TV', '로봇청소기' 오브젝트에 신호를 보내어 동작하게 한다.

④ 프로그램에서 사용할 리스트를 추가한다. [속성] 범주에서 '리스트'를 클릭하고 '리스트 추가하기' 버튼을 눌러 "명령어"를 입력하여 리스트를 생성한다. 리스트의 내용이 나타나지 않도록 비활성화한다. 리스트에서 '리스트 불러오기'를 클릭하여 단어를 리스트에 추가한다.

명령어 리스트
청소해 그만 tv

⑤ [인공지능] 범주에서 [AI블록 불러오기]를 클릭하고 '오디오 감지', '읽어주기'를 선택한 다음 추가하기를 눌러 모듈을 추가한다.

1) '거실' 오브젝트

① 오브젝트를 선택한 후 [시작] 범주 안에 있는 '시작하기 버튼을 클릭했을 때' 블록을 블록 조립소 영역에 가져다 놓는다.

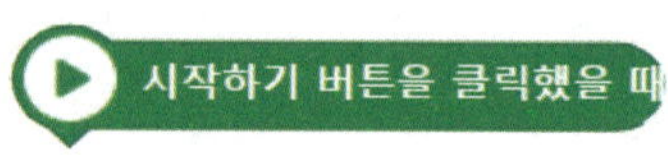

② 다음을 계속 반복한다.

㈀ 음성인식을 시작한다.

㈁ '음성을 문자로 바꾼 값'이 명령어 리스트에 포함되어 있지 않다면

ⓐ "인식되지 않은 명령어입니다. 다시 말해주세요"를 읽어주고 기다린다.

ⓑ 음성인식을 시작한다.

㈂ '음성을 문자로 바꾼 값'이 "청소해" 이면 '청소하기' 신호를 보낸다.

㈃ '음성을 문자로 바꾼 값'이 "그만" 이면 '청소그만' 신호를 보낸다.

㈄ '음성을 문자로 바꾼 값'이 "tv" 이면 '티비' 신호를 보낸다.

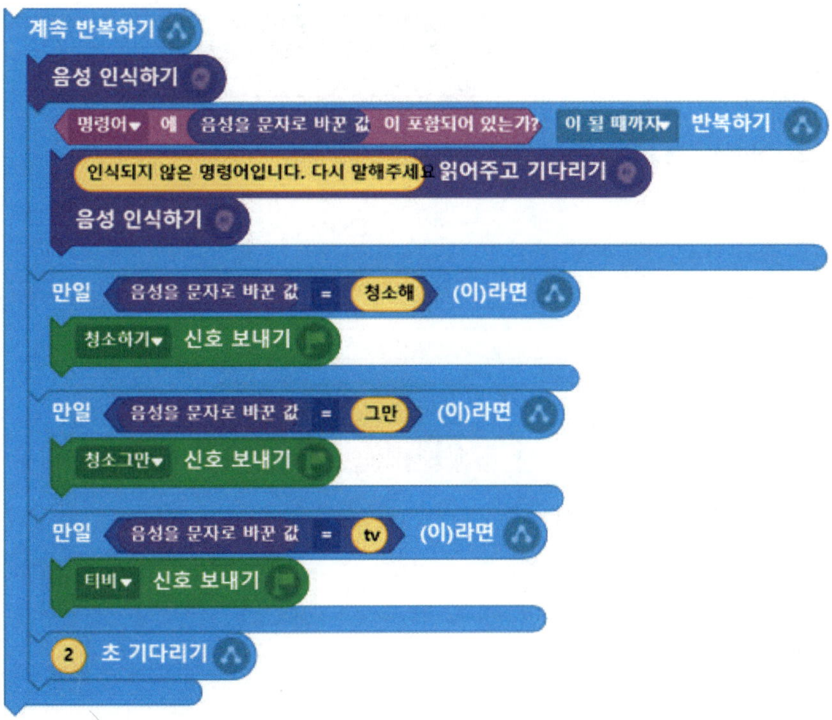

2) '로봇청소기' 오브젝트

- 청소하기 신호를 받았을 때

① 오브젝트를 선택한 후 [시작] 범주 안에 있는 '청소하기 신호를 받았을 때' 블록을 블록조립소 영역에 가져다 놓는다.

② '청소값' 변수를 1로 정한다.

③ '청소값' 변수가 1인 동안 반복한다.

㈀ 이동방향으로 10만큼 움직인다.

㈁ 화면 끝에 닿으면 튕긴다.

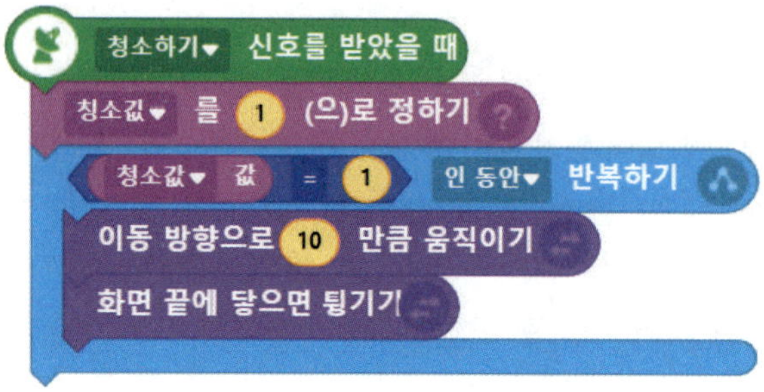

- '청소그만' 신호를 받았을 때

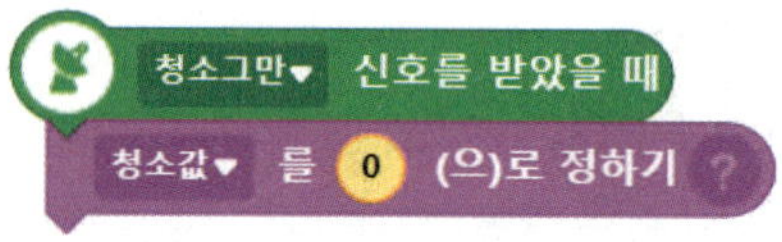

① 오브젝트를 선택한 후 [시작] 범주 안에 있는 '청소그만 신호를 받았을 때' 블록을 블록조립소 영역에 가져다 놓는다.

② 변수 '청소값'을 0으로 정해서 '청소기' 오브젝트의 움직임을 멈추게 한다.

3) 'TV' 오브젝트

- '티비' 신호를 받았을 때

① 오브젝트를 선택한 후 [시작] 범주 안에 있는 '티비 신호를 받았을 때' 블록을 블록조립소 영역에 가져다 놓는다.

② 다음 모양 바꾸기를 통해 오브젝트의 화면 상태를 바꾼다.

최종적으로 완성한 엔트리 프로그램의 완성된 전체 블록은 다음과 같다. 프로그램을 실행시켜 정확하게 동작하는지 알아보자. 만일 프로그램이 정확하게 동작하지 않는다면 무엇이 잘못되었는지 확인해 보자. 더 많은 명령어를 추가하여 인공지능 스피커의 기능을 추가해 보자.

- '거실' 오브젝트

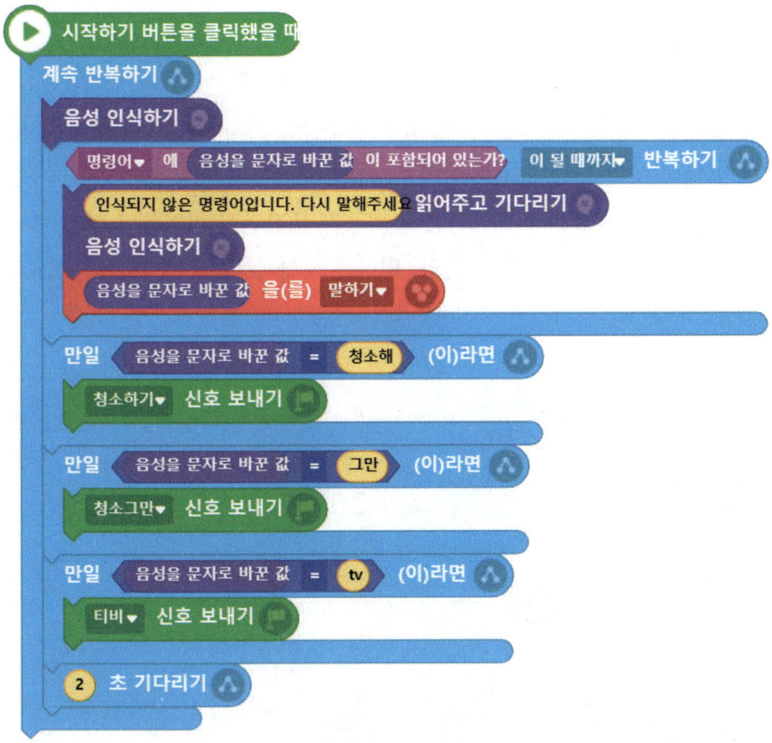

- '로봇청소기' 오브젝트

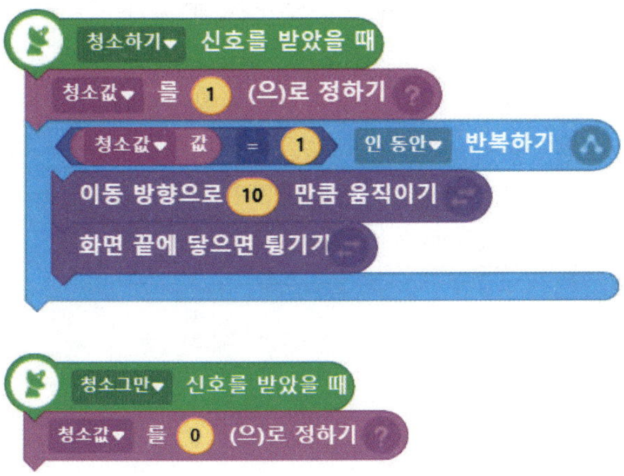

- 'TV' 오브젝트

9.2.2. 음성인식 비서 프로그램

외출하기 전에 비가 올지 미리 알려주거나 오늘 스케줄을 알려주는 나만의 비서가 있으면 어떨까? 엔트리는 [확장] 범주에서 지역에 따라 다양한 날씨 정보를 알려주는 [날씨] 블록을 제공하고 있다. 이 블록들을 활용하여 사용자의 음성인식을 통해 날씨와 스케줄을 알려주는 음성인식 비서를 작성해 보자. "날씨"라는 명령은 현재 기온과 비가 올지를 알려주고, "일정" 명령은 오늘 할 일을 알려 주는 프로그램을 작성해 보자.

● 실행 화면 미리 보기

간략하게 개조식으로 서술하면 다음과 같다.

(AI비서 오브젝트)
① 음성인식을 한다.
② 음성을 문자로 바꾼 값이 "날씨" 이면
  (ㄱ) 오늘 금정구의 기온을 읽어준다
  (ㄴ) 만일 오늘 부산 전체의 날씨가 비라면 "오늘은 비가 오겠습니다." 를 읽어준다
③ 음성을 문자로 바꾼 값이 "일정" 이면
  (ㄱ) 스케줄의 항목 수만큼 반복해서 일정을 읽어준다.
(끝)

「음성인식 비서 프로그램」을 엔트리 프로그램으로 작성하기 위한 과정은 다음과 같다.

① 먼저 'ch9_2_2_음성인식비서.ent' 프로그램을 불러온다. 프로그램에서 필요한 오브젝트들은 다음과 같다.

□ AI비서 : 음성인식을 통해 음성을 문자로 바꾼 값에 따라 날씨를 알려주거나 스케줄을 알려준다.

□ 초록 방 : 프로그램의 배경을 표시한다.

② 프로그램에서 필요한 변수를 추가한다. [속성] 범주에서 '변수'를 선택하고 '변수 추가하기'를 클릭하여 'n' 변수를 추가한다. 변수는 화면에 보이지 않도록 비활성화 한다.

n	스케줄 리스트에 들어있는 내용을 차례로 읽어주기 위한 반복문 변수

③ 프로그램에서 사용할 리스트를 추가한다. [속성] 범주에서 '리스트'를 클릭하고 '리스트 추가하기' 버튼을 눌러 '스케줄'을 입력하여 리스트를 생성한다. 리스트의 내용이 나타나지 않도록 비활성화 한다. 리스트에서 '리스트 불러오기'를 클릭하여 다음 일정을 리스트에 추가한다.

스케줄 리스트
9시 기컴프 수업
12시 친구와 점심
3시 전공수업
5시 레포트
7시 아르바이트

④ 프로그램에서 사용할 [날씨] 블록을 추가한다. [확장] 범주에서 '확장블록 불러오기'버튼을 클릭한다. [날씨] 블록을 클릭한 후 추가하기를 누른다.

[확장] 범주 블록	설명
현재 부산▼ 전체▼ 의 미세먼지 등급이 좋음▼ 인가?	선택한 지역의 미세먼지 정보를 실제 미세먼지 등급과 비교하여 일치하는 경우 참으로 판단한다.
오늘▼ 부산▼ 전체▼ 의 날씨가 맑음▼ 인가?	선택한 날짜와 지역의 날씨 정보를 실제 날씨 상태와 비교하여 일치하는 경우 참으로 판단한다.
오늘 부산▼ 전체▼ 의 00▼ 시 기온	오늘 선택한 지역과 시간대의 기온값이다.
현재 서울▼ 전체▼ 의 기온(℃)▼	현재 선택한 지역의 날씨 정보값이다.
오늘▼ 부산▼ 전체▼ 의 최저기온(℃)▼	선택한 날짜와 지역의 각종 날씨 정보값이다.

⑤ [인공지능] 범주에서 [AI블록 불러오기]를 클릭하고 '오디오 감지', '읽어주기'를 선택한 다음 추가하기를 눌러 모듈을 추가한다.

1) 'AI비서' 오브젝트

① 오브젝트를 선택한 후 [시작] 범주 안에 있는 '시작하기 버튼을 클릭했을 때' 블록을 블록 조립소 영역에 가져다 놓는다.

② 다음을 계속 반복한다.

(ㄱ) 음성인식을 시작한다.

(ㄴ) '음성을 문자로 바꾼 값'이 "날씨" 이면

ⓐ [확장] 범주의 '현재 부산 금정구의 기온' 블록을 가져온다.

ⓑ [계산] 범주의 '() 와 () 합치기' 블록을 가져와 아래와 같은 기온을 알려주는 문자열로 결합한 다음 읽어주기 블록을 이용하여 읽어준다.

ⓒ [확장] 범주의 '오늘 부산 전체 날씨가 비인가' 블록이 참이면 "오늘 비가 오겠습니다."를 읽어준다.

(ㄷ) '음성을 문자로 바꾼 값'이 "일정" 이면

ⓐ 반복문을 제어할 변수 'n'을 1로 정한다.

ⓑ 리스트 '스케줄'의 항목수만큼 반복한다.

- 리스트 '스케줄'의 'n'번째 항목을 읽어준다.
- 변수 'n'을 1만큼 더한다.

ⓒ 2초 기다린다.

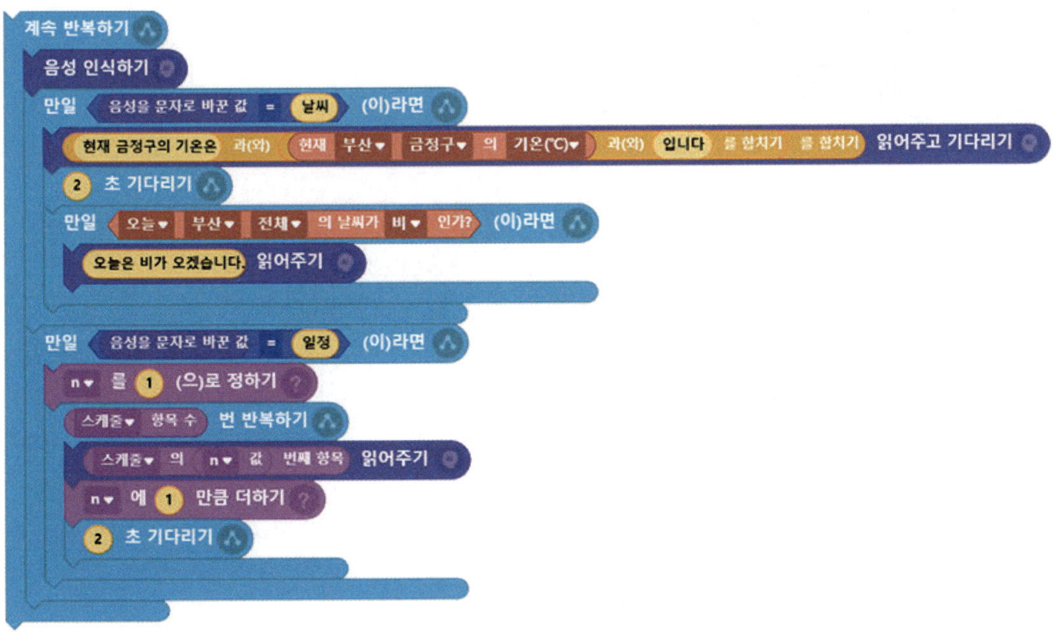

최종적으로 완성한 엔트리 프로그램의 전체 블록은 다음과 같다. 프로그램을 실행시켜 정확하게 동작하는지 알아보자. 만일 프로그램이 정확하게 동작하지 않는다면 무엇이 잘못되었는지 확인해보자. [날씨] 블록의 다양한 정보를 활용하여 미세먼지 정보 등 인공지능비서의 기능을 추가해 보자.

- 'AI비서' 오브젝트

9.2.3. 음성인식 피아노 연주 프로그램

계이름을 흥얼거리면 알아서 음악으로 연주해주는 프로그램을 작성해보자. 엔트리는 [소리] 범주에서 사람의 기침소리, 비명소리, 방귀소리 뿐만 아니라 피아노, 드럼, 장구 등 다양한 악기 소리, 자연과 사물, 판타지 소리를 제공하고 있다. 이 블록들을 활용하여 음성인식을 통해 사용자가 말한 계이름을 피아노로 연주해주는 프로그램을 작성해 보자.

● **실행 화면 미리 보기**

간략하게 개조식으로 서술하면 다음과 같다.

(AI로봇 오브젝트)
① 음성을 인식해서 '음성을 문자로 바꾼 값'을 변수 '음성'에 저장한다.
② 변수 '음성'에 저장된 글자 수만큼 차례로 반복한다.
(ㄱ) 변수 '음성'의 한 글자에 해당하는 피아노 소리를 재생한다.
(끝)

「음성인식 피아노연주」를 엔트리 프로그램으로 작성하기 위한 과정은 다음과 같다.

① 먼저 'ch9_2_3_음성인식피아노연주.ent' 프로그램을 불러온다. 프로그램에서 필요한 오브젝트들은 다음과 같다.

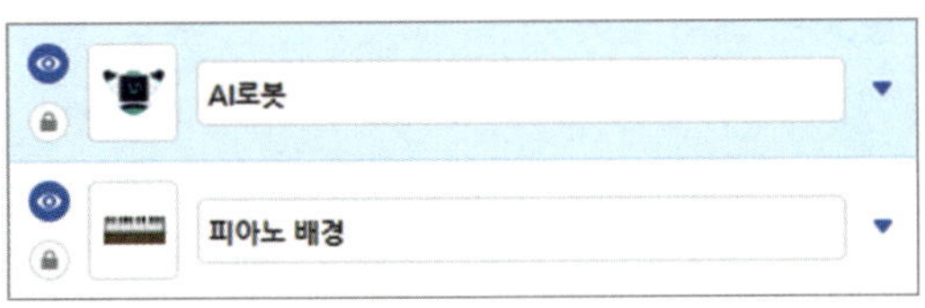

- AI로봇 : 음성인식을 통해 음성을 문자로 바꾼 값을 차례로 피아노 소리로 재생한다.
- 피아노 배경 : 프로그램의 배경을 표시한다.

② 프로그램에서 필요한 변수를 추가한다. [속성] 범주에서 '변수'를 선택하고 '변수 추가하기'를 클릭하여 '음성', 'n' 변수를 추가한다. 변수는 화면에 보이지 않도록 비활성화 한다.

n	변수 음성의 글자 수 만큼 반복하기 위한 반복문 변수
음성	음성을 문자로 바꾼 값을 저장한다.

③ 프로그램에서 사용할 소리를 추가한다. [소리] 범주에서 '소리 추가하기'를 버튼을 클릭한다. '악기' - '피아노'를 선택한 다음 '피아노_04도' ~ '피아노_10시'까지 누르고 추가하기를 클릭한다.

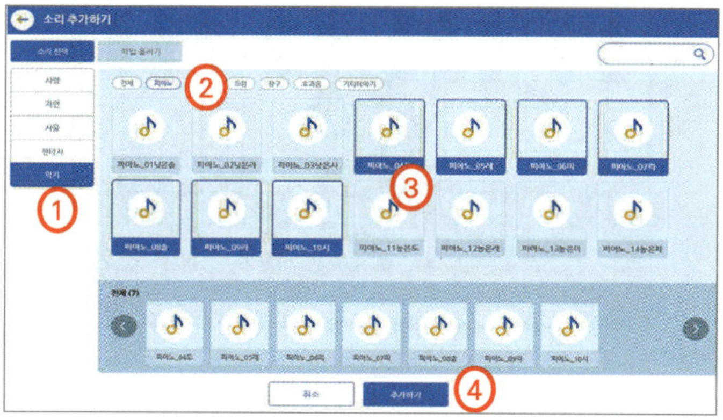

추가한 소리를 음성인식을 통해 재생하기 위해서 이름을 '도' ~ '시'로 변경한다.

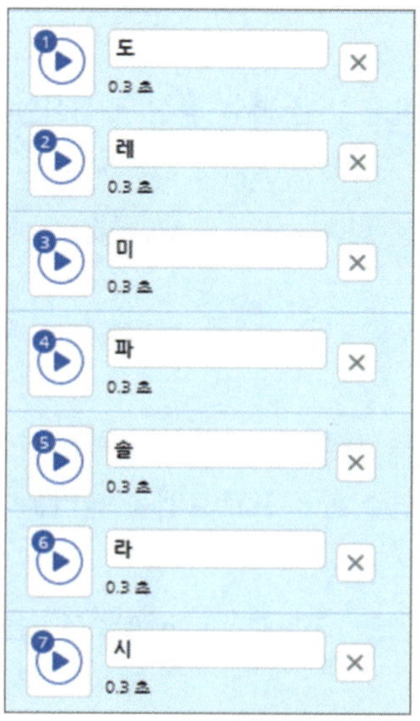

④ [인공지능] 범주에서 [AI블록 불러오기]를 클릭하고 '오디오 감지', '읽어주기'를 선택한 다음 추가하기를 눌러 모듈을 추가한다.

1) 'AI로봇' 오브젝트

① 오브젝트를 선택한 후 [시작] 범주 안에 있는 '시작하기 버튼을 클릭했을 때' 블록을 블록 조립소 영역에 가져다 놓는다.

② 다음을 계속 반복한다.

(ㄱ) "계이름을 불러보세요"라고 말한다.

(ㄴ) 음성인식을 시작한다.

(ㄷ) '음성을 문자로 바꾼 값'을 변수 '음성'에 저장한다.

(ㄹ) 반복문을 제어할 변수 'n'을 1로 정한다.

(ㅁ) 변수 '음성'의 글자 수만큼 반복한다.

ⓐ 변수 '음성'의 'n'번째 글자를 가져와서 [소리] 범주에 해당하는 소리를 재생한다.

ⓑ n을 1만큼 더한다.

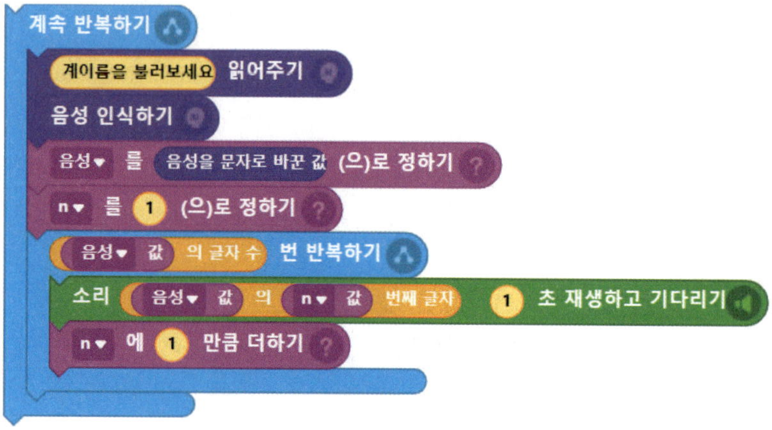

최종적으로 완성한 엔트리 프로그램의 전체 블록은 다음과 같다. 프로그램을 실행시켜 정확하게 동작하는지 알아보자. 만일 프로그램이 정확하게 동작하지 않는다면 무엇이 잘못되었는지 확인해보자. 또한, 피아노뿐만 아니라 [소리] 블록의 다양한 악기를 활용하여 연주하는 프로그램을 추가로 작성해보자.

- 'AI로봇' 오브젝트

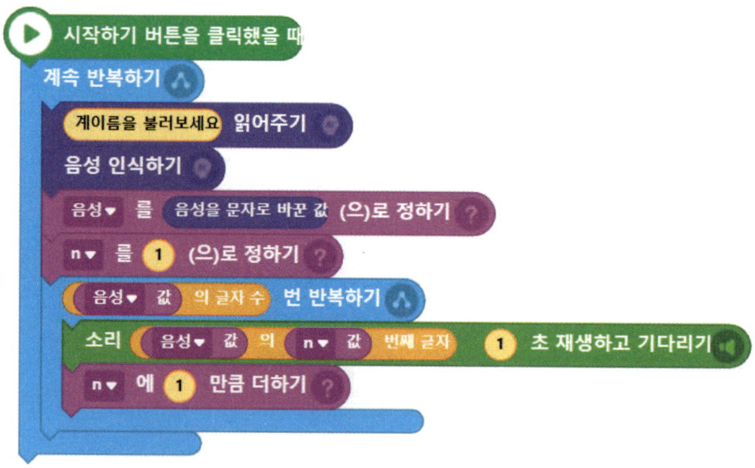

연습문제

● 문제 1

“점프” 라는 명령을 음성인식하면 로봇이 점프동작을 하는 프로그램을 작성해 보자.

● 문제 2

구구단외우기 프로그램을 작성해 보자. 컴퓨터가 2 ~ 9단 중 하나의 문제를 제시하면 사용자는 답을 말한다. 음성인식을 통해 정답인지 알려주는 프로그램을 작성해 보자.

● 문제 3

소리의 크기를 인식하여 사운드 그래프로 그려주는 프로그램을 작성해 보자. 프로그램이 시작되면 마이크 소리 크기를 인식하여 펜을 (x+1, 마이크소리크기)로 이동하여 선을 그린다. x 좌표가 200 이 되면 펜을 (-200, 0)으로 이동하고 화면을 지운다.

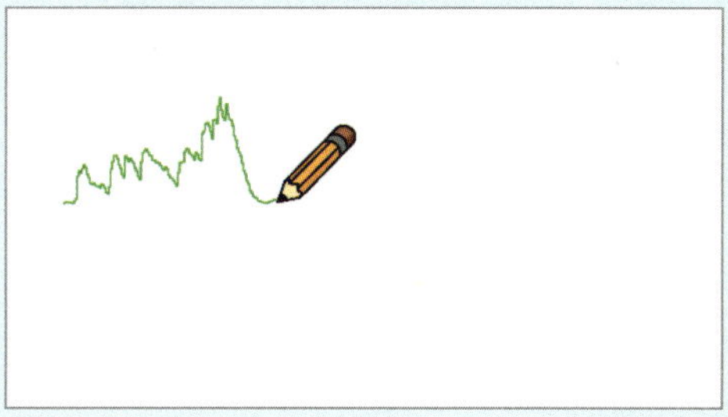

Part

IV

인공지능 학습과 프로그래밍

최근 영화나 TV 광고, 유튜브 영상들을 보면 인공지능이라는 단어를 쉽게 마주하게 된다. 다수의 교육 프로그램이나 강연 프로그램들도 인공지능을 주제로 이러저러한 이야기들을 앞다투어 다루고 있다. 어떤 사람들은 인공지능이 사람들의 직업을 대부분 대체해버려서 많은 사람이 직업을 잃을 것이라고 한다. 또 어떤 사람들은 인공지능이 조만간 사람과 같은 인격을 가지게 되어 사람들의 친구가 되거나 사람을 공격하게 될 것이라고 한다. 이미 우리 삶의 깊숙한 곳까지 밀고 들어온 인공지능에 대해 정확하게 알지 못하기 때문에, 때로는 막연한 두려움으로 또 때로는 환상을 갖고 인공지능을 대하게 된다.

그렇다면 과연 '지능(Intelligence)'이란 무엇이며, 컴퓨터에 탑재된 인공지능은 어떤 과정을 통해 지능을 발전시킬 수 있을까? 인공지능을 사람의 지능에 비유한다면 컴퓨터 하드웨어는 유전적 요인으로, 인공지능 학습 모델은 환경적 요인으로 비유할 수 있다. 사람이 학습과 경험을 통해 지능을 향상하듯 인공지능도 데이터를 통해 스스로 규칙을 찾으면서 지능을 발전시킨다. 그러므로 이러한 인공지능을 활용할 수 있는 역량을 갖춘다면 데이터 전문가 못지않은 결과를 만들어 낼 수 있다. 다시 말해서 예전엔 MBA 과정을 수료했거나 CPA 자격증을 소유한 사람들만이 할 수 있었던 고난도의 데이터 분석을 인공지능의 도움으로 일반인도 할 수 있게 되었다.

인공지능은 데이터 분석뿐 아니라 예술·창작 분야에서도 놀라운 성과를 보여주고 있다. 오랫동안 사람들은 예술·창작 분야는 인류만의 고유한 영역이라고 생각해 왔다. 하지만 인공지능 기술은 이제 작곡도 하고, 그림도 그리며, 시나리오까지 작성하는 단계에 이르렀다. 인공지능으로 구현할 수 있는 영역은 무궁무진하다. 하지만 인공지능을 잘못 이해하고 그 능력을 과대평가하는 것은 매우 위험한 일이다. 인공지능은 사람처럼 자신이 하는 일을 이해하는 것이 아니다. 단지 훈련 데이터를 학습하여 확률적 결과를 만들어 낼 뿐이다. 훈련 데이터에 없거나 잘못된 데이터가 주입되면 엉뚱한 결과를 만들어 낼 수도 있다. 최근 인공지능 챗봇들이 사용자들의 잘못된 정보 주입으로 인종 혐오나 성차별적 발언을 하다가 퇴출당하는 사건도 여러 번 있었다. 따라서 인공지능을 사람의 일을 돕는 보조적 도구로 여기고, 제대로 활용할 수 있는 역량을 키우는 것이 무엇보다 중요하다.

본 교재의 Part Ⅳ에서는 인공지능의 개념부터 활용까지 다양한 예제들을 통해 접근해 보려고 한다.

먼저 이번 10장에서는 인공지능이란 과연 무엇이고, 어떠한 방식으로 인간과 같은 사고를 할 수 있는지에 대해 알아본다. 특히 인공지능이 어떻게 텍스트를 이해하고 분석할 수 있는지에 대해 깊이 있게 다루어 볼 것이다. 또한, 인공지능의 정확도를 높여주는데 기반이 되는 빅데이터와의 관계를 알아봄으로써 인공지능에 대한 올바른 인식과 관심을 가져 보도록 한다. 11장에서는 학습기반 인공지능의 대표적인 학습 방법으로 지도학습, 비지도학습, 강화학습에 관해 소개한다. 이를 통해 학습 상황에 따른 효율적 활용 방법에 대해 알아본다. 또한, 이미지 데이터 분류 모델을 직접 만들어 보면서 지도학습과 이미지 처리에 대해 이해한다. 그리고 인공지능 기술을 사용하는 컴퓨터 비전에 대하여 살펴보고 자신의 학문 영역에서의 응용 분야를 탐색해 본다. 12장에서는 창작하는 인공지능에 대해 알아볼 것이다. 인공지능이 과연 창의적인 생산물을 만들어 낼 수 있는지, 가능하다면 과연 어떠한 학습으로 그러한 일들이 가능한 건지에 대해 자세히 알아본다. 그리고 실제 데이터로 학습시킨 인공지능 예측 모델을 생성한 후 활용하는 응용 프로그램을 작성해 본다. 끝으로 인공지능의 진화하는 모습을 살펴보면서 인공지능이 우리 삶에 미치게 될 영향에 대해 깊이 생각해 보도록 한다.

제10장
인공지능 학습의 첫걸음

10.1. 인공지능 알아보기

최근 영화나 TV 광고, 유튜브 영상들을 보면 인공지능이라는 단어를 쉽게 마주하게 된다. 다수의 교육 프로그램이나 강연 프로그램들도 인공지능을 주제로 이러저러한 이야기들을 앞다투어 다루고 있다. 어떤 사람들은 인공지능이 사람들의 직업을 대부분 대체해버려서 많은 사람이 직업을 잃을 것이라고 한다. 또 어떤 사람들은 인공지능이 조만간 사람과 같은 인격을 가지게 되어 사람들의 친구가 되거나 사람을 공격하게 될 것이라고 한다. 이미 우리 삶의 깊숙한 곳까지 밀고 들어온 인공지능에 대해 정확하게 알지 못하기 때문에, 때로는 막연한 두려움으로 또 때로는 환상을 갖고 인공지능을 접하게 된다. 이번 장에서는 인공지능이란 과연 무엇이고, 어떠한 방식으로 인간과 같은 사고를 할 수 있는지에 대해 알아보려고 한다. 특히 인공지능이 어떻게 글자를 이해하고 분석할 수 있는지에 대해 깊이 있게 다루어 보려고 한다. 또한, 인공지능의 학습을 더욱 풍부하게 하여 정확도를 높여주는데 기반이 되는 빅데이터와의 관계를 알아봄으로써 인공지능에 대한 올바른 인식과 관심을 가져 본다.

10.1.1. 인공지능이란

인류는 아주 오래전부터 사람 대신 생각하고 일하는 지능적 사물에 대해 상상해 왔다. 허균의 소설 '홍길동전'에도 분신술을 이용하여 홍길동 자신과 똑같은 모습을 한 복제 인간을 만들어 자신대신 싸우도록 하는 장면이 나온다. 이러한 사람들의 상상은 20세기 중반부터 본격적으로 연구되기 시작하였다.
1950년 앨런 튜링(Alan Turing)은 기계가 사람과 같은 지능을 가졌는지를 테스트하는 튜링테스트(Turing Test)를 소개하였다. 1956년 컴퓨터 과학자이자 인지 과학자였던 존 매카시(John McCarthy, 1927~2011) 박사는 자신의 논문에서 "AI란 지능이 있는 기계를 만들기 위한 과학과 공학이다."라며 인공지능이라는 용어를 처음 사용하였다. 그리고 이듬해인 1957년, 미국 뉴햄프셔주에 있는 다트머스 대학에서 개최된 학술회의에서 존 매카시를 비롯한 마빈 민스키, 클로드 섀넌 등 현재 인공지능의 창시자라고 불리는 과학자들이 모여 '인공지능'을 하나의 학문으로 탄생시켰다. 이 시기를 인공지능의 태동기라고 한다.

다트머스 회의에 참석한 인공지능 연구자들 (그림출처: 구글이미지)

초기 인공지능 학문의 연구자들은 인간의 학습능력, 추론능력, 지각능력, 논증능력, 자연언어의 이해능력 등을 컴퓨터로 구현하려는 '지능(intelligence)' 시스템 개발에 있어서 2가지 접근 방법을 시도하였다. 하나는 '두뇌는 무엇을 하나?'라는 관점에서 출발한 '규칙기반' 인공지능 분야이며, 또 다른 하나는 '두뇌는 어떻게 작동하나?'라는 관점에서 출발한 '학습기반' 인공지능 분야이다.

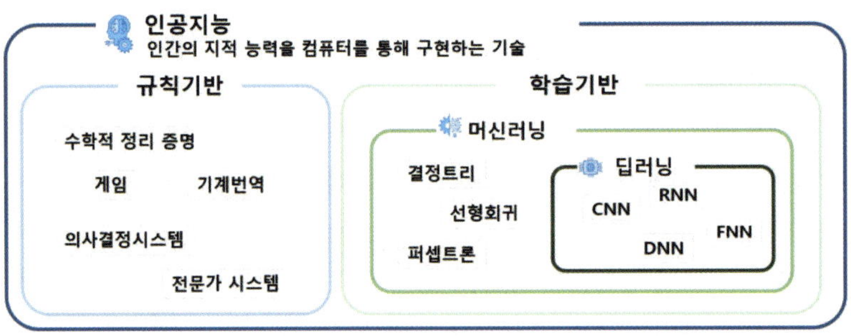

인공지능의 분류

- '규칙기반' 인공지능

인공지능 초기에는 당시 컴퓨터 상황에서 가능한 빠른 개발과 유연한 테스트를 이유로 '규칙기반' 인공지능 연구에 더 관심이 쏠렸다. '규칙기반' 인공지능은 넓은 의미의 인공지능으로, 전문성을 가진 개발자가 기본적인 기호(symbol)와 논리(logic)를 이용하여 다양한 규칙을 미리 프로그램하여 작동하도록 하는 시스템이다. 규칙은 일반적으로 '만일(if) ~~한다면(Then), ~~ 한다'의 형태로 정의된다. 예를 들어, "만약 귀가 뾰족하고, 코는 역삼각형이고, 긴 수염을 가지고 있다면, 이것은 '고양이'이다."라는 문장을 컴퓨터가 이해할 수 있는 언어(주로 C, JAVA, LISP, PROLOG)로 프로그래밍을 하는 것이다. 규칙을 매우 정교하게 만들수록 컴퓨터는 마치 인공지능처럼 작동할 것이다.

이러한 '규칙기반' 인공지능은 초기에는 수학식 증명이나 게임, 자연어의 기계번역, 전문가시스템 분야에서 상당한 성과를 거두었으나, 점차 모든 규칙을 미리 다 프로그램 할 수 없다는 한계와 더불어 인간이 추구하는 학습을 통한 문제해결과는 거리가 있다는 것을 깨닫게 되었다. 특히 문자, 음성, 이미지 등을 인식하는 분야에서 그 한계성은 더욱 두드러졌다. 결국 '규칙기반' 인공지능은 실용적 측면에서 전문가시스템 개발 분야로 편중되어 발전하게 되었다.

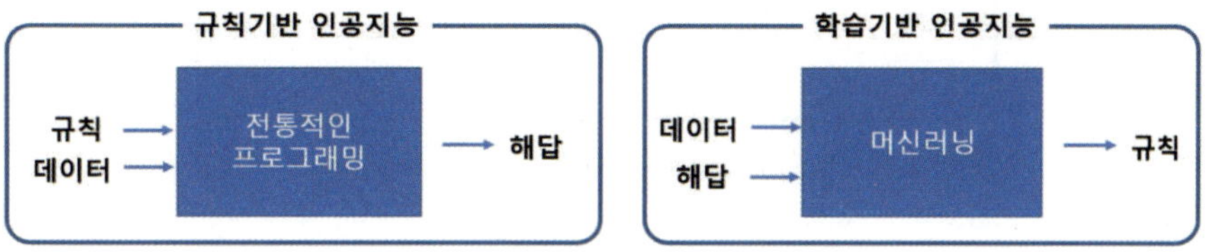

규칙기반 인공지능 VS. 학습기반 인공지능

• '학습기반' 인공지능

두뇌는 어떻게 작동하는지에 관심을 둔 '학습기반' 인공지능은 생물학적 시스템에 근거한 뉴런(neuron) 연구에 바탕을 두고 있다. 이는 '인간의 지능은 신경세포인 뉴런들 사이의 연결로부터 시작된다.'라는 가정 하에 1958년 프랭크 로젠블랫(Frank Rosenblatt)이 고안한 퍼셉트론 알고리즘에서 시작하였다.

'학습기반' 인공지능은 개발자가 규칙을 미리 지정하지 않는다. 대신 다양한 입력 데이터와 이 데이터로부터 기대되는 해답을 컴퓨터에 제공한다. 그러면 컴퓨터는 입력된 훈련 데이터를 이용하여 스스로 규칙을 만든다. 이 규칙을 새로운 데이터에 적용하여 창의적인 결과를 만들어낼 수 있다. 이러한 학습기반 인공지능을 기계학습 또는 '머신러닝(Machine Learning)'이라고 부른다.

머신러닝 기술이 등장한 초기에는 컴퓨터의 처리 속도가 지금처럼 빠르지 않았다. 그래서 개발자들은 컴퓨터에 데이터를 입력하기 전에 목적에 맞게끔 데이터를 전 처리하는 과정이 필요했다. 이러한 과정은 컴퓨터의 학습 부담을 줄여줄 수는 있었지만, 완전한 인공지능 학습이라고 할 수 없었다. 이러한 이유로 인공지능 분야는 차츰 인기가 감소하는 듯하였다. 그러나 2000년대에 들어서면서, 인터넷의 발달로 대량의 데이터를 수집할 수 있게 되고, 컴퓨터의 대규모 저장 용량과 빠른 계산 속도가 뒷받침되면서 인공지능 분야가 다시금 주목받게 되었다. 이러한 머신러닝 분야는 2004년 제프리 힌튼 교수가 새로운 딥러닝(Deep Learning) 학습 알고리즘을 제안하면서 인공지능 시대의 부활을 가져오게 하였다.

딥러닝을 간단히 설명하면 다음과 같다. 딥러닝의 기본 구조는 여러 층의 '인공 신경망'으로 구성되는데, 입력값이 들어가는 입력층과 입력값들을 분석하는 중간층, 그리고 출력값이 나오는 출력층으로 구분된다. 이때, 중간층을 은닉층이라고도 하는데, 그 이유는 입력층과 출력층은 사람 눈에 보이지만 은닉층은 신경망 알고리즘 속에 감춰져 있는 층으로 일반 사용자들은 이 구조를 몰라도 신경망을 사용하는 데에는 문제가 없기 때문이다.

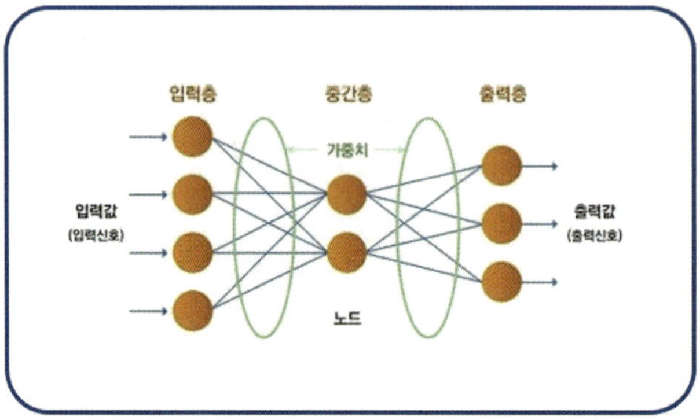

딥러닝 신경망 구조 (그림참조 :https://creativeprm.tistory.com/82)

이러한 딥러닝 시스템에 수많은 고양이와 개 사진을 보여주면 자동으로 고양이와 개를 구분할 수 있는 최적의 규칙을 찾아낸다. 이때 귀가 어떻게 생겼는지, 코는 어떤 모양인지 등의 인간적 지식을 더할 필요는 없다. 딥러닝 모델은 데이터를 통해 자동으로 필요한 특징 즉, 테두리, 모양, 색상 등을 찾아내고 분류를 수행하게 된다. 그렇게 해서 나온 최종값과 실제값에 오차가 있다면 오차를 줄이기 위해 신경망을 역으로 거슬러 올라가면서 규칙의 가중치를 수정하게 된다. 이것을 역전파(back-propagation) 알고리즘이라 부른다. 딥러닝은 오차값을 줄이기 위해 이러한 작업을 여러 번 반복 수행하면서 스스로 성능을 계속해서 향상시킨다.

현재 딥러닝을 기반으로 하는 인공지능 기술은 자연어 처리, 음성인식, 컴퓨터 비전 분야에서 괄목할 만한 성과들을 보여주고 있다. 다음 절에서는 특히 자연어 처리에 사용되는 머신러닝 방식에 대해 자세히 알아본다.

혼자서 해보기

규칙기반 인공지능과 학습기반 인공지능으로 개발된 인공지능 시스템들에는 어떤 것들이 있는지 인터넷 검색을 통해서 알아보자.

Tip! 세계를 놀라게 한 5개의 인공지능

① **마크 I 퍼셉트론(Mark I Perceptron)** : 1957년 미국의 로젠블랫이 개발하였으며, A, B, C 등 문자를 인식할 수 있는 초기의 신경망 학습 모델로써, 인공지능의 선풍적인 붐을 일으켰다.

② **마이신(MYCIN)** : 1976년 미국 스탠퍼드 대학에서 개발하였으며, 혈액의 세균 감염에 대한 치료를 진단하고 처방하기 위한 최초의 (의학) 전문가시스템이다.

③ **딥블루(Deep Blue)** : IBM이 만든 인공지능 슈퍼컴퓨터이며, 체스 전용 규칙 기반의 전문가시스템이다. 1997년 5월 세계 체스 챔피언 대회에서 12년 동안 우승을 차지했던 러시아의 카스파로프(Garry Kasparov)와의 대결에서 2승1패3무로 승리하며 세계적인 주목을 받았다.

④ **왓슨(Watson)** : IBM이 2010년 개발하였으며, 자연어처리, 정보수집, 지식 재현, 사고 등 머신러닝 기술을 기반하여 다양한 질문에 응답할 수 있는 인공지능 슈퍼컴퓨터이다. 2011년 2월 미국의 유명한 '제퍼디 퀴즈쇼'에 참가하여 퀴즈 달인들을 물리치고 연달아 우승하며 실력을 뽐냈다. 현재 왓슨은 암진단, 유전자 분석과 같은 의료 분야뿐 아니라 고객에게 주문을 받고 응대하는 다양한 분야의 로봇 연구에도 활용되고 있다.

⑤ **알파고(AlphaGo)** : 경우의 수가 무궁무진하며 매우 복잡한 규칙을 가지고 있는 바둑은 수년간 기계학습이 정복하기 어려운 영역으로 여겨졌다. 그러나 '딥러닝' 신경망 기법을 활용하여 2016년 구글이 개발한 알파고가 인간 고수 이세돌 9단을 이기며 바둑 세계 챔피언으로 등극하였다. 이는 인공지능 소프트웨어와 막강한 최첨단 하드웨어의 결합으로 새로운 인공지능의 서막을 알리는 계기가 되었다.

10.1.2. 텍스트 데이터의 학습과 활용

표 형태의 데이터를 정형(structured) 데이터라고 하고, 그렇지 않은 데이터를 비정형(unstructured) 데이터라고 한다. 비정형 데이터에는 텍스트, 이미지, 음성 등이 있다. 근래 들어 특히 비정형 데이터 분석이 각광을 받고 있다. 각종 통계에 따르면, 인터넷과 통신기기들을 통해 쏟아지는 데이터의 양은 2020년까지 44제타바이트(1ZB = 1TB HDD 10억 7,374만개)가 넘는 것으로 추산되며, 총 데이터의 80% 이상이 비정형 데이터라고 한다. 그 중에서도 텍스트는 가장 기본적이고 광범위하게 사용되는 비정형 데이터이다. 특히 웹과 SNS, 음성텍스트변환(STT, Speech to Text) 기술의 등장 이후 텍스트 데이터의 분석은 다양한 분야에서 활용되고 있다. 개발자들은 텍스트 분석 기술을 이용하여 문서를 요약하고 분류하는 업무뿐만 아니라 문장 속에서 소비자의 감정을 분석하여 트렌드를 알아내고, 이 트렌드를 마케팅 전략이나 정치적 전략을 수립하는 데에 활용한다. 또한, 언어 간 번역 및 주어진 질문에 응답하는 챗봇 개발에도 유용하게 사용한다.

이러한 텍스트 자료를 분석하기 위해서는 문장들 속에서 유의미한 패턴 또는 유용한 정보를 추출하는 기계학습과 통계학적 기술이 필요하다. 그뿐만 아니라 언어학을 기반으로 하는 자연어 처리 기술(NLP : Natural Language Processing)에 대한 이해도 필요하다. 자연어는 일상생활에서 사람들이 사용하는 언어로써 우리에게는 한국어가, 미국인에게는 영어가 자연어에 해당한다. 그런데 사람에게는 쉬운 자연어가 컴퓨터에게는 생각보다 간단하지 않다. 가령 사람은 대화할 때 주어를 빼거나 말의 순서를 바꾸어도 문맥상 의미를 전달하는 데 큰 문제가 없다. 하지만 컴퓨터의 경우에는 주어의 위치가 바뀌거나 구두점 하나만 더해져도 다른 문장으로 받아들이게 된다.

과거 자연어 분석은 주로 규칙 기반의 키워드 맵핑 알고리즘을 이용하였다. 미리 입력된 키워드를 감지하여 의미를 분석하는 키워드 맵핑 방식은 구현하기는 쉽지만, 의미 파악에 오류가 많았다. 예를 들어 '나는 밤에 밤을 먹었다'라는 문장에서 앞에 쓰인 밤과 뒤에 쓰인 밤을 구분하기 어려웠다.

키워드 맵핑 방식의 이러한 단점을 극복하기 위해 머신러닝은 텍스트 벡터화를 이용한 단어 임베딩 기법을 사용한다. 단어 임베딩은 단어 사이의 의미 관계를 파악하기 위해 언어를 기하학적 공간에 매핑하는 방식이다.

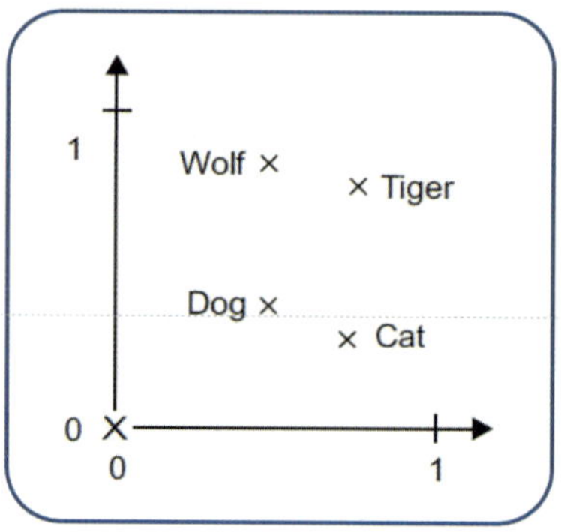

2D평면에 표현된 단어 임베딩의 간단한 예

위 그림과 같이 'Dog', 'Cat', 'Wolf', 'Tiger' 4개의 단어를 2D 공간의 단어 벡터로 표현하면 단어 간의 의미 관계를 숫자로 인코딩할 수 있다. 예를 들어 Dog에서 Wolf로, Cat에서 Tiger로 이동하는 것은 y 값이 커지는 관계인데, 이 벡터 관계는 '애완동물에서 야생동물로의 이동'으로 해석할 수 있다. 또한, Dog에서 Cat으로, Wolf에서 Tiger로 이동하는 것은 x 값이 커지는 관계인데 이것은 '개 과에서 고양이 과로의 이동'을 의미한다. 일반적으로 두 단어 벡터 사이의 거리는 두 단어 사이의 의미 거리로서, 관련이 있는 단어끼리는 더 가까이 임베딩된다. 그리고 임베딩 공간에서 방향도 의미를 갖는데 일반적으로 '성별'이나 '복수(plural)' 벡터 등으로 구성할 수 있으며, 잠재적으로 수천 개의 벡터 특성으로 나눠질 수 있다. 따라서 이러한 단어 임베딩 방식을 사용하면 '나는 밤에 밤을 먹었다.'라는 문장을 입력하면 앞에 있는 밤은 시간을 나타내는 조사 '에'와 가까우므로 'night'을 뜻하는 '밤'으로, 뒤에 있는 밤은 '먹었다'와 가까우므로 'chestnut'을 뜻하는 '밤'으로 해석될 수 있다.

그런데 이따금 입력된 훈련 데이터가 부족하면 정확한 단어 임베딩을 학습할 수 없게 되고 결국 부정확한 결과를 초래하게 된다. 그러므로 자연어 처리에서는 주로 사전 훈련된 단어 임베딩을 사용하곤 한다. 개발자들은 위키피디아(Wikipedia)나 커먼 크롤(Common Crawl) 데이터 등에서 가져온 수백만 개의 문장에 대해 텍스트 벡터화를 통한 단어 임베딩 데이터베이스를 미리 만들어 놓았다. 따라서 일반 사용자들은 IT 기업들이 제공하는 인공지능 플랫폼을 이용하여 텍스트 데이터 모델을 쉽게 구현해 볼 수 있다.

그럼 인공지능이 과연 문장을 해석한 후 그 문장의 주제어를 스스로 찾아낼 수 있는지 확인해 보자. 엔트리에서 제공하는 모델학습을 이용하면 쉽게 텍스트 분류 모델을 만들 수 있다. 본 예제에서는 뉴스 기사를 입력하면 자동으로 해당 뉴스의 섹션을 찾아주는 '인공지능 뉴스 분류기'를 만들어 보려고 한다.

일반적으로 텍스트 분류 모델을 만드는 순서는 다음과 같다.

① 학습(훈련 및 검증) 데이터셋(Training Dataset) 준비하기 : 훈련에 필요한 텍스트는 직접 작성하거나 인터넷 검색, 웹크롤링 등을 통해 준비한다.

② 라벨링(Labeling) 하기 : 훈련 데이터를 클래스별로 구분하여 라벨을 달아준다.

③ 학습 및 모델(Model) 생성하기 : 인공지능 플랫폼을 이용하여 라벨링 된 데이터로 학습된 새로운 모델을 생성한다.

④ 실습 데이터 입력과 결과 확인 : 학습 및 검증 데이터에 쓰이지 않았던 새로운 실습 데이터를 입력하여 예측 결과를 확인한다.

크롬(Chrome) 브라우저를 이용하여, 엔트리(https://playentry.org/) 온라인 사이트에 접속한다. 이전 장들과는 다르게 온라인 사이트에서 작업하는 이유는 인공지능 모델을 학습시키기 위해서는 엔트리 인공지능 플랫폼과 연동해야 정확하게 작동하기 때문이다. 회원가입 후 로그인하도록 한다.

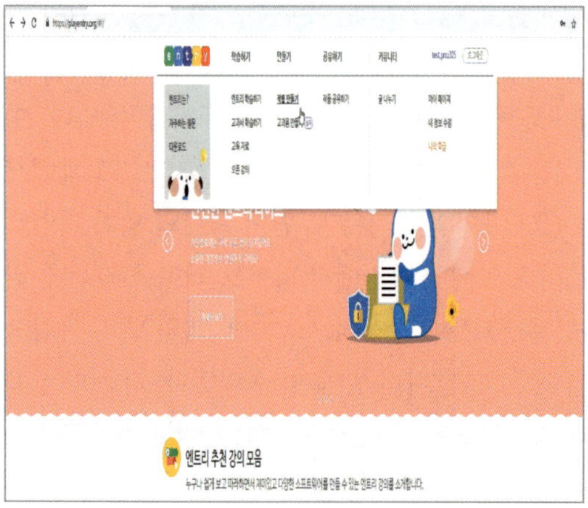

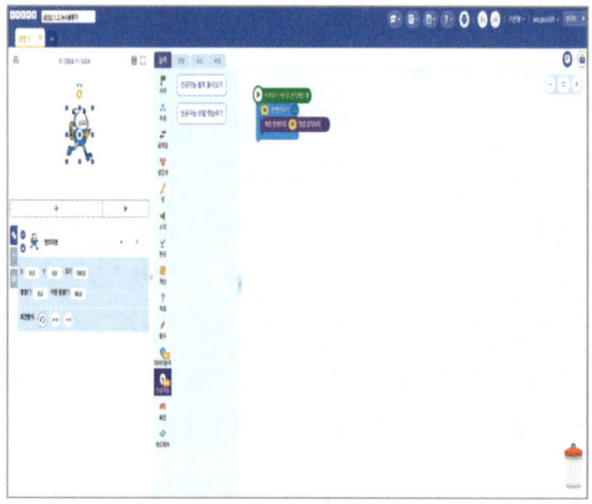

엔트리 화면 상단에 있는 [만들기]-[작품 만들기] 버튼을 클릭한다. 상단 프로그램 제목은 'ch10_1_2_뉴스분류기'라고 적고, [인공지능] 블록을 선택한다. 엔트리에서 인공지능 모델을 만드는 방법은 두 가지가 있다. 첫 번째는 이미 사전에 학습된 모델을 [인공지능 블록 불러오기]를 이용해서 사용하는 방법이고, 두 번째는 원하는 데이터를 입력하여 새로운 인공지능 모델을 학습시켜 사용하는 [인공지능 모델 학습하기] 방법이다. [인공지능 블록 불러오기]는 Part Ⅲ에서 충분히 다루어 보았고, 본 장에서는 직접 인공지능 모델을 학습시켜 사용해 보도록 한다.

1) 인공지능 모델 만들기

① [인공지능 모델 학습하기] 버튼을 클릭한다.

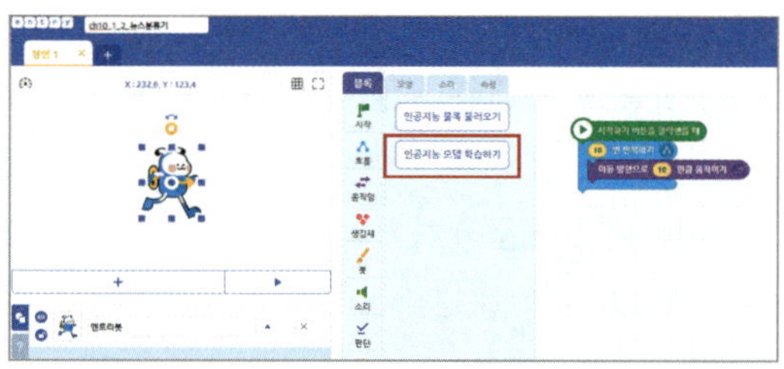

② [학습할 모델 선택하기] 메뉴에서 [새로 만들기]-[분류:텍스트]를 선택하고 [학습하기] 버튼을 클릭한다.

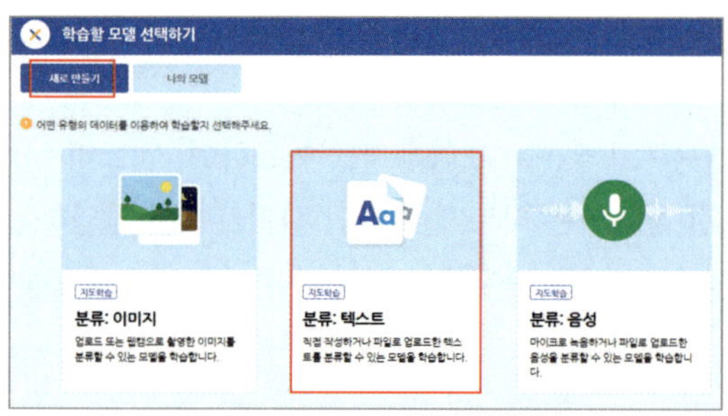

③ 모델 이름 '뉴스분류기'라고 입력한 후 [+클래스 추가하기]를 눌러 '정치사회', '스포츠', '연예' 3가지 클래스를 만들어 준다.

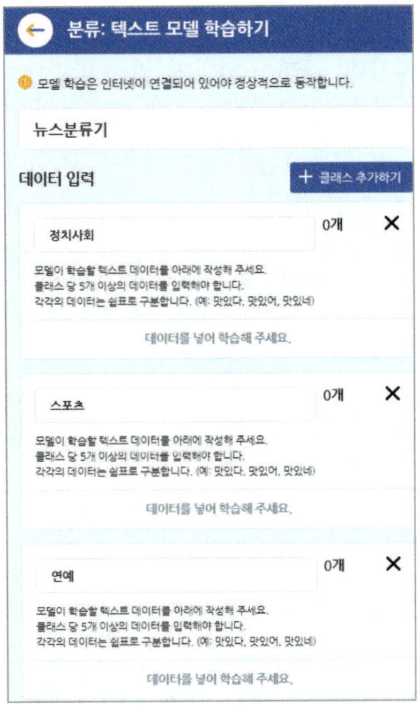

모델을 학습시킬 때 학습할 텍스트 데이터를 직접 작성할 수도 있지만 인터넷에 올라온 뉴스 기사를 이용하면 데이터를 좀 더 쉽게 수집할 수 있다. 다음(Daum) 사이트로 접속한 후 [뉴스]-[랭킹] 메뉴를 찾아 들어가면 뉴스, 연예, 스포츠 기사별 [많이 본] 뉴스를 찾을 수 있다.

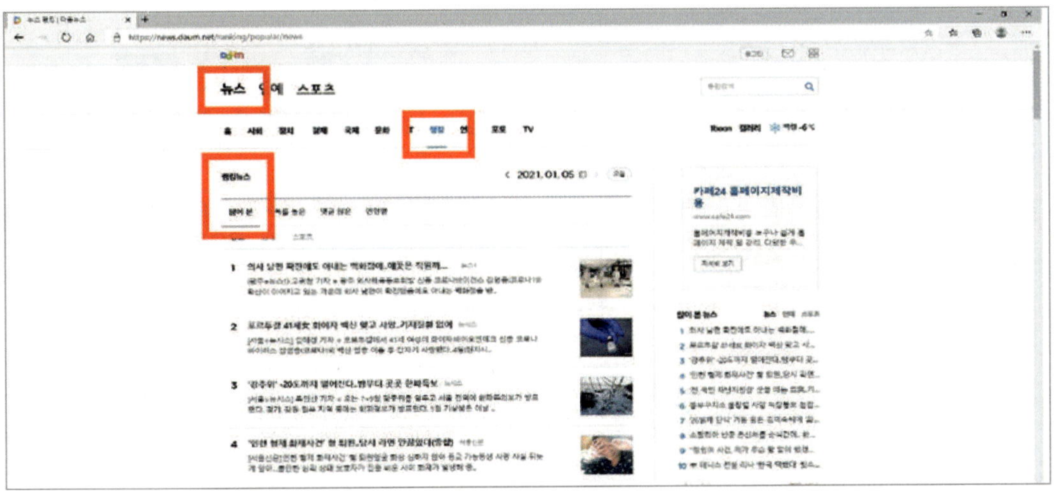

2) 데이터 입력 & 학습

① 먼저 [정치사회] 클래스 하단에 있는 [데이터를 넣어 학습해 주세요.]를 클릭하여 데이터 입력 창을 연다.

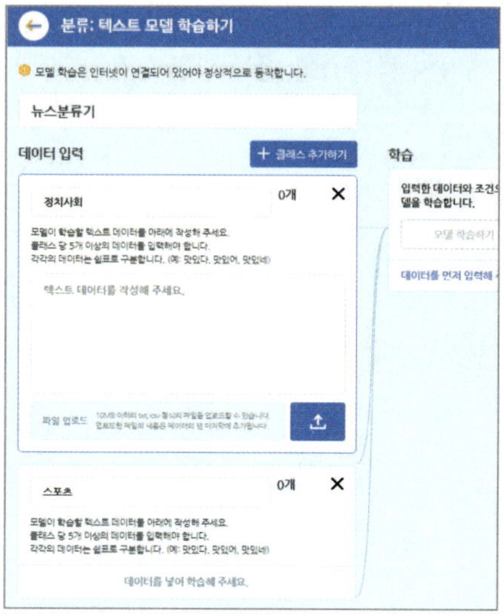

② [정치사회], [스포츠], [연예] 클래스 각각에 다음(Daum) 뉴스 사이트에 있는 기사 제목을 클래스에 맞게 복사하여 붙여넣기 한다.

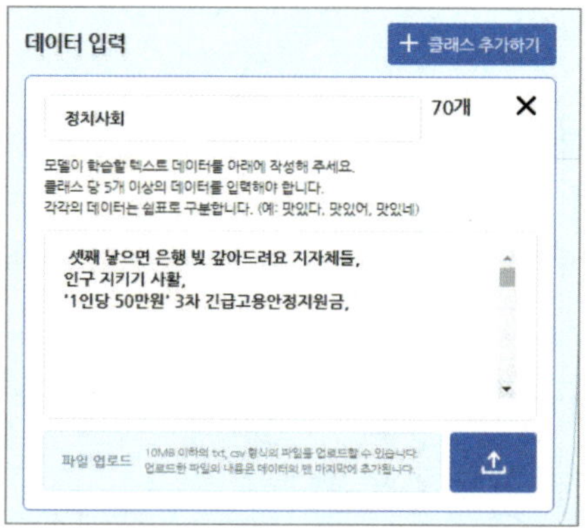

③ 학습할 데이터는 많으면 많을수록 좋다. 따라서 제공된'ch10_1_2_정치사회뉴스.txt', 'ch10_1_2_스포츠뉴스.txt', 'ch10_1_2_연예뉴스.txt' 파일을 [파일 업로드]하여 각각의 클래스에 맞게 추가한다.

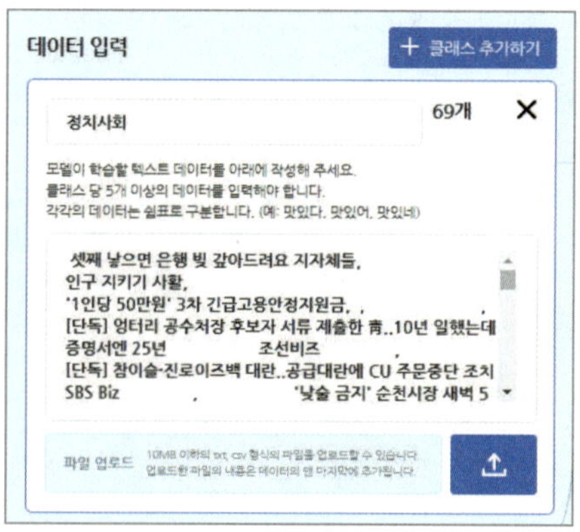

④ 데이터 추가를 마치면 [모델 학습하기] 버튼을 클릭한다. 학습이 완료되면 하단에 [학습을 완료했습니다.]라는 메시지가 나타난다.

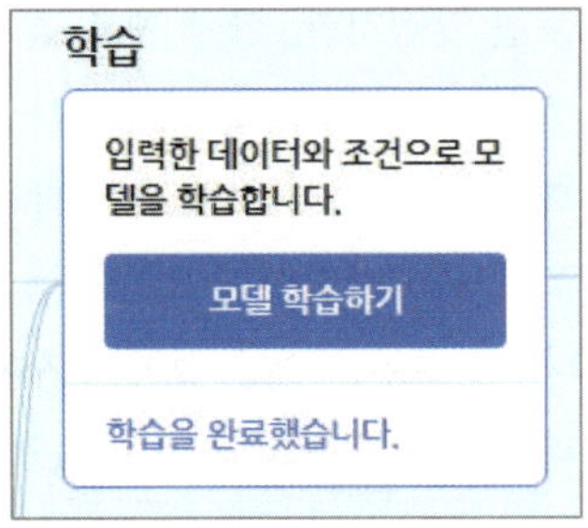

3) 테스트

① 학습이 끝나면 모델이 잘 학습되었는지 테스트를 해 봐야 한다. 결과 텍스트 상자에 학습에 쓰이지 않은 새로운 뉴스 제목을 다음 사이트에서 찾아 붙여넣기 한 후 [입력하기] 버튼을 클릭한다. "2년 3개월 만에 70kg급 감량..맥그리거 명품 경기 약속"이라는 문장으로 테스트해 보았다.
결과를 보면 해당 제목은 클래스가 '스포츠'일 확률이 97.47%라고 예측하였다.

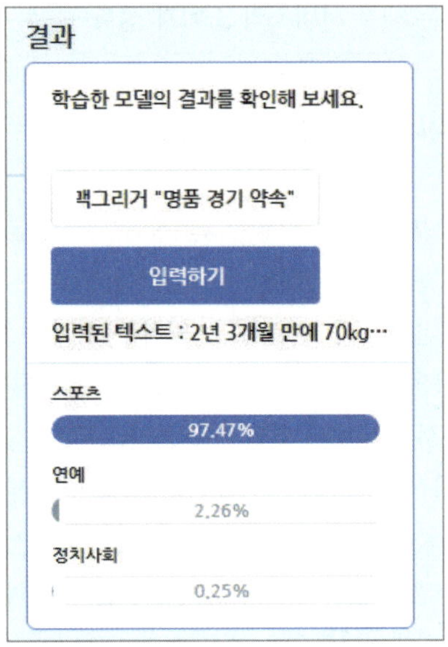

② "블랙아이스 교통사고.. 도로 관리소홀로 보상 신청될까"라는 제목으로 테스트하니 클래스가 '정치사회'일 확률이 45.21%로 나타난다. 다른 뉴스 제목들로도 여러 번 테스트해 본다.

여러 차례 테스트해보면 알겠지만, 항상 예측 결과가 정확하게 나오는 것은 아니다. 머신러닝도 잘못된 결과를 예측하곤 하는데, 이는 학습 데이터가 충분하지 않았기 때문이다. 풍부한 학습 데이터를 마련하기 위해 인터넷에 올라온 기사나 정보를 자동으로 모아주는 웹 크롤링 기법이 이럴 때 유용하게 사용될 수 있다. 이렇게 해서 만들어진 인공지능 모델은 엔트리 블록을 이용하여 사용자 목적에 맞게 코딩을 추가하면 된다. 이 부분은 다음 절에서 자세히 다룰 것이다.
최근 네이버는 네이버 검색어 데이터와 언어 사전 데이터를 학습한 자연어 처리 엔진이 탑재된 인공지능 플랫폼 '클로바(Clova)'를 공개하였다. 클로바는 검색 기능은 물론이고 음성인식 기술을 통한 날씨 정보, 음악 추천 및 재생, 통·번역 및 더빙 서비스도 제공한다. 또한, 사용자의 질의에 대한 최적의 답변을 제공하는 챗봇 서비스와 소비자 성향에 맞는 뉴스 추천 서비스까지 제공하고 있다.

10.1.3. 빅데이터와 인공지능

1950년대 후반 시작된 인공지능의 붐은 1970년 후반부터 인공지능 빙하기라고 불릴 정도로 침체기를 맞이하게 된다. 그 당시의 컴퓨터 성능으로는 계산 처리는 빠르게 할 수 있지만, 사물을 보고, 듣고, 인식하는 처리는 매우 어려웠다. 원하는 성과를 내지 못하자 곧 투자가 끊기고 인공지능 기법으로 자연어 번역 등의 문제를 해결하는 것은 불가능하다는 혹독한 비난을 받게 되었다. 그러다가 2000년대에 들어서면서 인터넷이 발달하고 스마트폰, 소셜 네트워크 등이 대중화됨에 따라 엄청난 양의 데이터가 쌓이기 시작했다. 또한, 컴퓨터의 성능이 크게 개선되고 하둡(Hadoop), GPU와 같은 대용량 데이터를 처리할 수 있는 컴퓨팅 기술들이 개발되면서 본격적으로 빅데이터 시대를 맞이하게 되었다. 이러한 빅데이터 기술은 다시 인공지능의 봄을 맞이하게 해 주었다.
인공지능과 빅데이터와의 관계를 이해하려면 우선 빅데이터의 특징을 알아야 한다. 시장 조사 전문 기관인 가트너(Gartner) 그룹은 빅데이터를 3V로 정의하였다. 이는 규모(Volume), 속도(Velocity) 그리고 다양성(Variety)을 의미한다. 다시 말해서 빅데이터를 다룬다는 것은 정형화된 수치 데이터뿐만 아니라 웹페이지 또는 모바일앱에서 찾은 텍스트나 이미지 자료, 유튜브나 틱톡 등에서 내려받은 동영상, 각종 센서 기반 장비들에서 수집된 다양한 형태의 비정형 데이터까지 모두 처리해야 함을 의미한다. 이러한 데이터들은 하루에 수십 테라바이트(Tb)에서 많게는 수백 페타바이트(Pb)까지 생성되며, 이러한 막대한 양의 데이터를 거의 실시간에 가까운 속도로 신속하고 효율적으로 처리할 수 있는 기술을 빅데이터 시스템이라 한다.

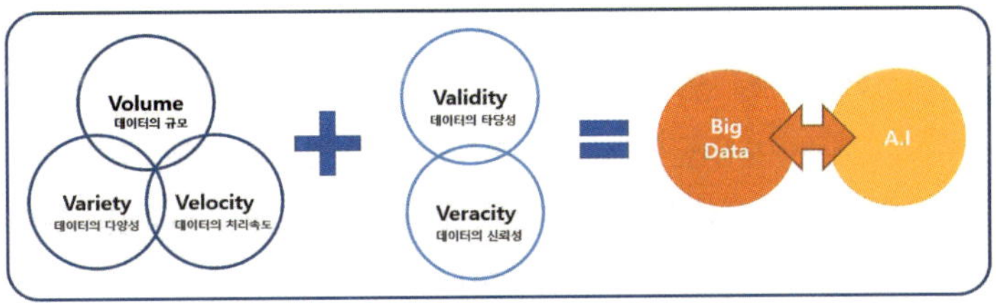

빅데이터와 인공지능

그런데 이렇듯 계속 쌓이고 있는 데이터들 속에서 유용한 정보를 찾아서 사용하지 못한다면 빅데이터는 아무 소용이 없을 것이다. 인공지능 기술을 사용하기 이전까지는 각 분야의 전문가들이 본인들의 경험을 바탕으로 데이터 간의 연관성을 발견하고 의미 있는 정보를 찾아냈다면, 이제는 인공지능이 데이터 학습을 통해 스스로 패턴을 분석하고 결과를 예측하여 가치 있는 정보를 추출한다. 이러한 인공지능 기술은 빅데이터에서 원하는 정보를 찾아내는데 중요한 기술로 자리 잡고 있다. 또한, 역으로 빅데이터에서 분석된 자료들은 인공지능이 스스로 빠르게 학습할 수 있도록 도와주는 양질의 데이터로 제공된다. 이렇듯 인공지능과 빅데이터와의 관계는 증기 기관차와 연료로 표현할 수 있다. 인공지능이라는 기관차가 힘차게 달려 나가기 위해서는 빅데이터라는 연료를 원활히 공급해 주어야 하기 때문이다. 사람은 데이터의 양이 많아지면 피곤함을 느끼지만 무제한 학습력을 지닌 인공지능은 데이터가 많으면 많을수록 효율적으로 학습하고 결과에 대한 정확도를 높여간다.

아마존 도서 추천 서비스 (그림출처: 구글이미지)

빅데이터와 인공지능 기술을 적극적으로 활용하는 대표적인 예로 아마존을 들 수 있다. 아마존은 고객들의 쇼핑 성향을 파악하는 데 이러한 기술을 매우 효과적으로 사용한다. 고객들의 도서구매 이력뿐 아니라 쇼핑 카트에 담은 도서 내역, 구매 후기에 남긴 점수, 비슷한 도서를 구매한 다른 고객들의 정보, 구매 습관 등을 모두 빅데이터로 관리한다. 이러한 정보를 바탕으로 인공지능을 통해 특정 고객이 책을 구매할 때 고객이 관심을 가질만한 도서를 추천해 줌과 동시에 할인 쿠폰도 지급한다. 아마존 매출의 35%가 추천 엔진 덕분에 발생한다고 한다.

최근에는 빅데이터에 두 개의 V가 더 등장했는데, 바로 타당성(Validity)과 신뢰성(Veracity)이다. 타당성은 빅데이터를 통해 올바른 데이터를 인공지능에 제공해야 함을 의미한다. 예를 들어 인공지능이 군인을 학습할 때, 빅데이터를 통해 남자 군인 이미지만 수집하여 학습하도록 하면 편협한 인공지능이 될 수 있다. 이런 경우 개발자는 여자 군인 이미지 데이터도 수집, 학습하도록 하여 보편타당한 결과를 유추할 수 있도록 해야 한다. 또한, 정보의 양이 많아지면 그만큼 데이터의 신뢰성이 떨어지기 마련이다. 그러므로 빅데이터를 분석하는 데 있어서 기업이나 기관에서 수집한 데이터가 정확한 것인지, 분석할 가치가 있는 것인지 등을 면밀히 고려해야 한다. 또한, 신뢰성 있는 데이터를 얻을 수 있는 다양한 경로를 미리 알아두는 것도 좋은 방법이다.

인공지능 학습에 필요한 대량의 데이터를 제공하는 사이트들

공공 데이터	민간 데이터
• 공공데이터 포털 https://www.data.go.kr/ • AI Hub https://www.aihub.or.kr/ • 서울 열린데이터 광장 http://data.seoul.go.kr/ • 경기데이터드림 https://data.gg.go.kr/ • 데이터 스토어 https://www.datastore.or.kr/ • 마이크로데이터통합서비스 https://mdis.kostat.go.kr/	• 캐글 https://www.kaggle.com/ • 네이버 데이터랩 https://datalab.naver.com/ • 구글 트랜드 https://trends.google.com/ • SK빅데이터허브 https://www.bigdatahub.co.kr/ • 이미지넷 http://www.image-net.org/ • MNIST http://yann.lecun.com/exdb/mnist/

10.2. 텍스트 데이터의 학습과 구현

앞 절에서 엔트리를 이용하여 텍스트 모델을 학습하고 학습한 결과에 대하여 간단한 테스트를 해 보았다. 이번 절에서는 보다 더 자세하게 엔트리에서의 텍스트 모델 학습 과정을 설명하고, 학습 모델을 활용한 다양한 인공지능 프로그램을 구현해 보고자 한다. 텍스트 모델 학습 기능은 직접 타이핑한 텍스트를 학습 데이터로 삼아 일정한 기준에 따라 분류하고, 그 기준에 맞춰 모델을 학습시켜 자신만의 모델을 만들어 볼 수 있는 기능이다. 먼저 엔트리에서 텍스트 모델을 학습시키기 위한 과정과 필요한 요소, 그리고 모델 학습 후에 사용하는 블록에 대해 살펴보자.

회원가입과 로그인

엔트리에서 모델 학습은 인터넷에 연결이 되어 있어야 정상적으로 동작하므로 회원가입을 하고 로그인을 하여야 한다. 엔트리 화면의 오른쪽 상단에 관련된 버튼이 있다.

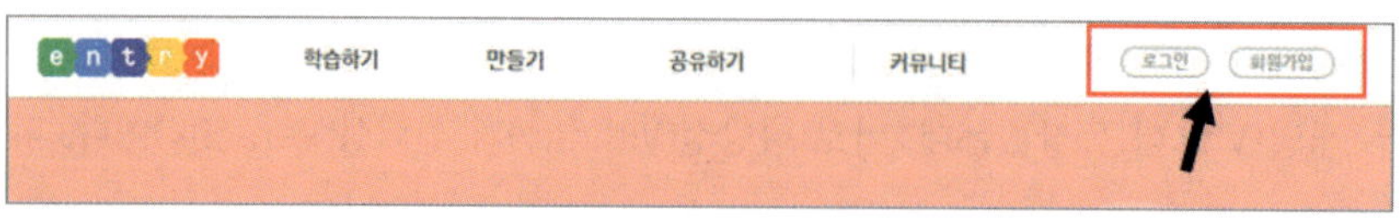

텍스트 모델 학습하기

[인공지능] 범주 -> [인공지능 모델 학습하기] -> [새로 만들기] -> [분류:텍스트] -> [학습하기]를 클릭한다.

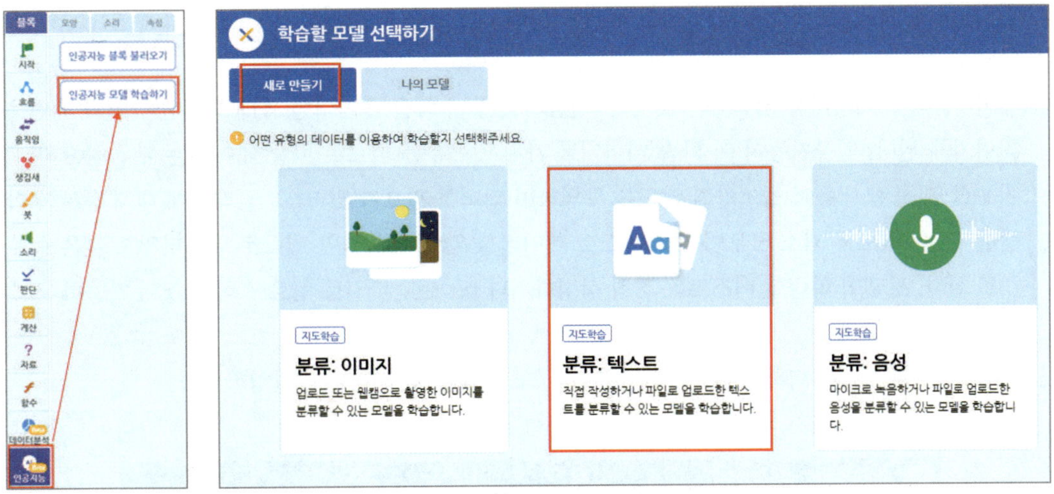

그러면, 텍스트 모델 학습 창이 다음과 같이 열린다.

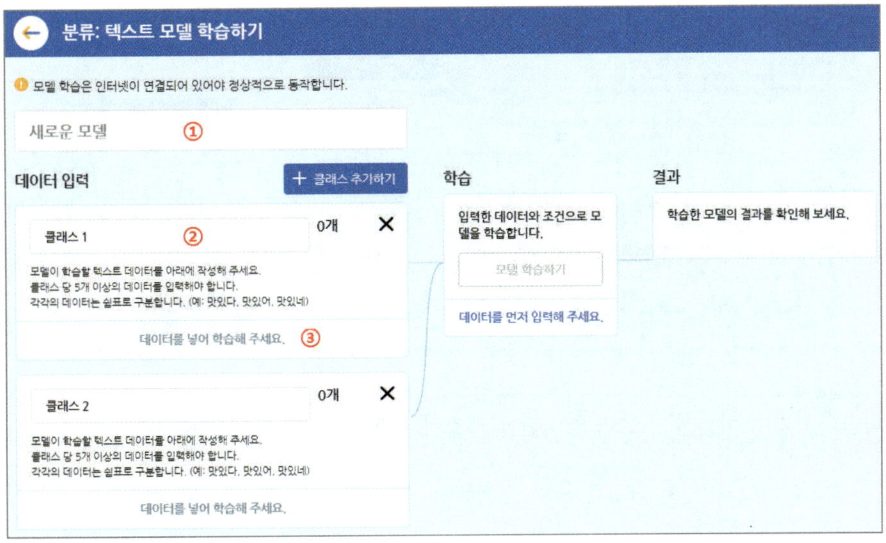

① 모델 이름 : 학습할 모델의 이름을 입력한다. 특별히 정해져 있는 규칙은 없기 때문에 학습 내용을 대표할 수 있는 임의의 이름을 정하여 입력한다.

② 클래스 : 학습 데이터의 묶음이며, 새롭게 들어온 데이터를 분류하는 기준이 된다. 학습 모델이 알려주는 결과 값으로 이 클래스 이름이 사용되므로 쉽게 알아볼 수 있는 이름을 정해주는 것이 중요한다. 클래스는 [+클래스 추가하기]를 클릭하여 개수를 늘릴 수 있다.

③ 데이터 : 학습 데이터를 입력하는 곳이다. 인공지능은 이 학습 데이터를 통해 특정한 규칙과 패턴을 찾아가게 된다. 인공지능이 이 학습 데이터를 가지고 공부를 하므로 학습 데이터는 매우 중요하다. 가능한 한 틀린 내용이 들어가지 않도록 주의하며 입력할 필요가 있다. 각 클래스에 대해 충분한 학습을 할 수 있도록 최소 5개 이상의 텍스트 데이터를 입력해야 하며 텍스트 데이터의 구분은 쉼표(,)로 한다. 모델이 학습할 텍스트는 직접 작성하거나 txt, csv 파일로 업로드 하는 것이 가능하다.

2개 이상의 클래스를 입력하고 나면, 학습 박스의 '모델 학습하기' 버튼이 활성화된다.

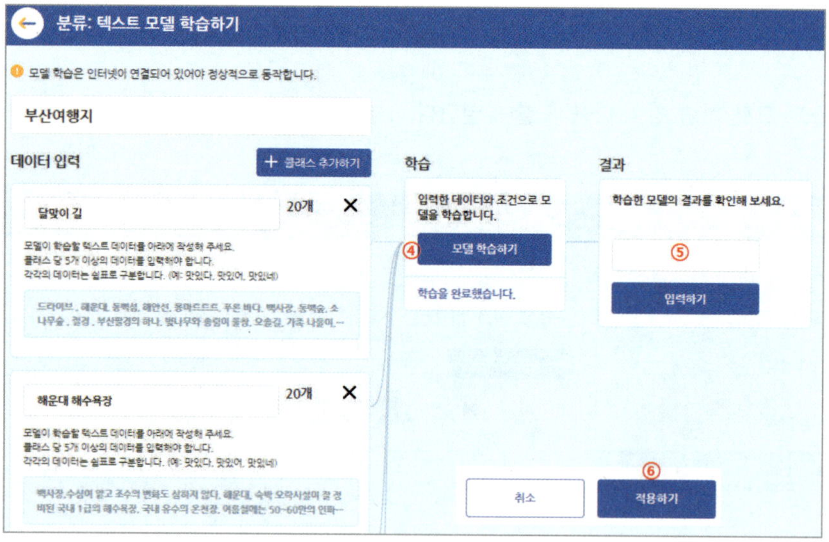

④ 모델 학습하기 : 이 버튼을 누르면 입력한 클래스에 대한 모델 학습이 완료된다.

⑤ 인식 결과 확인하기 : 학습이 완료된 모델을 이용하여 인식 결과를 확인해 보자.

예를 들어, 위의 '부산여행지' 학습모델에는 4개의 클래스('달맞이길', '사직야구장', 'BIFF 광장', '해운대 해수욕장')가 학습되어져 있다. 결과 확인 창에 "가족들과 산책" 이라고 입력하면 인식 결과 값으로 '달맞이 길'이 60%의 인식률을 보인다는 것을 확인할 수 있다.

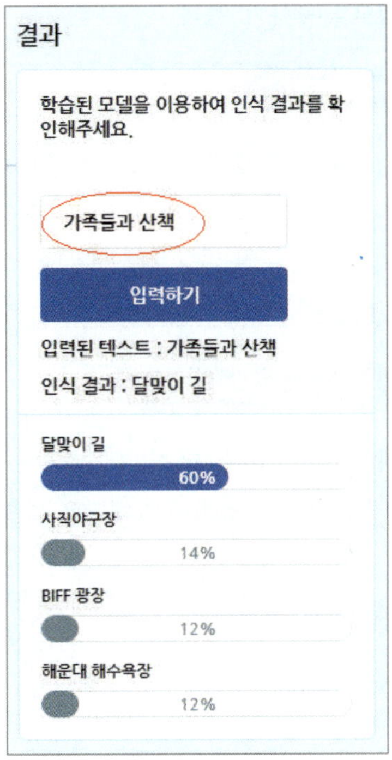

⑥ 적용하기 : 학습한 텍스트 모델에 대하여 블록을 사용하여 인공지능 프로그램에 이용할 수 있다.

학습이 완료된 후 적용하기 버튼을 클릭하면, [인공지능] 범주에 5개의 텍스트 모델 학습 블록이 나타난다.

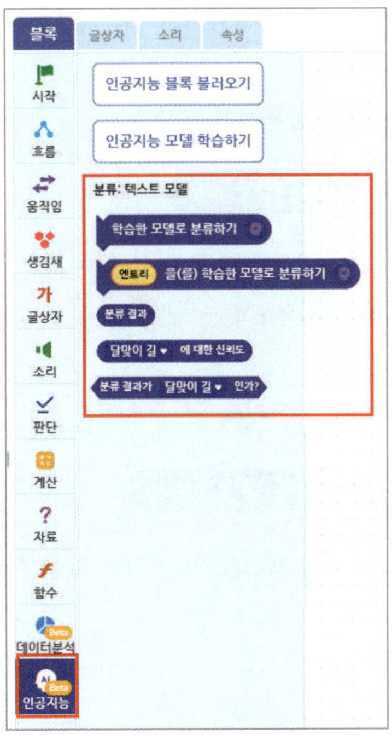

[분류:텍스트] 모델 학습 블록 사용하기

① '학습한 모델로 분류하기' 블록

이 블록을 사용하면, 프로그램을 실행하였을 때 텍스트 데이터를 입력하는 창이 나타난다. 직접 타이핑하여 텍스트를 입력할 수 있으며, 입력한 텍스트를 학습한 모델로 분류한다.

② '~를 학습한 모델로 분류하기' 블록

이 블록을 사용하면, 원하는 텍스트를 블록에 직접 넣어 모델로 분류할 수 있다. 또한 프로그램에서 사용하는 변수나 키보드 입력받은 대답을 학습 모델에 넣어볼 수 있다.

③ '분류 결과' 블록

이 블록은 학습한 모델이 분류한 결과 값을 알려주는 블록이다. 말하기 블록에 넣어 분류 결과를 화면에 보여주거나, 판단 블록이나 계산 값에 넣어 사용할 수 있다.

④ '~에 대한 신뢰도' 블록

이 블록은 클래스의 신뢰도를 %로 보여준다. 신뢰도가 높을수록 새롭게 입력된 데이터가 특정 클래스로 정확하게 분류된다는 것을 알 수 있다.

⑤ '분류 결과가 ~ 인가?' 블록

이 블록을 이용하면 텍스트 인식 결과 값을 참/거짓으로 확인할 수 있다.

10.2.1. 부산의 명소에서 뭐하고 싶니?

엔트리에서 제공하는 텍스트 학습 모델 기능을 활용한 첫 번째 인공지능 프로그램으로 부산의 명소를 소개하는 프로그램을 구현해 보자. 부산의 명소 중에서 소개하고 싶은 장소를 학습시킨 후에 사용자의 질문을 분석하여 특정 장소를 추천하는 프로그램이다. 여기서는 우선 '달맞이길', '해운대 해수욕장', '사직야구장', 'BIFF 광장' 4군데 장소에 대해서만 학습한다. 이후에 더 많은 장소와 데이터를 학습시켜 프로그램을 확장할 수 있을 것이다.

● 실행 화면 미리 보기

① 시작하기(▶)를 클릭하면, '엔트리봇' 오브젝트가 "오늘은 어떤 여행을 하고 싶은가요?" 라고 묻는다. -> 질문에 답을 한다. ("가족들과 산책하고 싶어요.")

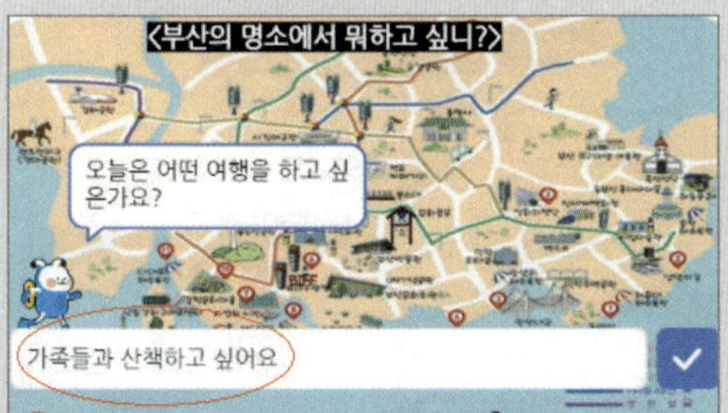

② 가족들과 산책할 수 있는 장소를 인공지능 프로그램이 안내한다.

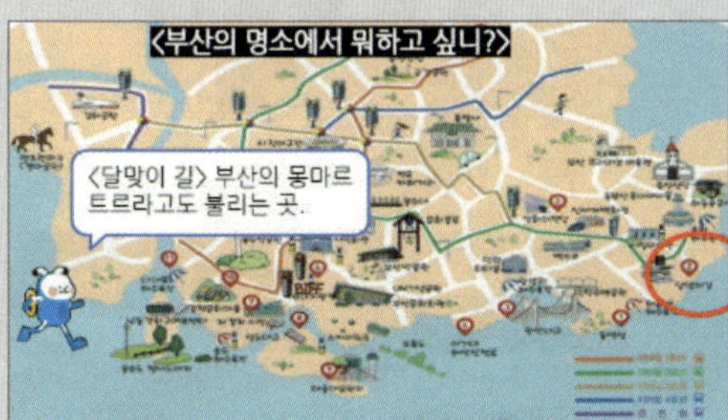

● 프로그램 구현 준비

① 텍스트 모델 학습 준비 : 추천할 부산의 여행지 4곳에 대한 데이터를 수집한다.

② 오브젝트 준비 : '제목글', '배경', '엔트리봇', 장소를 표시할 동그라미 4개, 총 7개의 오브젝트를 준비한다.

1) 텍스트 모델 학습하기

추천하고 싶은 부산 여행지 중에서 '달맞이길', '해운대 해수욕장', '사직야구장', 'BIFF 광장'에 대한 텍스트 모델을 학습한다.

① [인공지능] 범주 -> [인공지능 모델 학습하기] -> [새로 만들기] -> [분류:텍스트]를 클릭한다.

② 모델 이름에 "부산여행지"를 입력한다.

③ 클래스 이름에 "달맞이길"을 입력한다.

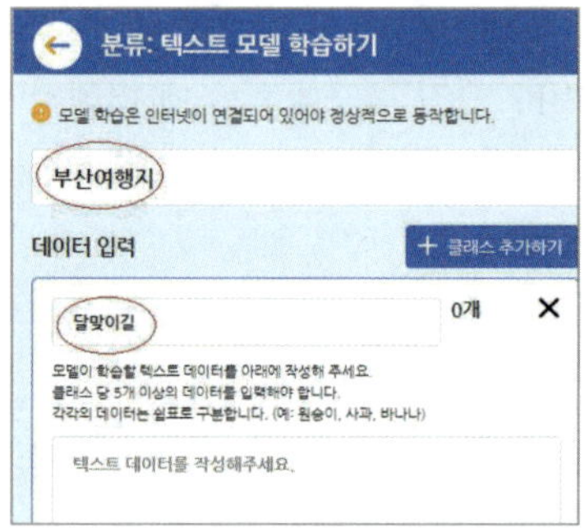

④ 학습할 텍스트 데이터는 외부 파일을 업로드하여 입력한다. ('ch10_2_1_달맞이길.txt')

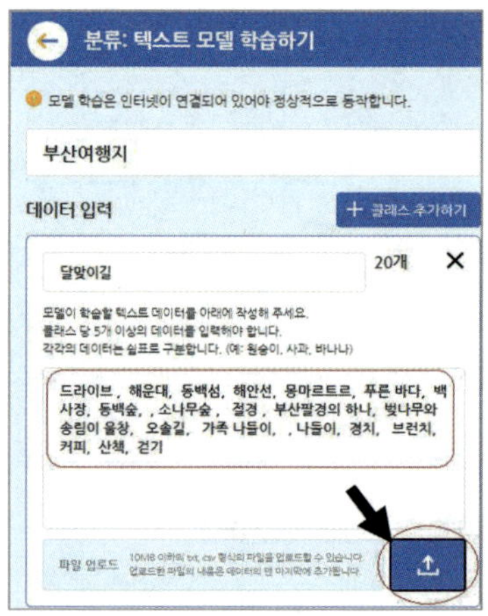

⑤ 나머지 3개의 클래스('해운대 해수욕장', '사직야구장', 'BIFF광장')를 '달맞이길' 클래스와 같은 방법으로 작성한다.

학습할 텍스트 데이터는 외부 파일을 업로드 하여 입력한다. ('ch10_2_1_해운대해수욕장.txt', 'ch10_2_1_사직야구장.txt', 'ch10_2_1_ BIFF광장.txt')

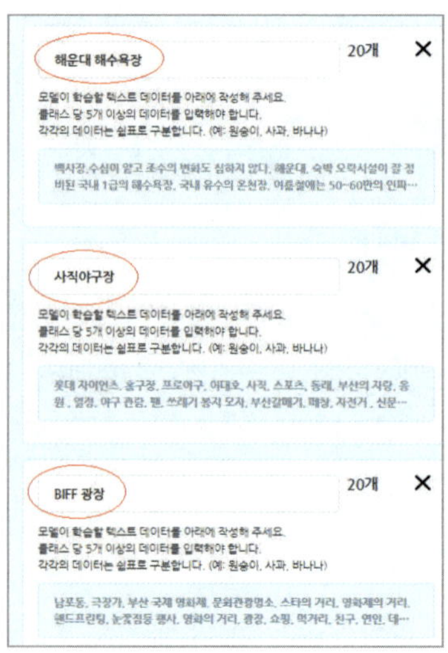

⑥ [모델 학습하기]를 클릭하여, '부산여행지' 모델에 대한 학습을 완료한다.

⑦ [적용하기]를 클릭하여, 학습한 텍스트 모델 블록을 프로그램에 생성한다.

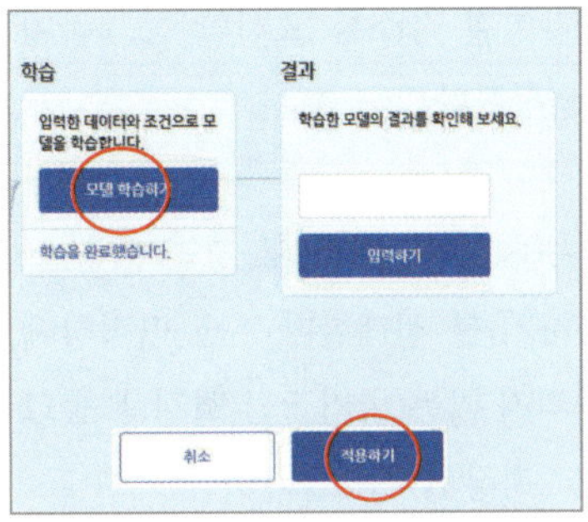

2) 오브젝트 만들기

'배경', '제목글', '엔트리봇', 장소를 표시할 동그라미 4개, 총 7개의 오브젝트를 생성한다.

① 오브젝트 추가하기(+) -> [파일 올리기] -> 'ch10_2_1_부산여행지배경.jpg'를 선택하여 추가한다.

② 추가한 배경을 선택하여, 실행 화면 크기에 맞춰서 크기를 늘리고 오브젝트 이름을 "배경"으로 수정한다.

③ 오브젝트 추가하기(+) -> [글상자]를 선택하여, "<부산의 명소에서 뭐하고 싶니?>"를 입력한다. 속성으로 '배경색(검정)/글꼴색(흰색)/진하게'를 설정한다.

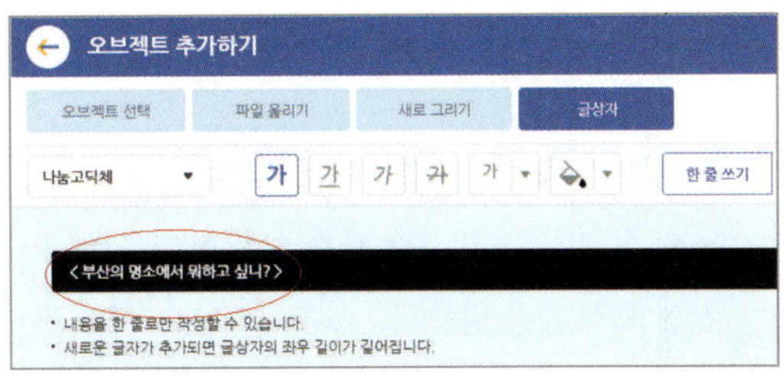

④ 작성한 제목 글상자의 크기를 조정하여, 실행 화면 위쪽 지정된 위치에 가져다 놓는다.

⑤ '엔트리봇' 오브젝트의 크기를 줄여서, 실행 화면의 지정된 위치에 가져다 놓는다.

⑥ 배경에서 달맞이길 장소를 표시할 동그라미 오브젝트를 생성한다.

오브젝트 추가하기(+) -> [새로 그리기]를 선택 -> [이동하기]를 선택한다. -> 편집창에서 안이 채워지지 않는 굵기 5인 빨강색 동그라미를 그리고 저장한다.

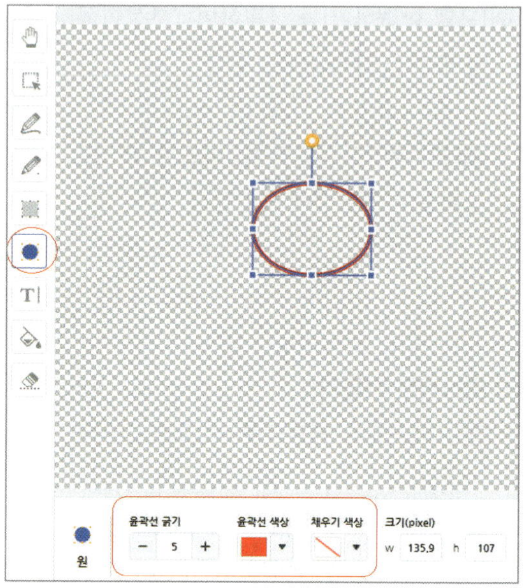

실행 화면에서 동그라미의 크기를 적당히 줄이고, 지도에서 달맞이길 위치에 가져다 놓는다.

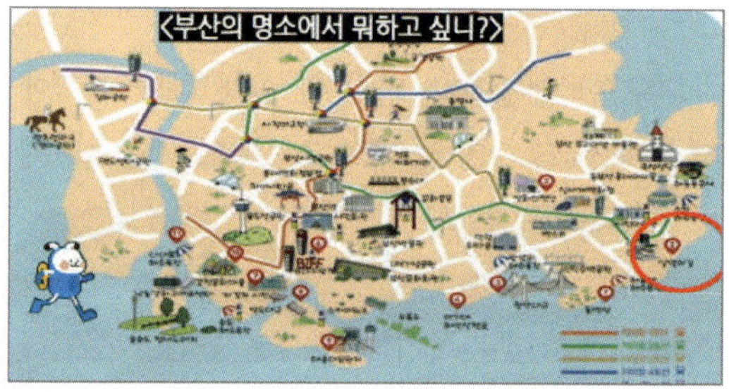

오브젝트 이름을 "달맞이길"로 수정하고, 자물쇠를 잠금하고 눈동자를 클릭하여 실행 화면에 표시하지 않는다.

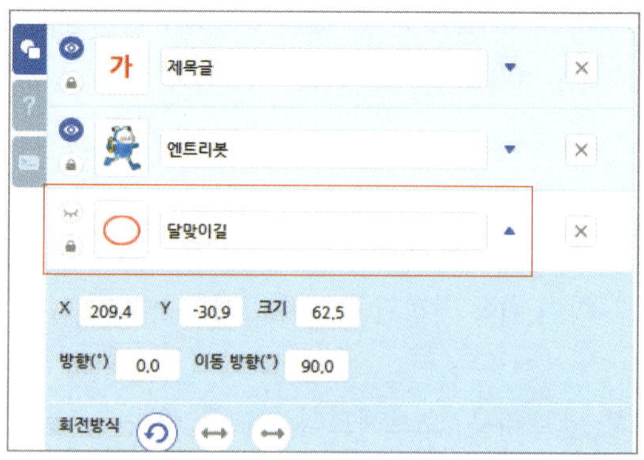

⑦ 나머지 3개의 동그라미 오브젝트를 같은 방법으로 추가 생성한다.

실행 화면에서 크기를 줄이고, 지도에서 표시할 각각의 위치에 가져다 놓는다.

오브젝트 이름을 수정하고, 자물쇠를 잠금하고 눈동자를 클릭하여 실행 화면에 표시하지 않는다.

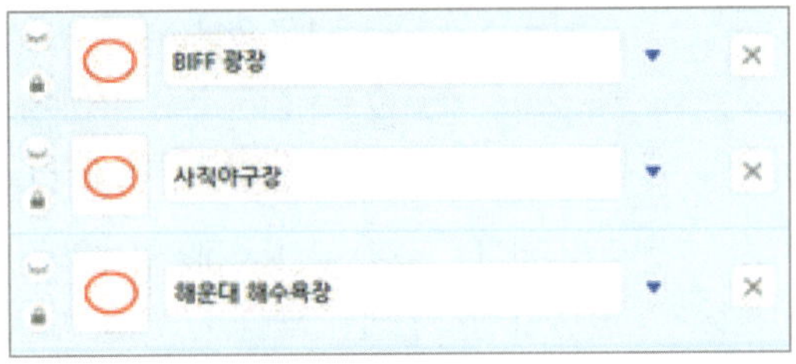

⑧ 모두 7개의 오브젝트를 생성하였다. '배경' 오브젝트가 맨 아래에 위치하도록 마우스로 드래그 하여 옮긴다.

'제목글'/'엔트리봇'/'배경' 오브젝트는 실행 화면에 표시를 하고, 동그라미 오브젝트는 모두 숨기기를 지정한다.

3) 프로그램 구현하기

▶ 시작하기(▶) 버튼을 클릭했을 때, '엔트리봇' 오브젝트는 다음을 수행한다.

① (ㄱ) 대답을 숨긴다.
② (ㄴ) "오늘은 어떤 여행을 하고 싶은가요?"를 음성으로 읽어준다.
③ (ㄷ) "오늘은 어떤 여행을 하고 싶은가요?"를 묻고 기다린다.
④ (ㄹ) 대답을 학습한 모델로 인식한다.
⑤ (ㅁ) 장소를 표시할 동그라미 오브젝트에게 '인식결과' 신호를 보내고 기다린다.
⑥ (ㅂ) 만일 인식 결과가 'BIFF광장'이면, 다음을 수행한다.
  - "〈BIFF 광장〉 부산 국제영화제의 거리"를 말한다.
⑦ (ㅅ) 만일 인식 결과가 '달맞이길'이면, 다음을 수행한다.
  - "〈달맞이 길〉 부산의 몽마르트르라고도 불리는 곳."을 말한다.
⑧ (ㅇ) 만일 인식 결과가 '해운대 해수욕장'이면, 다음을 수행한다.
  - "〈해운대 해수욕장〉 연중 다양한 볼거리와 즐길 거리가 있는 세계적인 해수욕장"을 말한다.
⑨ (ㅈ) 만일 인식 결과가 '사직야구장'이면, 다음을 수행한다.
  - "〈사직 야구장〉 야구의 고장 부산 롯데 자이언츠 홈구장"을 말한다.

'BIFF 광장' 동그라미 오브젝트는 다음을 수행한다.

▶ **시작하기(▶) 버튼을 클릭했을 때,**

- 모양 숨기기

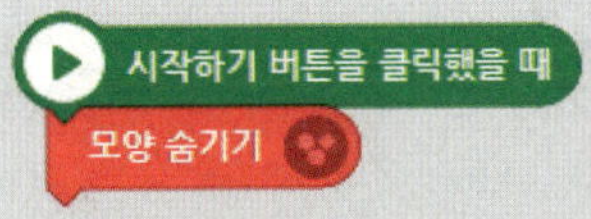

▶ **'엔트리봇'이 보낸 '인식결과' 신호를 받았을 때,**

- 만약 인식결과가 'BIFF광장'이면, 실행화면에 동그라미 표시를 한다.

'사직야구장' 동그라미 오브젝트는 다음을 수행한다.

▶ **시작하기(▶) 버튼을 클릭했을 때,**

- 모양 숨기기

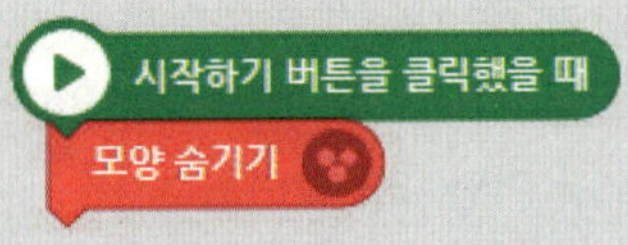

▶ **'엔트리봇'이 보낸 '인식결과' 신호를 받았을 때,**

- 만약 인식결과가 '사직야구장'이면, 실행 화면에 동그라미 표시를 한다.

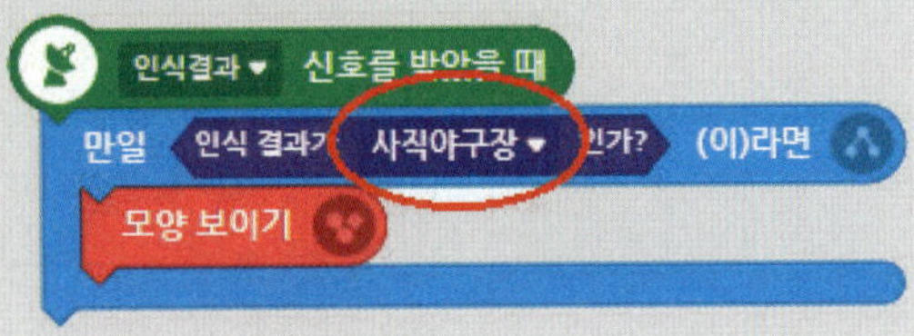

'해운대 해수욕장' 동그라미 오브젝트는 다음을 수행한다.

▶ **시작하기(▶) 버튼을 클릭했을 때,**

- 모양 숨기기

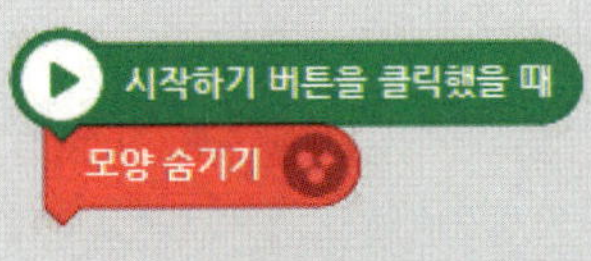

▶ **'엔트리봇'이 보낸 '인식결과' 신호를 받았을 때,**

- 만약 인식결과가 '해운대 해수욕장'이면, 실행화면에 동그라미 표시를 한다.

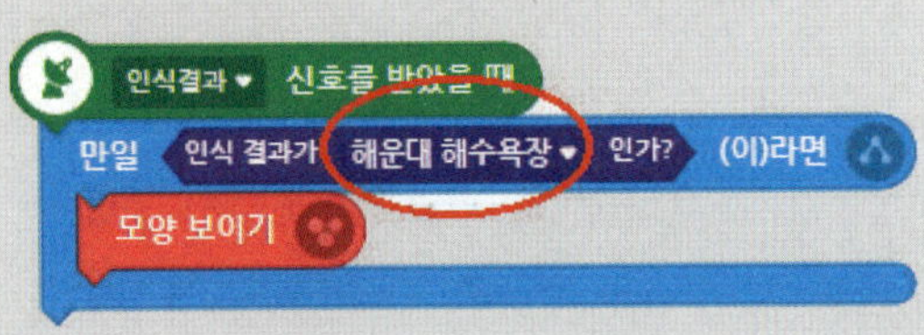

'달맞이길' 동그라미 오브젝트는 다음을 수행한다.

▶ **시작하기(▶) 버튼을 클릭했을 때,**

- 모양 숨기기

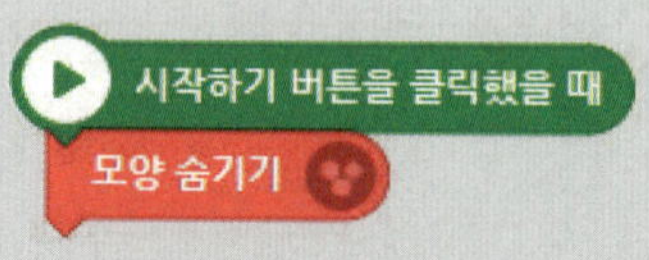

▶ **'엔트리봇'이 보낸 '인식결과' 신호를 받았을 때,**

- 만약 인식결과가 '달맞이길'이면, 실행화면 에동그라미 표시를 한다.

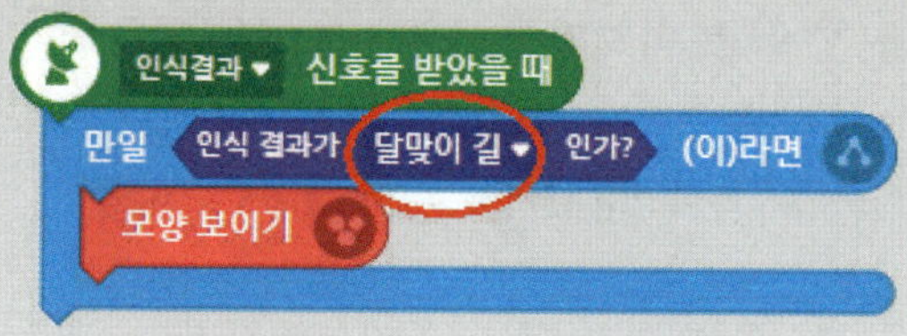

4) 실행하기

시작하기(▶) 버튼을 누른 후, "야구 경기를 보고 싶어요."를 입력한다. 인공지능 프로그램이 안내하는 부산의 명소가 어딘지를 확인한다.

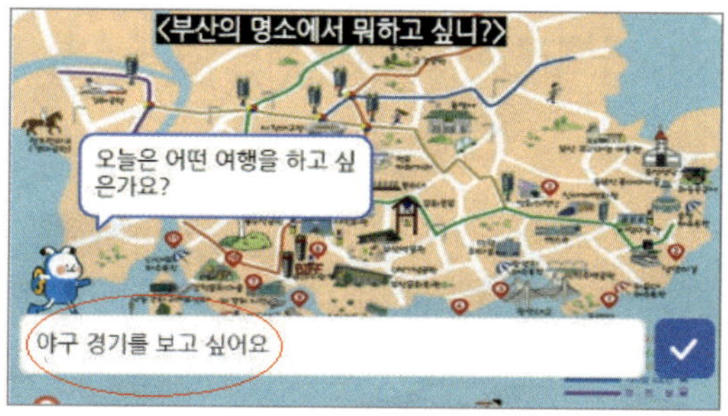

10.2.2. 인터넷 기사에 댓글 달기

두 번째 인공지능 프로그램으로 인터넷 기사에 댓글을 다는 프로그램을 작성해 보자. 인공지능 프로그램은 사용자가 선한 댓글을 입력하면 정상적으로 댓글이 저장되고, 비속어나 욕을 입력하는 경우에는 가능하면 선한 댓글을 달도록 안내를 한다.

● 실행 화면 미리 보기

① 시작하기(▶)를 클릭하면, '엔트리봇' 오브젝트가 "댓글을 달아 주세요."라고 말한다.

-> 댓글을 입력한다. ("축하합니다.") -> 댓글이 저장된다.

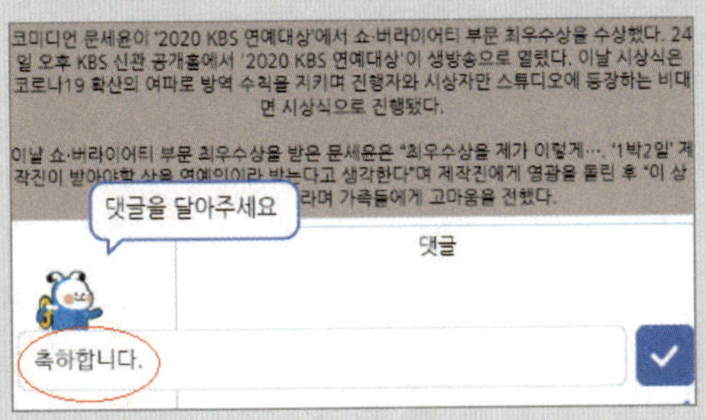

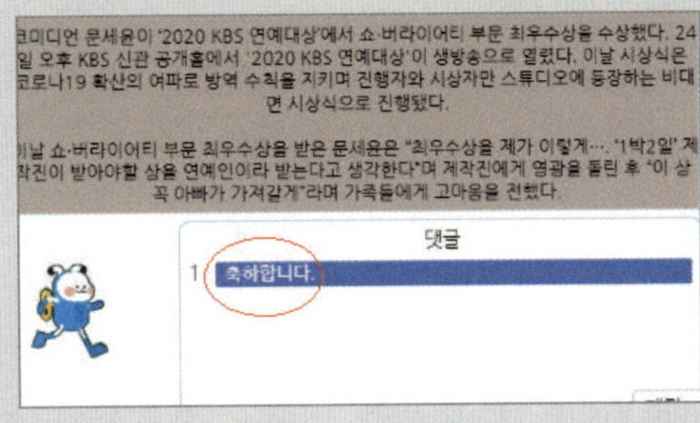

② 시작하기(▶)를 클릭하면, '엔트리봇' 오브젝트가 "댓글을 달아 주세요."라고 말한다.

-> 댓글을 입력한다. ("보기 싫어. 다시는 티비에 나오지 마.")

-> 안내 메시지를 말하고, 댓글이 저장되지 않는다.

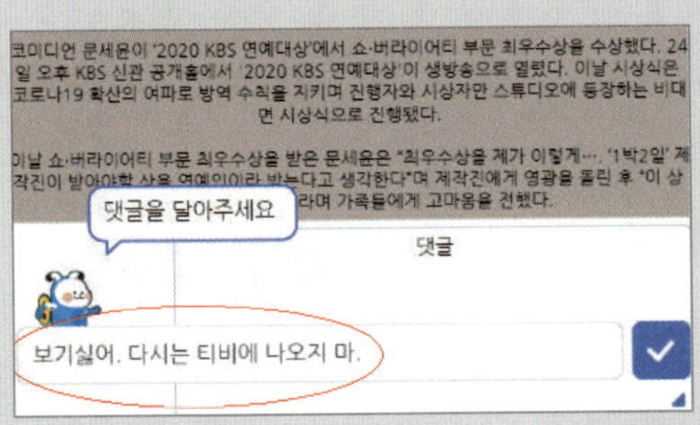

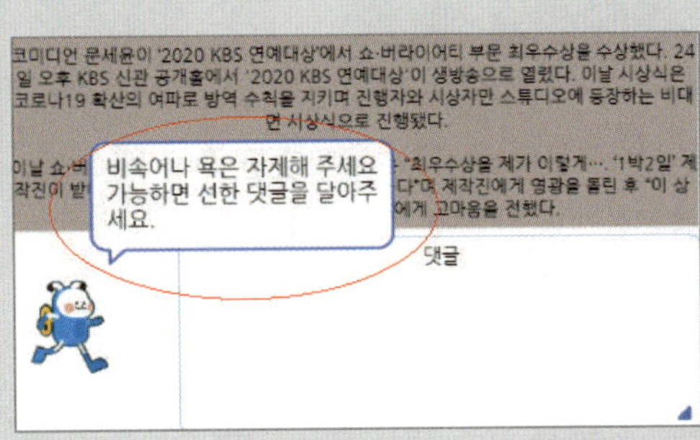

● 프로그램 구현 준비

① 텍스트 모델 학습 준비 : 선플과 악플에 대한 데이터를 수집한다.

② 오브젝트 준비 : '엔트리봇', '기사' 오브젝트 2개를 생성한다.

③ 리스트 준비 : '댓글' 리스트 1개를 생성한다.

1) 텍스트 모델 학습하기

선플/악플에 대한 텍스트 모델을 학습한다. '선플'과 '악플' 클래스에 대하여 학습할 데이터는 인터넷 연예 기사들에 달린 임의의 댓글들을 무작위로 복사하여 작성한다.

① [인공지능] 범주 ->[인공지능 모델 학습하기] ->[새로 만들기] ->[분류:텍스트]를 클릭한다.

② 모델 이름에 "선플악플"을 입력한다.

③ 클래스 이름에 "선플"을 입력한다.

④ 학습할 텍스트 데이터는 외부 파일을 업로드 하여입력한다. ('ch10_2_2_선플.txt')

⑤ 똑같은 방법으로 "악플" 클래스를 작성한다.('ch10_2_2_악플.txt')

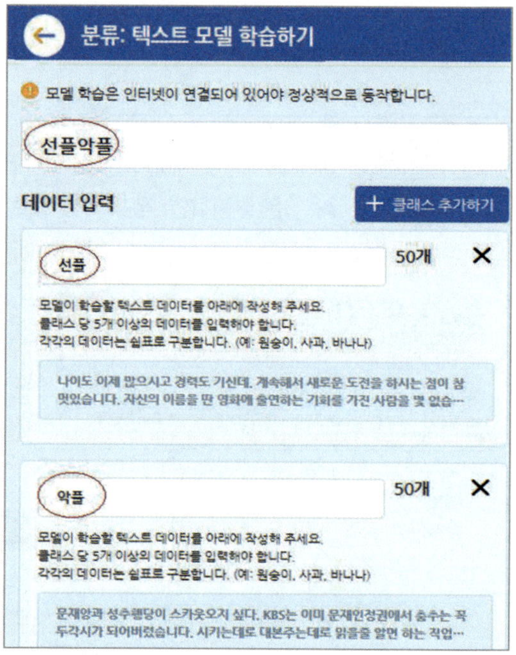

⑥ [모델 학습하기]를 클릭하여, '선플악플' 모델에 대한 학습을 완료한다.

⑦ [적용하기]를 클릭하여, 학습한 텍스트 모델 블록을 프로그램에 생성한다.

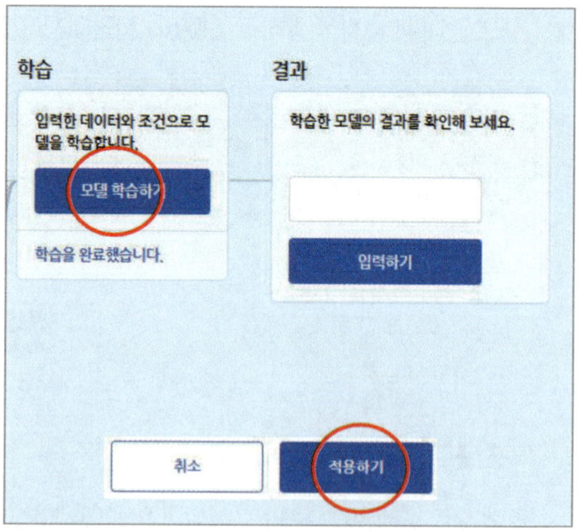

2) 오브젝트 만들기

인터넷 기사를 입력할 글상자 오브젝트를 추가 생성한다.

① 오브젝트 추가하기(+) -> [글상자]를 선택-> '여러줄 쓰기', 배경색, 글자크기 지정-> 글상자에 입력할 기사 내용은 외부 인터넷 사이트에서 임의의 기사 내용을 복사하여 붙여넣기 형식으로 입력 ->[적용하기]를 선택하여 글상자를 생성한다.

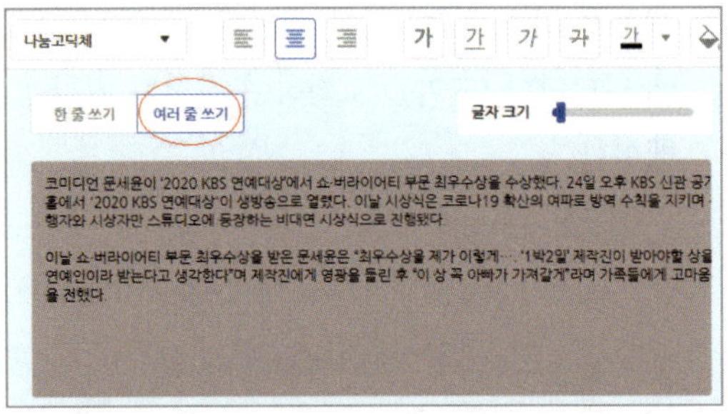

② 추가한 글상자 오브젝트의 이름을 "기사내용"으로 입력하고, 크기를 조정하여 실행 화면에 배치한다.

③ '엔트리봇' 오브젝트의 크기를 줄여서, 실행 화면의 지정된 위치에 가져다 놓는다.

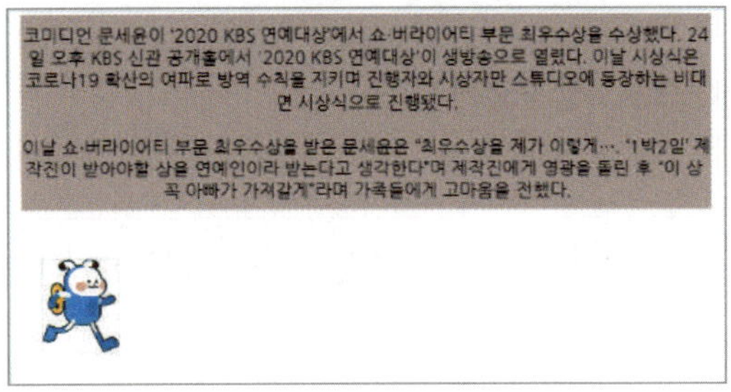

3) 리스트 만들기

댓글을 저장하기 위한 리스트 1개를 생성한다.

① [자료] 범주에 있는 [리스트 만들기]를 클릭한다.

② [새로운 리스트] 대화 창이 열리면 [리스트 이름] '댓글'이라고 적고 '모든 오브젝트에 사용', '공유 리스트로 사용'을 선택한 후 [확인]을 누른다.

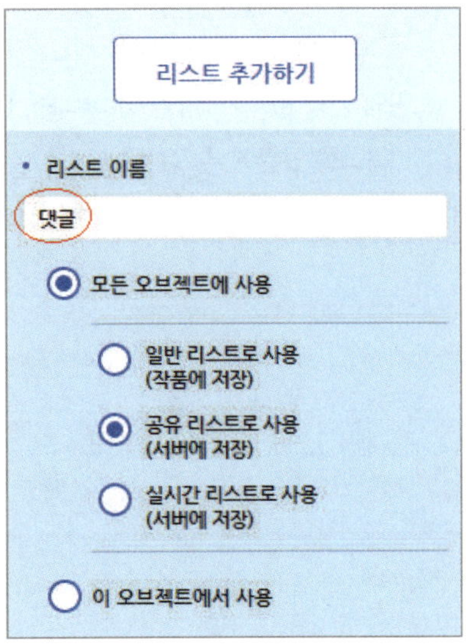

③ 새로운 리스트 '댓글'이 생성되어 실행 화면에 나타난다. 크기를 조정하여 지정된 위치에 배치한다.

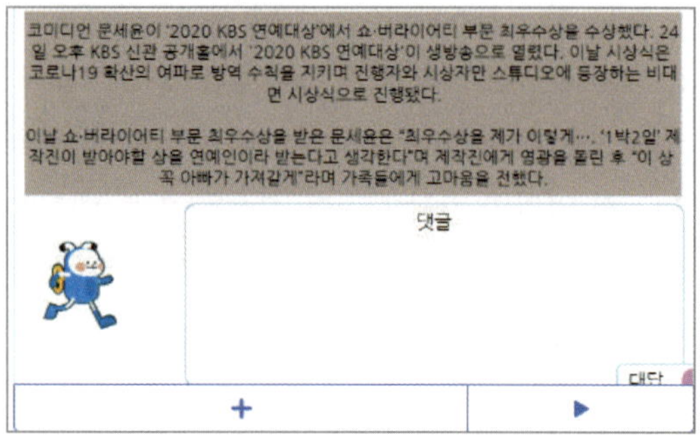

4) 프로그램 구현하기

▶ 시작하기(▶) 버튼을 클릭했을 때, '엔트리봇' 오브젝트는 다음을 수행한다.

① (ㄱ) 대답을 숨긴다.
② (ㄴ) 댓글 리스트의 모든 항목을 삭제한다.
③ (ㄷ) 다음을 무한 반복 수행한다.
④ ⓐ "댓글을 달아주세요."를 묻고 기다린다.
⑤ ⓑ 대답을 학습한 모델로 인식한다.
⑥ ⓒ 만약 인식 결과가 '악플'이면, 다음을 수행한다.
- "비속어나 욕은 자제해 주세요. 가능하면 선한 댓글을 달아주세요."를 3초 동안 말한다.
⑦ ⓓ 만약 인식 결과가 '악플'이 아니면, 다음을 수행한다.
- 대답을 댓글에 추가한다.

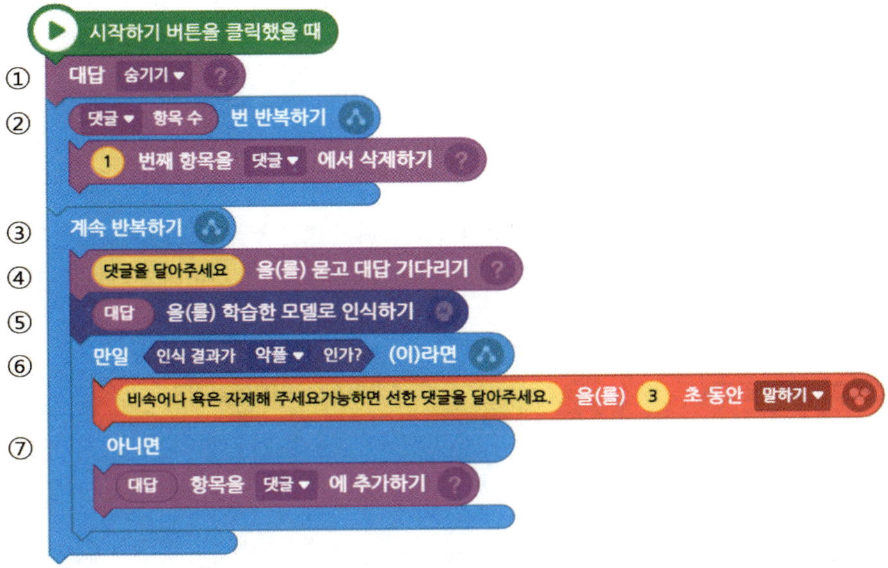

5) 실행하기

시작하기(▶) 버튼을 누른 후에 선플과 악플을 번갈아가면서 입력하여 선플에 해당하는 댓글만 리스트에 저장되는지를 확인한다.

연습문제

● 문제 1

「부산의 명소에서 뭐하고 싶니?」 프로그램에서 사용자가 학습되지 않은 질문을 했을 때, 인공지능 프로그램이 안내 메시지를 표시하고 다시 질문을 입력받도록 수정해 보자. 이때 분류결과 신뢰도가 30% 이하이면 다시 질문을 받도록 한다.

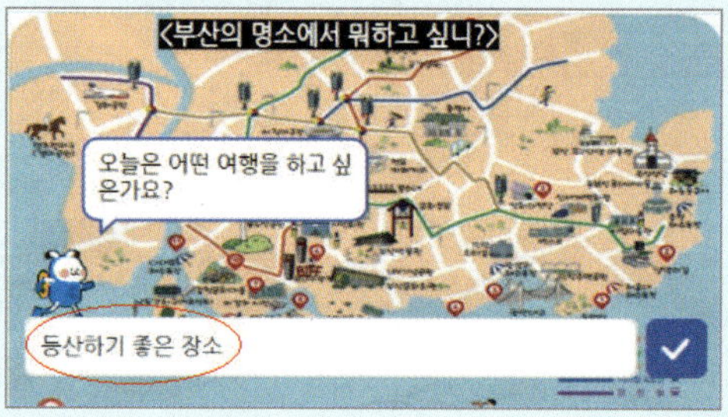

⇨

● 문제 2

내 마음을 알아주는 인공지능 내친구 프로그램을 작성해 보자. "좋음/슬픔/보통/화남"을 학습 모델로 생성하고, 인공지능 프로그램과 대화를 한다. 다음은 "좋음"과 "슬픔"에 대하여 인식한 인공지능 내 친구의 반응 예시이다. 각자의 생각대로 학습하고 나의 기분을 인식하여 반응하는 인공지능 프로그램을 완성해 보도록 한다.

⇨

⇨

제11장
스마트한 인공지능

11.1. 인공지능 학습 방법 알아보기

지능(Intelligence)이란 무엇일까? 사전적 의미로 지능은 인간의 지적 능력을 뜻한다. 다시 말해 새로운 대상이나 문제에 부딪혔을 때 그 상황을 이해하고 합리적인 해결 방법을 찾아내는 지적 활동 능력이라고 할 수 있다. 사람은 태어남과 동시에 가정에서, 유치원이나 학교에서 그리고 각종 사회 활동을 통해 다양한 학습과 경험을 하게 된다. 이를 통해 이전에 경험하지 못했던 상황을 맞이하더라도 적절하게 대응할 수 있는 지적 능력을 갖추게 된다.

그렇다면 컴퓨터에 탑재된 인공지능은 어떤 과정을 통해 지능을 발전시킬 수 있을까? 인공지능을 사람의 지능에 비유한다면 컴퓨터 하드웨어는 유전적 요인으로, 인공지능 학습 모델은 환경적 요인으로 비유할 수 있다. 사람이 학습과 경험을 통해 지능을 향상하듯 인공지능도 데이터를 통해 스스로 규칙을 찾으면서 지능을 발전시킨다. 그러므로 이러한 인공지능을 활용할 수 있는 역량을 갖춘다면 누구나 쉽게 데이터 분석 및 예측 모델을 만들 수 있다. 즉, 예전엔 MBA 과정을 마쳤거나 CPA 자격증을 소유한 사람들만이 할 수 있었던 고난도의 데이터 분석을 인공지능의 도움으로 일반인도 할 수 있게 되었다.

이번 장에서는 학습 기반 인공지능 즉 머신러닝의 대표적인 학습 방법인 지도학습, 비지도학습, 강화학습에 관해 소개하려고 한다. 이를 통해 예측하려고 하는 결과에 따른 효율적 학습 방법에 대해 알아본다. 또한, 이미지 데이터 분류 모델을 직접 만들어 보면서 지도학습과 이미지 처리에 대해 이해한다. 끝으로, 인공지능을 사용하는 컴퓨터 비전 기술에 대하여 살펴보고 자신의 학문 영역에서의 응용 분야를 탐색해 본다.

11.1.1. 인공지능 학습이란

학습 기반 인공지능인 머신러닝은 데이터 학습 방법에 따라 크게 지도학습, 비지도학습 그리고 강화학습으로 구분할 수 있다.

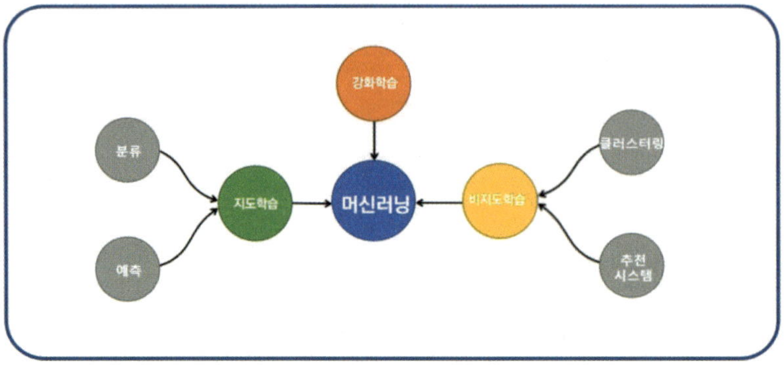

머신러닝의 분류

지도학습은 인공지능에게 특정 영역에 대한 문제와 답을 학습시킨 후, 해당 영역의 새로운 문제에 대해 정답을 유추하게 하는 학습 방식이다. 반면에 비지도학습은 정답 없이 데이터만 제공한 후, 주어진 데이터들의 특성을 스스로 학습하여 비슷한 속성을 갖는 데이터들끼리 그룹화하는 방식이다. 강화학습은 체스, 바둑, 비디오게임 등에서 게임의 규칙을 제공하고 반복하여 게임을 하도록 함으로써 인공지능 스스로 승리할 확률이 높은 방향으로 강화하는 학습 방식이다. 이러한 용어가 아직은 어렵게 느껴지겠지만, 차근차근 살펴보면서 하나씩 이해해 보도록 한다.

- 지도학습(Supervised Learning)

지도학습은 이름에서 알 수 있듯이 선생님이 학생을 가르치듯 문제와 답을 알려주고 문제와 답 사이의 규칙을 인공지능 스스로 찾아내도록 하는 학습 방법이다. 예를 들면, 아래에 있는 "동물 이미지 데이터셋"이나 "주택가격 예시 데이터셋"과 같이 문제와 답을 세트로 묶어 인공지능에게 제공한다. 그러면 인공지능 스스로 주어진 문제와 답 사이의 규칙을 알아내기 위해 데이터를 학습하게 된다. 지도학습에서는 문제를 데이터(Data), 답을 라벨(Label)이라 부르고, 학습을 위해 입력된 데이터와 라벨을 합쳐 데이터셋(Dataset)이라고 한다. 지도학습에서는 입력된 데이터셋을 학습을 위한 훈련 데이터셋(Training Dataset)과 학습 결과를 확인하는 검증 데이터셋(Test Dataset)으로 나누어 사용한다.

동물이미지 데이터셋(CIFAR-10 제공)

	A	B	C	D	E	F	G	H	I	J	K	L	M
1	범죄율	대형주택비율	산업지역비율	강인접여부	일산화질소 농도	평균 방 개수	오래된주택비율	고용센터접근성	고속도로접근성	재산세율	학생-교사 비율	저소득계층비율	주택중간가격
2	0.00632	18	2.31	0	0.538	6.575	65.2	4.09	1	296	15.3	4.98	24
3	0.02731	0	7.07	0	0.469	6.421	78.9	4.9671	2	242	17.8	9.14	21.6
4	0.02729	0	7.07	0	0.469	7.185	61.1	4.9671	2	242	17.8	4.03	34.7
5	0.03237	0	2.18	0	0.458	6.998	45.8	6.0622	3	222	18.7	2.94	33.4
6	0.06905	0	2.18	0	0.458	7.147	54.2	6.0622	3	222	18.7	5.33	36.2
7	0.02985	0	2.18	0	0.458	6.43	58.7	6.0622	3	222	18.7	5.21	28.7
8	0.08829	12.5	7.87	0	0.524	6.012	66.6	5.5605	5	311	15.2	12.43	22.9
9	0.14455	12.5	7.87	0	0.524	6.172	96.1	5.9505	5	311	15.2	19.15	27.1
10	0.21124	12.5	7.87	0	0.524	5.631	100	6.0821	5	311	15.2	29.93	16.5
11	0.17004	12.5	7.87	0	0.524	6.004	85.9	6.5921	5	311	15.2	17.1	18.9
12	0.22489	12.5	7.87	0	0.524	6.377	94.3	6.3467	5	311	15.2	20.45	15
13	0.11747	12.5	7.87	0	0.524	6.009	82.9	6.2267	5	311	15.2	13.27	18.9

주택가격 예시 데이터(엔트리 제공)

지도학습에서는 한 번의 학습으로 최적의 성능에 도달하는 경우는 거의 없다. 그러므로 훈련 데이터셋으로 학습한 인공지능 모델은 검증 데이터셋으로 평가하여 성능을 측정하면서 최적의 성능에 도달할 때까지 훈련과 검증 과정을 반복하게 된다. 그러나 이 과정이 너무 많이 반복되면 과적합 문제가 발생할 수 있다. 과적합 문제란 훈련데이터에 포함된 문제에 대해서는 정답을 맞힐 확률이 높으나 검증 데이터에 대하여서는 정답률이 낮아지는 현상을 말한다. 그러므로 과적합이 발생하지 않도록 적절히 훈련과 검증 과정을 반복함으로써 최적의 성능을 지닌 학습 모델을 만들어야 한다. 이러한 학습 과정을 마친 인공지능 모델은 컴퓨터 응용 프로그램에 탑재하여 활용할 수 있다. 이러한 지도학습은 해결하고자 하는 문제 유형에 따라 분류 학습과 예측 학습으로 구분된다.

분류(Classification) 학습은 입력된 데이터를 각각의 클래스로 분류하는 방식이다. 아래 그림과 같이 대량의 개와 고양이 이미지에 라벨을 달아 학습시킨 모델은 새로운 이미지를 보여주었을 때 어느 클래스에 속하는지를 알아낼 수 있게 된다.

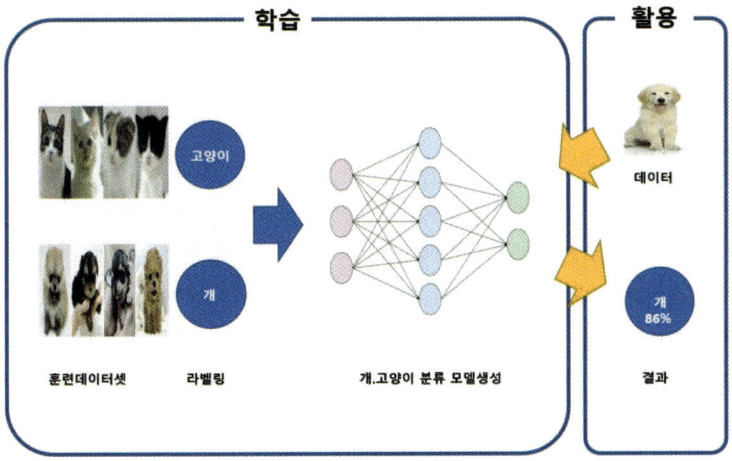

분류 학습 모델의 개념과 활용

이러한 분류 학습 모델을 적용하면 수신된 메일이 스팸 메일인지 아닌지, 사진 속 사람이 남자인지 여자인지 등과 같은 이진 분류뿐 아니라 포도주 정보를 입력하여 포도주 종류를 구분하거나 다양한 나비 사진으로 품종을 구분하는 등의 다중 분류 문제들도 해결할 수 있다. 더 나아가 음성 wav 파일 속 각 데이터가 어떤 음절인지를 구분하는 음성인식에도 사용된다.

반면 예측(Regression) 학습은 "주택가격 예시 데이터"와 같은 데이터셋으로 주택의 특성 정보(문제)와 주택 가격(답) 사이의 관계를 학습시킨 후, 새로운 주택 특성 정보가 입력되었을 때 해당 주택의 가격을 추정하게 된다. 이렇게 학습된 예측모델은 부동산 정보 제공 응용 프로그램에 탑재하여 사용할 수 있다. 예측 학습 모델은 최근 일 년간의 날씨 데이터를 이용해서 다음 주의 기온을 예측하거나 지난 몇 주간의 주가 정보를 이용하여 주식 가격을 추정할 수 있으며, 전염병 확진자 수를 예측하는 문제 등에 활용할 수 있다.

분류 학습으로 가능한 문제	예측 학습으로 가능한 문제
뉴스 기사 분류 손글씨 인식 카메라에 찍힌 특정 인물 찾기 스마트 물류 시스템 카드 부정 사용 감지 의료영상으로 질병 진단	날씨, 강수량 예측 태풍 발생 횟수 예측 판매량/재고량 예측 장단기 주가 예측 원유가격, 금값 예측 주택 가격 예측

혼자서 해보기

분류 학습으로 해결할 수 있는 문제와 예측 학습으로 해결할 수 있는 문제를 한 가지씩 생각해 보자.

- 비지도학습(Unsupervised Learning)

인공지능 학습에서 비지도 학습은 데이터를 입력할 때 라벨(정답)을 제공하지 않고 학습시키는 방식이다. 다시 말해서 머신러닝 스스로 데이터 간의 패턴을 찾아 분류 기준을 만들고 비슷한 유형의 데이터끼리 묶어 여러 개의 클래스로 나누도록 하는 규칙을 학습한다. 이렇게 해서 나누어진 클래스를 클러스터(Cluster, 군집)라고 하고, 이렇게 나누는 작업을 클러스터링(Clustering, 군집화)이라 한다. 따라서 비지도 학습은 정답을 찾는 것이 아니라 비슷한 성질을 갖는 데이터 그룹을 찾는 것이다. 예를 들어 아래 그림과 같이 개와 고양이 사진에 라벨을 붙이지 않고 입력했을 때 컴퓨터 스스로 이미지 각각의 특징을 파악하여 유사한 특징을 가진 데이터끼리 묶어주게 된다. 이러한 비지도 학습 모델을 이용하여 사물을 자동으로 클러스터링하게 되면 사람이 일일이 특징을 구분하는 수고를 덜 수 있다.

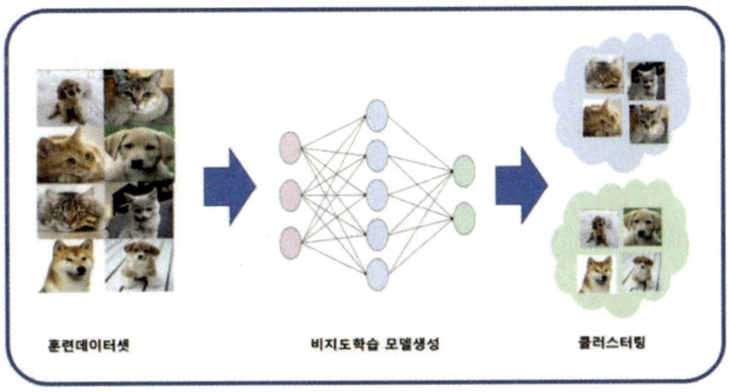

비지도 학습의 개념

또한, 복잡하고 어려운 비즈니스 데이터에 대해서도 해당 분야에 특화된 비지도 학습 모델을 이용하여 데이터를 클러스터링하게 함으로써 마케팅 전문가들이 데이터를 분석하는 데 많은 도움을 줄 수 있다. 예를 들어, 만약 자신이 인터넷 쇼핑몰 사장이고, 전국적으로 수백만 명의 고객들이 쇼핑몰 앱을 통해 상품을 구매하고 있다고 가정해 보자. 쇼핑몰 앱의 첫 화면을 고객들의 다양한 요구를 고려하여 맞춤형 화면으로 제공하고자 한다. 그러나 수백만 명의 고객에 대한 개별 맞춤형 앱 화면을 디자인하는 것은 거의 불가능하다. 이때 비지도학습의 클러스터링을 이용하여 고객의 나이, 성별, 거주지 등의 기본 정보와 구매 이력, 구매 패턴 등을 고려하여 몇 개의 그룹으로 분류를 해 주는 인공지능 모델을 만들 수 있다면, 이를 이용하여 각 그룹의 특성에 맞는 맞춤형 사용자 인터페이스(UI)를 제공함으로써 마케팅 효과를 높을 수 있을 것이다.

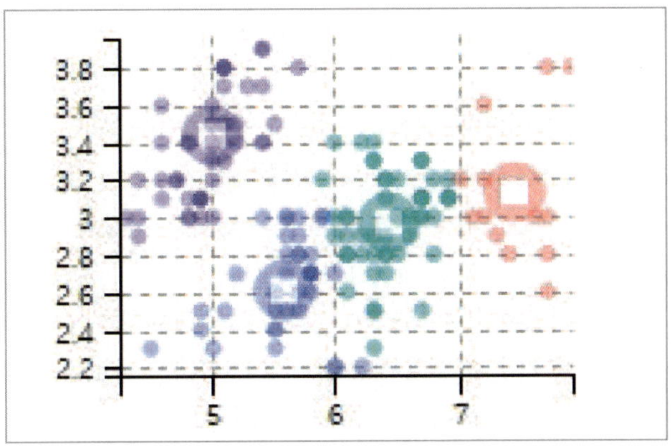

4개의 군집으로 나눈 비지도학습 고객 특성 분석

또 하나, 비지도학습에는 연관규칙 학습이라고도 부르는 추천 시스템(Recommendation System)도 있다. 다시 쇼핑몰 예시로 돌아가서, 판매량을 늘릴 방법에 대해 고민하던 차에 고객들의 물품 구매 목록을 보니 다음과 같았다.

고객번호	우유	식빵	맥주	라면	달걀
1	O	X	O	O	O
2	X	O	X	O	O
3	O	O	X	O	O
4	O	O	X	X	O

고객 물품 구매 목록

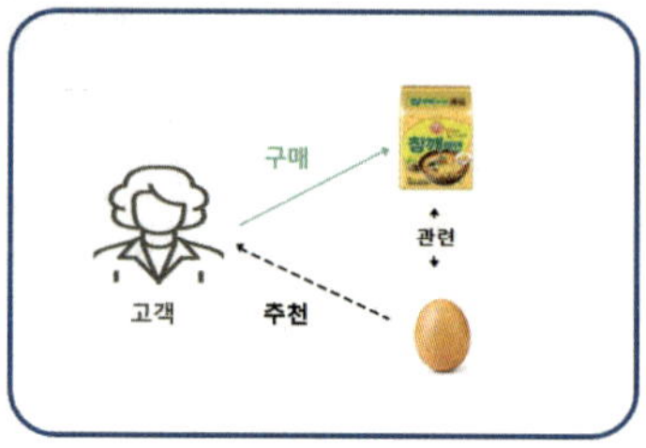

추천시스템

조금 관찰력 있게 구매 목록을 살펴보니 라면을 구매한 고객 대부분이 달걀도 구매한 것을 알 수 있었다. 그렇다면 라면 판매 페이지에 달걀 광고 배너를 넣어 소비자들의 구매력을 높일 수 있을 것이다. 수백만 명의 고객, 수천 개의 물품에 대해 분석하고 연관성을 찾아주는 추천시스템을 활용하면 판매 전략에 큰 도움이 될 것이다. 아마존이나 유튜브에서 사용하는 추천 알고리즘 대부분이 이러한 비지도 학습의 추천시스템을 이용한 것이다.

혼자서 해보기

주변에 클러스터링 학습과 추천시스템을 적용한 사례에 대해 생각해 보자.

- 강화학습(Reinforcement Learning)

강화학습은 처음에 언급했듯이 체스, 바둑, 비디오게임 등에서 게임의 규칙을 제공하고 반복하여 게임을 하도록 함으로써 인공지능 스스로 승리할 확률이 높은 방향으로 강화하는 학습 방식이다. 강화학습에서는 주어진 문제를 환경(Environment)이라고 하고, 행동하는 주체를 에이전트(Agent) 또는 행위자(Actor)라고 하는데, 강화학습은 특정 가치를 극대화하는 방식으로 에이전트 또는 행위자를 학습시켜 환경에 적응하게 한다. 강화학습을 적용한 사례로 널리 알려진 알파고를 예로 들면, 알파고의 판, 리, 마스터 버전까지는 바둑을 두는 학습(여기서 바둑은 환경이고, 바둑을 두는 것이 행위가 된다)을 하기 위해 대량의 바둑 기보 데이터베이스를 활용하였다. 즉, 인간 바둑 기사를 모방하는 지도학습을 수행하도록 하였으며, 그런 다음 알파고 자신을 복제하여 독립된 상대를 만들고 이 상대와 수없이 바둑을 두는 강화학습을 통해 경기력을 개선하였다. 그러나 알파고 제로는 문제와 정답을 학습하는 지도학습 과정을 거치지 않고 강화학습만으로 최고의 성능을 자랑하고 있다.

알파고 시리즈의 성능 비교 자료: 네이처

엘로(ELO)는 바둑 실력을 수치화한 점수로 클수록 고수. GPU와 TPU는 각각 그래픽 연산 전용 프로세서와 인공지능용 칩을 말함.

이름	공개 시점	전적	엘로(ELO)	학습법	하드웨어
알파고 판	2015년 10월	판후이 2단에게 5-0 승리	3144	딥러닝, 강화학습	GPU 176개, TPU 4개
알파고 리	2016년 3월	이세돌 9단에게 4-1 승리	3739	딥러닝, 강화학습	GPU 176개, TPU 4개
알파고 마스터	2017년 5월	커제 9단에게 3-0 승리	4858	딥러닝, 강화학습	TPU 4개
알파고 제로	2017년 10월	알파고 리에 100-0, 알파고 마스터에 89-11 승리	5185	강화학습	TPU 4개

알파고 시리즈
(그림출처 : https://dimg.donga.com/wps/NEWS/IMAGE/2017/10/19/86821622.1.edit.jpg)

이러한 강화학습은 게임 분야를 넘어 자율주행이나 로보틱스 분야에서도 괄목할만한 성과를 내고 있다. 예를 들어 구글은 넘어지지 않는 보행 로봇을 개발하기 위해 강화학습을 도입하였으며 그 결과 2족 또는 4족 보행이 가능한 로봇을 개발하였다.

11.1.2. 이미지 데이터의 학습과 활용

본 절에서는 이미지를 분류하는 지도학습 모델을 살펴보면서 인공지능 학습에 대해 더 자세히 이해해 보려고 한다. 이미지 인식(Image Recognition)은 인공지능 기술이 적용되는 핵심 분야 중 하나이다. 사람은 학습을 통해 사물을 인식하는 지능을 가지고 있어서 흰 고양이든, 까만 고양이든, 들에 있는 고양이든, 상자 안에 있는 고양이든 모두 고양이로 인식할 수 있다. 하지만 인공지능 기술을 탑재하지 않은 과거의 전통적인 컴퓨터 프로그램으로는 주어진 이미지가 고양이인지 개인지 혹은 주어진 이미지에 고양이가 있는지 없는지를 판별하는 것은 매우 어려운 문제였다. 이미지 데이터는 픽셀 단위로 샘플링되어 디지털 값으로 컴퓨터에 저장된다. 하나의 이미지는 크기, 해상도, 색상에 따라 많게는 수십만 개 이상의 데이터 값을 가지므로 각각의 픽셀 값으로 이미지를 식별하는 것은 불가능에 가까웠다.

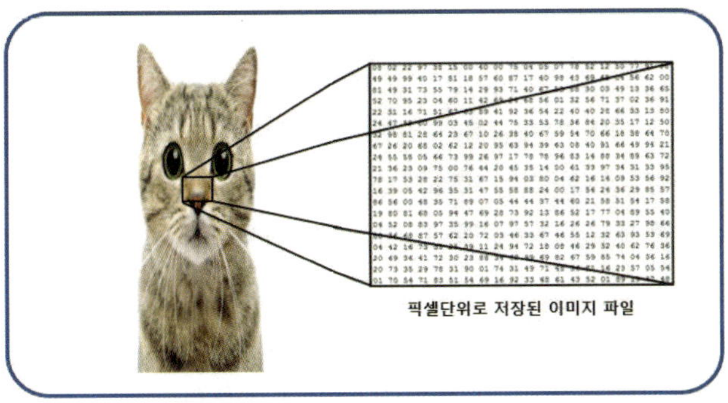

컴퓨터가 고양이를 인식하는 방법

Tip! 픽셀이란?

픽셀(pixel)은 픽처 엘리먼트(Picture Element)의 준말로 '화소'라고도 부른다. 디지털 이미지를 구성하는 최소 단위인 점을 의미하는데, 이 점 하나에 해당 색의 정보(RGB, 빨강초록파랑)가 담겨있다. 그러므로 이미지를 구성하는 픽셀의 수는 곧 그림의 용량과 직결된다. BMP, GIF, JPEG, PNG 등이 픽셀을 사용하는 대표적인 이미지 포맷이다.

그러나 2000년대 들어오면서 고성능 하드웨어와 대량의 데이터셋, 그리고 딥러닝과 같은 인공지능 기술이 발전함으로써 불가능하게 느껴지던 이미지 인식 문제가 부분적으로 해결되고 있다.

일반적으로 이미지 분류 모델을 만드는 순서는 다음과 같다.

① 훈련(학습 및 검증) 데이터(Training Data) 준비하기 : 훈련에 필요한 이미지는 직접 촬영하거나 인터넷 검색 또는 이미지넷(ImageNet), CIFAR-10 데이터 세트[1] 등을 이용하여 준비한다.

② 라벨링(Labeling) 하기 : 훈련 데이터를 클래스별로 구분하여 라벨을 달아준다.

③ 학습 및 모델(Model) 생성하기 : 인공지능 플랫폼을 이용하여 라벨링 된 훈련 데이터셋으로 학습된 새로운 모델을 생성한다.

④ 실습 데이터 입력과 결과 확인 : 학습 및 검증 데이터에 쓰이지 않았던 새로운 실습 데이터를 입력하여 예측 결과를 확인한다.

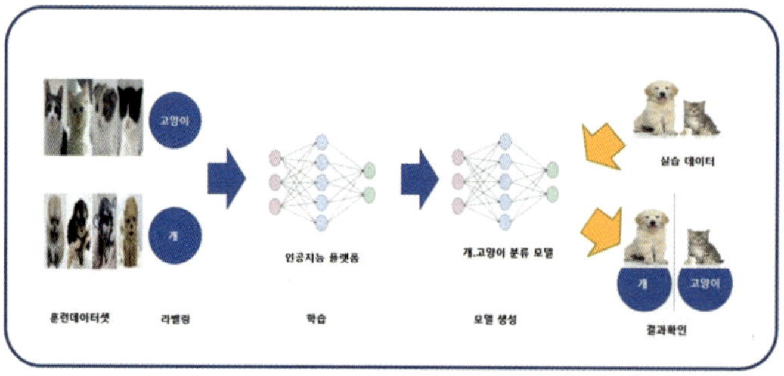

이미지 분류 모델 작업 과정

그럼 이제 실제로 엔트리 환경에서 제공하는 인공지능 모델 학습 도구를 이용해서 간단한 이미지 분류 모델을 만들어 보자. 이번 실습에서는 마스크를 착용한 이미지와 마스크를 착용하지 않은 이미지들로 머신러닝을 학습시킨 후 새로운 이미지를 보여주었을 때 마스크 착용 여부를 알아내는 지도학습 기반의 이미지 분류 모델을 만들려고 한다. 엔트리 온라인 사이트(https://playentry.org)에 접속한 후

1) 이미지넷 : 인공지능 모델학습을 위해 14,197,122개의 이미지 제공. (http://image-net.org)
CIFAR-10 : 10개의 클래스에 대해 클래스당 6,000개의 이미지 제공 (https://www.cs.toronto.edu/~kriz/cifar.html)

로그인한다. 엔트리 화면 상단에 있는 [만들기]-[작품 만들기] 버튼을 클릭한다. 상단 프로그램 제목은 'ch11_1_2_노마스크찾기'라고 적고, [인공지능] 블록-[인공지능 모델 학습하기]를 선택한다.

1) 인공지능 모델 만들기

① [학습할 모델 선택하기] 메뉴에서 [분류:이미지]를 선택하고 [학습하기] 버튼을 클릭한다.

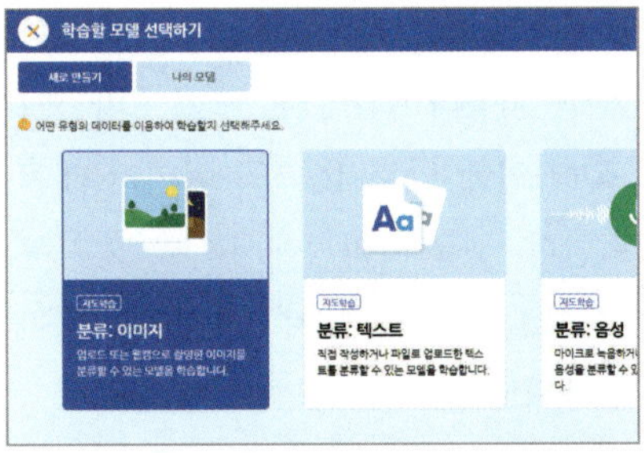

② 모델 이름에 '노마스크 찾기'라고 입력한 후 '마스크', '노마스크' 2개의 클래스를 만든다.

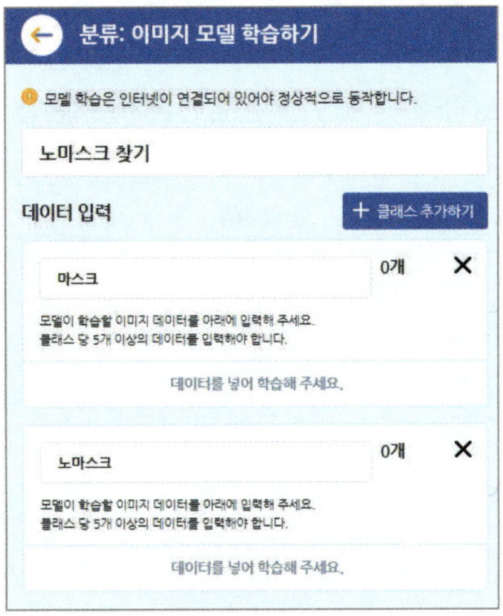

이미지는 외부 파일을 업로드할 수도 있고, 웹캠을 이용하여 직접 촬영할 수도 있다. 일반적으로 머신러닝을 학습시킬 때 훈련 데이터는 많으면 많을수록 좋다. 다만 엔트리는 교육용 프로그램이기 때문에 너무 많은 훈련 데이터를 넣어주면 학습 시간이 초과하는 문제가 발생할 수 있다. 제공된 이미지 데이터를 이용하여 학습시켜본다.

2) 데이터 입력 & 학습

① 먼저 [마스크] 클래스 하단에 있는 [데이터를 넣어 학습해 주세요.]를 클릭한 후 [파일 올리기]를 이용하여 'ch11_1_2_마스크이미지' 폴더 안에 있는 10개의 이미지 데이터를 입력한다. 구글 이미지에서 마스크 착용한 사진을 검색 후 내려받아 학습 이미지에 추가해도 좋다.

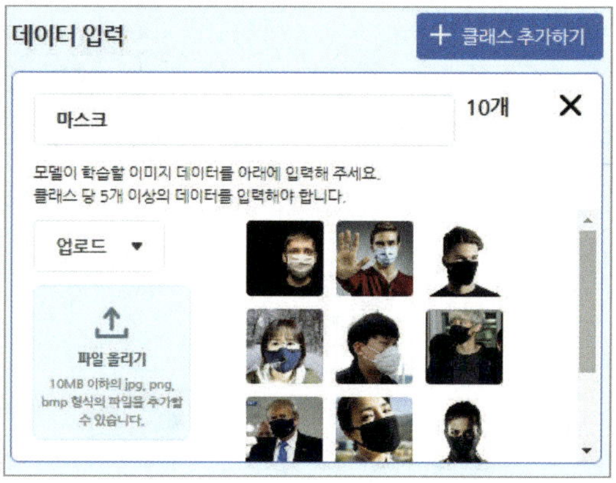

② 이번에는 [노마스크] 클래스 하단에 있는 [데이터를 넣어 학습해 주세요.]를 클릭한 후 [파일 올리기]를 이용하여 'ch11_1_2_노마스크이미지' 폴더 안에 있는 10개의 이미지 데이터를 입력한다. 구글 이미지에서 마스크 착용하지 않은 사진을 검색 후 내려받아 학습 이미지에 추가해도 좋다.

③ 데이터 입력을 마치면 [모델 학습하기] 버튼을 클릭한다. 학습이 완료되면 [학습을 완료했습니다.]라는 메시지가 나타난다.

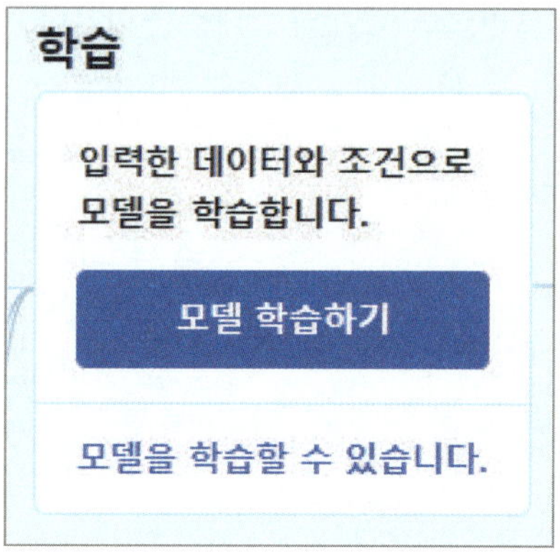

Tip! 엔트리에서 머신러닝 학습 조건 변경과 결과 차트

모델 학습 단계에서 학습 조건을 바꿀 수 있고, 학습 진행 과정을 그래프로 확인할 수 있다. 학습을 완료했습니다. 버튼을 클릭하면 학습 조건 설정 옵션이 나타난다. 옵션 이름 옆에 있는 ? 을 누르면 각 옵션에 대한 자세한 설명을 볼 수 있다.

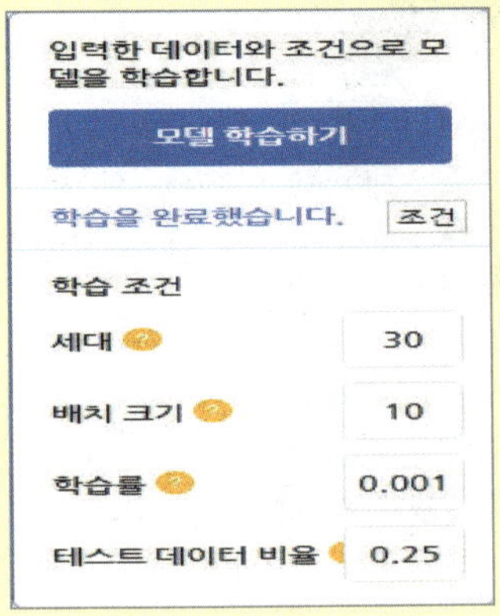

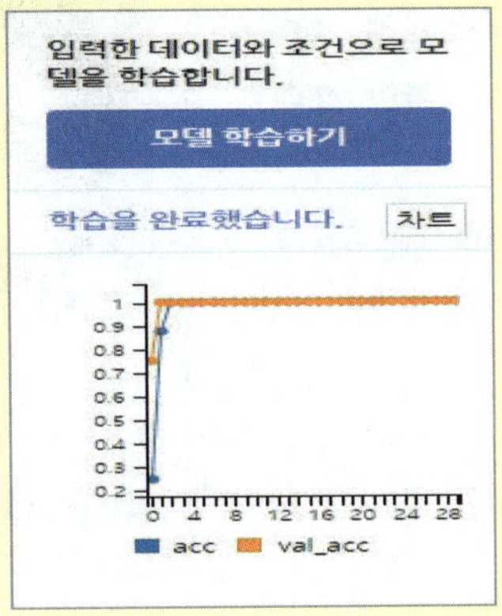

● 조건

① **세대(Epoch)** : 입력한 데이터 전체를 몇 번 반복하여 학습할지 정하는 부분. 입력한 모든 데이터 전체를 1번 학습하는 것을 1세대라고 부르고, 세대는 에포크라고도 한다. 에포크가 30이면 모든 데이터를 30번씩 학습하라는 의미가 된다. 학습을 많이 하면 할수록 모델은 더 똑똑해지지만 그만큼 학습 시간이 오래 걸린다.

② **배치크기(Batch Size)** : 입력한 데이터 전체를 얼마큼씩 쪼개어 학습할지 정하는 부분. 배치 크기를 10으로 하면 10개씩 끊어서 학습시키고, 학습된 내용을 모델에 반영하게 된다.

③ **학습률(Learning Rate)** : 예측값과 실제값 사이의 오차를 줄여나가는 정도. 학습률이 0.001이면 0.001씩 값을 바꿔가면서 오차를 줄여나가게 된다. 이 값이 작으면 미세하게 오차를 조정하면서 가장 좋은 결과를 찾을 수는 있겠지만 학습 시간이 오래 걸리고, 너무 크면 최적의 결과를 지나쳐 버려 제대로 된 결과를 찾아내지 못하게 된다.

④ **테스트 데이터 비율(Validation Rate)** : 훈련 데이터 중 학습 데이터와 검증 데이터의 비율. 테스트 데이터 비율이 0.25이면 훈련 데이터 100개 중 75개는 학습용으로, 25개는 검증용으로 사용하게 된다.

● 차트

acc(accuracy, 훈련 정확도), val_acc(validation accuracy, 검증 정확도) : 차트 그래프에서 가로축은 세대(Epoch)를 의미하며, 세대(반복 학습 횟수)가 하나씩 늘어갈수록 훈련 정확도와 검증 정확도가 1(100%)에 가까워지는 것을 볼 수 있다.

3) 결과 확인

① 학습이 끝나면 모델이 잘 작동되는지 결과를 확인해 보자. 결과에 있는 [파일 올리기] 버튼을 클릭한 후 'ch11_1_2_실습이미지' 폴더 안에 있는 사진 중 '1.jpg' 파일을 선택하고 [열기] 버튼을 클릭한다. 이때는 훈련에 사용되지 않았던 이미지를 사용해야 정확한 결과를 알 수 있다.
결과를 보면 '노마스크'일 확률이 99.99%라고 예측되었다.

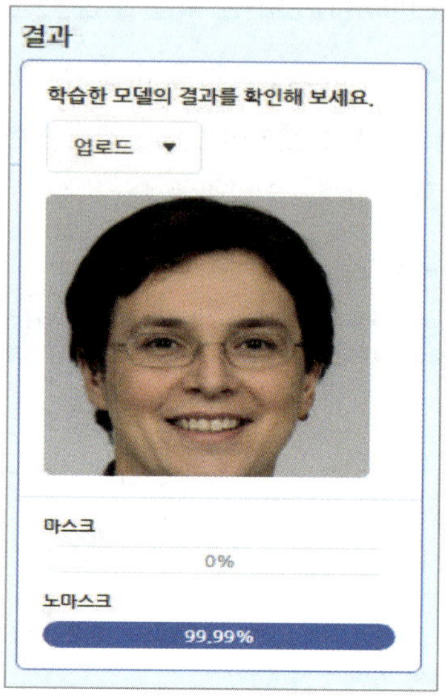

② 'ch11_1_2_실습이미지' 폴더 안에 있는 다른 사진들을 이용하여 여러 번 결과를 확인해 본다. 웹캠을 이용하여 본인의 얼굴을 찍어 확인해도 좋다.

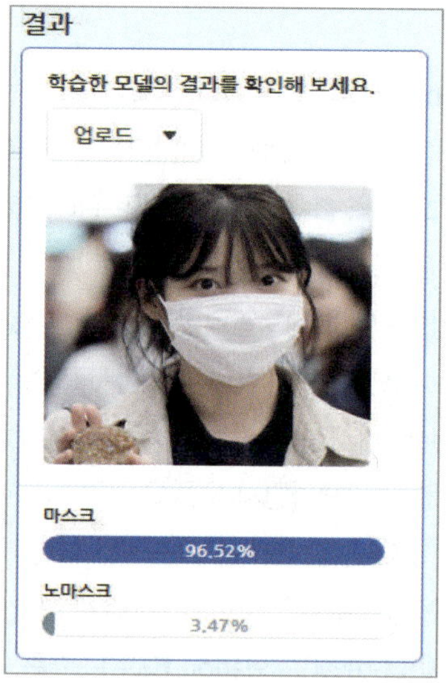

이러한 지도학습의 분류 모델은 학습 데이터가 적거나 주어진 데이터에 대하여 반복된 학습 횟수가 과하게 많은 경우 과적합 문제가 발생할 수 있다. 엔트리는 교육용 도구이므로 많은 데이터를 이용한 충분한 학습이 어려우므로 과적합 문제가 발생할 수 있다는 것을 염두에 두어야 한다.
또한, 지도학습 인공지능 모델의 성능은 주어진 훈련 데이터셋(학습 데이터셋, 검증 데이터셋)의 지배적인 영향을 받으므로 훈련 데이터셋을 수집할 때에는 실제 환경에서 발생할 수 있는 다양한 경우를 고려한 데이터들로 구성해야 한다. 예를 들어, 마스크 쓴 동양인 이미지 위주로 학습한 모델은 내부 성공률이 높았을지라도 실제 서비스 환경에서는 서양인 이미지를 인식하지 못하는 오류가 발생할 수 있다.

11.1.3. 컴퓨터 비전과 인공지능

컴퓨터 비전(Computer Vision)은 기계의 시각에 해당하는 부분을 연구하는 컴퓨터 과학 분야의 하나로서 이미지에서 사물을 인식하고 분석하여 유용한 정보를 추출하는 것을 목표로 한다. 인공지능의 딥러닝 기술이 일반화되기 전까지 컴퓨터 비전은 주로 패턴인식 기술을 이용한 전통적인 프로그래밍으로 문제를 해결하고자 하였다. 그러나 필요한 모든 시각 기능을 프로그래밍으로 구현하는 데에는 분명 한계가 있었다.

그러다가 1980년도에 제안된 딥러닝 신경망 기법은 인공지능을 활용하여 다양한 문제를 해결할 수 있다는 가능성을 보여주었다. 또한, 1989년 얀 르쿤(Yann LeCun)에 의해 소개된 딥러닝 기법을 활용한 CNN 알고리즘은 이미지에서 간단한 가장자리와 모서리 부분을 찾는 것부터 시작하여 사람의 얼굴, 눈, 눈동자처럼 복잡한 특징까지 자동으로 인식할 수 있게 하였다. 하지만 깊은 층으로 갈수록 학습이 정체되는 문제와 훈련 데이터에만 성공률이 높게 나타나는 과적합 문제가 발생하면서 현실에 실용화되지는 못하였다. 그 후 2012년 토론토 대학의 제프리 힌튼(Geoffrey Hinton) 교수팀이 만든 딥러닝 기반의 알렉스넷(AlexNet)이 이미지 인식 경진대회(ILSVRC)에서 우승을 차지하면서 또 한 번 컴퓨터 비전의 획기적인 전환점을 맞이하게 되었다. 특히 알렉스넷은 빠른 화면 전환이 필요한 PC게임을 위해 만든 엔비디아의 GPU[2)]를 다층 신경망 구조에 적용하여 이미지 훈련 속도를 10~20배 정도 향상할 수 있었다. 인공지능 이미지 인식 기술은 현재 구글, 아마존, 마이크로소프트, 알리바바 등 글로벌 IT 기업들의 막대한 투자로 엄청난 기술의 진보를 거듭하고 있다.

이미지 인식을 대표하는 서비스로 구글의 '구글 포토'가 있다. 구글 포토는 자동으로 이미지의 라벨링을 하는 기술을 통해 딥러닝을 학습시켜 사진을 자동으로 정리해주고 검색 결과를 사용자에게 보여준다. 구글은 또한 사진 속에 포함된 문서를 PDF 파일로 변환해 주는 OCR(광학문자인식) 기술을 통해 많은 산업 분야에서 텍스트를 직접 입력하는 수고와 비용을 줄여주었다.

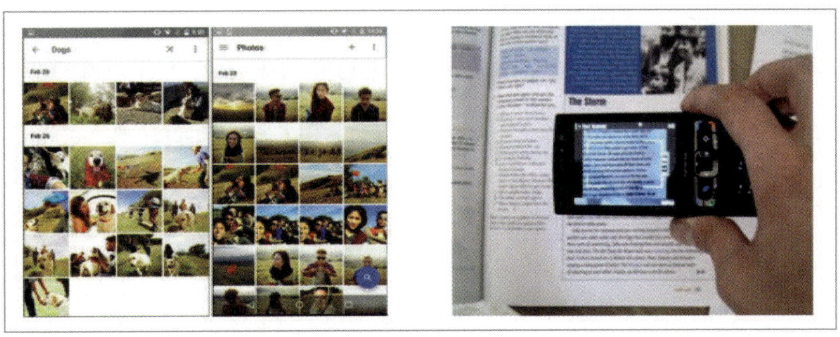

구글 포토(左)와 OCR기술(右) (그림출처 : 구글 이미지)

2) GPU(Graphic Processing Unit) : 컴퓨터 그래픽 처리를 위한 고성능 processor. 1999년 엔비디아가 지포스(Geforce) 256을 세계 최초로 출시하였다. 상대적으로 적은 전력을 소비하면서, 수백에서 수천 개의 CPU와 맞먹는 딥러닝 성능을 발휘하기 때문에 인공지능 기술을 선도하는 핵심 부품이 되었다.

이미지 인식 기술이 활발하게 이용되는 또 다른 분야가 바로 지능형 CCTV 산업이다. 지능형 CCTV는 영상 기반 행동을 분석하여 이상 행위(배회, 침입, 방화 등)를 탐지하고 감시하는 시스템이다. 이러한 기술은 국가 주요 인프라 시설과 전국 CCTV 통합 관제 센터 등에서 폭넓게 사용되는데, 수배 차량이나 세금 체납자 차량 추적, 쓰레기 무단 투기 경고, 중요 목조 문화재 관찰 보호 및 해수욕장 입수객 위급상황 조기 감지 등 다양한 목적으로 활용되고 있다.

지능형 CCTV (그림출처 : 구글 이미지)

오늘날 이미지 인식 기술은 하나의 영상에서 다양한 얼굴이나 사물들을 자동으로 추출하여 각각을 인식하고 분류하는 방식으로 발전되고 있다. 자동차 번호판 인식, 종이에 쓴 필기체 글자 인식, 자율 주행 자동차의 주변 사물 인식뿐 아니라 명품의 진위를 가려내는 예술 분야, 공의 위치를 쫓아가며 촬영하는 스포츠 영상 분야, 엑스레이 사진을 보고 질병을 진단하는 의료 분야 등 그 활용 범위가 무궁무진하다.

혼자서 해보기

자신의 전공 분야에서 컴퓨터 비전 기술을 활용하여 해결할 수 있는 문제를 한 가지씩 생각해 보자.

11.2. 이미지 데이터의 학습과 활용

인공지능 분야에서는 사람의 여러 감각(시각, 청각, 미각, 촉각, 후각) 데이터를 학습하여 다양한 분야에 활용하려는 시도들이 있어왔고 실제로 우리가 접하는 많은 분야에서 활용되고 있다. 그 중, 현재까지 가장 많은 발전을 보인 것이 시각 분야이다. 사람들은 평소 시각을 통해 많은 이미지 정보를 받아들이고 의식하지 않아도 그것을 학습하게 된다. 이후 지금까지 봐 왔던 것과 꼭 같은 이미지는 아니더라도 비슷한 이미지를 받아들였을 때 기존에 학습했던 정보를 이용하여 사물을 구분하거나 다음 행동을 결정하는 데 활용한다. 사람이 학습하는 것처럼 머신러닝을 이용해 이미지 데이터를 학습시키면 사람처럼 또는 오히려 사람보다 더 정확하고 빠르게 이미지를 인식할 수 있다. 이는 산업 현장에서 물건을 분류하거나 불량품을 판별할 때, 또는 자율 주행 자동차가 주변 상황을 판별할 때 등 다양한 분야에서 활용될 수 있다. 본 절에서는 이미지를 학습하여 활용할 수 있는 예로 사용자의 행동 이미지를 인식하여 컴퓨터와 사용자가 가위바위보 게임을 하는 프로그램과 우편물의 필기체 우편번호 이미지를 인식하여 우편물을 자동으로 분류하는 프로그램을 엔트리로 구현해 본다.

11.2.1. 가위바위보 게임

컴퓨터가 사용자와 가위바위보 게임을 하는 상황을 생각해 보자. 컴퓨터는 사용자의 입력을 통해 '가위/바위/보' 중 어떤 것을 냈는지 판단해야 한다. 사용자가 자신의 선택을 키보드를 이용하여 문자나 숫자로 입력하도록 할 수도 있고, 버튼을 이용해 클릭으로 입력하도록 할 수도 있다. 그러나 이러한 입력 방법보다는 사용자가 친구들과 가위바위보 게임을 하는 것처럼 '가위/바위/보' 중 하나를 내고 컴퓨터가 사용자가 낸 손 이미지를 인식하여 무엇을 냈는지 판단할 수 있다면 훨씬 생동감 있는 가위바위보 게임을 할 수 있을 것이다. 그런데 사용자가 자신의 선택을 문자나 숫자, 또는 버튼 클릭으로 입력해 주는 경우는 명확한 입력이 컴퓨터에 전달되지만, 손 이미지를 인식하는 경우는 같은 '가위' 이미지라 하더라도 인식하는 카메라와 손의 거리, 손의 각도, 사람들의 손의 크기, 손의 모양 등에 따라 매번 인식하는 이미지가 조금씩은 달라진다. 그렇다고 모든 가능한 경우의 이미지를 입력시켜 놓고 '가위/바위/보'를 판단하는 것은 불가능하다. 따라서 인공지능 모델 학습을 통해 일정량의 '가위/바위/보' 이미지 데이터를 학습한 후, 사용자가 낸 '가위/바위/보'를 이미지로 인식하여 승패를 판단하는 가위바위보 게임을 엔트리로 구현해 보자.
가위바위보 게임을 위해 컴퓨터는 사용자에게 몇 선승제로 할지를 묻고, 매 판마다 사용자의 손 이미지를 인식하여 승패를 판단하고, 컴퓨터나 사용자 중 어느 한쪽이 지정한 횟수만큼 이기면 최종 승패를 결정한다.

● **실행 화면 미리 보기**

① [모델 학습하기]로 '가위/바위/보' 이미지 학습

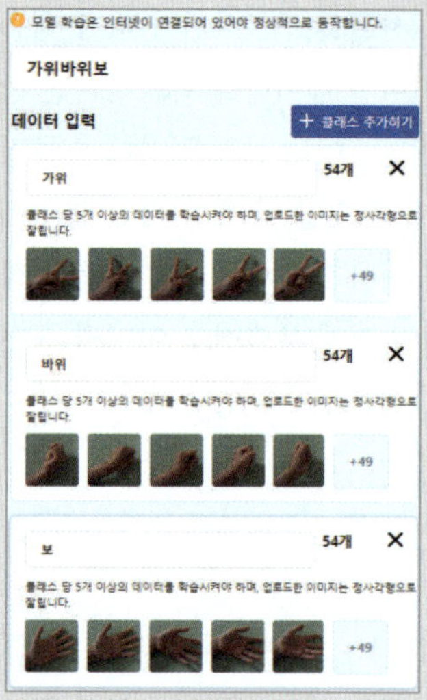

② 몇 선승제로 할지 사용자가 입력

③ 사용자의 '가위/바위/보'를 이미지 파일 선택이나 웹캠 촬영을 이용하여 학습 모델로 인식

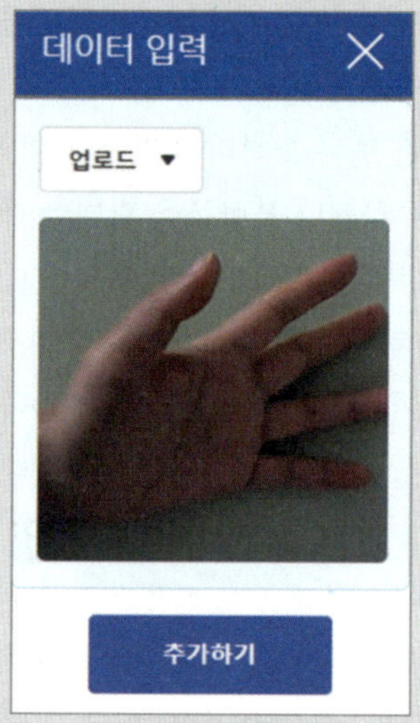

④ 한 판에 대한 컴퓨터와 사용자의 '가위/바위/보' 승패 판단

□ 컴퓨터나 사용자 중 어느 한쪽이 지정한 횟수만큼 이겼을 때 최종 승패 판단

엔트리 프로그램에서 이미지 인식은 웹캠으로 촬영하여 바로 인식하거나 이미지 파일을 업로드하여 인식할 수 있는 기능을 제공하고 있다. 따라서 자신의 컴퓨터 환경에 따라 웹캠으로 바로 촬영하여 가위바위보 게임을 할 수도 있고 웹캠을 사용할 수 없다면 미리 저장한 '가위/바위/보' 이미지 파일을 업로드하여 가위바위보 게임을 수행할 수도 있다.

「가위바위보 게임」 프로그램을 간략하게 핵심 부분만 개조식으로 서술하면 다음과 같다.

① '가위/바위/보' 이미지 데이터를 모델 학습 기능을 이용하여 학습한다.
② 몇 선승제로 할지 사용자(user)에게 물어서 입력받은 값을 'win_count' 변수에 저장한다.
③ 사용자의 '가위/바위/보'를 웹캠 촬영이나 이미지 파일로 선택하도록 알린다.
④ 컴퓨터나 사용자 중 어느 한쪽이 'win_count' 만큼 이길 때까지 다음을 반복한다.
 (ㄱ) 사용자의 '가위/바위/보'를 웹캠 촬영이나 이미지 파일 업로드를 이용하여 학습 모델로 인식한다.
 (ㄴ) 컴퓨터의 '가위/바위/보'를 랜덤하게 결정한다.
 (ㄷ) 한 판에 대한 컴퓨터와 사용자의 승패를 판단한다.
⑤ 컴퓨터와 사용자의 최종 승패를 판단한다.

1) '가위/바위/보' 이미지 모델 학습하기

① [인공지능] 범주의 [인공지능 모델 학습하기] - [새로 만들기] - [분류: 이미지] - [학습하기]를 클릭한 후, 모델 이름을 '가위바위보'로 하고, 클래스 3개를 만들어 각각 '가위', '바위', '보'로 정한다.

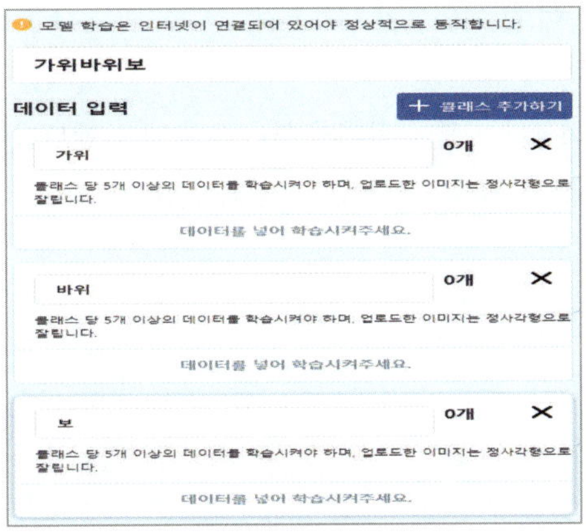

② [가위] 클래스의 [데이터를 넣어 학습해 주세요] 란에 [업로드] - [파일 올리기]를 클릭한 후, 교재에서 제공한 'ch11_2_1_가위바위보 이미지' 폴더의 하위 폴더인 '가위' 폴더에 있는 이미지 파일들을 모두 선택하여 업로드 시킨다.
(TIP. '가위' 폴더 내에서 ctrl-A를 누르면 폴더 내의 파일을 모두 선택할 수 있음)

③ [바위]와 [보] 클래스도 같은 방법으로 이미지 파일들을 업로드 시킨다.

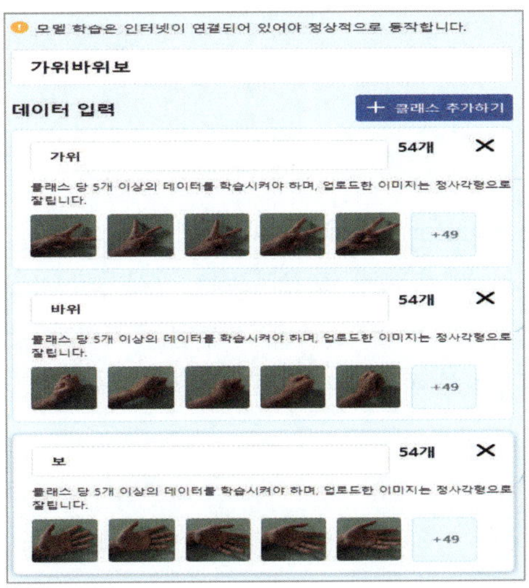

④ [모델 학습하기]를 클릭하여 업로드한 '가위', '바위', '보' 이미지를 학습시킨다.

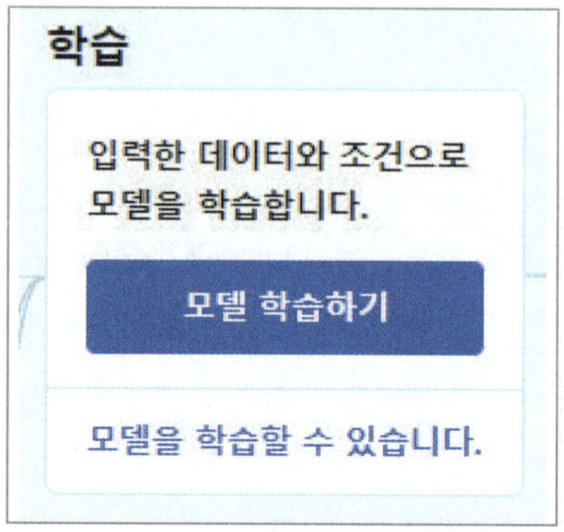

⑤ 학습이 완료되면, [결과] - [업로드] - [파일 올리기]로 교재에서 제공한 'ch11_2_1_가위바위보이미지' 폴더의 하위 폴더인 '테스트' 폴더에 있는 이미지 파일을 하나 업로드해서 학습이 잘 되었는지 테스트해 본다.

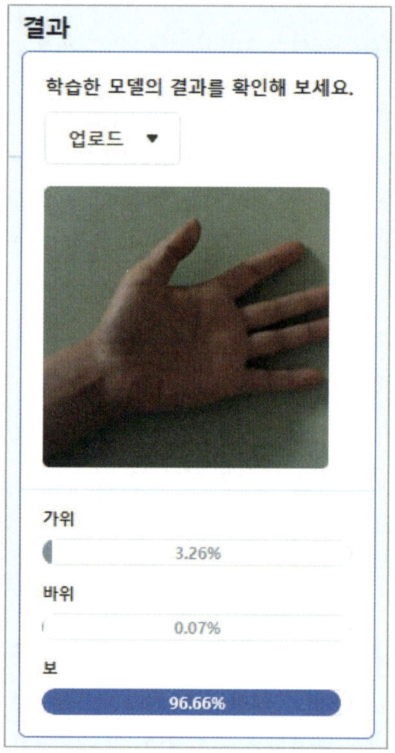

⑥ [적용하기]를 클릭해서 학습한 모델을 엔트리 프로그램에서 사용할 수 있도록 한다.

2) 'computer' 오브젝트 추가하기

기존의 '엔트리봇' 오브젝트는 삭제하고, 오브젝트 추가하기(+)를 클릭한 후 [파일 올리기]로 'ch11_2_1_computer.eo' 파일을 추가한다. 'computer' 오브젝트의 모양에 가위바위보 게임의 상황에 필요한 여러 모양이 미리 만들어져 있으므로 상황에 맞게 적절히 모양을 바꿀 수 있도록 한다.

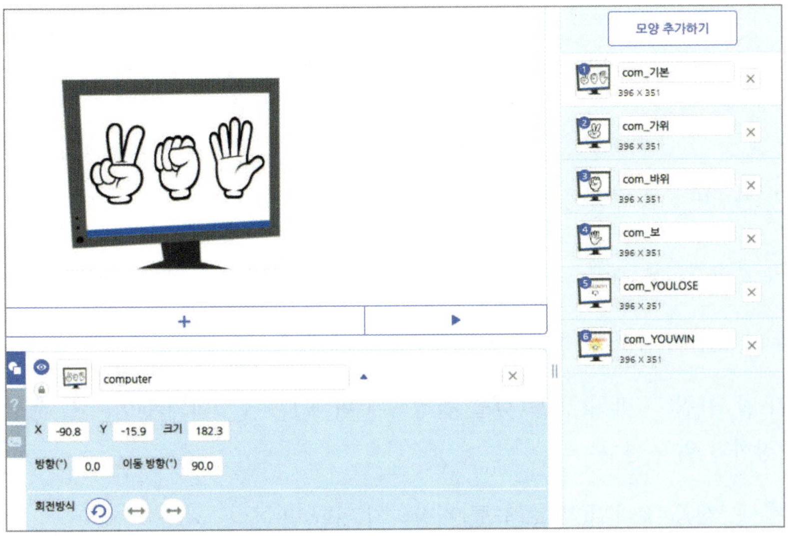

3) 'user' 오브젝트 추가하기

오브젝트 추가하기(+)를 클릭하고, [파일 올리기]로 'ch11_2_1_user.eo' 파일을 추가한다. 'user' 오브젝트의 모양에 가위바위보 게임의 상황에 필요한 여러 모양이 미리 만들어져 있으므로 사용자의 '가위/바위/보' 선택에 따라 적절히 모양을 바꿀 수 있도록 한다.

4) 변수 만들기

다음 5개의 변수를 생성하여 'user_score'와 'com_score' 변수는 실행 화면 위에 표시하고, 나머지 변수들은 숨김 처리 한다.

'user_score' : 사용자가 가위바위보 게임에서 이긴 횟수

'com_score' : 컴퓨터가 가위바위보 게임에서 이긴 횟수

'win_count' : 가위바위보 게임의 승자가 결정되기 위한 승리 기준 횟수

'rand_num' : 컴퓨터가 낼 '가위(1)/바위(2)/보(3)'를 결정하기 위해 1 ~ 3 사이의 랜덤 수를 생성하여 저장하기 위한 변수

'com_RPS' : 컴퓨터가 낼 '가위(1)/바위(2)/보(3)'를 저장하기 위한 변수
(RPS : 가위바위보(Rock-Paper-Scissors)의 약자)

5) 컴퓨터('computer') 스크립트 작성하기

프로그램이 시작되면 사용자에게 몇 선승제로 할지를 묻고, 게임 방법을 안내한 후 컴퓨터나 사용자 중 어느 한 쪽이 승리 기준 횟수('win_count')만큼 이길 때까지 게임을 반복한다. 게임의 매 판마다 이미지 학습 모델로 사용자의 '가위/바위/보'를 인식하고, 컴퓨터의 선택을 랜덤하게 결정한 후 각 판의 승패를 판단한다. 프로그램의 복잡도를 줄이기 위해 『컴퓨터가 '가위/바위/보'를 선택하여 결정하는 부분』과 『한 판에 대한 승패를 판단하는 부분』은 각각 서브 모듈(함수)로 작성하여 메인 모듈에서 호출하였다. 또한, 'computer'와 'user' 오브젝트의 모양은 프로그램 수행 도중 '가위/바위/보' 선택 상황에 따라 적절히 바꾸도록 하였다. 다음은 메인 모듈의 개조식과 엔트리 프로그램이다.

▶ **시작하기 버튼(▶)을 클릭했을 때, 다음과 같이 움직인다.**

① (ㄱ) '대답'을 실행 화면에서 숨긴다.

② (ㄴ) 사용자에게 몇 선승제로 할지 묻고 그 대답을 'win_count' 변수에 저장한다.

③ (ㄷ) 사용자에게 게임 방법을 안내한다.

④ (ㄹ) 컴퓨터의 점수('com_score')나 사용자의 점수('user_score') 중 하나가 승리 기준 횟수인 'win_count'가 될 때까지 다음을 수행한다.

⑤ ⓐ 'com_기본' 모양으로 바꾼다.

⑥ ⓑ 'user' 오브젝트가 'user_기본' 모양으로 바꿀 수 있도록 신호를 보내고 기다린다.

⑦ ⓒ 학습한 모델로 인식하여 분류한다.

⑧ ⓓ 학습한 모델로 인식된 '가위/바위/보'에 따라 'user' 오브젝트가 모양을 바꾸도록 신호를 보낸다.

⑨ ⓔ 컴퓨터의 '가위/바위/보'를 랜덤하게 정하여 'com_RPS' 변수에 저장하고, 그에 따라 컴퓨터의 모양을 바꾼다. ('com_RPS_결정하기' 함수로 구현하고 함수 호출)

⑩ ⓕ 'com_RPS'와 학습 모델로 인식된 '분류결과'를 비교하여 한 판에 대한 승패를 판단하여 말하고, 승자의 점수를 1만큼 증가시킨다. ('승패판단하기' 함수로 구현하고 함수 호출)

⑪ (ㅁ) 컴퓨터와 사용자의 이긴 횟수를 비교하여 최종 승패를 판단하고 승패에 따라 'computer' 오브젝트의 모양을 바꾼다.

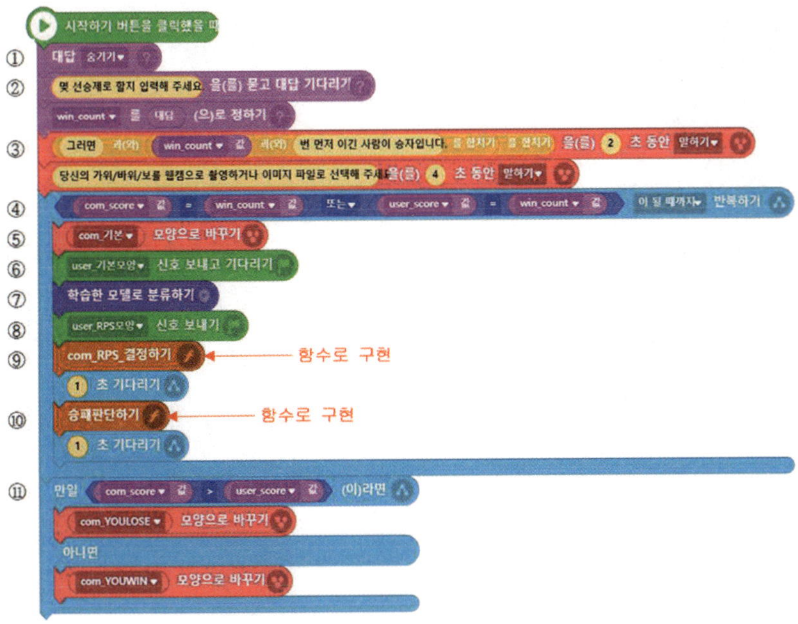

다음은 컴퓨터가 '가위/바위/보'를 결정하는 'com_RPS_결정하기' 함수의 개조식과 프로그램이다. 1 ~ 3 사이의 무작위 수를 정하여 그 값이 1이면 ' 가위', 2이면 '바위, 3이면 '보'로 정하고 그에 맞게 모양을 바꾼다.

①	(ㄱ) 1 ~ 3 사이의 무작위 수를 정하여 'rand_num' 변수에 저장한다.
②	(ㄴ) 만약 'rand_num'이 1이면 ⓐ 'com_RPS'를 '가위'로 정한다. ⓑ 모양을 'com_가위'로 바꾼다.
③	(ㄷ) 만약 'rand_num'이 2이면 ⓐ 'com_RPS'를 '바위'로 정한다. ⓑ 모양을 'com_바위'로 바꾼다.
④	(ㄹ) 만약 'rand_num'이 3이면 ⓐ 'com_RPS'를 '보'로 정한다. ⓑ 모양을 'com_보'로 바꾼다.

①
②
③
④

다음은 한 판에 대한 승패를 판단하는 '승패판단하기' 함수의 개조식과 프로그램이다. 컴퓨터가 결정한 '가위/바위/보'와 사용자의 선택을 학습 모델로 인식한 '분류결과'를 비교하여 한 판에 대한 승패를 판단하여 알린다.

① (ㄱ) 'com_RPS'와 학습 모델로 인식한 '분류결과'가 같으면 이번 판은 비겼음을 알린다.
② (ㄴ) 'com_RPS'와 학습 모델로 인식한 '분류결과'가 같지 않으면 다음과 같이 승패를 판단하여 알린다.
③ ⓐ 'com_RPS' : '가위', '분류결과' : '바위'이면,
- 사용자가 이겼음을 알리고 'user_score'를 1만큼 증가시킨다.
④ ⓑ 'com_RPS' : '가위', '분류결과' : '보'이면,
- 컴퓨터가 이겼음을 알리고 'com_score'를 1만큼 증가시킨다.
⑤ ⓒ 'com_RPS' : '바위', '분류결과' : '가위'이면,
- 컴퓨터가 이겼음을 알리고 'com_score'를 1만큼 증가시킨다.
⑥ ⓓ 'com_RPS' : '바위', '분류결과' : '보'이면,
- 사용자가 이겼음을 알리고 'user_score'를 1만큼 증가시킨다.
⑦ ⓔ 'com_RPS' : '보', '분류결과' : '가위'이면,
- 사용자가 이겼음을 알리고 'user_score'를 1만큼 증가시킨다.
⑧ ⓕ 'com_RPS' : '보', '분류결과' : '바위'이면,
- 컴퓨터가 이겼음을 알리고 'com_score'를 1만큼 증가시킨다.

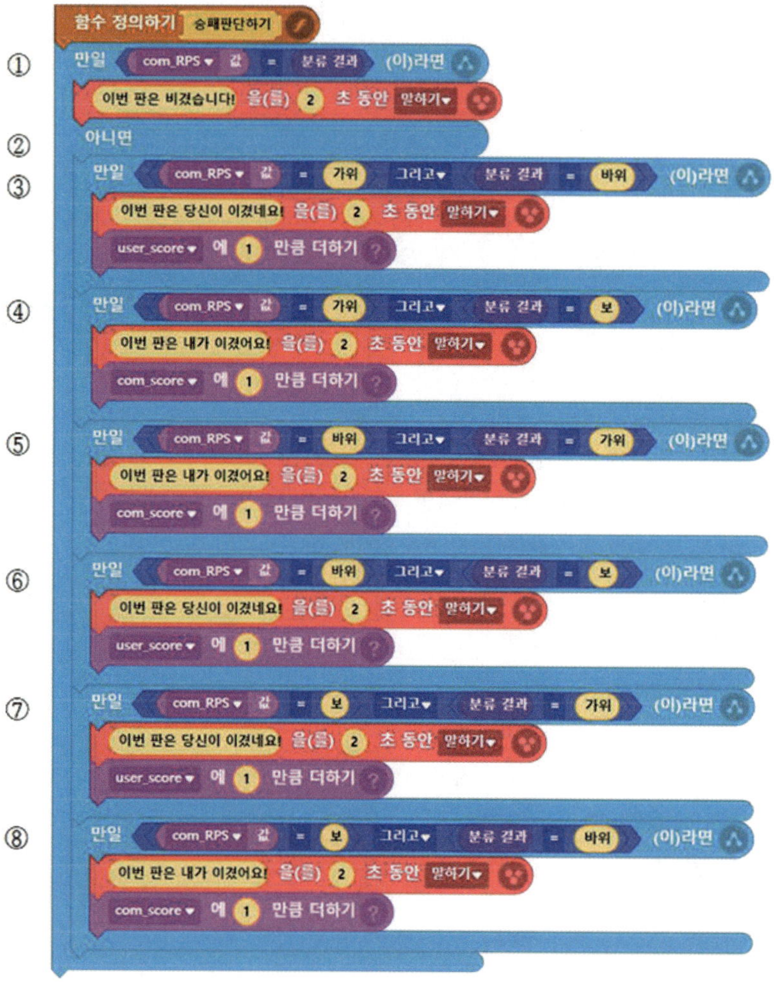

6) 사용자('user') 스크립트 작성하기

사용자가 '가위/바위/보'를 내면 그 이미지를 웹캠 촬영이나 이미지 파일로 입력받아 컴퓨터가 학습 모델로 인식한다. 따라서 'user' 오브젝트는 컴퓨터가 상황에 따라 보내는 신호에 따라 '가위/바위/보' 모양을 바꾸어 주기만 하면 된다.

① 시작하기 버튼(▶)을 클릭하거나 컴퓨터가 'user_기본모양'으로 바꾸라는 신호를 보내면 모양을 'user_기본'으로 바꾼다.

② 컴퓨터가 'user_RPS모양' 으로 바꾸라는 신호를 보내면 학습 모델로 인식한 사용자의 '가위/바위/보' 선택에 따라 모양을 바꾼다.

완성한 「가위바위보 게임」을 실행시켜 보자. 사용자의 '가위/바위/보' 선택을 위해 교재에서 제공한 '테스트' 폴더의 '가위/바위/보' 이미지를 업로드하여 학습 모델로 인식한다. 최종적으로 구현한 「가위바위보 게임」이 사용자의 '가위/바위/보' 선택을 이미지 학습 모델로 잘 인식하여 분류하는지 살펴보고, 사용자와 컴퓨터의 '가위/바위/보' 선택에 따라 승패를 잘 판단하는지 확인해 보자. 만일 사용자의 '가위/바위/보'를 잘 인식하지 못하거나 승패를 잘 판단하지 못한다면 무엇이 잘못되었는지 확인해 보자.

11.2.2 우편물 자동 분류 시스템

수기로 적힌 우편물을 배달할 지역에 따라 자동으로 분류하는 시스템을 프로그램으로 구현해 보자. 이 문제를 해결하기 위해서는 우편물에 수기로 적힌 5자리의 우편번호를 인식하여 인식된 우편번호에 해당하는 지역으로 분류해 주면 된다. 그런데, 수기로 적힌 우편번호의 숫자들은 적는 사람에 따라 글씨체와 크기, 선의 굵기 등이 매번 달라진다. 그렇다고 수기로 적을 수 있는 모든 숫자 유형의 이미지 데이터를 저장해 놓고 우편물의 우편번호 이미지와 매핑시키는 것은 불가능하다. 따라서 인공지능 모델 학습을 통해 일정량의 필기체 숫자 이미지 데이터를 학습시킨 후, 우편물의 우편번호 이미지를 인식하여 지역에 따라 자동 분류하도록 엔트리로 구현해 보자.

프로그램 구현 및 실행의 복잡도를 줄이기 위해 다음과 같이 가정을 하여 프로그램을 구현한다.

① 우편번호는 숫자 1, 2, 3만으로 조합되는 3자리 수로 구성된다고 가정한다.

② 우편물의 우편번호에 대한 이미지를 엔트리의 웹캠 촬영이나 이미지 파일 업로드를 이용하여 왼쪽부터 한 자리씩 차례로 학습 모델로 인식하여 우편번호 3자리를 구성한다.

③ 지역은 '부산'과 '서울' 두 군데로만 구분하고, 인식한 숫자의 신뢰도가 일정 신뢰도 기준보다 낮거나 인식한 우편번호에 해당하는 지역을 찾을 수 없으면 차후 수동 분류할 수 있도록 '기타'로 분류한다.

● **실행 화면 미리 보기**

① [모델 학습하기]로 필기체 숫자(1~3) 이미지 학습

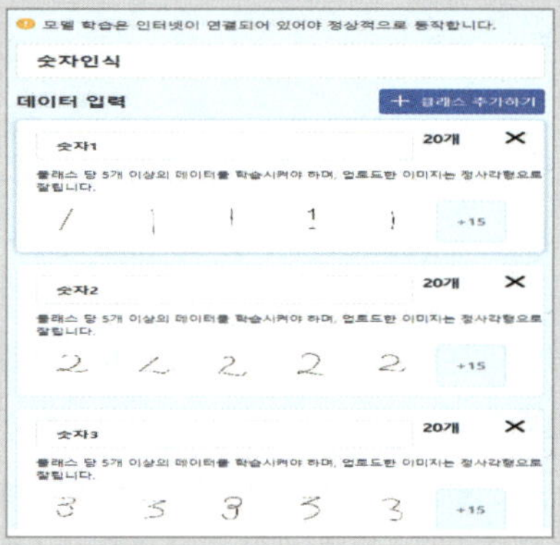

② 초기 화면

③ 우편번호 3자리에 대한 이미지를 차례로 학습 모델로 인식

④ 인식된 우편번호에 따라 해당 지역으로 분류

「우편물 자동 분류 시스템」 프로그램을 핵심부분만 간략하게 개조식으로 서술하면 다음과 같다.

① 필기체 숫자(1 ~ 3) 이미지 데이터를 모델 학습 기능을 이용하여 학습한다.
② 우편번호 3자리 이미지를 차례로 인식시키도록 안내한다.
③ 우편번호 3개의 이미지를 차례로 인식하여 우편번호 3자리를 구성한다.
④ 인식된 우편번호에 대한 지역을 구분한다.
⑤ 우편물이 해당 지역으로 이동할 수 있도록 신호를 보내고 기다린다.

1) 숫자 이미지 모델 학습하기

① [인공지능] 범주의 [인공지능 모델 학습하기] - [새로 만들기] - [분류: 이미지] - [학습하기]를 클릭한 후, 모델 이름을 '숫자인식'으로 하고, 클래스 3개를 만들어 각각 '숫자1', '숫자2', '숫자3'으로 정한다.

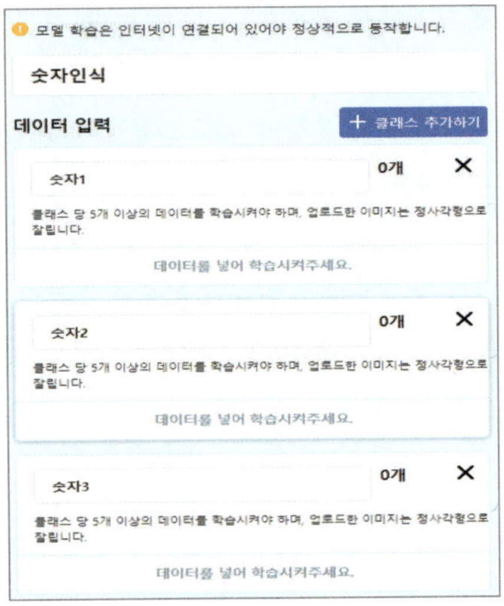

② [숫자1] 클래스의 [데이터를 넣어 학습해 주세요] 란에 [업로드] - [파일 올리기]를 클릭한 후, 교재에서 제공한 'ch11_2_2_필기체숫자이미지' 폴더의 하위 폴더인 '숫자1' 폴더에 있는 이미지 파일들을 모두 선택하여 업로드 시킨다.
(TIP. '숫자1' 폴더 내에서 ctrl-A를 누르면 폴더 내의 파일을 모두 선택할 수 있음)

③ [숫자2]와 [숫자3] 클래스도 같은 방법으로 이미지 파일들을 업로드 시킨다.

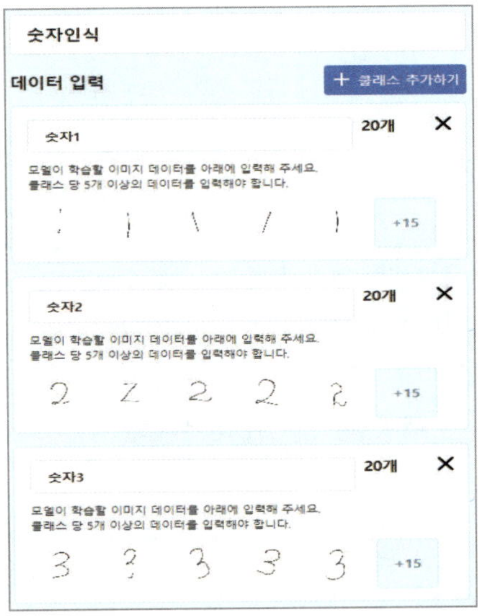

④ [모델 학습하기]를 클릭하여 업로드한 '숫자1', '숫자2', '숫자3' 이미지를 학습시킨다.

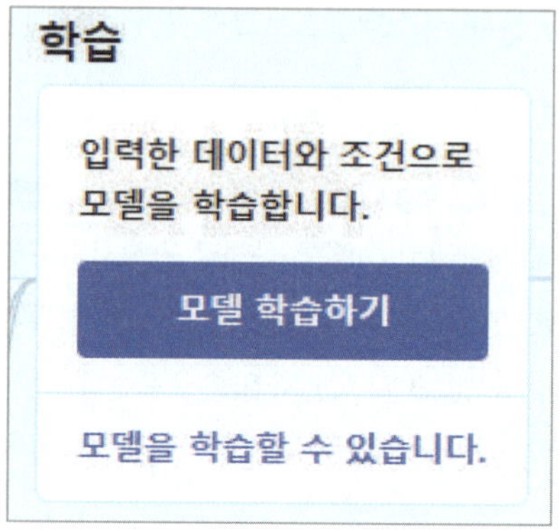

⑤ 학습이 완료되면, [결과] - [업로드] - [파일 올리기]로 교재에서 제공한 'ch11_2_2_필기체 숫자이미지' 폴더의 하위 폴더인 '테스트' 폴더의 이미지 파일을 하나 업로드해서 학습이 잘 되었는지 테스트해 본다.

⑥ [적용하기]를 클릭해서 학습한 모델을 엔트리 프로그램에서 사용할 수 있도록 한다.

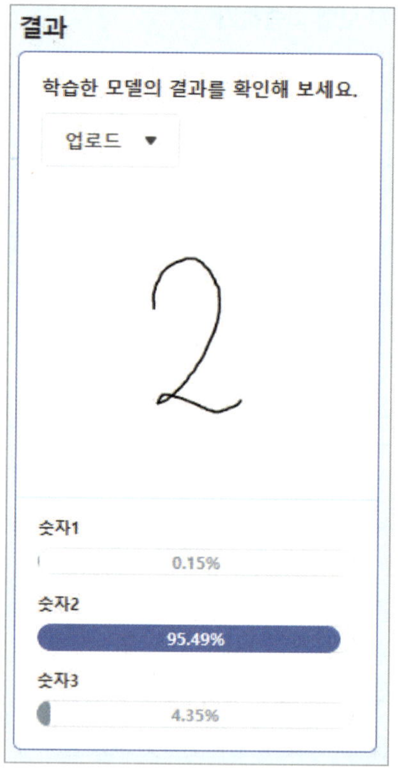

2) '배경' 오브젝트 추가하기

기존의 '엔트리봇' 오브젝트는 삭제한다. 오브젝트 추가하기(+)를 클릭하고, [파일 올리기]로 'ch11_2_2_배경.eo' 파일을 추가한다.

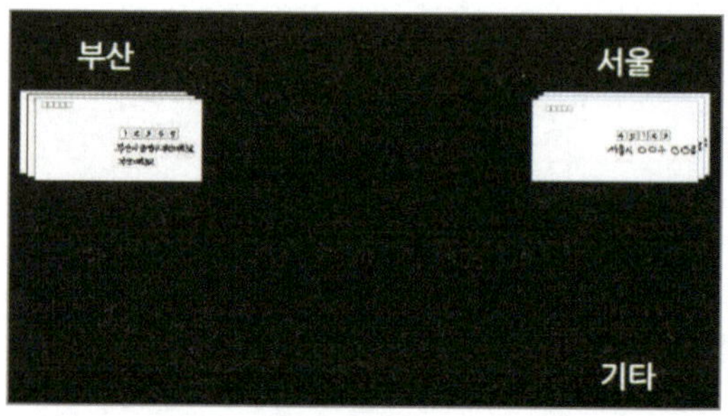

3) '우편물' 오브젝트 추가하기

오브젝트 추가하기(+)를 클릭하고, [파일 올리기]로 'ch11_2_2_우편물.eo' 파일을 추가한다.

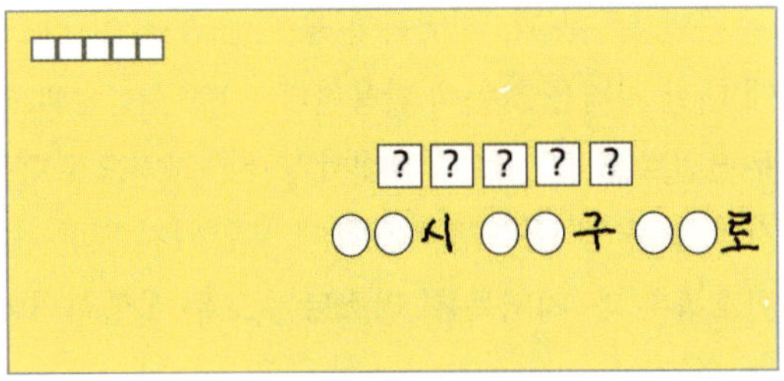

4) '우편물분류로봇' 오브젝트 추가하기

오브젝트 추가하기(+)를 클릭하고, [파일 올리기]로 'ch11_2_2_우편물분류로봇.eo' 파일을 추가한다. ('우편물분류로봇' 오브젝트는 우편물이 분류되는 지역의 방향에 따라 적절하게 모양을 바꿀 수 있도록 하기 위해 엔트리에서 제공하는 '(3)엔트리봇'을 수정하여 '정면/오른쪽/왼쪽' 방향을 보는 3가지 모양으로 구성하였다.)

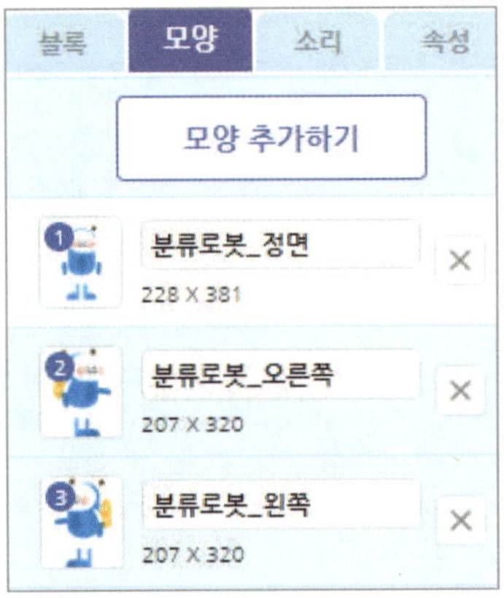

5) 변수 만들기

다음 4개의 변수를 생성하여 '우편번호'는 실행 화면 위에 표시하고, 나머지 변수들은 숨김 처리 한다.

'우편번호' : 필기체 숫자 이미지를 학습 모델로 인식하여 구성한 우편번호

'지역' : 인식된 '우편번호'에 해당하는 지역(부산/서울/기타)

'신뢰도기준' : 이미지 학습 모델로 인식한 필기체 숫자 이미지의 인식 신뢰도 인정 기준. ('신뢰도기준' 변수 값을 0.8로 정한다면 숫자 이미지의 인식 신뢰도가 0.8 이상인 경우만 인식된 숫자로 인정)

'N' : 인덱스 변수

6) 리스트 만들기

'우편번호목록'과 '지역목록'을 다음과 같이 리스트로 구성하여 이미지 학습 모델로 인식된 우편번호에 대한 지역을 찾는데 활용한다. '999'는 '신뢰도기준' 미만의 인식 신뢰도를 보이는 숫자가 인식되면 우편번호를 '999'로 처리해서 '기타' 지역으로 분류하기 위한 것이다. 그 외, 1 ~ 3으로 조합 가능한 3자리 숫자 중 '우편번호목록'에 포함되지 않은 숫자는 프로그램에서 '기타'로 구분되도록 한다. '우편번호목록'과 '지역목록' 리스트는 모두 실행화면에서 보이지 않도록 숨김 처리한다.

	우편번호목록
1	111
2	112
3	113
4	121
5	122
6	123
7	131
8	132
9	133
10	999

	지역목록
1	부산
2	부산
3	부산
4	부산
5	서울
6	서울
7	서울
8	서울
9	서울
10	기타

7) '우편물분류로봇' 스크립트 작성하기

'우편물분류로봇'의 동작을 구현하는 프로그램의 복잡도를 줄이기 위해 『이미지 학습 모델을 이용하여 우편번호 3자리를 인식하는 부분』과 『인식된 우편번호로 지역을 구분하는 부분』은 각각 서브 모듈(함수)로 작성하여 메인 모듈에서 호출하였다. 다음은 메인 모듈의 개조식과 엔트리 프로그램이다.

▶ 시작하기 버튼(▶)을 클릭했을 때, 다음과 같이 움직인다.

① (ㄱ) '우편물분류로봇' 모양을 '분류로봇_정면'으로 바꾼다.
② (ㄴ) 우편번호 3자리 이미지를 차례로 인식시키도록 안내한다.
③ (ㄷ) 숫자 이미지 3개를 차례로 학습 모델로 인식하여 우편번호 3자리를 구성한다. ('우편번호인식하기' 함수로 구현하고 함수 호출)
④ (ㄹ) 인식된 우편번호를 이용하여 지역을 구분하고, 그 지역 우편물이 있는 방향을 바라보고 지역을 안내한다. ('지역구분하기' 함수로 구현하고 함수 호출)
⑤ (ㅁ) 우편물이 지역에 따라 이동할 수 있도록 신호를 보내고 기다린다.
⑥ (ㅂ) 말하기를 지우고 모양을 '분류로봇_정면'으로 바꾼다.

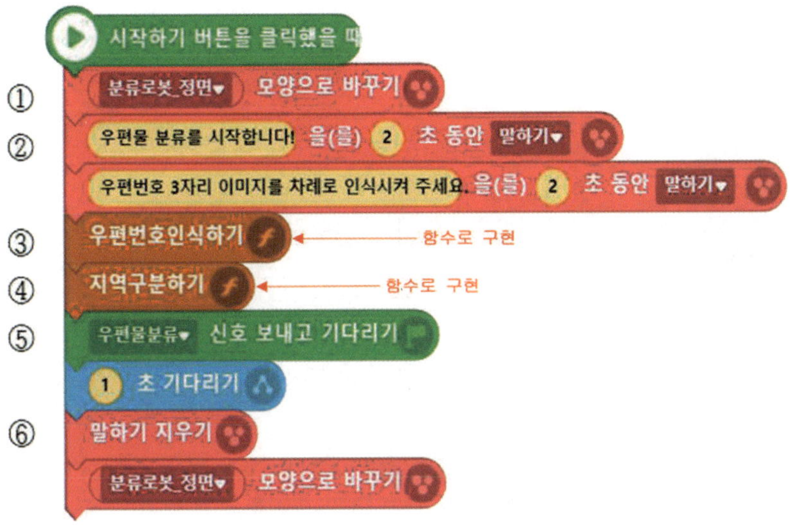

다음은 '우편번호인식하기' 함수의 개조식과 프로그램이다. 숫자 3개의 이미지를 차례로 학습 모델로 인식하여 우편번호 3자리를 생성한다. 만약 숫자 인식 과정에서 인식 신뢰도가 '신뢰도기준'보다 낮으면 우편번호가 잘못 인식된 것으로 판단하여 우편번호를 '999'로 정하고 해당 우편물에 대한 우편번호 인식을 멈춘다.

① (ㄱ) 다음과 같이 변수 값을 초기화한다.
- '신뢰도기준' : 0.8
- '우편번호' : 0
- 'N' : 1

② (ㄴ) 'N'이 3보다 커지거나 '우편번호'가 '999'가 될 때까지 다음을 반복한다.

③ ⓐ 학습한 모델로 숫자 이미지를 인식하여 분류한다.

④ ⓑ 만약 '분류결과'가 '숫자1'이라면
- 만약 '숫자1에 대한 신뢰도' 〈 '신뢰도기준' 이라면 '우편번호'를 '999'로 정하고, 아니면 '우편번호' 끝자리에 인식한 숫자를 추가한다.

⑤ ⓒ '분류결과'가 '숫자2' 이거나 '숫자3'인 경우도 ⓑ와 같이 수행한다.

⑥ ⓓ 'N'을 1 증가시킨다.

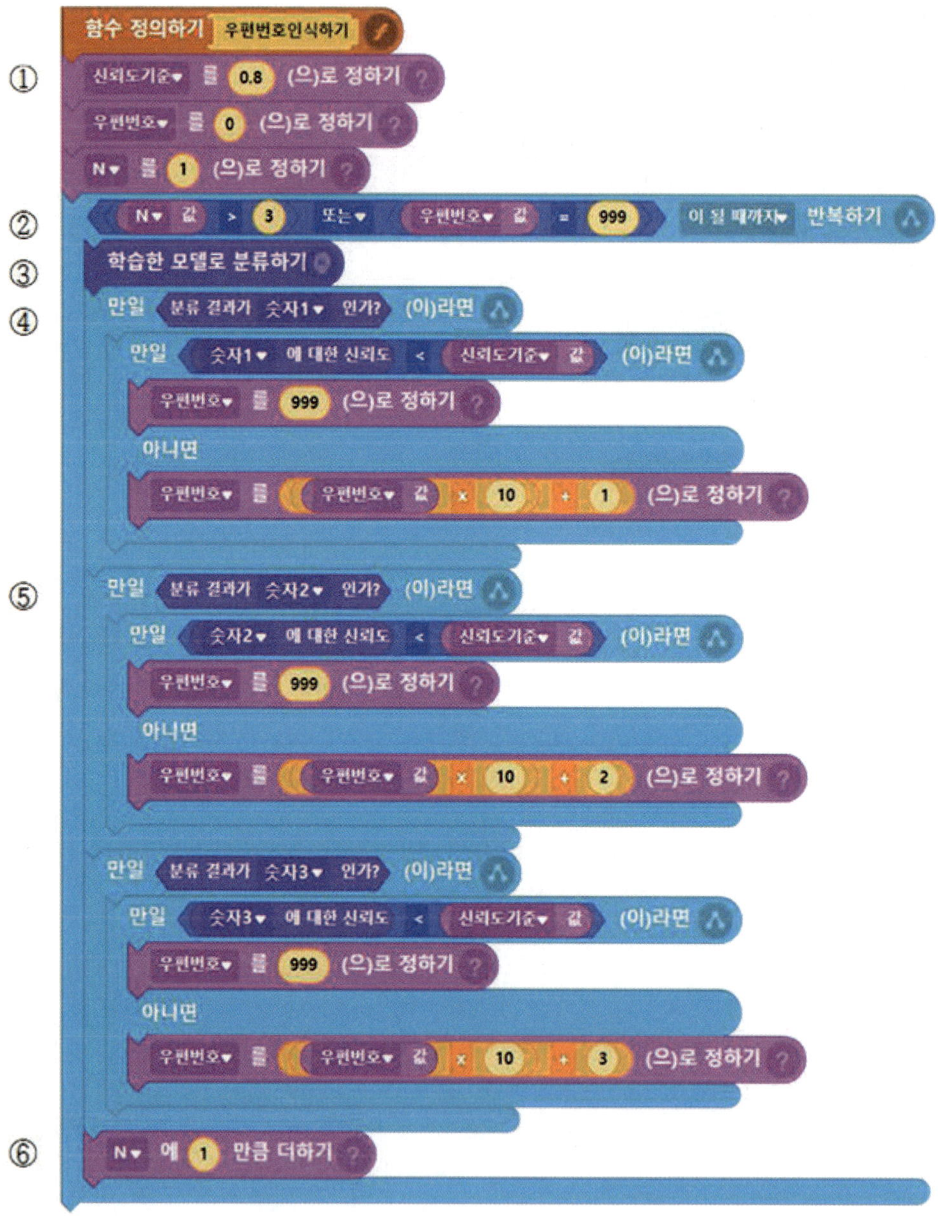

다음은 '지역구분하기' 함수의 개조식과 프로그램이다. '우편번호인식하기' 함수에서 생성한 '우편번호'를 '우편번호목록' 리스트에서 찾아 그에 해당하는 '지역'을 '지역목록' 리스트를 이용하여 구한다. '지역' 변수의 값을 '기타'로 초기화하여, 만약 찾고자 하는 '우편번호'가 '우편번호목록' 리스트에 없으면 '지역'이 '기타'로 구분될 수 있도록 한다.

① (ㄱ) 다음과 같이 변수 값을 초기화한다.

- '지역' : 기타
- 'N' : 1

② (ㄴ) '우편번호목록' 리스트의 항목 수만큼 반복한다.

③ ⓐ 만약 '우편번호목록의 N번째 항목'이 학습 모델로 인식하여 구성한 '우편번호'와 같다면

- '지역목록의 N번째 항목'을 '지역' 변수에 저장한다.
- 반복을 중단한다.

④ ⓑ 'N'을 1 증가시킨다.

⑤ (ㄷ) '지역' 변수 값이 '부산'이면 모양을 '분류로봇_왼쪽'으로 바꾼다.

⑥ (ㄹ) '지역' 변수 값이 '서울'이면 모양을 '분류로봇_오른쪽'으로 바꾼다.

⑦ (ㅁ) '지역' 변수 값이 '기타'이면 모양을 '분류로봇_정면'으로 바꾼다.

⑧ (ㅂ) 어느 지역 우편물인지 말한다.

①
②
③
④
⑤
⑥
⑦
⑧

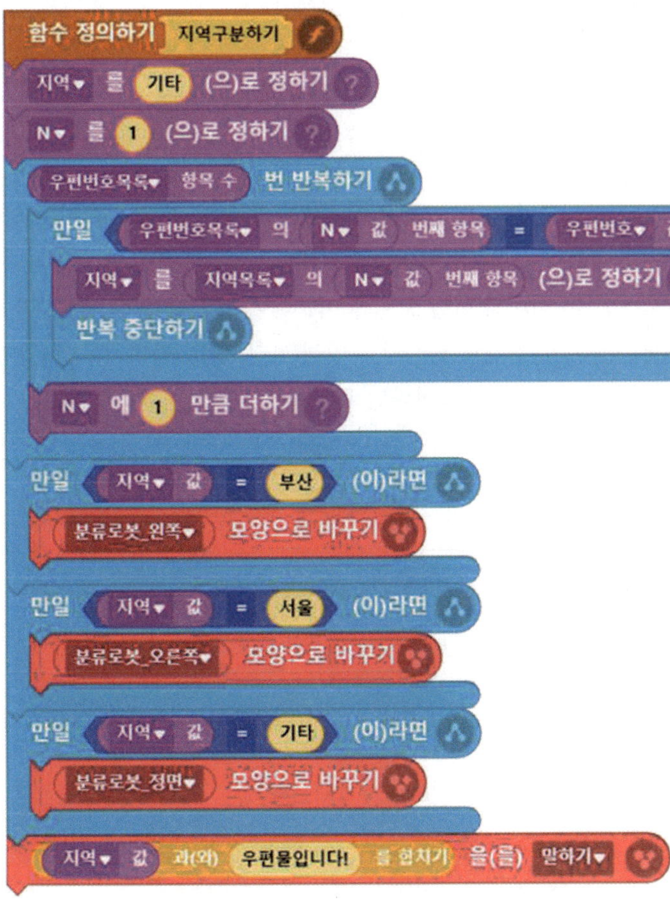

8) '우편물' 스크립트 작성하기

'우편물분류로봇'이 숫자 이미지를 학습 모델로 인식하여 '우편번호'를 구성하고, 구성한 '우편번호'에 따라 '지역'을 결정하여 우편물을 분류한다. 따라서 '우편물' 오브젝트는 '우편물분류로봇'이 보내는 신호에 따라 해당 지역 위치로 이동하기만 하면 된다. 이동 후, 우편물이 다른 우편물 그림과 어울리도록 크기를 조정하였다.

완성한 「우편물 자동 분류 시스템」을 실행시켜 보자. 우편물의 우편번호 숫자 이미지 인식을 위해 교재에서 제공한 '테스트' 폴더의 숫자 이미지 3개를 차례로 업로드하여 학습 모델로 인식한다. 최종적으로 구현한 「우편물 자동 분류 시스템」이 이미지 학습 모델을 이용하여 필기체 숫자 이미지를 잘 인식하는지 살펴보고, 우편물이 해당 지역으로 잘 분류되는지 확인해 보자. 만일 필기체 숫자 이미지를 잘 인식하지 못하거나 우편물을 정확히 분류해 내지 못한다면 무엇이 잘못되었는지 확인해보자.

연습문제

문제 1

11.2.1절의「가위바위보 게임」에서 학습 모델에 의한 이미지 인식 신뢰도가 0.8 미만인 경우 메시지를 출력하고 다시 '가위/바위/보'를 낼 수 있도록 프로그램을 수정하시오.

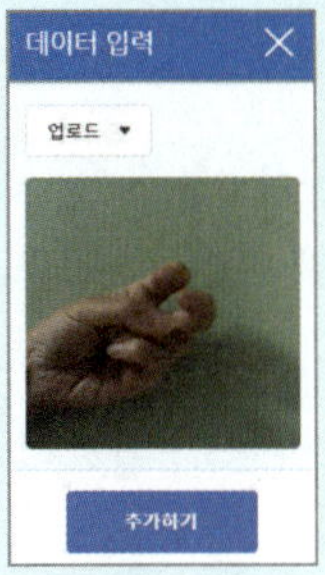

⇨

문제 2

11.2.2절의「우편물 자동 분류 시스템」에서 학습 데이터를 좀 더 추가한 후, 인식신뢰도의 변화가 있는지 확인해 보시오. (단, [Windows 보조프로그램] - [그림판]에서 필기체 숫자를 그린 후 이미지 파일로 저장하여 학습 데이터로 사용한다. 기존 학습 데이터와 형식을 맞추기 위해 그림판의 크기는 500 * 500 픽셀로 지정하고, 도구는 '연필'로, 크기는 가장 굵은 것으로 선택하여 필기체 숫자를 그린다.)

문제 3

교재에서 제공한 'ch11_연습3_필기체숫자이미지' 폴더에 있는 0 ~ 9까지의 필기체 숫자 이미지를 이용하여 분류하고자 하는 클래스 개수가 증가함에 따라 인식 신뢰도가 달라지는지 살펴보자. 즉, 숫자 이미지를 3가지(예. '숫자1', '숫자2', '숫자3')만 학습시켜 분류할 때와 0 ~ 9까지 10가지를 모두 학습시켜 분류할 때 인식 신뢰도가 어떻게 달라지는지 확인해 보자.

제12장 창의적인 인공지능

12.1. 새로운 것을 만드는 인공지능

인류 역사에서 최고의 창의적 인물을 손꼽아 보라고 하면 누가 가장 먼저 떠오르는가? 아마도 레오나르도 다빈치, 모차르트, 셰익스피어, 피카소 혹은 스티븐 스필버그 같은 사람들이 떠오를 것이다. 대부분 문학·예술·영화 분야에서 뛰어난 업적을 남긴 사람들이다. 오늘날까지 대다수 사람은 예술·창작 분야는 인공지능이 범접할 수 없는 인류만의 고유한 영역이라고 생각해 왔다. 그렇다면 창작은 정말로 사람들만이 할 수 있는 일일까? 인공지능은 창의적인 사고를 할 수 없을까?

이번 장에서는 창작하는 인공지능에 대해 알아본다. 인공지능이 과연 창의적인 생산물을 만들어 낼 수 있는지, 가능하다면 과연 어떠한 학습으로 그러한 일들이 가능한 건지에 대해 알아본다. 그리고 인공지능이 진화하는 모습을 통해 미래의 인공지능이 우리 생활에 미칠 영향에 대하여 살펴본다.

12.1.1. 창작하는 인공지능

과연 창의력이란 무엇일까? 창의성(Creativity)을 인터넷 사전에서 찾아보면 "기존의 지식이나 경험을 바탕으로 상황에 맞는 새롭고 가치 있는 결과물을 만들어 내는 능력"이라고 정의한다. 다시 말해 창의성이란 무(無)에서 유(有)를 창조하는 것이 아니라 과거의 데이터를 바탕으로 새로운 결과물을 만들어 내는 능력이다. 그렇다면 인공지능에게도 창의력이 있다고 할 수 있을까? 현재 연구 중이거나 실험적으로 서비스되고 있는 몇몇 인공지능 모델은 인공지능도 창의력을 가질 수 있다는 가능성을 보여준다.

• 영화 시나리오를 작성하는 인공지능 - 벤자민

2016년 영국 공상과학 영화제 'SF 런던'의 '48시간 내 영화 만들기' 경연 대회에 출품되어 Top 10에 든 9분짜리 영화 '선스프링(SUNSPRING)'은 세간의 관심을 끌며 많은 언론에서 기사화되었다. 그 이유는 이 영화의 시나리오 작가가 사람이 아닌 '벤자민'이라는 이름을 가진 인공지능이었기 때문이다. 인공지능 모델인 벤자민은 알파고와 이세돌의 바둑 대국을 보고 자극을 받은 영화감독 오스카 샤프가 고스트버스터즈 2부터 스타워즈까지 온라인에서 구할 수 있는 1980~1990년대 공상과학영화 시나리오를 이 인공지능에 입력하여 학습시킨 후 새로운 시나리오를 작성할 수 있도록 설계한 인공지능 모델이다. 벤자민은 학습된 시나리오들에 나오는 문자와 단어들을 엮어 대사와 무대 지시, 그리고 배경음악의 가사까지 작성했으며, 심지어 자신을 '벤자민'으로 불러 달라고 하였다. 벤자민이 쓴 시나리오를 접한 대다수 평론가는 글의 개연성이 부족하고 기괴하다는 혹평을 내놓았다. 그럼에도 불구하고 벤자민은 기존 작품들 안에서 일정한 패턴을 학습하여 새로운 시나리오를 작성하였으며, 공상과학 영화에서나 있을 법한 일을 현실화했다는 점에서 의미가 있다. 선스프링 영화와 제작과정은 유튜브를 통해 볼 수 있다.

선스프링(SUNSPRING, 그림 출처 : 선스프링 유튜브 캡쳐)

비슷한 예로, 일본 '호시 신이치 공상과학 문학상'에 출품되어 1차 심사까지 통과한 단편소설 중 4편이 일본 'AI 소설 프로젝트'를 통해 만들어진 작품이었다. 이 역시 SF소설 인공지능 모델이 쓴 소설로, 심사위원들은 인공지능이 썼다고 생각지 못했을 정도로 섬세하고 정교한 내용이었다고 평하였다.

Tip! 시나리오를 쓰는 인공지능 모델은 어떻게 새로운 문장을 만들까?

텍스트를 분석할 때는 해당 텍스트를 단어나 글자 단위로 나누는데, 이를 토큰이라고 한다. 따라서 텍스트 분석 모델은 이전 토큰들이 정해졌을 때 다음에 나올 토큰의 확률을 예측하는 것이다. 이러한 모델을 언어 모델(Language Model)이라고도 부른다. 예를 들어 "나는 어젯밤에 밤을 먹"까지 입력하면 다음에 올 수 있는 모든 글자에 대한 확률을 구한 후 샘플링 전략에 의해 후보 중 한 글자를 선택하게 된다. 여기서는 '었'을 선택했다고 하자. 그러고 나면 생성된 출력 '었'은 다시 입력 데이터로 추가되어 같은 방법으로 그다음에 올 글자인 '다'를 예측하게 된다.

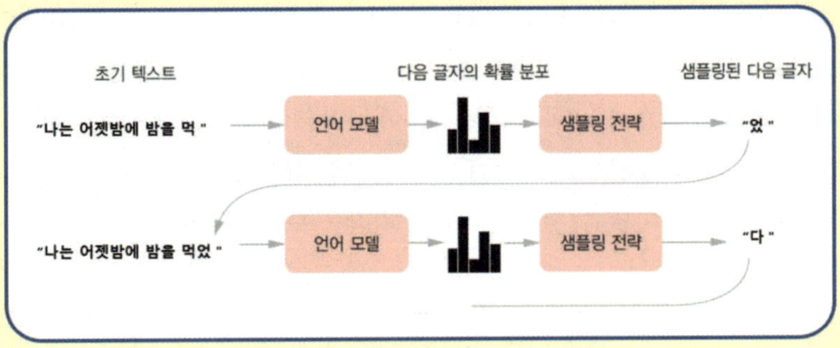

텍스트 분석 모델을 이용하여 텍스트를 생성하는 과정

텍스트를 생성할 때는 다음 글자를 선택하는 샘플링 전략이 매우 중요한데, 이때 어떠한 샘플링 전략을 사용하는지에 따라 결과가 완전히 달라질 수 있다. 만약 탐욕적 샘플링(Greedy Sampling) 기법을 사용할 경우 다음 글자로 올 수 있는 확률 중 가장 높은 확률을 가진 글자를 선택하게 된다. 탐욕적 샘플링 기법을 사용하면 안정적이지만 예상 가능한 지루한 문장이 만들어질 것이다. 반면에 확률적 샘플링(Random Sampling) 기법을 사용하면 무작위 확률로 다음에 나올 단어들을 선택하므로 아주 흥미롭고 창의적인 문장을 생성할 수 있다. 하지만 통계 모델에서 데이터를 샘플링하는 것이므로 실제에 존재하지 않는 의미 없는 문장이 될 수도 있다.

• 작곡을 하는 인공지능 - 엔신스(NSynth)

구글은 예술 창작 학습 인공지능 알고리즘을 설계하는 '마젠타'[1] 프로젝트를 진행하고 있다. '마젠타' 프로젝트는 '알파고'를 개발한 영국의 딥마인드와 협력하여 음악 분야에서 먼저 '엔신스(NSynth, 신경신디사이저)' 모델을 만들었다. 이는 1,000여 개의 악기와 30만 개의 음이 담긴 데이터베이스를 구축하고 이를 인공지능에 학습시켜 새로운 소리와 음악을 만들도록 한 작곡 모델이다. 이를테면 베이스 기타와 플루트, 하프와 클라리넷 소리를 합쳐서 이전에 없던 새로운 악기 소리를 만드는 식이다. 또 단순히 '소리'를 합성하는 것뿐만 아니라 기존 음악가들이 연주했던 곡을 학습해서 짧고 기초적인 수준의 연주곡을 만들어 내기도 한다. 구글은 이러한 인공지능 모델을 공개하고 무료로 배포하여 일반인들이 본인들의 응용 프로그램에 탑재하여 새로운 콘텐츠를 생성할 수 있도록 제공하고 있다.

엔신스와 유사한 인공지능 작곡가로 소니 컴퓨터 사이언스 연구소에서 개발한 '딥바흐', 미국 예일대에서 개발한 '쿨리타' 등도 있다. 물론 이러한 인공지능 모델들은 음악을 '창조'하기보다는 '조합'하는 것에 가깝다는 비판을 받고 있으며, 인공지능 창작물이 사람들의 마음을 위로하는 문학 작품이나 음악으로 인정받기까지는 시간이 꽤 걸릴 것으로 예상된다. 그렇지만 이러한 인공지능 모델을 통해 사람이 찾지 못하는 새로운 조합을 찾아낼 수 있다면 사람의 창작을 보조하는 작업 도구로써는 충분히 가치가 있다고 할 수 있다.

• 그림 그리기를 도와주는 인공지능 - 오토드로우(AutoDraw)

구글은 그림 분야에서도 인공지능을 활용하는데, 사람이 손으로 그린 스케치를 학습시키고 이를 인공지능 모델로 재해석한 후 새로운 결과물을 내놓게 하는 것이다. 구글이 만든 오토드로우[2] 를 이용하면 사용자가 서툴게 스케치한 그림을 인공지능이 인식하여 추천 이미지를 제시하는 서비스를 체험해 볼 수 있다. 사용자가 화면에 대충 그림을 그리면 오토드로우는 그림을 해석한 후 대체할 수 있는 완성된 그림들을 추천해 준다. 이러한 인공지능의 도움을 빌리면 빠르고 쉽게 원하는 이미지를 얻을 수 있다.

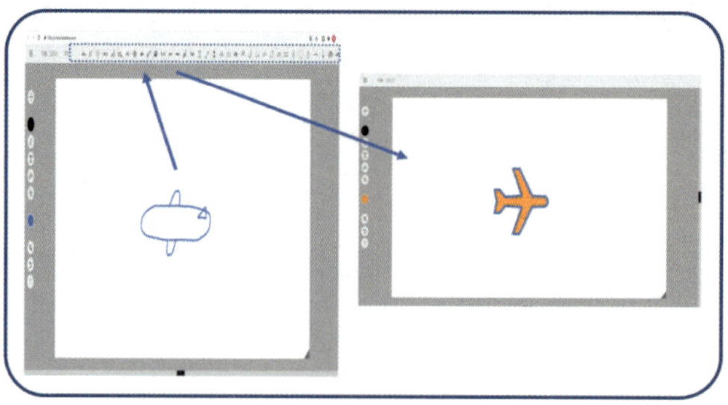

오토드로우(AutoDraw)

1) 마젠타(Magenta, https://magenta.tensorflow.org)

2) 오토드로우(AutoDraw, https://www.autodraw.com)

- 사진을 예술 작품으로 만들어 주는 인공지능 - 딥드림 생성기(DeepDream Generator)

구글이 개발한 딥드림은 학습된 시각 패턴을 사용하여 사진을 예술적 이미지로 만들어 준다. '딥드림 생성기'는 인공지능 학습의 핵심 요소인 신경망 층의 활성화 값에 포함된 특정 패턴 값을 다양한 이미지로 만들어 낸다. '딥드림 생성기'에서 만들 수 있는 이미지 스타일은 딥스타일(Deep Style), 씬스타일(Thin Style), 딥드림(Deep Dream) 세 가지가 있다. 딥드림은 학습된 패턴을 의도적으로 과도하게 적용하여 주어진 이미지를 변형한다. 이렇게 생성된 딥드림 이미지는 몽환적인 느낌을 주는 특징을 가진다.

딥드림으로 생성한 이미지
(그림 출처 : https://www.tensorflow.org/tutorials/generative/deepdream)

딥스타일과 씬스타일은 사용자가 원하는 작품의 화풍 패턴을 학습하여 주어진 이미지에 적용한다. 이렇게 생성된 이미지는 마치 실력 있는 화가가 특정 작가의 화풍을 모방하여 그린 것 같은 이미지를 만들어 낸다.

'딥드림 생성기'는 페이스북이나 구글 아이디로 회원가입을 하면 무료 체험이 가능하다. '딥드림 생성기' 사이트[3]에 접속하여 회원가입 후 로그인한다. 첫 화면은 이용자들이 '딥드림 생성기'를 이용하여 창작한 다양한 작품을 보여준다. 작품을 감상한 후 화면 상단 Generate 버튼을 클릭하면 이미지를 생성할 수 있는 화면이 나타난다.

3) 딥드림 생성기(DeepDream Generator, https://deepdreamgenerator.com)

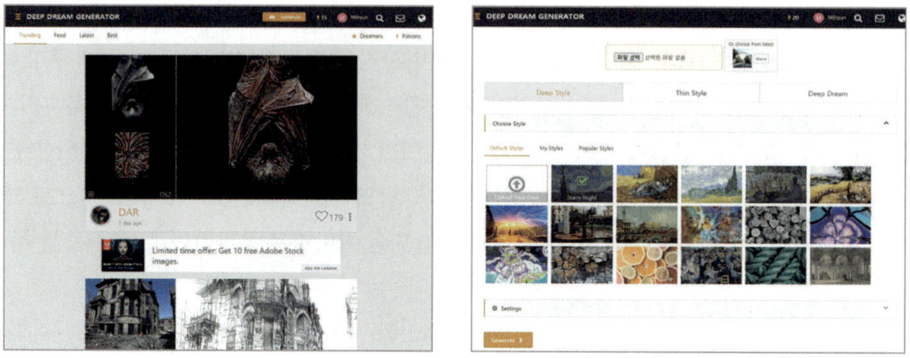

'딥드림 생성기' 첫 화면과 이미지 생성 화면

화면 상단에 있는 [파일 선택] 버튼을 눌러 제공된 'ch12_1_1_부산대무지개문.jpg' 파일을 선택한다. [Deep Style]을 선택하고 [Choose Style]에서는 [Default Style]에 있는 고흐의 'Starry Night'를 선택한다. [Settings] 옵션은 기본 설정으로 한 다음 [Generate] 버튼을 클릭한다. 아래와 같이 부산대 무지개문 사진이 고흐 풍의 이미지로 변형된 것을 볼 수 있다.

딥스타일의 고흐 화풍으로 만든 부산대 무지개문 이미지

구글에서 이미 기본으로 사용할 수 있는 다양한 작품들의 스타일을 학습시켜 두었기 때문에 제공된 스타일을 사용하면 쉽게 이미지를 변형할 수 있다. 다양한 스타일과 사진들을 이용하여 여러 가지 이미지를 만들어 본다.

혼자서 해보기

딥드림 생성기를 이용하여 본인만의 새로운 창작물을 만들어 본다.

12.1.2. 예측하는 인공지능

오래전부터 사람들은 통계학적인 방법을 통해 과거의 데이터를 이용하여 미래의 상황을 예측하거나 새로운 정보를 추론하고자 하였다. 그러나 사람이 만든 (규칙 기반의) 통계학적 모델은 무수히 많은 요인을 고려하는 데에는 한계가 있었다. 통계학자들은 미래의 날씨를 예측하고 주가를 예상하며 주택 가격을 추정하기 위해 다양한 통계 모델을 연구하고 활용하지만, 현대인들은 점점 더 높은 정확도를 지닌 새로운 모델을 요구하고 있다. 과연 인공지능을 이용하면 이러한 요구를 충족할 수 있을까? 현대인들의 요구를 100% 만족시키지는 못하겠지만 인공지능을 활용한 예측과 추정 모델은 현재의 통계학 모델보다는 훨씬 높은 정확성을 제공할 것으로 기대한다.

이번 절에서는 엔트리의 인공지능 모델을 활용하여 에어비앤비 숙박 가격 추정 모델을 만들고자 한다. 에어비앤비에 처음으로 호스팅하려고 할 때 가장 어려운 일은 적절한 숙박료를 정하는 일이다. 숙박료를 너무 비싸게 받으면 손님들이 오지 않을 것이고, 너무 낮게 받으면 적당한 이윤을 남기지 못할 것이다. 이때, 자신의 숙소와 비슷한 조건의 다른 에어비앤비 업소들의 가격을 비교할 수 있다면 숙박료를 정하는 데 큰 도움이 된다. 인공지능 추정 모델을 이용하면 이 문제를 해결 할 수 있다.

먼저 제공된 데이터셋 'ch12_1_2_LA에어비앤비숙소정보.csv' 파일을 살펴보자. 아래 파일은 인사이드 에어비앤비[4] 사이트에서 내려받은 LA 지역의 숙소 데이터이다. 데이터는 총 1,000개이며, 학습의 편의를 위해 아래와 같이 분석에 필요한 속성들만 가져왔다. (참고로 제공된 파일은 각 항목 이름이 한글 UTF-8 모드로 인코딩되어 있다. 따라서 파일을 엑셀 프로그램으로 열면 한글이 깨져 보일 수 있다. 그런 경우 메모장 프로그램과 연결하여 파일을 열면 정확하게 내용을 확인할 수 있다.)

	A	B	C	D	E	F	G	H
1	숙박업소ID	최대 수용 인원	화장실 개수	침실 개수	침대 개수	평균 숙박료	리뷰 개수	리뷰 평점
2	109	6	2	2	3	115	2	8
3	2708	1	1.5	1	1	68	28	10
4	2732	1	1	1	1	155	21	9
5	2864	2	1	1	1	50	0	10
6	5728	2	1	1	1	42	310	9
7	5729	3	1	1	1	65	230	9
8	5843	4	1	2	2	130	128	9
9	6931	1	1.5	1	2	73	23	9
10	7874	2	1	1	1	55	12	10
11	7992	4	1	1	2	89	241	10

이 데이터를 이용하여 아래와 같이 숙박료 추정 모델을 생성한 후 숙박료를 알려주는 응용 프로그램을 작성해 보도록 한다.

4) 인사이드 에어비앤비(Inside Airbnb, http://insideairbnb.com/get-the-data.html)

실행 화면 미리 보기

① [테이블 불러오기]

	A	B	C	D	E	F	G	H
1	숙박업소ID	최대 수용 인원	화장실 개수	침실 개수	침대 개수	평균 숙박료	리뷰 개수	리뷰 평점
2	109	6	2	2	3	115	2	8
3	2708	1	1.5	1	1	68	28	10
4	2732	1	1	1	1	155	21	9
5	2864	2	1	1	1	50	0	10
6	5728	2	1	1	1	42	310	9
7	5729	3	1	1	1	65	230	9
8	5843	4	1	2	2	130	128	9

② [모델 학습하기]-'지도학습 예측: 숫자'

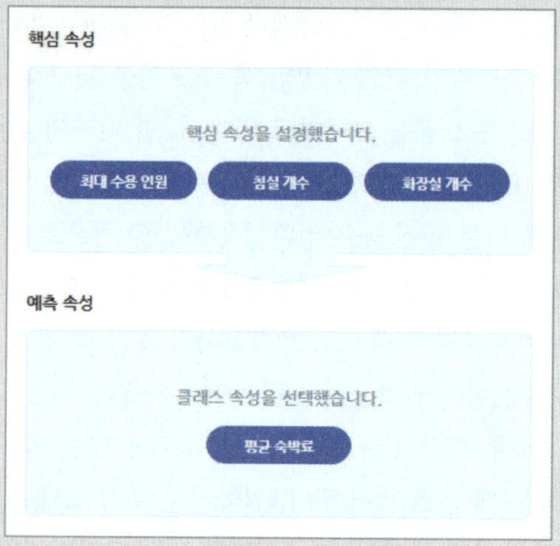

③ 새로운 조건을 입력받아서 숙박료 예측

이제 엔트리를 이용하여 예측 모델을 만들어 보자. 엔트리 웹사이트에 로그인한 후 엔트리 화면 상단에 있는 [만들기]-[작품 만들기] 버튼을 클릭한다.

1) 학습 데이터 준비

① 프로그램 제목은 'ch12_1_2_숙박료 예측'이라고 적고, [데이터 분석] - [데이터 불러오기]를 선택한다.

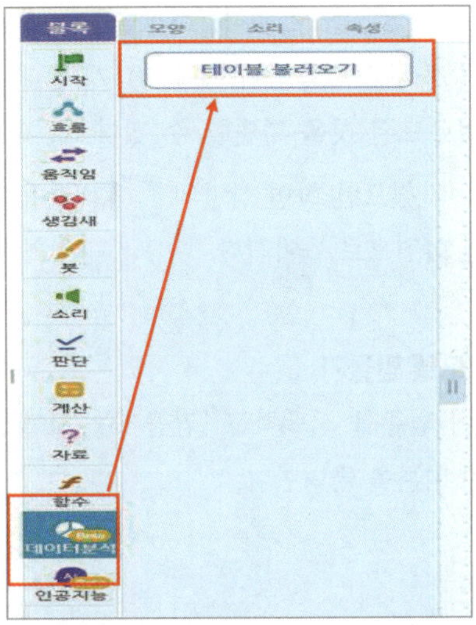

② [테이블 불러오기] 화면에서 [테이블 추가하기]를 클릭한다.

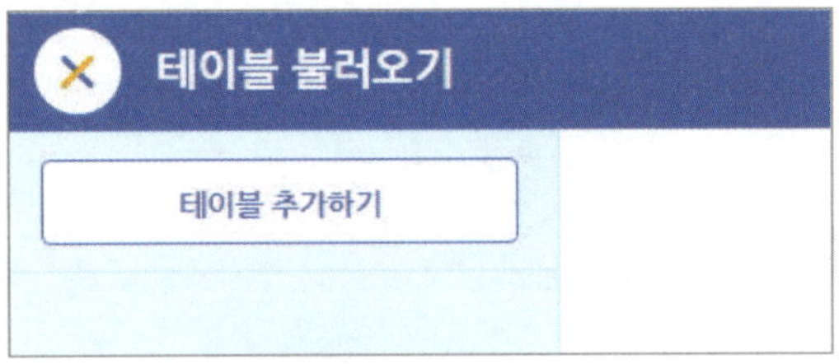

③ 테이블 추가하기 방법은 3가지가 있는데, [테이블 선택]은 엔트리에서 제공하는 데이터를 사용하는 것이고, [파일 올리기]는 외부 데이터파일을 불러들여 사용하는 것이다. [새로 만들기]를 누르면 데이터를 직접 입력할 수 있다. [파일 올리기]를 선택한 후 [파일 선택]을 클릭한다.

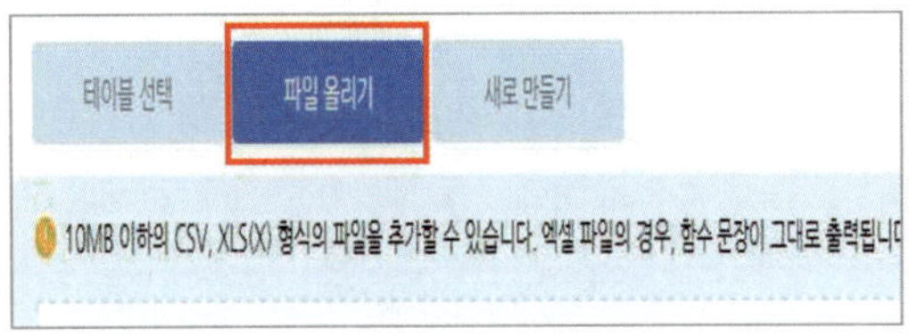

④ 제공된 'ch12_1_2_LA에어비앤비숙소정보.csv' 파일을 불러온다. 참고로 엔트리에서는 10MB 이하의 csv나 xls(x) 형식의 파일만 불러올 수 있다. 화면 하단의 [추가] 버튼을 클릭한다.

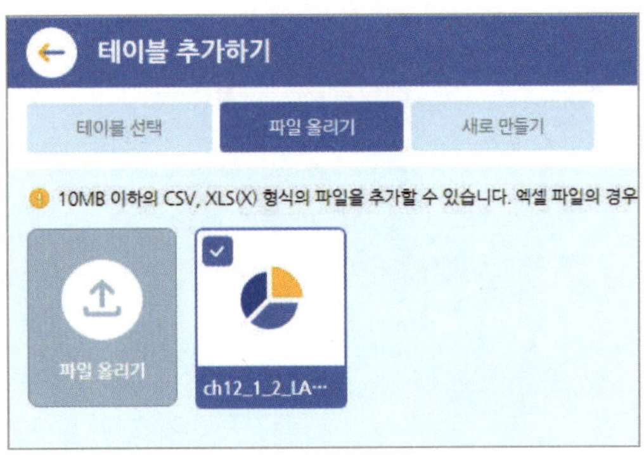

⑤ 불러온 LA 지역의 에어비앤비 숙박 정보를 테이블 형식으로 볼 수 있다. 스크롤 버튼을 내려 보면 제목을 포함하여 총 1,001개의 데이터가 업로드된 것을 확인할 수 있다. 테이블 확인을 마쳤으면 화면 상단의 ⊗ 버튼을 눌러 메인 화면으로 돌아간다.

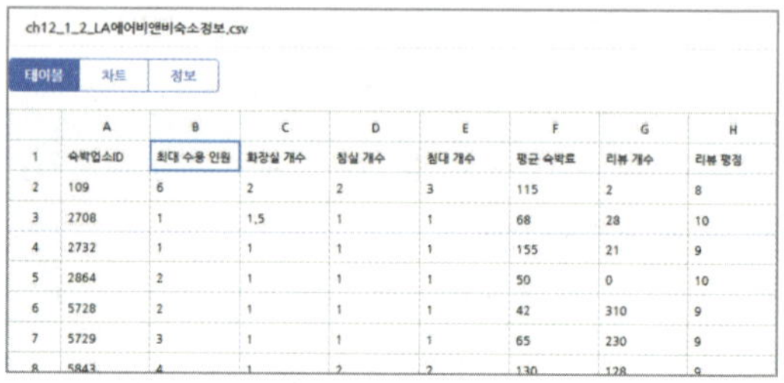
ch12_1_2_LA에어비앤비숙소정보.csv

테이블 | 차트 | 정보

	A	B	C	D	E	F	G	H
1	숙박업소ID	최대 수용 인원	화장실 개수	침실 개수	침대 개수	평균 숙박료	리뷰 개수	리뷰 평점
2	109	6	2	2	3	115	2	8
3	2708	1	1.5	1	1	68	28	10
4	2732	1	1	1	1	155	21	9
5	2864	2	1	1	1	50	0	10
6	5728	2	1	1	1	42	310	9
7	5729	3	1	1	1	65	230	9
8	5843	4	1	2	2	130	128	9

2) 인공지능 모델 만들기

① [인공지능] 범주를 선택하고 [인공지능 모델 학습하기] 버튼을 클릭한다.

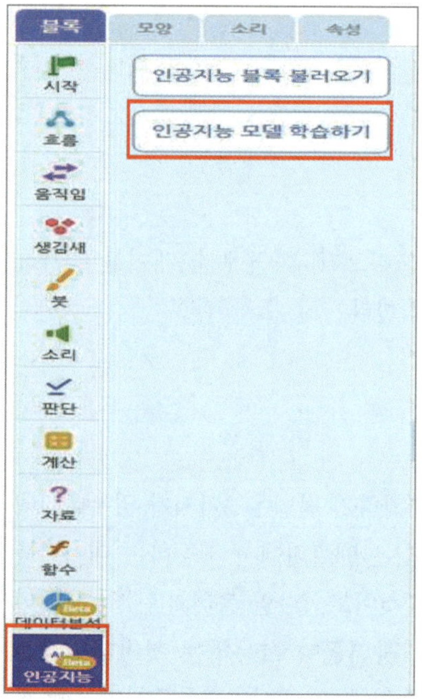

② [학습할 모델 선택하기] 화면이 열리면 [지도학습 예측: 숫자] 모델을 선택하고 [학습하기]를 클릭한다.

③ 모델명은 '숙박료예측 모델'이라고 적고, [데이터 입력]에서 테이블은 'ch12_1_2_LA에어비앤비숙소정보.csv'로 선택한다.

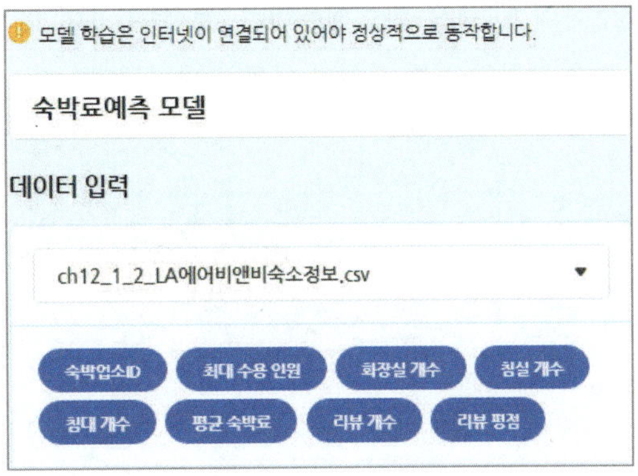

이때 [핵심 속성]과 [예측 속성]을 선택하는 일은 매우 중요하다. 실제로 값을 예측해 보고 싶은 항목을 [예측 속성]으로 지정하고, 예측 속성에 영향을 미치는 항목들을 [핵심 속성]으로 지정한다. 엔트리는 교육용 프로그램이기 때문에 핵심 속성을 최대 3개까지만 지정할 수 있게 되어있다.

④ 일단 최대 수용 인원과 숙박료 사이의 관계를 알아보자. [핵심 속성]에는 '최대 수용 인원' 속성을, [예측 속성]에는 '평균 숙박료' 속성을 끌어다 놓는다.

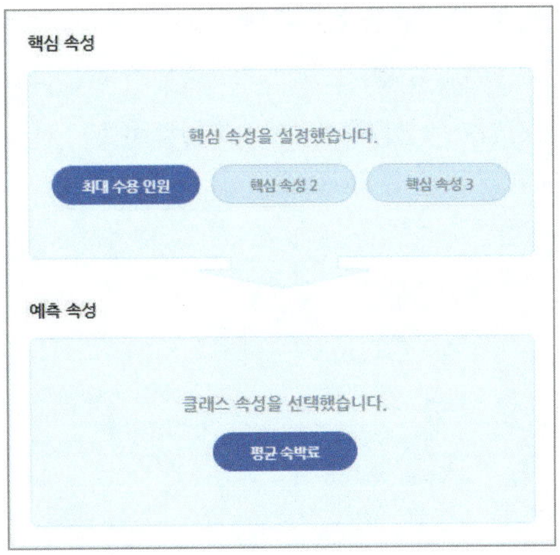

⑤ [모델 학습하기] 버튼을 클릭한다. 학습한 모델의 결과가 차트로 나타나고, 차트 하단에는 최대 수용 인원에 따른 숙박료를 예측하는 회귀식이 나타난다.

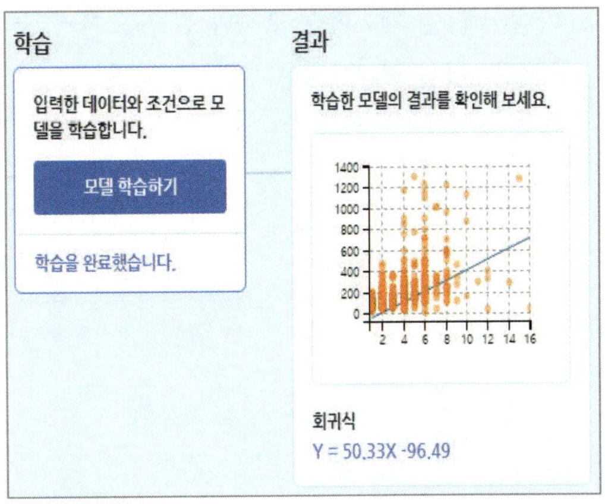

⑥ 이때 [학습을 완료했습니다.]를 클릭하면 학습 오차와 검증 오차가 차트로 나타난다.

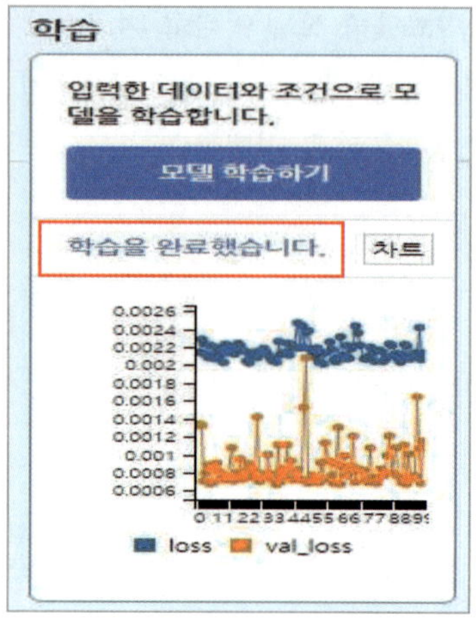

⑦ [차트] 버튼을 눌러 [조건] 상태로 바꾼 후 세대(Epoch)의 숫자를 100으로 늘리고 [모델 학습하기] 버튼을 눌러본다.

⑧ 학습이 많을수록 학습 오차와 검증 오차가 줄어드는 것을 볼 수 있다. 더불어 회귀식도 달라진다.

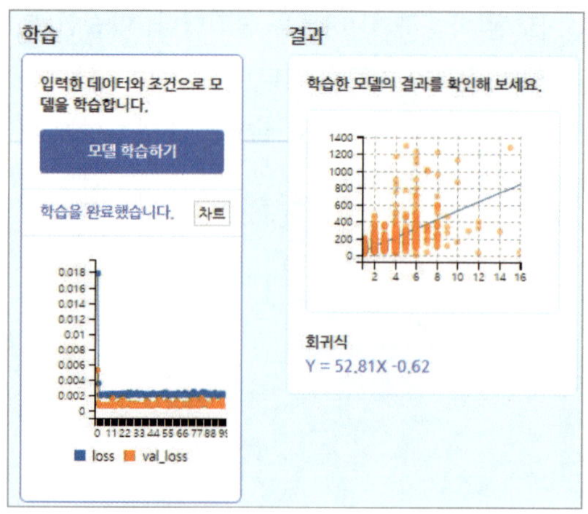

[핵심 속성]을 침실 개수, 화장실 개수 혹은 리뷰 평점 등으로 지정했을 때 숙박료가 어떻게 바뀌는지도 확인해 본다. [핵심 속성]을 2개나 3개로 지정해도 좋다.

⑨ 본 예제에서는 최대 수용 인원, 침실 개수, 화장실 개수로 숙박료를 예측해 보려고 한다. [핵심 속성]에 '침실 개수' 항목과 '화장실 개수' 항목을 추가로 끌어다 놓고 [모델 학습하기]를 누른다.

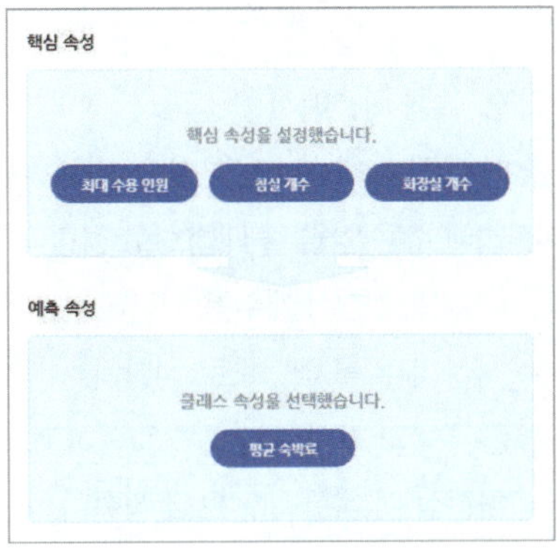

핵심 속성이 2개 이상이 되면 학습 결과는 2차원의 좌표평면에 표현할 수 없게 된다. 따라서 회귀식만 나타난다. 몇 번 더 학습시켜 어느 정도 오차율이 줄어들면 [적용하기]를 눌러 학습 화면에서 빠져나온다.

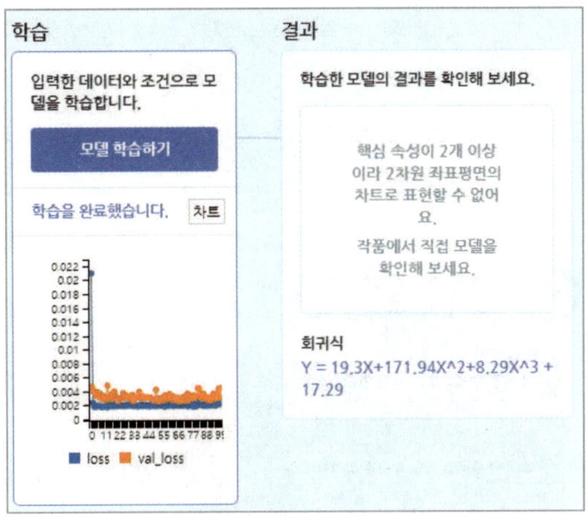

3) '엔트리봇' 스크립트 작성하기

프로그램이 시작되면 최대 수용 인원, 침실 개수 그리고 화장실 개수를 묻고, 그 조건에 맞는 숙박료를 추정해 주는 엔트리 스크립트를 작성해 보자.

① [변수 만들기]를 눌러 '침실 개수', '화장실 개수', '최대 수용 인원', '예측 숙박료' 총 4개의 변수를 만든다.

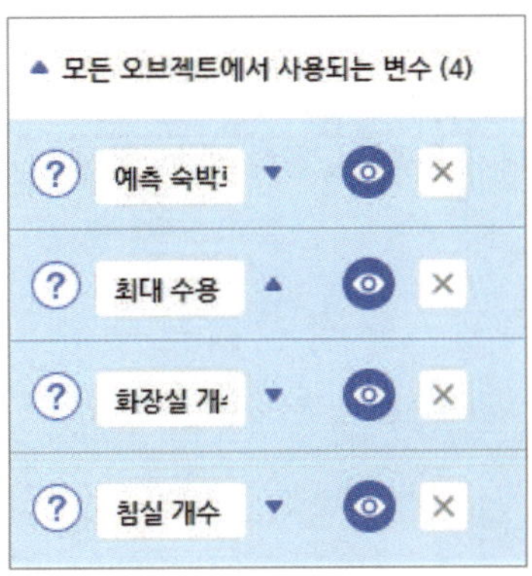

엔트리 블록을 이용하여 다음과 같이 프로그램을 작성한다.

▶ 시작하기 버튼(▶)을 클릭했을 때, 다음과 같이 움직인다.

① '대답'을 실행 화면에서 숨긴다.
② "소유한 주택의 최대 수용 인원을 입력하세요"라고 묻고 대답을 기다린다.
③ 변수 '최대 수용 인원'을 대답으로 정한다.
④ "소유한 주택의 침실 개수를 입력하세요"라고 묻고 대답을 기다린다.
⑤ 변수 '침실 개수'를 대답으로 정한다.
⑥ "소유한 주택의 화장실 개수를 입력하세요"라고 묻고 대답을 기다린다.
⑦ 변수 '화장실 개수'를 대답으로 정한다.
⑧ [인공지능] 블록의 최대 수용 인원 10 침실 개수 10 화장실 개수 10 의 예측 값 을 가져온 후 변수 '최대 수용 인원', '침실 개수', '화장실 개수'를 각각의 위치에 끼워 넣는다. 변수 '예측 숙박료'를 이 블록 값으로 정한다.
⑨ "해당 주택에 대한 숙박료는 00.00달러로 예상됩니다."라고 말한다.

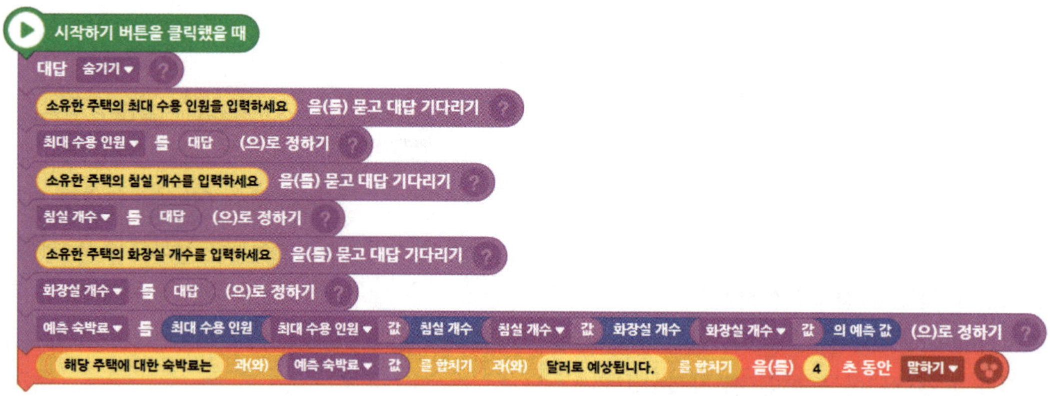

4) 결과 확인하기

이제 임의의 최대 수용 인원, 침실 개수, 화장실 개수를 입력하여 예측 모델이 숙박료를 예측하는지 확인해 보자.

① 프로그램을 실행시켜 최대 수용 인원, 침실 개수, 화장실 개수를 각각 입력한다.

② 화면에 "해당 주택에 대한 숙박료는 452.1달러로 예상됩니다."라고 예측 결과가 나타난다.

최대 수용 인원, 침실 개수, 화장실 개수를 달리해서 여러 번 테스트해 본다. 예측 결과는 데이터가 많으면 많을수록, 학습 횟수가 충분할수록 정확도가 높아질 것이다.

12.1.3. 진화하는 인공지능

이제까지 소개한 대부분의 인공지능 모델은 개발자가 제공하는 빅데이터를 학습하여 새로운 결과물을 생성하는 지도학습 모델이었다. 그렇다면 화가가 풍경을 보고 풍경화를 그리듯 인공지능 스스로 새로운 결과물을 만들어 낼 수 있을까? 인공지능 모델에서도 비지도 학습 방법을 이용하면 전혀 새로운 결과물을 만들어 낼 수 있는데, 이러한 비지도 학습을 이용한 생성 인공지능 모델 중 최근 가장 주목을 받는 모델이 적대적 생성 신경망(GAN, Generative Adversarial Network)이다. 이 모델은 이름처럼 상반된 목적을 갖는 두 모델, 즉 '생성자(Generator)'와 '감별자(Discriminator)'라고 불리는 두 모델의 경쟁을 통해 인공지능을 학습시킨다. 생성자는 실제 데이터를 학습하고 이를 바탕으로 실제와 유사한 데이터를 스스로 생성한다. 이 모델은 실제에 가까운 유사 데이터를 만드는 게 목적이다. 감별자는 생성자가 만든 데이터가 진짜인지 가짜인지를 판별하도록 학습시켜 최대한 생성자가 실제 데이터와 유사한 데이터를 생성하도록 하는 것이 목적이다. 이 모델을 처음 제안했던 이안 굿펠로우(Ian J. Goodfellow)는 생성자를 위조지폐범으로, 감별자를 경찰로 비유하였다. 위조지폐범은 최대한 진짜와 같은 가짜 화폐를 만들어 경찰을 속이려고 하고, 경찰은 진짜 화폐와 가짜 화폐를 판별하여 위조지폐범을 잡으려고 한다. 이러한 과정이 반복되다 보면 어느 순간 위조지폐범은 진짜 같은 가짜 지폐를 만들 수 있게 된다. 적대적 생성 신경망도 이와 같은 원리로 학습을 반복하면 할수록 점점 더 실제에 가까운 데이터를 만들 수 있게 된다.

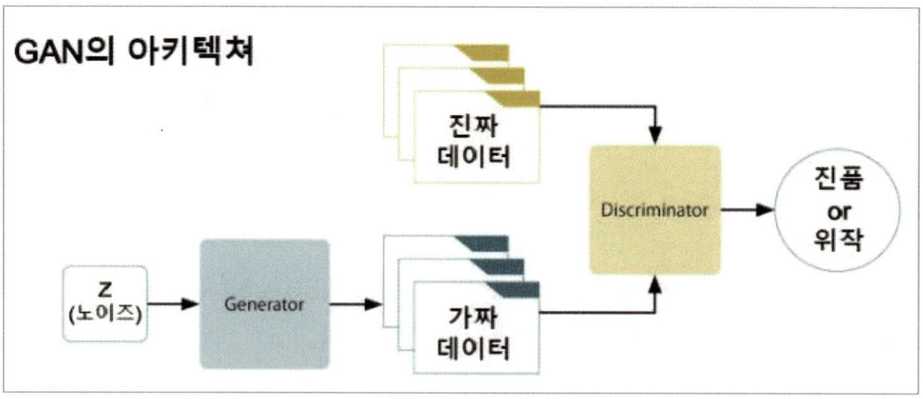

GAN의 개요도 (그림 출처 : 구글 이미지)

이러한 생성 신경망 모델은 주로 이미지 생성에 활용되는데, 실제 이미지를 학습해서 거짓 이미지를 만드는 데 쓰인다. 엔비디아는 유명인 20만 명의 사진을 이 신경망에 학습시켜 실존하지 않는 사람 얼굴을 무한대로 만들어 내는 기술을 선보였다. 이 결과물은 실제 인물의 이미지인지 인공지능에 의해 생성된 이미지인지 사람의 눈으로는 판별하기 어려울 정도였다.

인공지능이 만든 허구의 얼굴들 (그림 출처 : 엔비디아)

또한, 영상 합성과 음성 합성에도 활용되는데 2017년 미국 워싱턴대학교 연구진은 버락 오바마 대통령의 연설 영상 300개를 인공지능 신경망에 학습시킨 후 새로운 음성에 맞는 입 모양을 생성하여 합성한 동영상[5]을 만들어 소개하였다. 이 영상은 오바마 대통령이 실제로 연설하는 것 같은 느낌을 줘서 세상의 관심을 끌었다.

워싱턴 연구팀이 제작한 오바마 대통령 영상 (그림 출처 : 유튜브 캡쳐)

이러한 생성 신경망 기술은 앞에서 살펴본 유사 이미지 생성에만 사용되는 것이 아니라 화질이 낮은 이미지의 화질을 복원하거나 사람 또는 사물의 동작을 흉내 내는 인공지능 개발 및 인공지능을 활용한 신약 개발 등의 다양한 분야에서 활용되고 있다.

이처럼 생성 인공지능의 영역은 무궁무진하다. 마치 레고 블록을 조립하듯이 신경망의 층과 층을 연결하고 적절한 훈련 데이터를 투입하면 얼마든지 데이터 간의 조합을 통해 새로운 모델을 만들어 낼 수 있으며, 이렇게 생성된 모델은 현대인의 생활에 많은 영향을 미칠 것이다.

5) 이 영상은 유튜브를 통해 직접 확인해 볼 수 있다. (https://youtu.be/MVBe6_o4cMI)

Tip! 진짜보다 더 진짜 같은 '가짜'

딥페이크로 만든 영국 엘리자베스 여왕 사진
(사진 출처 : https://newsis.com/view/?id=NISX20201224_0001282641)

딥페이크란 딥러닝(Deep Learning)과 가짜(Fake)의 합성어로 AI 기술을 활용해 특정 인물의 얼굴을 다른 사람의 얼굴이나 움직이는 모습에 합성하는 영상편집물로서 '생성적 적대 신경망(GAN)' 기술을 이용한다. 그런데 안타깝게도 이러한 딥페이크 기술은 범죄나 음란영상물, 정치적 선동을 위한 불법적 도구로 사용되는 경우가 많다.

딥페이크의 부정적 영향력이 커지자 페이스북, 구글, 아마존과 같은 글로벌 IT 기업들과 비영리 AI 연구단체들은 동영상의 진위를 판단하는 AI 개발에 주력하고 있다. 미국 의회는 딥페이크의 발신에 태그 삽입을 의무화하는 규제 법안을 발의하였다. EU 역시 피해자는 「개인정보보호규정(GDPR)」 제17조 '잊힐 권리(삭제할 권리, right to erasure)'에 따라 삭제를 요청할 근거 법안을 마련했다. 딥페이크는 기존 가짜 뉴스와는 차원이 다른 위험성을 내포하므로 악용을 막기 위한 기술적, 정책적 노력이 함께 이루어져야 한다.

혼자서 해보기

이제까지 배운 인공지능의 학습 모델들을 통해 주변에 도움이 필요한 사람들이 이용할 수 있는 편리한 활용 방안에 대해 각자 생각해 본다.

12.2. 다양한 데이터의 학습과 활용

인공지능은 통계학자들이 써 오던 기존의 통계학 기반의 모델보다 정확도 높은 예측 결과를 제공할 것으로 기대된다. 특히 지도학습의 예측과 분류 또는 비지도학습의 군집 등의 모델을 이용하면 일반인들도 어려운 통계적 기법 없이 날씨, 주가, 주택 가격 및 판매량 등의 추정치 결과를 만들어 낼 수 있다. 본 절에서는 테이블 형태의 정형(structured) 데이터들을 이용하여 예측, 분류 그리고 군집 학습에 대해 실습해 보려고 한다. 특히 지도학습의 분류와 비지도학습의 군집에 대해 명확히 이해할 수 있는 실습 예제를 다루려고 한다. 이러한 실습 과정을 통해 인공지능 모델을 학습시키고 적용하는 정확한 방법을 습득하고, 각자의 전공 분야에 맞는 인공지능 활용 역량을 키워보도록 한다.

12.2.1. 병원비 예측 프로그램

몸이 아파서 병원에 가야 할 때 가장 먼저 드는 생각은 병원비 걱정이다. 이때 만약 나와 비슷한 상황의 환자들이 지불했던 진료비를 알 수 있다면 조금은 안심하고 병원을 찾을 수 있을 것이다. 본 절에서는 환자의 진료 데이터를 이용하여 병원비를 예측하는 프로그램을 작성해 본다. 이때 쓰이는 학습 방법은 지도학습 중 예측이다. 프로그램 작성 과정은 다음과 같다.

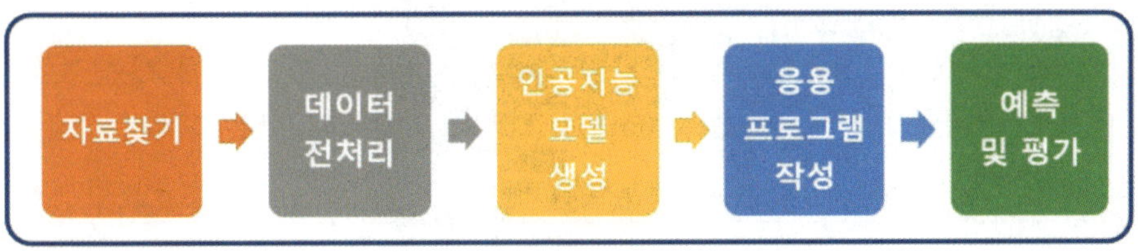

일반적으로 공공데이터포털[6]이나 보건의료빅데이터개방시스템[7]을 이용하면 보건·의료 관련 신뢰성 있는 대량의 데이터를 구할 수 있다. 본 예제에서 학습의 편의상 나이, 성별, bmi, 자녀의 수, 흡연 여부, 지역, 병원비 항목이 있는 샘플 데이터를 미리 준비하여 제공하였다. 이 중에서 성별, 흡연 여부 그리고 BMI 항목을 이용하여 인공지능을 학습시킨 후, 새로운 데이터를 입력했을 때 병원비를 예측하는 프로그램을 구현해 보도록 한다.

6) 공공데이터포털(https://www.data.go.kr/)

7) 보건의료빅데이터개방시스템(https://opendata.hira.or.kr/)

● 실행 화면 미리 보기

① [테이블 불러오기]

	A	B	C	D	E	F	G	H	I
1	age	sex	sex_1	bmi	children	smoker	smoke_1	region	charges
2	19	female	2	27.9	0	yes	1	southwest	16884.92
3	18	male	1	33.77	1	no	0	southeast	1725.55
4	28	male	1	33	3	no	0	southeast	4449.46
5	33	male	1	22.705	0	no	0	northwest	21984.47
6	32	male	1	28.88	0	no	0	northwest	3866.86
7	31	female	2	25.74	0	no	0	southeast	3756.62
8	46	female	2	33.44	1	no	0	southeast	8240.59
9	37	female	2	27.74	3	no	0	northwest	7281.51
10	37	male	1	29.83	2	no	0	northeast	6406.41
11	60	female	2	25.84	0	no	0	northwest	28923.14
12	25	male	1	26.22	0	no	0	northeast	2721.32

② [모델 학습하기]- '지도학습 예측: 숫자'

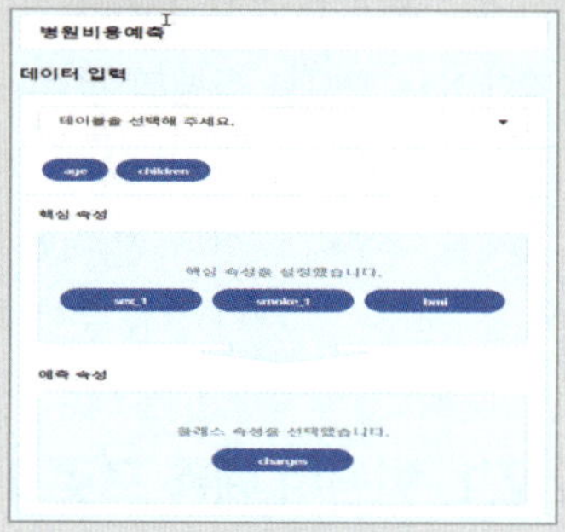

③ 흡연 여부, 성별, 키, 몸무게를 입력하여 병원비예측

「병원비예측」 프로그램을 간략하게 핵심 부분만 개조식으로 서술하면 다음과 같다.

① '병원비예측_수정.csv' 데이터를 모델 학습 기능을 이용하여 학습한다.
② 흡연 여부를 묻고 입력받은 값을 '흡연' 변수에 저장한다.
③ 성별을 묻고 입력받은 값을 '성별' 변수에 저장한다.
④ 키를 묻고 입력받은 값을 '키' 변수에 저장한다.
⑤ 몸무게를 묻고 입력받은 값을 '몸무게' 변수에 저장한다.
⑥ 입력받은 키와 몸무게를 이용하여 bmi를 계산한다.
⑦ 성별, 흡연여부, bmi를 이용하여 학습 모델로 병원비를 예측한다.
⑧ 예측된 값을 말해준다.

1) 데이터 전처리하기

제공된 'ch12_2_1_병원비예측.csv' 파일을 엑셀 프로그램을 이용하여 열어보면 아래와 같이 데이터가 구성되어있다.

	A	B	C	D	E	F	G
1	age	sex	bmi	children	smoker	region	charges
2	19	female	27.9	0	yes	southwest	16884.92
3	18	male	33.77	1	no	southeast	1725.55
4	28	male	33	3	no	southeast	4449.46
5	33	male	22.705	0	no	northwest	21984.47
6	32	male	28.88	0	no	northwest	3866.86
7	31	female	25.74	0	no	southeast	3756.62
8	46	female	33.44	1	no	southeast	8240.59
9	37	female	27.74	3	no	northwest	7281.51
10	37	male	29.83	2	no	northeast	6406.41
11	60	female	25.84	0	no	northwest	28923.14
12	25	male	26.22	0	no	northeast	2721.32

인공지능에 예측학습을 시킬 때 성별, 흡연과 같은 범주형 데이터는 문자가 아닌 숫자로 바꾸어 주어야 한다. 이처럼 주어진 데이터를 분석에 적합하게 바꾸어 주는 과정을 '데이터 전처리'라고 부른다. 'sex' 속성 오른쪽에 'sex_1' 속성을 추가하여 male은 1, female은 2로 바꾸어 준다. 'smoker' 속성 오른쪽에도 'smoker_1' 속성을 추가하여 yes는 1, no는 0으로 변경한다. 변경된 파일은 '병원비예측-수정.csv'로 저장한다.

	A	B	C	D	E	F	G	H	I
1	age	sex	sex_1	bmi	children	smoker	smoke_1	region	charges
2	19	female	2	27.9	0	yes	1	southwest	16884.92
3	18	male	1	33.77	1	no	0	southeast	1725.55
4	28	male	1	33	3	no	0	southeast	4449.46
5	33	male	1	22.705	0	no	0	northwest	21984.47
6	32	male	1	28.88	0	no	0	northwest	3866.86
7	31	female	2	25.74	0	no	0	southeast	3756.62
8	46	female	2	33.44	1	no	0	southeast	8240.59
9	37	female	2	27.74	3	no	0	northwest	7281.51
10	37	male	1	29.83	2	no	0	northeast	6406.41
11	60	female	2	25.84	0	no	0	northwest	28923.14
12	25	male	1	26.22	0	no	0	northeast	2721.32

Tip! 엑셀에서 IF 함수를 이용하여 데이터 바꾸기

① C열 제목을 클릭한 후 마우스 오른쪽 단추를 눌러 단축 메뉴 중 [삽입]을 선택한다.

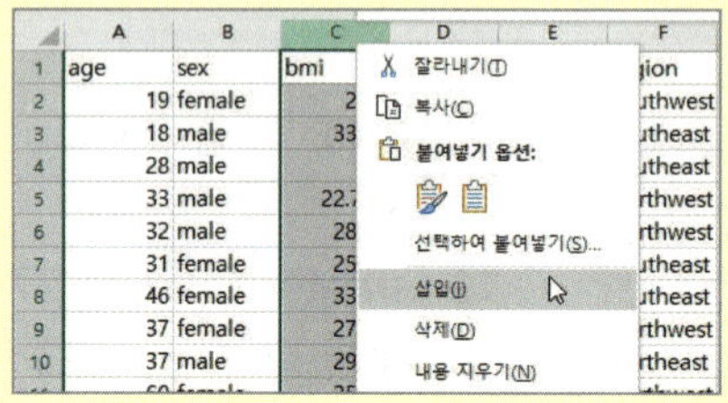

② 왼쪽에 새롭게 삽입된 C1셀에 'sex_1'이라고 적는다.

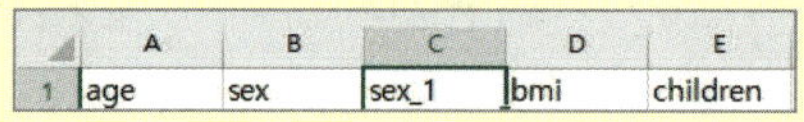

③ C2 셀에 커서를 두고 [수식 입력줄]에 오른쪽 그림과 같이 함수를 입력한 후 엔터를 친다. B2 셀에 따라 C2 셀 값이 결정된 것을 볼 수 있다.
함수 [=IF(B2="male", 1, 2)]

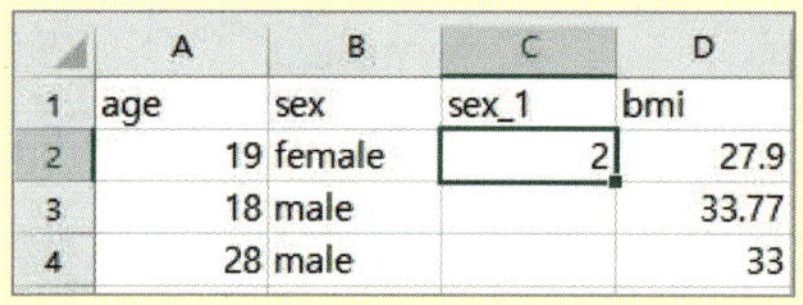

④ C2 셀의 오른쪽 아래에 있는 작은 사각형 모양의 채우기 핸들을 마우스로 끌어 C1339 셀까지 적용한다.

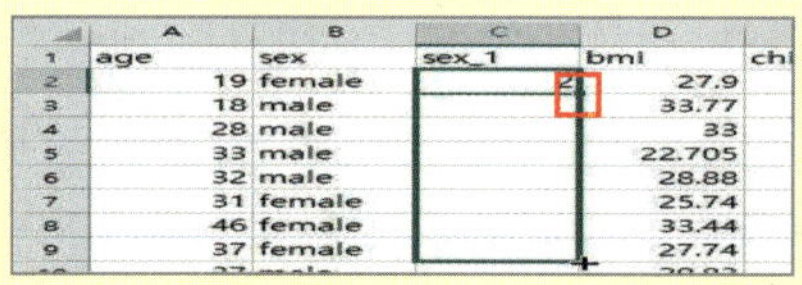

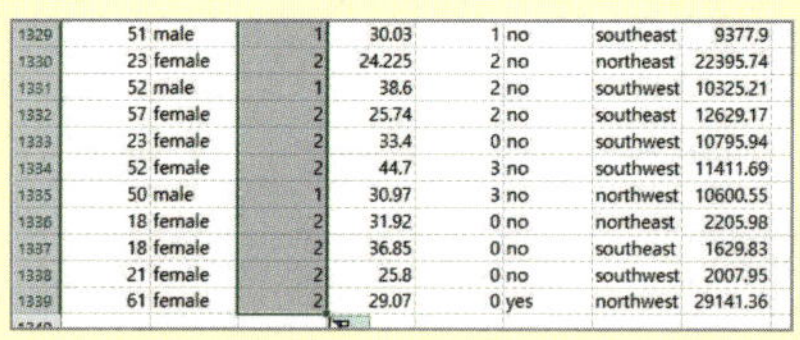

⑤ 같은 방법으로 G열에 'smoker_1' 열을 추가하고, F2(흡연 여부)에 따라 yes는 1, 아니면 0으로 처리한다.

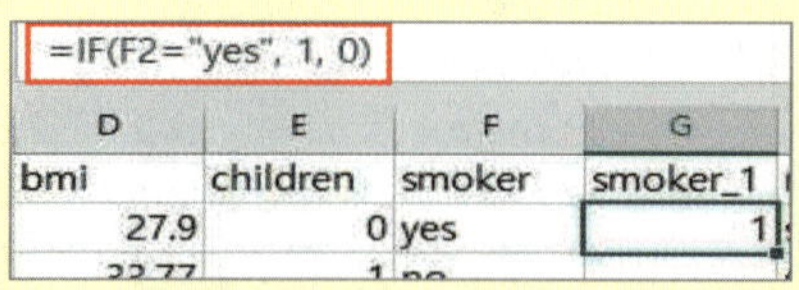

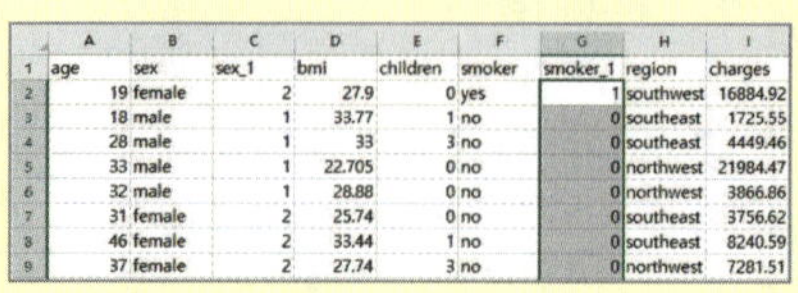

2) '병원비예측' 데이터 불러오기

① [데이터 분석] 범주의 [데이터 불러오기]를 클릭한다. [테이블 추가하기] - [파일 올리기]를 클릭하고 '병원비예측-수정.csv' 파일을 끌어다 놓고 [추가] 버튼을 누른다.

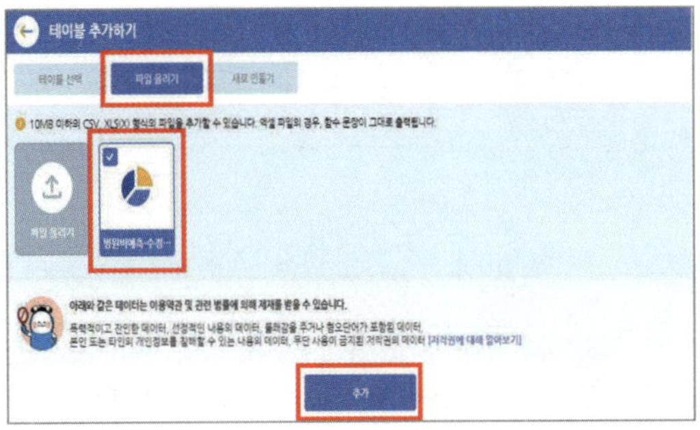

② 테이블을 확인한 후 화면 상단 ⊗ 을 눌러 엔트리 화면으로 돌아간다.

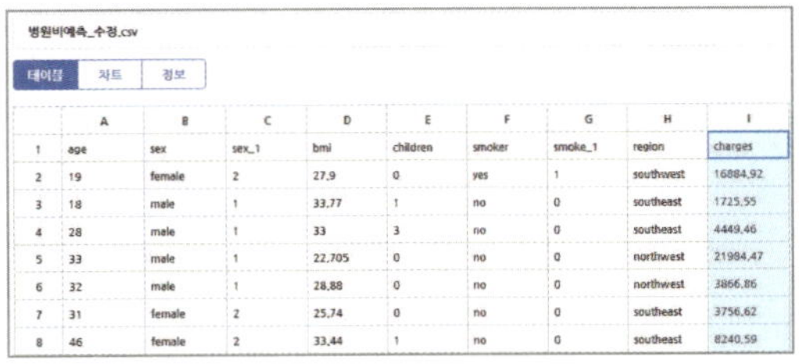

3) '병원비예측' 예측 모델 학습하기

① [인공지능] 범주의 [인공지능 모델 학습하기] - [새로 만들기] - [지도학습 예측: 숫자]- [학습하기]를 클릭한 후, 모델 이름을 '병원비예측'으로 정한다. '테이블을 선택해 주세요'를 클릭하여 '병원비예측-수정.csv'를 선택한다.

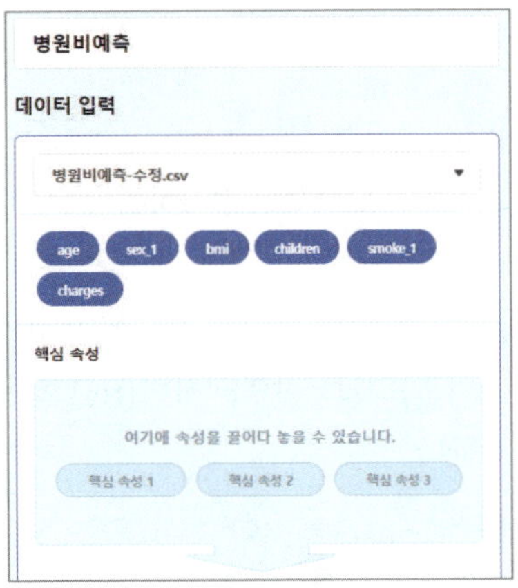

② [핵심 속성]에 'sex_1' , 'bmi', 'smoke_1' 속성을 끌어다 놓는다.

③ [예측 속성]에 'charges' 속성을 끌어다 놓는다.

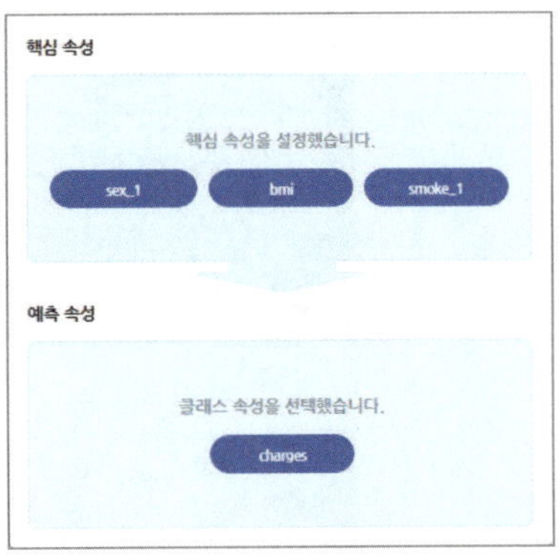

④ [모델 학습하기]를 클릭하여 입력한 [핵심 속성]과 [예측 속성]에 맞는 모델을 학습시킨다.

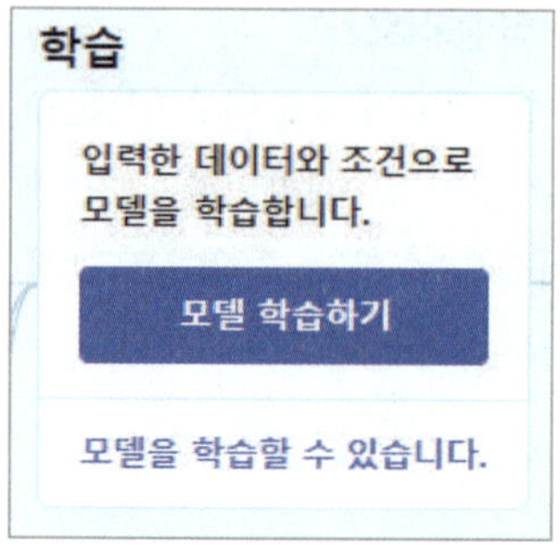

⑤ [모델 학습하기]를 여러 번 클릭하여 학습 오차와 검증 오차가 0에 가까워질 때까지 모델을 학습시킨다.

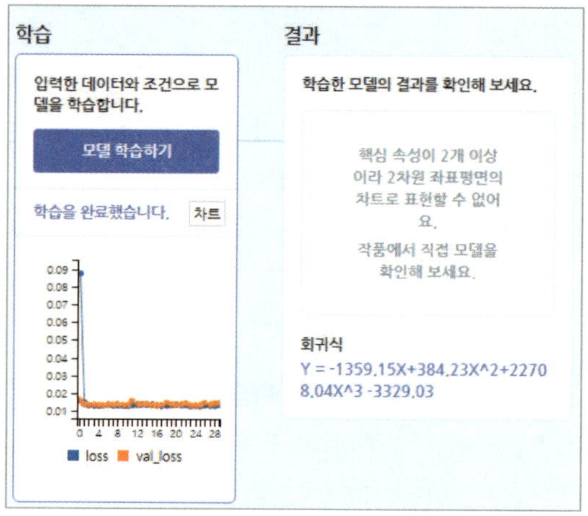

4) '병원배경', '간호사' 오브젝트 추가하기

기존 '엔트리봇' 오브젝트는 삭제하고, 오브젝트 추가하기(+)를 클릭한 후 [파일 올리기]에서 제공된 'ch12_2_1_병원배경.png' 파일을 불러들여 배경에 맞게 위치를 조정한다. 다시 오브젝트 추가하기(+)를 클릭한 후 [오브젝트 선택]-[사람]-[간호사(1)]를 추가한다. 오브젝트 이름을 각각 '병원배경', '간호사'로 변경한다.

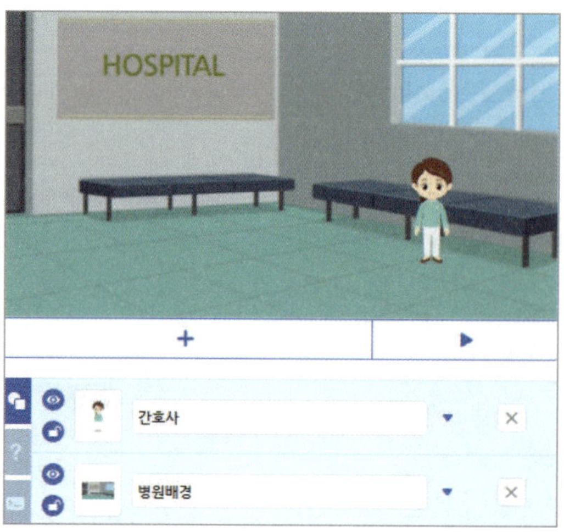

5) 변수 만들기

다음과 같이 6개의 변수를 생성한다. '키'와 '몸무게'는 화면에 나타나지 않도록 숨긴다.

'흡연여부' : 사용자의 흡연 여부(흡연 : 1, 비흡연 : 0)

'성별' : 사용자의 성별(남자 : 1, 여자 : 2)

'키' : 사용자의 키(cm)

'몸무게' : 사용자의 몸무게(kg)

'bmi' : 사용자의 bmi 지수

'병원비' : 인공지능 모델이 예측한 병원비

6) '간호사' 스크립트 작성하기

프로그램이 시작되면 사용자에게 흡연 여부, 성별, 키, 몸무게를 묻는다. 입력된 값을 각각의 변수에 저장한 다음, 이 값들을 이용하여 학습 모델을 호출하여 예측한 병원비를 말해준다. 다음은 메인 모듈의 개조식과 엔트리 프로그램이다.

▶ 시작하기 버튼(▶)을 클릭했을 때, 다음과 같이 움직인다.

① (ㄱ) '대답'을 실행 화면에서 숨긴다.
② (ㄴ) 흡연 여부를 묻고 대답을 '흡연여부' 변수에 저장한다.
③ (ㄷ) 성별을 묻고 대답을 '성별' 변수에 저장한다.
④ (ㄹ) 키를 묻고 대답을 '키' 변수에 저장한다.
⑤ (ㅁ) 몸무게를 묻고 대답을 '몸무게' 변수에 저장한다.
⑥ (ㅂ) 키와 몸무게를 이용하여 bmi를 계산한다. (bmi = (체중 / 키^2) ×10000)
⑦ (ㅅ) '성별', '흡연여부', 'bmi'를 이용하여 학습 모델로 예측한 값을 '병원비' 변수에 저장한다.
⑧ (ㅇ) 예측된 병원비를 말해준다.

완성한 「병원비 예측」 프로그램에 다양한 조건을 입력하여 실행시켜 보자. 흡연자이면서 비만 지수가 높은 사람의 병원비와 비흡연자이면서 비만 지수가 정상인 사람의 병원비 차이를 확인해 본다. 만일 병원비 예측이 제대로 되지 않는다면 무엇이 잘못되었는지 확인해 보자.

12.2.2. 식물 군집 프로그램

만약 어떤 식물학자가 들에서 수집한 꽃의 특징을 수년 동안 기록하였다고 해보자. 기록한 자료의 양이 수십, 수백 개 정도라면 수기로 식물의 종류를 분류할 수 있겠지만, 만약 수집된 데이터의 양이 수천, 수만 개를 넘는다면 분류 작업은 거의 불가능해질 것이다. 이러한 문제도 인공지능을 이용하면 쉽게 해결할 수 있다. 이번 예제에서는 꽃받침의 길이와 너비에 따라 식물의 종류를 자동으로 분류해 주는 인공지능 학습 모델을 만들어 보려고 한다. 이때 쓰이는 학습 방법은 비지도학습 중 군집이다. 이 모델을 이용하면 데이터의 특징을 여러 개의 그룹으로 나눌 수 있고, 새롭게 입력되는 데이터가 어느 그룹에 속하는지도 알 수 있다. 식물학자가 수집한 기존의 식물데이터를 인공지능에 학습시킨 후 새로운 식물의 정보를 입력시켜 해당 식물이 어느 그룹에 속하는지 알려주는 프로그램을 엔트리로 구현해 보자.

실행 화면 미리 보기

① [테이블 불러오기]

	A	B	C	D
1	꽃받침길이	꽃받침너비	꽃잎길이	꽃잎너비
2	5.1	3.5	1.4	0.2
3	4.9	3	1.4	0.2
4	4.7	3.2	1.3	0.2
5	4.6	3.1	1.5	0.2
6	5	3.6	1.4	0.2
7	5.4	3.9	1.7	0.4
8	4.6	3.4	1.4	0.3

② [모델 학습하기]- '비지도 군집: 숫자'

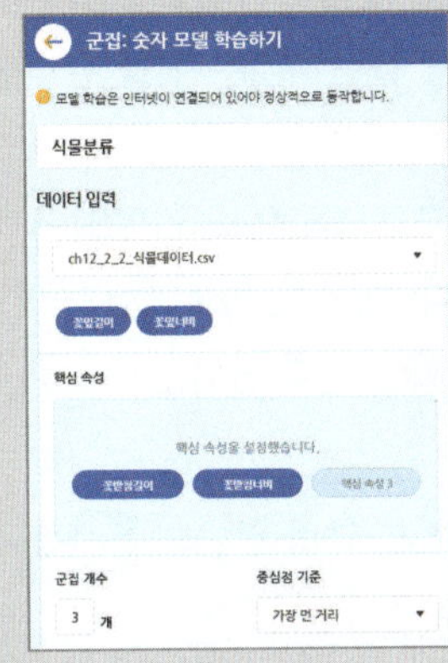

③ 꽃받침 길이와 꽃받침 너비를 입력하여 군집 예측

「식물분류」 프로그램을 간략하게 핵심 부분만 개조식으로 서술하면 다음과 같다.

① '식물 데이터'를 모델 학습 기능을 이용하여 학습한다.
② 꽃받침 길이를 묻고 입력받은 값을 '꽃받침 길이' 변수에 저장한다.
③ 꽃받침 너비를 묻고 입력받은 값을 '꽃받침 너비' 변수에 저장한다.
④ '꽃받침 길이'와 '꽃받침 너비'를 이용하여 학습 모델로 예측한 군집을 말한다.

1) '식물 데이터' 불러오기

① [데이터 분석] 범주의 [데이터 불러오기]를 클릭한다. [테이블 추가하기] - [파일 올리기] - [파일 선택]을 클릭한 후 'ch12_2_2_식물데이터.csv' 파일을 올린 후 [추가]를 클릭한다. (제공된 CSV 파일을 엑셀 프로그램으로 열면 인코딩 상태가 'UTF-8'으로 되어있어서 한글이 깨져 보인다. 메모장 프로그램과 연결하여 열면 내용을 확인할 수 있다.)

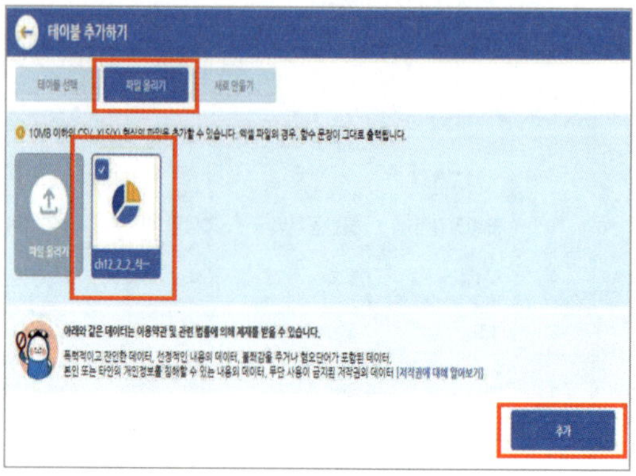

② 데이터를 확인한 후 화면 상단의 ⊗를 눌러 엔트리 화면으로 돌아온다.

ch12_2_2_식물데이터.csv

테이블 | 차트 | 정보

	A	B	C	D
1	꽃받침길이	꽃받침너비	꽃잎길이	꽃잎너비
2	5.1	3.5	1.4	0.2
3	4.9	3	1.4	0.2
4	4.7	3.2	1.3	0.2
5	4.6	3.1	1.5	0.2
6	5	3.6	1.4	0.2
7	5.4	3.9	1.7	0.4
8	4.6	3.4	1.4	0.3

2) 데이터 모델 학습하기

① [인공지능] 범주의 [인공지능 모델 학습하기] - [새로 만들기] - [비지도학습 군집: 숫자]를 선택한 후 [학습하기]를 클릭한다.

② 모델 이름을 '식물분류'로 정한다. 테이블 입력은 'ch12_2_2_식물데이터.csv'를 선택한다.

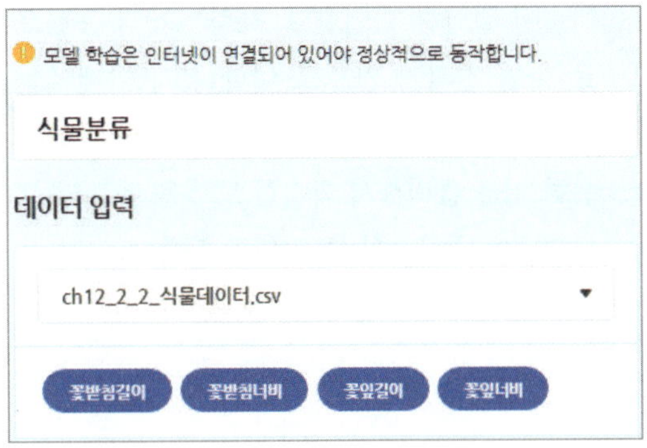

③ 엔트리에서는 핵심 속성을 3개까지만 지정할 수 있어서 일단은 꽃받침 정보만 가지고 군집 학습을 시켜본다. [핵심 속성]에 '꽃받침길이', '꽃받침너비'를 끌어다 놓는다. [군집 개수]를 3으로 정하고, [중심점 기준]은 '가장 먼 거리'로 지정한다.

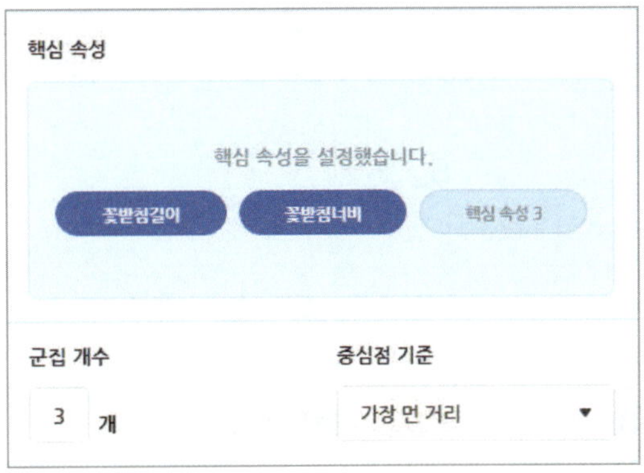

Tip! 군집에서 군집 개수 정하기

- 군집 개수와 같이 모델학습에서 사람이 임의로 지정해 주어야 하는 변수를 하이퍼 파라미터(hyper parameter)라고 한다. 군집 학습에서 군집 개수를 지정하기는 쉽지 않다. 일반적으로 군집 개수를 다르게 해서 여러 차례 학습을 시켜본 후 군집 간의 거리, 군집의 지름, 분산도 등을 고려해서 군집 개수를 정하기도 하며, 때로는 분석 목적에 맞게 의도를 가지고 임의로 정하기도 한다.
- 중심점 기준은 [가장 먼 거리]로 지정하면 가장 멀리 떨어져 있는 데이터 K개의 위치로부터 시작하여 주변의 가까운 데이터들을 군집화하고, [무작위]로 지정하면 무작위로 선택한 데이터 K개의 위치로부터 시작하여 주변의 가까운 데이터를 군집화한다.

④ [모델 학습하기]를 클릭하여 모델을 학습시킨다. 지도학습과 다르게 비지도학습은 정답이 있는 게 아니므로 예측 결과의 정확도를 평가할 수 없다. 따라서 정확도(accuracy) 차트나 조건 변경 옵션을 제공하지 않는다.

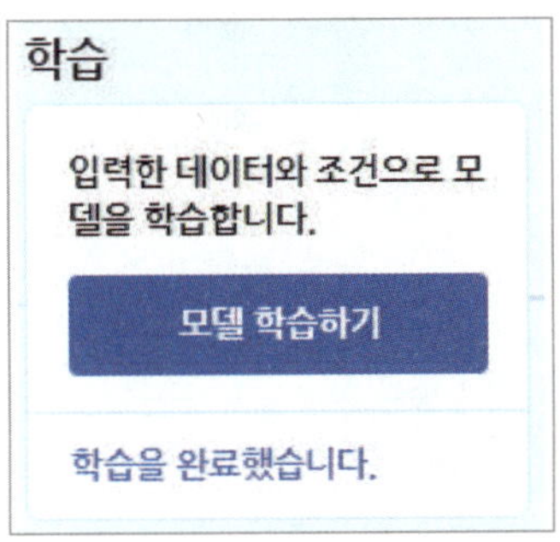

⑤ 학습된 결과를 확인한다. 대략 3개의 군집으로 나뉜 결과가 차트로 나타나고, 아래에는 각 군집에 대한 간단한 정보가 나타난다. [적용하기]를 클릭해서 학습한 모델을 엔트리 프로그램에서 사용할 수 있도록 한다.

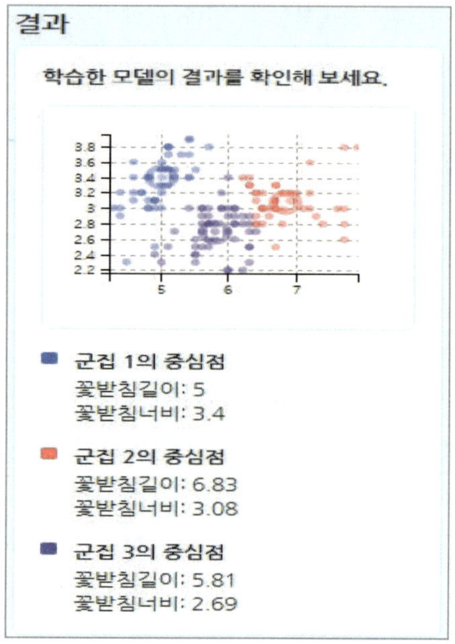

3) '배경', '식물학자' 오브젝트 추가하기

기존 '엔트리봇' 오브젝트는 삭제하고, 오브젝트 추가하기(+)를 클릭한 후 [오브젝트 선택]-[배경]-[꽃밭(2)]'와 [사람]-[어린 탐험가]를 추가한다. 오브젝트 이름을 각각 '배경', '식물학자'로 변경한다.

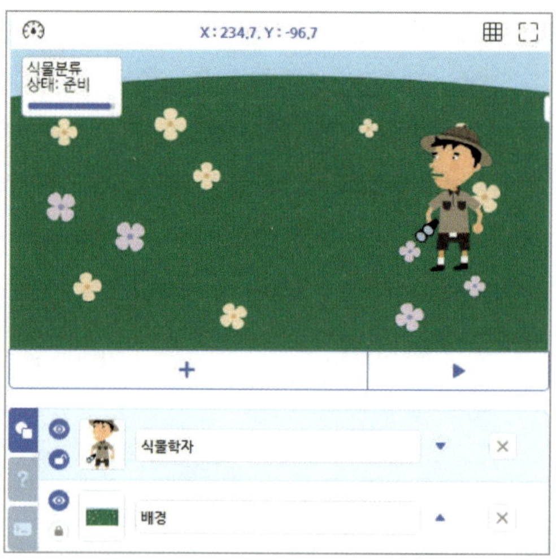

4) 변수 만들기

다음 3개의 변수를 생성하여 실행 화면 위에 표시한다.

'꽃받침너비' : 입력된 꽃받침 너비의 값을 저장한다.

'꽃받침길이' : 입력된 꽃받침 길이의 값을 저장한다.

'군집번호' : 인공지능 모델이 분류한 군집번호를 저장한다.

5) '식물학자' 스크립트 작성하기

프로그램이 시작되면 식물학자 오브젝트는 '꽃받침 길이'와 '꽃받침 너비'를 묻고, 입력된 값을 이용하여 학습 모델을 통해 식물이 속한 군집을 알아낸다. 화면에 모델 차트 창을 보여주고, 해당 식물의 군집 값을 알려준다. 다음은 메인 모듈의 개조식과 엔트리 프로그램이다.

▶ 시작하기 버튼(▶)을 클릭했을 때, 다음과 같이 움직인다.

① (ㄱ) '대답'을 실행 화면에서 숨긴다.
② (ㄴ) 꽃받침 길이를 묻고 그 대답을 '꽃받침길이' 변수에 저장한다.
③ (ㄷ) 꽃받침 너비를 묻고 그 대답을 '꽃받침너비' 변수에 저장한다.
④ (ㄹ) '꽃받침길이', '꽃받침너비'를 이용하여 학습 모델로 예측한 군집 값을 '군집번호' 변수에 저장한다.
⑤ (ㅁ) 화면에 모델 차트 창을 열어준다.
⑥ (ㅂ) 군집번호를 말해준다.

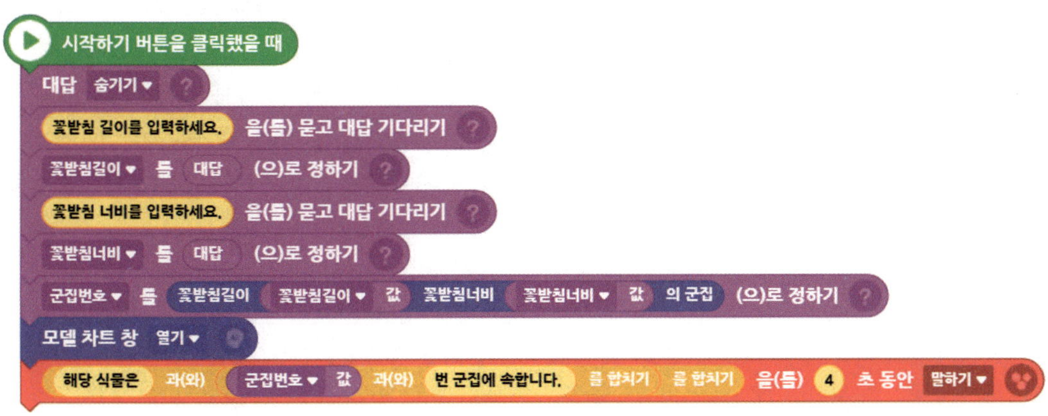

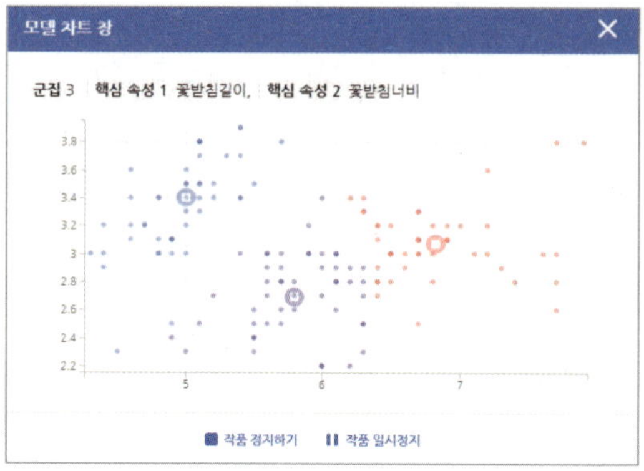

완성한 「식물분류」 프로그램을 실행시켜 보자. 식물학자가 알려준 군집번호를 모델 차트 창에서 확인해 보고, 같은 군집에 속한 다른 데이터들과도 비교해 본다.

실행 결과에서 알 수 있듯이 군집은 정확한 식물의 품종을 알아내는 것이 아니라 식물들의 특징을 파악하여 특징이 비슷한 데이터끼리 군집을 해 줄 뿐이다. 따라서 식물학자라면 군집 학습을 통해 나온 결과를 바탕으로 각 식물의 특성에 따라 식물의 이름을 부여하게 될 것이다. 이렇게 군집 별로 이름(라벨)을 지정하게 되면 새로운 식물을 발견했을 때 지도학습의 분류를 이용하여 해당 식물의 이름을 알아낼 수 있다. 대부분 비지도학습의 결과는 지도학습의 데이터로 사용될 수 있다.

12.2.3. 붓꽃 분류 프로그램

사실 12.2.2에서 사용했던 데이터는 붓꽃(Iris)에 대한 자료였다. 붓꽃 자료는 데이터 분석에서 자주 쓰이는 유명한 표본 데이터이다. 엔트리에서도 붓꽃 예시 데이터를 데이터 분석용으로 제공하고 있다. 이번 예제에서는 엔트리에서 제공하는 붓꽃 예시 데이터를 이용하여 붓꽃의 품종을 알아내는 프로그램을 작성해 보려고 한다. 이 데이터에는 꽃잎과 꽃받침의 너비와 길이에 따라 붓꽃의 이름이 정해져 있다. 데이터셋에 이미 정답(이름)이 있으므로 지도학습의 분류를 이용하면 쉽게 문제를 해결할 수 있다. 이 프로그램은 12.2.2의 프로그램을 약간만 수정하면 되므로 12.2.2의 복사본을 만들어 실습을 따라 해본다.

먼저 붓꽃 데이터에 대해 간단하게 설명하면 다음과 같다. 붓꽃 데이터는 꽃잎과 꽃받침의 너비와 길이에 따라 3가지 품종으로 구분하고, 각각에 대해 품종 이름(라벨)을 붙여놓았다. 인공지능 모델 학습을 통해 붓꽃 데이터를 학습시킨 후, 새로운 꽃잎과 꽃받침 정보를 입력받아 해당 붓꽃의 품종을 알려주는 프로그램을 엔트리로 구현해 보자.

setosa

versicolor

virginica

● 실행 화면 미리 보기

① [테이블 불러오기]

	A	B	C	D	E	F
1	꽃받침길이	꽃받침너비	꽃잎길이	꽃잎너비	품종	품종번호
2	5.1	3.5	1.4	0.2	setosa	1
3	4.9	3	1.4	0.2	setosa	1
4	4.7	3.2	1.3	0.2	setosa	1
5	4.6	3.1	1.5	0.2	setosa	1
6	5	3.6	1.4	0.2	setosa	1
7	5.4	3.9	1.7	0.4	setosa	1
8	4.6	3.4	1.4	0.3	setosa	1

② [모델 학습하기]
　-'지도학습 분류:숫자'

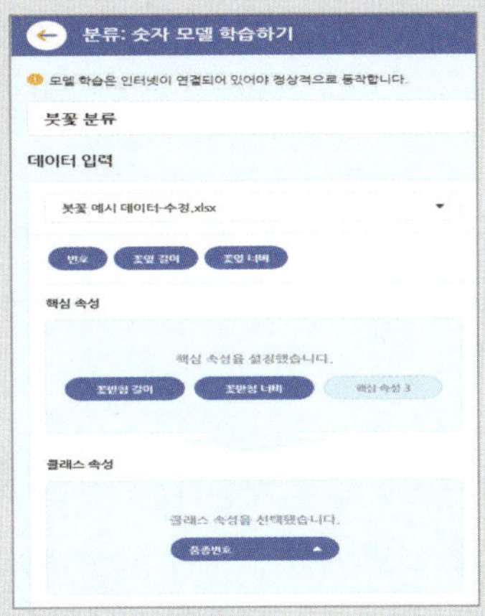

③ 꽃받침 길이와 꽃받침 너비를 입력받아 품종명을 예측

「붓꽃 분류」프로그램을 간략하게 핵심 부분만 개조식으로 서술하면 다음과 같다.

① '붓꽃 예시 데이터-수정.csv' 파일을 모델 학습 기능을 이용하여 학습한다.
② 꽃받침 길이를 묻고 입력받은 값을 '꽃받침길이' 변수에 저장한다.
③ 꽃받침 너비를 묻고 입력받은 값을 '꽃받침너비' 변수에 저장한다.
④ '꽃받침길이'와 '꽃받침너비'를 이용하여 학습 모델로 예측한 품종번호를 알아낸다.
⑤ 품종번호를 이용하여 품종명을 말해준다.

1) 데이터 전처리하기

① [데이터 분석] 범주의 [데이터 불러오기]를 클릭한다. [테이블 추가하기] - [테이블 선택]에서 '붓꽃 예시 데이터'를 선택한 후 [추가]를 클릭한다.

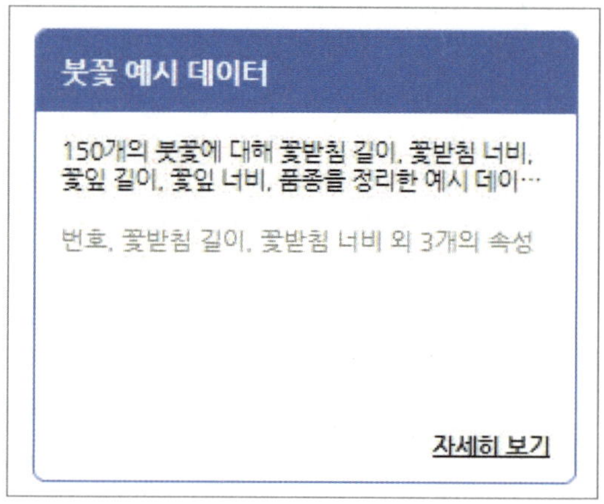

② 엔트리에서 제공하는 '붓꽃 예시 데이터'를 보면 품종 속성이 'setosa', 'versicolor', 'virginica' 3종류의 범주형으로 되어있다. 그런데 범주형 데이터는 문자가 아닌 숫자로 되어있어야 한다. 그러므로 엔트리에서 제공하는 '붓꽃 예시 데이터'를 바로 사용할 수 없고 품종을 숫자로 바꾸는 데이터 전처리 과정이 필요하다.

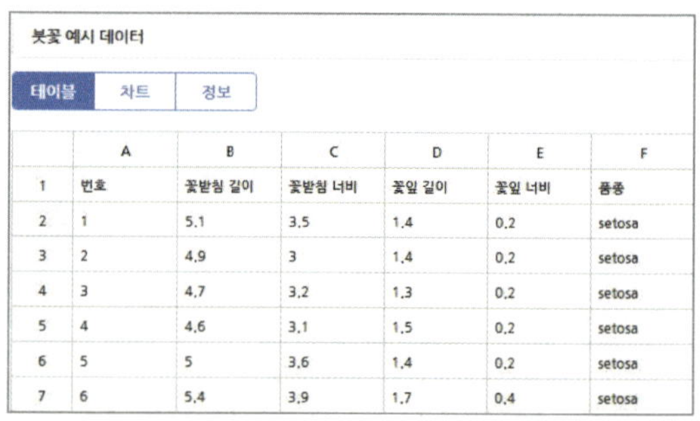
붓꽃 예시 데이터

테이블 | 차트 | 정보

	A	B	C	D	E	F
1	번호	꽃받침 길이	꽃받침 너비	꽃잎 길이	꽃잎 너비	품종
2	1	5.1	3.5	1.4	0.2	setosa
3	2	4.9	3	1.4	0.2	setosa
4	3	4.7	3.2	1.3	0.2	setosa
5	4	4.6	3.1	1.5	0.2	setosa
6	5	5	3.6	1.4	0.2	setosa
7	6	5.4	3.9	1.7	0.4	setosa

③ 학습의 편의를 위해 '붓꽃 예시 데이터'를 [PC에 저장]하여 품종에 따라 품종번호를 추가하는 전처리 과정을 미리 진행하였다. [테이블 추가하기]-[파일 올리기]를 이용하여 제공된 'ch12_2_3_붓꽃 예시 데이터-수정.xlsx'파일을 불러온 후 [추가] 버튼을 클릭한다.

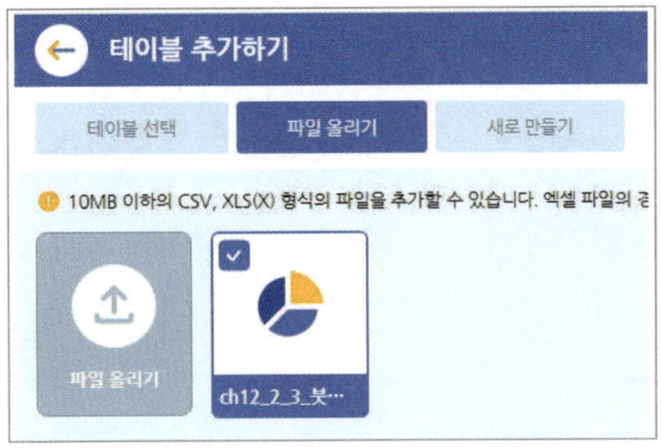

④ '품종번호' 속성이 추가된 테이블을 확인한다. 기존에 추가했던 '붓꽃 예시 데이터'는 삭제한다.

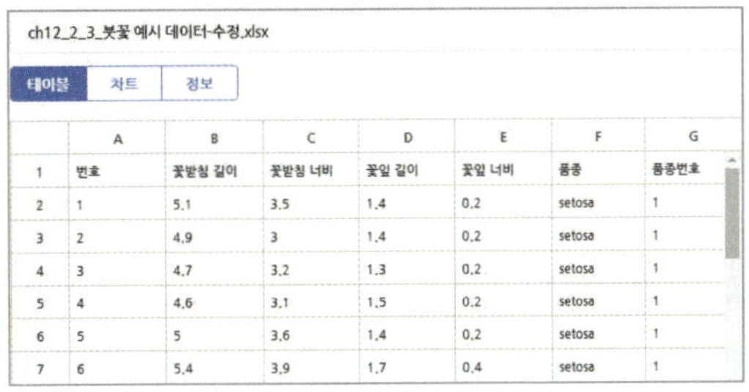

	A	B	C	D	E	F	G
1	번호	꽃받침 길이	꽃받침 너비	꽃잎 길이	꽃잎 너비	품종	품종번호
2	1	5.1	3.5	1.4	0.2	setosa	1
3	2	4.9	3	1.4	0.2	setosa	1
4	3	4.7	3.2	1.3	0.2	setosa	1
5	4	4.6	3.1	1.5	0.2	setosa	1
6	5	5	3.6	1.4	0.2	setosa	1
7	6	5.4	3.9	1.7	0.4	setosa	1

⑤ [차트]를 선택한다. (+)를 눌러 '점그래프'를 선택한다. [가로축]은 '꽃받침 길이'를, [세로축]은 '꽃받침 너비'를 선택한다. [계열]을 클릭하고 '품종번호'를 선택한다. 'setosa', 'versicolor', 'virginica' 품종에 대한 대략적인 분포를 확인할 수 있다. [저장하기] 버튼을 눌러 테이블과 차트를 저장한다. 상단 를 눌러 엔트리 화면으로 돌아간다.

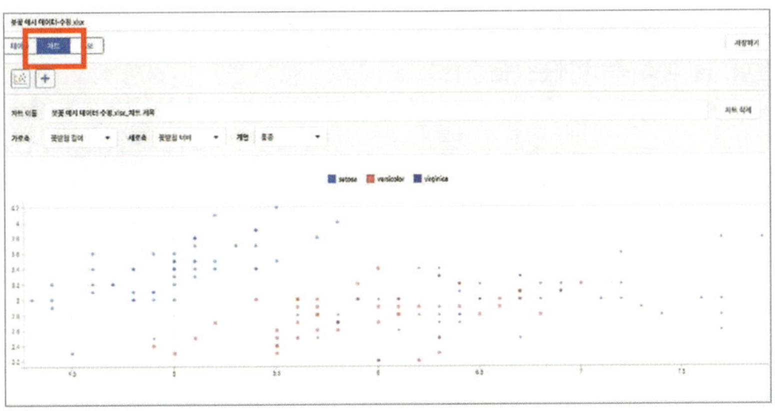

2) 데이터 모델 학습하기

① [인공지능] 범주의 [인공지능 모델 학습하기] - [새로 만들기] - [지도학습 분류: 숫자]를 선택한 후 [학습하기]를 클릭한다.

② 모델 이름을 '붓꽃 분류'로 정한다. 테이블 입력은 'ch12_2_3_붓꽃 예시 데이터-수정.xlsx'를 선택한다.

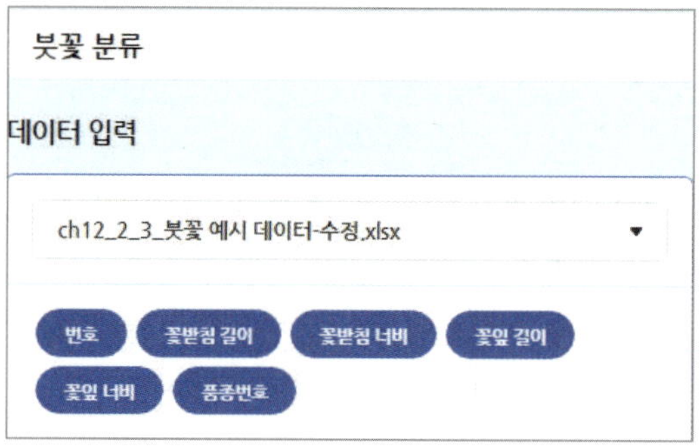

③ [핵심 속성]에 '꽃받침 길이', '꽃받침 너비'를 끌어다 놓는다. [클래스 속성]에는 '품종번호'를 가져다 놓는다.

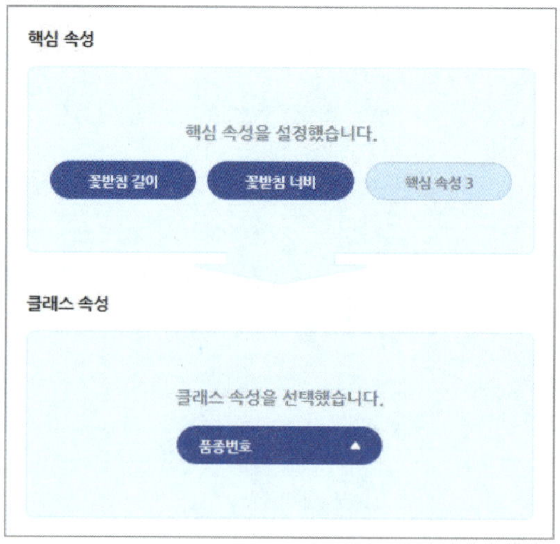

④ [모델 학습하기]를 클릭하여 모델을 학습시킨다. 지도학습의 '분류:숫자'에서는 정확도(accuracy) 차트나 조건 변경 옵션을 제공하지 않는다.

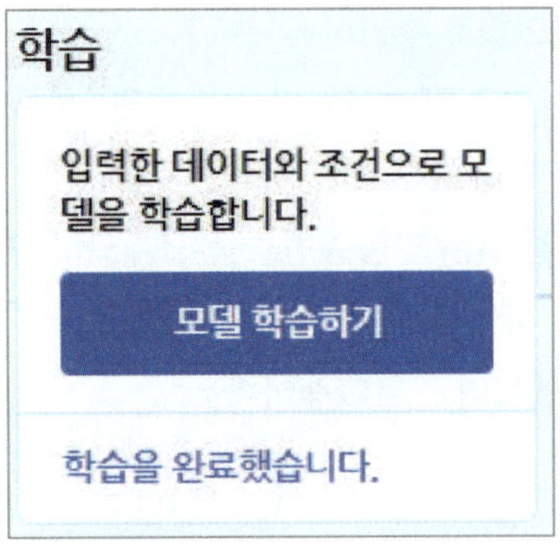

⑤ 결과는 이전 학습들과 달리 핵심 속성의 값을 입력받아 예측된 결과를 보여준다. 꽃받침 길이는 '7', 꽃받침 너비는 '4'로 입력한 후 [입력하기]를 누르면 품종번호와 예측 정확도를 보여준다. 여러 가지 다른 값들을 넣어 결과를 확인해 본다. 결과 확인이 끝나면 [적용하기]를 클릭해서 엔트리 메인 화면으로 돌아간다.

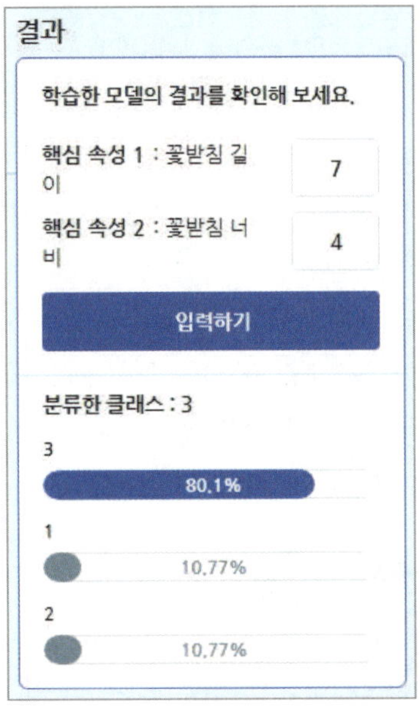

3) 변수 수정하기

12.2.2 프로그램의 변수 '군집번호'를 '품종번호'로 수정한다.

'품종번호' : 인공지능 모델이 분류한 품종번호를 저장한다.

4) '식물학자' 스크립트 수정하기

12.2.2와 마찬가지로 프로그램이 시작되면 '식물학자' 오브젝트는 '꽃받침 길이'와 '꽃받침 너비'를 묻고, 입력된 값을 이용하여 학습 모델을 통해 식물이 속한 품종을 알아낼 것이다. 그런데 학습 모델에서는 품종번호를 알려준다. 품종번호를 그대로 화면에 출력한다면 사용자는 그 품종이 정확하게 무엇인지 알 수가 없을 것이다. 따라서 품종번호를 다시 품종명으로 바꾸는 작업이 필요하다. 다음은 메인 모듈의 개조식과 엔트리 프로그램이다.

▶ 시작하기 버튼(▶)을 클릭했을 때, 다음과 같이 움직인다.

①	(ㄱ) '대답'을 실행 화면에서 숨긴다.
②	(ㄴ) 꽃받침 길이를 묻고 그 대답을 '꽃받침길이' 변수에 저장한다.
③	(ㄷ) 꽃받침 너비를 묻고 그 대답을 '꽃받침너비' 변수에 저장한다.
④	(ㄹ) '꽃받침길이', '꽃받침너비'를 이용하여 학습 모델로 예측한 품종번호를 '품종번호' 변수에 저장한다.
⑤	(ㅁ) 만약 '품종번호'가 1이면 'setosa'라고 말한다.
⑥	(ㅂ) 만약 '품종번호'가 2이면 'Versicolor'라고 말한다.
⑦	(ㅅ) 만약 '품종번호'가 3이면 'virginica'라고 말한다.

완성한 「붓꽃 분류」 프로그램을 실행시켜 보자. 최종적으로 구현한 프로그램이 붓꽃의 특징에 따라 품종을 잘 분류해 내는지 확인해 보자. '비지도학습-군집' 모델의 결과와 '지도학습-분류:숫자' 모델의 결과가 어떻게 다른지 다시 한 번 확인해 본다.

연습문제

● 문제 1

엔트리에서 제공하는 '주택 가격 예시 데이터' 자료를 이용하여 '예측:숫자' 모델을 학습시킨 후 '강 인접 여부', '고속도로 접근성', '학생-교사 비율'로 주택 중간 가격을 예측하는 프로그램을 작성해 보자.

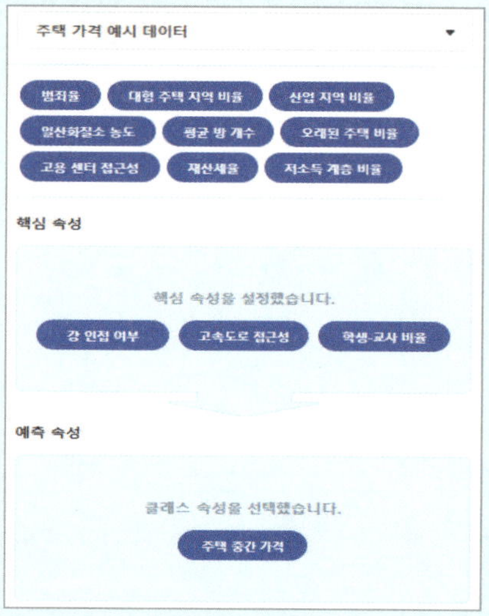

● 문제2

제공된 'ch12_연습2_타이타닉.csv' 파일을 이용하여 '예측:숫자' 모델을 학습시킨 후 승객의 선실 클래스와 나이를 입력받아 생존율을 예측하는 프로그램을 작성해 보자.

● 문제 3

엔트리에서 제공하는 '전국 초등학교 위치' 데이터를 이용하여 '군집:숫자' 모델을 학습시킨 후 군집 개수 3개로 나눈 결과를 확인해 본다.

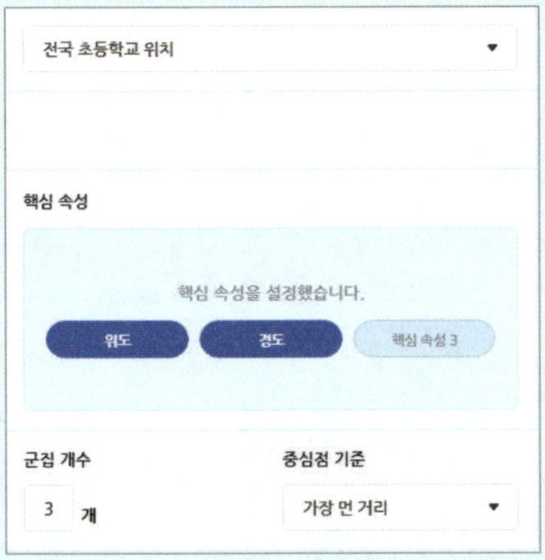

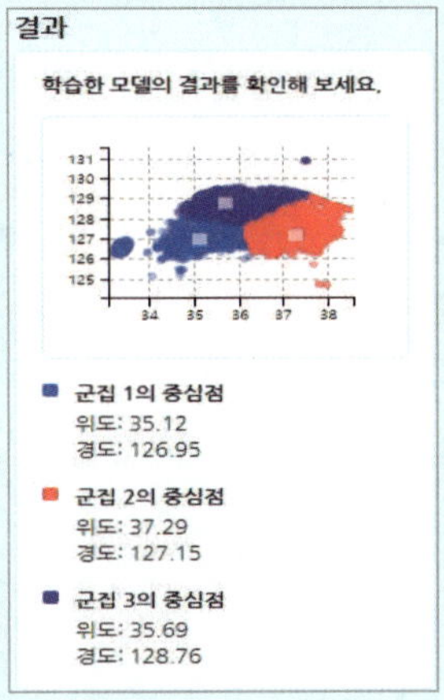

부록 1. 엔트리(ENTRY)

시작 블록
흐름 블록
움직임 블록
생김새 블록
붓 블록
글상자 블록
소리 블록
판단 블록
계산 블록
자료 블록
데이터 분석 블록
인공지능 블록

01.	시작 블록	
01-01	시작하기 버튼을 클릭했을 때	시작하기 버튼을 클릭하면 아래에 연결된 블록들을 실행합니다.
01-02	q▾ 키를 눌렀을 때	선택한 키를 누르면 아래에 연결된 블록들을 실행합니다.
01-03	마우스를 클릭했을 때	마우스를 클릭했을 때 아래에 연결된 블록들을 실행합니다.
01-04	마우스 클릭을 해제했을 때	마우스 클릭을 해제했을 때 아래에 연결된 블록들을 실행합니다.
01-05	오브젝트를 클릭했을 때	오브젝트를 클릭했을 때 아래에 연결된 블록들을 실행합니다.
01-06	오브젝트 클릭을 해제했을 때	오브젝트 클릭을 해제했을 때 아래에 연결된 블록들을 실행합니다.
01-07	대상 없음▾ 신호를 받았을 때	선택한 신호를 받으면 아래에 연결된 블록들을 실행합니다.
01-08	대상 없음▾ 신호 보내기	선택한 신호를 보냅니다.
01-09	대상 없음▾ 신호 보내고 기다리기	선택한 신호를 보내고, 해당 신호를 받는 블록들의 실행이 끝날 때 까지 기다립니다.
01-10	장면이 시작되었을 때	장면이 시작되면 아래에 연결된 블록들을 실행합니다.
01-11	장면 1▾ 시작하기	선택한 장면을 시작합니다.
01-12	다음▾ 장면 시작하기	이전 또는 다음 장면을 시작합니다.

02.	흐름 블록	
02-01	2 초 기다리기	입력한 시간만큼 기다린 후 다음 블록을 실행합니다.
02-02	10 번 반복하기	입력한 횟수만큼 감싸고 있는 블록들을 반복 실행합니다.
02-03	계속 반복하기	감싸고 있는 블록들을 계속해서 반복 실행합니다.
02-04	참 이 될 때까지▾ 반복하기	판단값에 따라 블록의 반복여부를 결정합니다. 이 될 때까지: 판단이 참이 될 때까지 감싸고 있는 블록들을 반복 실행합니다. 인 동안: 판단이 참인 동안 감싸고 있는 블록들을 반복 실행합니다.
02-05	반복 중단하기	이 블록을 감싸는 가장 가까운 반복 블록의 반복을 중단합니다.
02-06	만일 참 (이)라면	만일 판단이 참이라면, 감싸고 있는 블록들을 실행합니다.
02-07	만일 참 (이)라면 아니면	만일 판단이 참이라면 첫 번째 감싸고 있는 블록들을 실행하고, 거짓이면 두 번째 감싸고 있는 블록들을 실행합니다.
02-08	참 이(가) 될 때까지 기다리기	판단이 참이 될 때까지 실행을 멈추고 기다립니다.
02-09	모든▾ 코드 멈추기	블록이 실행을 멈춥니다. 현재 실행중인 동작을 멈추는 블록이며, 프로그램을 종료하지 않습니다. 모든: 작품의 모든 블록이 실행을 멈춥니다. 자신의: 해당 오브젝트의 모든 블록이 실행을 멈춥니다. 이 코드: 이 블록이 포함된 블록들이 실행을 멈춥니다. 자신의 다른 코드: 해당 오브젝트 중 이 블록이 포함된 블록들을 제외한 모든 블록이 실행을 멈춥니다. 다른 오브젝트의: 다른 오브젝트의 모든 블록이 실행을 멈춥니다.

02-10	처음부터 다시 실행하기	작품을 처음부터 다시 실행합니다.
02-11	복제본이 처음 생성되었을때	해당 오브젝트의 복제본이 새로 생성되었을 때 아래에 연결된 블록들을 실행합니다.
02-12	자신▾ 의 복제본 만들기	선택한 오브젝트의 복제본을 생성합니다.
02-13	이 복제본 삭제하기	'복제본이 처음 생성되었을 때' 블록과 함께 사용되며, 연결된 블록들이 실행되고 있는 복제본을 삭제합니다.
02-14	모든 복제본 삭제하기	해당 오브젝트의 모든 복제본을 삭제합니다.

03.	움직임 블록	
03-01	이동 방향으로 (10) 만큼 움직이기	입력한 값만큼 오브젝트의 이동 방향 화살표가 가리키는 방향으로 움직입니다.
03-02	화면 끝에 닿으면 튕기기	오브젝트가 실행화면 끝에 닿으면 튕겨 나옵니다.
03-03	x 좌표를 (10) 만큼 바꾸기	오브젝트의 x 좌표를 입력한 값만큼 바꿉니다.
03-04	y 좌표를 (10) 만큼 바꾸기	오브젝트의 y 좌표를 입력한 값만큼 바꿉니다.
03-05	(2) 초 동안 x: (10) y: (10) 만큼 움직이기	오브젝트가 입력한 시간에 걸쳐 x와 y 좌표를 입력한 값만큼 바꿉니다.
03-06	x: (10) 위치로 이동하기	오브젝트가 입력한 x 좌표로 이동합니다.(오브젝트의 중심점이 기준이 됩니다.)
03-07	y: (10) 위치로 이동하기	오브젝트가 입력한 y 좌표로 이동합니다.(오브젝트의 중심점이 기준이 됩니다.)
03-08	x: (0) y: (0) 위치로 이동하기	오브젝트가 입력한 x와 y 좌표로 이동합니다.(오브젝트의 중심점이 기준이 됩니다.)
03-09	(2) 초 동안 x: (10) y: (10) 위치로 이동하기	오브젝트가 입력한 시간에 걸쳐 입력한 x와 y 좌표로 이동합니다.(오브젝트의 중심점이 기준이 됩니다.)
03-10	엔트리봇▾ 위치로 이동하기	오브젝트가 선택한 오브젝트 또는 마우스 포인터의 위치로 이동합니다.(오브젝트의 중심점이 기준이 됩니다.)
03-11	(2) 초 동안 엔트리봇▾ 위치로 이동하기	오브젝트가 입력한 시간에 걸쳐 선택한 오브젝트 또는 마우스 포인터의 위치로 이동합니다.(오브젝트의 중심점이 기준이 됩니다.)
03-12	방향을 (90°) 만큼 회전하기	오브젝트의 방향이 입력한 각도만큼 시계방향으로 회전합니다.(오브젝트의 중심점을 기준으로 회전합니다.)
03-13	이동 방향을 (90°) 만큼 회전하기	오브젝트의 이동 방향이 입력한 각도만큼 시계방향으로 회전합니다.(오브젝트의 중심점을 기준으로 회전합니다.)

번호	블록	설명
03-14	2 초 동안 방향을 90° 만큼 회전하기	오브젝트의 방향이 입력한 시간에 걸쳐 입력한 각도만큼 시계 방향으로 회전합니다.(오브젝트의 중심점을 기준으로 회전합니다.)
03-15	2 초 동안 이동 방향 90° 만큼 회전하기	오브젝트의 이동 방향이 입력한 시간에 걸쳐 입력한 각도만큼 시계 방향으로 회전합니다.(오브젝트의 중심점을 기준으로 회전합니다.)
03-16	방향을 90° (으)로 정하기	오브젝트의 방향을 입력한 각도로 정합니다.
03-17	이동 방향을 90° (으)로 정하기	오브젝트의 이동 방향을 입력한 각도로 정합니다.
03-18	엔트리봇▾ 쪽 바라보기	해당 오브젝트가 방향을 회전하여 선택한 오브젝트 또는 마우스 포인터 쪽을 바라봅니다.
03-19	90° 방향으로 10 만큼 움직이기	오브젝트가 입력한 각도 방향으로 입력한 값만큼 움직입니다.(실행화면 위쪽이 0도를 나타내며, 시계방향으로 갈수록 각도가 증가합니다.)

04. 생김새 블록

번호	블록	설명
04-01	모양 보이기	오브젝트를 실행화면에 보이게 합니다.
04-02	모양 숨기기	오브젝트를 실행화면에 보이지 않게 합니다.
04-03	안녕! 을(를) 4 초 동안 말하기▾	오브젝트가 입력한 내용을 입력한 시간 동안 말풍선으로 말한 후 다음 블록을 실행합니다.
04-04	안녕! 을(를) 말하기▾	오브젝트가 입력한 내용을 말풍선으로 말하는 동시에 다음 블록을 실행합니다.
04-05	말하기 지우기	오브젝트가 말하고 있는 말풍선을 지웁니다.
04-06	엔트리봇_걷기1▾ 모양으로 바꾸기	오브젝트를 선택한 모양으로 바꿉니다.(내부 블록을 분리하고 모양의 번호를 입력하여 모양을 바꿀 수 있습니다.)
04-07	다음▾ 모양으로 바꾸기	오브젝트의 모양을 이전 또는 다음 모양으로 바꿉니다.
04-08	색깔▾ 효과를 10 만큼 주기	오브젝트에 선택한 효과를 입력한 값만큼 줍니다.
04-09	색깔▾ 효과를 100 (으)로 정하기	오브젝트의 효과를 입력한 값으로 정합니다. 색깔: 0~100을 주기로 반복됩니다. 밝기: -100~100 사이의 범위로 설정할 수 있습니다.(-100 이하는 -100으로 100 이상은 100으로 처리됩니다.) 투명도: 0~100 사이의 범위로 설정할 수 있습니다.(0 이하는 0으로, 100 이상은 100으로 처리됩니다.)
04-10	효과 모두 지우기	오브젝트에 적용된 효과를 모두 지웁니다.
04-11	크기를 10 만큼 바꾸기	오브젝트의 크기를 입력한 값만큼 바꿉니다.
04-12	크기를 100 (으)로 정하기	오브젝트의 크기를 입력한 값으로 정합니다.

04-13	상하 모양 뒤집기	오브젝트의 상하 모양을 뒤집습니다.
04-14	좌우 모양 뒤집기	오브젝트의 좌우 모양을 뒤집습니다.
04-15	맨 앞으로▾ 보내기	오브젝트가 실행화면에 보이는 순서를 변경합니다. 맨 앞으로: 해당 오브젝트를 실행화면의 가장 앞쪽으로 가져옵니다. 앞으로: 해당 오브젝트를 한 층 앞쪽으로 가져옵니다. 뒤로: 해당 오브젝트를 한 층 뒤쪽으로 보냅니다. 맨 뒤로: 해당 오브젝트를 실행화면의 가장 뒤쪽으로 보냅니다.

05.	붓 블록	
05-01	도장 찍기	오브젝트의 모양을 도장처럼 실행화면 위에 찍습니다.
05-02	그리기 시작하기	오브젝트가 이동하는 경로를 따라 선이 그리기 시작합니다.(오브젝트의 중심점이 기준이 됩니다.)
05-03	그리기 멈추기	오브젝트가 선 그리는 것을 멈춥니다.
05-04	붓의 색을 ■ (으)로 정하기	오브젝트가 그리는 선의 색을 선택한 색으로 정합니다.
05-05	붓의 색을 무작위로 정하기	오브젝트가 그리는 선의 색을 무작위로 정합니다.
05-06	붓의 굵기를 1 만큼 바꾸기	오브젝트가 그리는 선의 굵기를 입력한 값만큼 바꿉니다.
05-07	붓의 굵기를 1 (으)로 정하기	오브젝트가 그리는 선의 굵기를 입력한 값으로 정합니다. 1~무한의 범위로 설정할 수 있습니다.(1이하는 1로 처리합니다.)
05-08	붓의 투명도를 10 % 만큼 바꾸기	해당 오브젝트가 그리는 붓의 투명도를 입력한 값만큼 바꿉니다.
05-09	붓의 투명도를 50 % 로 정하기	해당 오브젝트가 그리는 붓의 투명도를 입력한 값으로 정합니다. 0~100의 범위로 설정할 수 있습니다.(0 이하는 0, 100 이상은 100으로 처리합니다.)
05-10	모든 붓 지우기	해당 오브젝트가 그린 선과 도장을 모두 지웁니다.

06.	가 글상자	글상자 블록
06-01	글상자 부산대학교▾ 의 내용	선택한 글상자에 입력된 텍스트 값입니다. 내용에 줄바꿈이 포함되면 띄어쓰기로 반환합니다.
06-02	엔트리 라고 글쓰기 가	글상자의 내용을 입력한 값으로 고쳐 씁니다.
06-03	엔트리 라고 뒤에 이어쓰기 가	글상자의 내용 뒤에 입력한 값을 추가합니다.
06-04	엔트리 라고 앞에 추가하기 가	글상자의 내용 앞에 입력한 값을 추가합니다.
06-05	텍스트에 가로줄▾ 효과 켜기▾ 가	글상자에 선택한 텍스트 효과를 켜거나 끕니다.
06-06	글씨체를 바탕체▾ 로 변경 가	글상자를 선택한 글씨체로 변경합니다.
06-07	글씨색을 ■ 로 변경 가	글상자를 선택한 글씨색으로 변경합니다.
06-08	배경색을 ■ 로 변경 가	글상자를 선택한 배경색으로 변경합니다.
06-09	텍스트 모두 지우기 가	글상자의 내용을 모두 지웁니다.

07.	소리 블록	
07-01	소리 [강아지 짖는 소리▾] 재생하기	해당 오브젝트가 선택한 소리를 재생하는 동시에 다음 블록을 실행합니다.
07-02	소리 [강아지 짖는 소리▾] [1] 초 재생하기	해당 오브젝트가 선택한 소리를 입력한 시간 만큼 재생하는 동시에 다음 블록을 실행합니다.
07-03	소리 [강아지 짖는 소리▾] [1] 초 부터 [10] 초까지 재생하기	해당 오브젝트가 선택한 소리를 입력한 구간을 재생하는 동시에 다음 블록을 실행합니다.
07-04	소리 [강아지 짖는 소리▾] 재생하고 기다리기	해당 오브젝트가 선택한 소리를 재생한 후 다음 블록을 실행합니다.
07-05	소리 [강아지 짖는 소리▾] [1] 초 재생하고 기다리기	해당 오브젝트가 선택한 소리를 입력한 시간 만큼 재생한 후 다음 블록을 실행합니다.
07-06	소리 [강아지 짖는 소리▾] [1] 초 부터 [10] 초까지 재생하고 기다리기	해당 오브젝트가 선택한 소리를 입력한 구간을 재생한 후 다음 블록을 실행합니다.
07-07	소리 크기를 [10] % 만큼 바꾸기	작품에서 재생되는 모든 소리의 크기를 입력한 값 만큼 바꿉니다.
07-08	소리 크기를 [10] % 로 정하기	작품에서 재생되는 모든 소리의 크기를 입력한 값으로 정합니다.
07-09	모든 소리 멈추기	재생중인 모든 소리를 멈춥니다.

08.	판단 블록	
08-01	마우스를 클릭했는가?	마우스를 클릭한 경우 '참'으로 판단합니다.
08-02	q▾ 키가 눌러져 있는가?	선택한 키가 눌려져 있는 경우 '참'으로 판단합니다.
08-03	마우스포인터▾ 에 닿았는가?	해당 오브젝트가 선택한 항목과 닿은 경우 '참'으로 판단합니다.
08-04	10 = 10	입력한 두 값을 비교합니다. =:왼쪽에 위치한 값과 오른쪽에 위치한 값이 같은 경우 '참'으로 판단합니다. !=:왼쪽에 위치한 값과 오른쪽에 위치한 값이 같지 않은 경우 '참'으로 판단합니다. 〉:왼쪽에 위치한 값이 오른쪽에 위치한 값보다 큰 경우 '참'으로 판단합니다. 〈:왼쪽에 위치한 값이 오른쪽에 위치한 값보다 작은 경우 '참'으로 판단합니다. ≥:왼쪽에 위치한 값이 오른쪽에 위치한 값보다 크거나 같은 경우 '참'으로 판단합니다. ≤:왼쪽에 위치한 값이 오른쪽에 위치한 값보다 작거나 같은 경우 '참'으로 판단합니다.
08-05	10 != 10	
08-06	10 > 10	
08-07	10 < 10	
08-08	10 ≥ 10	
08-09	10 ≤ 10	
08-10	참 그리고▾ 참	그리고:두 판단이 모두 참인 경우 '참'으로 판단합니다.
08-11	참 또는▾ 거짓	또는:두 판단 중 하나라도 참이 있는 경우 '참'으로 판단합니다.
08-12	참 (이)가 아니다	해당 판단이 참이면 거짓, 거짓이면 참으로 만듭니다.

09.	계산 블록	
09-01	10 + 10	입력한 두 수의 사칙연산 값입니다. +: 입력한 두 수를 더한 값입니다. -: 입력한 두 수를 뺀 값입니다. *: 입력한 두 수를 곱한 값입니다. /: 입력한 두 수를 나눈 값입니다.
09-02	10 - 10	
09-03	10 x 10	
09-04	10 / 10	
09-05	0 부터 10 사이의 무작위 수	입력한 두 수 사이에서 선택된 무작위 수 값입니다.(두 수 모두 정수를 입력한 경우 정수가, 두 수 중 하나라도 소수를 입력한 경우 소숫점 둘째 자리의 소수 값이 선택됩니다.)
09-06	마우스 x▼ 좌표	마우스 포인터의 x 또는 y 좌푯값입니다.
09-07	엔트리봇▼ 의 x 좌푯값▼	선택한 오브젝트의 각종 정보 값입니다.(x 좌표, y 좌표, 방향, 이동방향, 크기, 모양번호, 모양이름)
09-08	소릿값	작품에 설정된 소리의 크기 값입니다.
09-09	10 / 10 의 몫▼	입력된 두 수를 나눈 결괏값입니다. 몫: 앞의 수에서 뒤의 수를 나누어 생긴 몫의 값입니다. 나머지: 앞 의 수에서 뒤의 수를 나누어 생긴 나머지 값입니다.
09-10	10 의 제곱▼	입력한 수에 대한 다양한 수학식의 계산값입니다.(제곱, 루트, 사인값, 코사인값, 탄젠트값, 아크사인값, 아크코사인값, 아크탄젠트값, 로그값, 자연로그값, 소수점 부분, 소수점 버림값, 소수점 올림값, 소수점 반올림값, 펙토리얼값, 절대값)
09-11	초시계 값	이 블록이 실행되는 순간 초시계에 저장된 값입니다.

09-12	초시계 시작하기▾	초시계의 상태를 결정합니다. 시작하기: 초시계를 시작합니다. 정지하기: 초시계를 정지합니다. 초기화하기: 초시계의 값을 0으로 초기화합니다.
09-13	초시계 숨기기▾	초시계 창을 실행화면에서 숨기거나 보이게 합니다.
09-14	현재 연도▾	현재 연도, 월, 일, 시각과 같이 시간에 대한 값입니다.
09-15	엔트리봇▾ 까지의 거리	해당 오브젝트와 선택한 오브젝트 또는 마우스 포인터 간의 거릿값입니다.
09-16	강아지 짖는 소리▾ 소리의 길이	선택한 소리의 길이(초) 값입니다.
09-17	사용자이름	작품을 실행하고 있는 사용자의 이름값입니다.
09-18	엔트리 의 글자 수	입력한 값의 공백을 포함한 글자 수입니다.
09-19	안녕! 과(와) 엔트리 를 합치기	입력한 두 값을 결합한 값입니다.
09-20	안녕 엔트리! 의 1 번째 글자	입력한 값에서 입력한 숫자 번째의 글자 값입니다.(공백을 포함합니다.)
09-21	안녕 엔트리! 의 2 번째 글자부터 5 번째 글자까지의 글자	입력한 값에서 입력한 범위 내의 글자 값입니다.(공백을 포함합니다.)
09-22	안녕 엔트리! 에서 엔트리 의 시작 위치	입력한 값에서 지정한 값이 처음으로 등장하는 위치 값입니다.(공백을 포함합니다.)
09-23	안녕 엔트리! 의 안녕 을(를) 반가워 로 바꾸기	입력한 값에서 지정한 값을 찾아 추가로 입력한 값으로 모두 바꾼 값입니다.(영문 입력 시 대소문자를 구분합니다.)
09-24	Hello Entry! 의 대문자▾	입력한 영문의 모든 알파벳을 대문자 또는 소문자로 바꾼 값입니다.

10.	? 자료 **자료 블록**	
10-01	안녕! 을(를) 묻고 대답 기다리기 ?	오브젝트가 입력한 문자를 말풍선으로 묻고, 대답을 입력받습니다.(이 블록이 실행되면 실행화면에 '대답 창'이 생성됩니다.)
10-02	대답	사용자가 '대답창'에 입력한 값입니다.
10-03	대답 숨기기▾ ?	'대답 창'을 실행화면에서 숨기거나 보이게 합니다.
10-04	변수▾ 값	선택한 변수에 저장된 값입니다.
10-05	변수▾ 에 10 만큼 더하기 ?	선택한 변수에 입력한 값을 더합니다.
10-06	변수▾ 를 10 (으)로 정하기 ?	선택한 변수의 값을 입력한 값으로 정합니다.
10-07	변수 변수▾ 보이기 ?	선택한 변수의 '변수 창'을 실행화면에 보이게 합니다.
10-08	변수 변수▾ 숨기기 ?	선택한 변수의 '변수 창'을 실행화면에서 숨깁니다.
10-09	리스트▾ 의 1 번째 항목	선택한 리스트에서 입력한 순서에 있는 항목 값입니다.
10-10	10 항목을 리스트▾ 에 추가하기 ?	입력한 값을 선택한 리스트의 마지막 항목에 추가합니다.
10-11	1 번째 항목을 리스트▾ 에서 삭제하기 ?	선택한 리스트의 입력한 순서에 있는 항목을 삭제합니다.
10-12	10 을(를) 리스트▾ 의 1 번째에 넣기 ?	입력한 값을 선택한 리스트의 입력한 순서의 항목으로 추가합니다.(입력한 항목 뒤에 있는 항목들은 순서가 하나씩 밀려납니다.)
10-13	리스트▾ 1 번째 항목을 10 (으)로 바꾸기 ?	선택한 리스트에서 입력한 순서에 있는 항목의 값을 입력한 값으로 바꿉니다.

10-14	리스트▾ 항목 수	선택한 리스트가 보유한 항목의 개수입니다.
10-15	리스트▾ 에 10 이 포함되어 있는가?	선택한 리스트가 입력한 값을 가진 항목을 포함하는 경우 '참'으로 판단합니다.
10-16	리스트 리스트▾ 보이기	선택한 리스트의 '리스트 창'을 실행화면에 보이게 합니다.
10-17	리스트 리스트▾ 숨기기	선택한 리스트의 '리스트 창'을 실행화면에서 숨깁니다.

11.	데이터 분석 블록	
11-01	테이블 계절별 기온▾ 에 행▾ 추가하기	선택한 테이블의 마지막에 행(열)을 추가합니다. 추가된 행(열)의 모든 셀 값은 0입니다.
11-02	테이블 계절별 기온▾ 1 번째에 행▾ 추가하기	선택한 테이블의 입력한 순서에 행(열)을 추가합니다. 추가된 행(열)의 모든 셀 값은 0입니다. 추가된 행(열) 뒤에 있는 행(열)들은 순서가 하나씩 밀립니다.
11-03	테이블 계절별 기온▾ 1 번째 행▾ 삭제하기	선택한 테이블의 입력한 순서에 있는 행(열)을 삭제합니다.
11-04	테이블 계절별 기온▾ 1 번째 행의 연도▾ 을(를) 10 (으)로 바꾸기	선택한 테이블에서 입력한 행의 속성을 입력한 값으로 바꿉니다.
11-05	테이블 계절별 기온▾ 의 행▾ 개수	선택한 테이블의 행(열) 개수입니다.
11-06	테이블 계절별 기온▾ 1 번째 행의 연도▾ 값	선택한 테이블에서 입력한 행의 속성 값입니다. 속성 값 블록 대신 (행을 의미하는) 값 블록을 결합해 사용할 수도 있습니다.
11-07	테이블 계절별 기온▾ 마지막 행의 연도▾ 값	선택한 테이블에서 마지막 행의 선택한 속성 값입니다. 속성 갑 블록 대신 (행을 의미하는) 값 블록을 결합해 사용할 수도 있습니다.
11-08	테이블 계절별 기온▾ 연도▾ 의 합▾	선택한 테이블에서 선택한 속성들에 대한 요약통계량입니다. (합, 최댓값, 최솟값, 평균값, 표준편차)
11-09	테이블 계절별 기온▾ 의 대상 없음▾ 차트 창 열기	선택한 테이블의 차트창을 엽니다.
11-10	테이블 차트 창 닫기	열려있는 테이블 차트 창을 닫습니다.

12.	인공지능	인공지능 블록
12-01	마이크가 연결되었는가?	컴퓨터에 마이크가 연결되어 있는 경우 '참'으로 판단합니다. (IE/Safari 브라우저 지원하지 않음)
12-02	음성 인식하기	마이크에 입력되는 사람의 목소리를 텍스트로 변환합니다. (IE/Safari 브라우저 지원하지 않음)
12-03	음성을 문자로 바꾼 값	사람의 목소리를 문자로 바꾼 값입니다. 목소리가 입력되지 않거나, 음성인식 도중 오류가 발생한 경우 무조건 0 값을 갖습니다. (IE/Safari 브라우저 지원하지 않음)
12-04	마이크 소리크기	마이크에 입력되는 소리의 크기 값입니다. (IE/Safari 브라우저 지원하지 않음)
12-05	엔트리 읽어주기	입력한 문자값을 설정된 목소리로 읽습니다. 입력은 2500자까지 가능합니다. 인터넷에 연결되어 있지 않거나 인터넷 환경이 불안할 경우, 해당 블록이 실행되지 않고 다음 블록으로 넘어갈 수 있습니다.
12-06	엔트리 읽어주고 기다리기	입력한 문자값을 읽어준 후 다음 블록을 실행합니다.
12-07	여성▾ 목소리를 보통▾ 속도 보통▾ 음높이로 설정하기	선택한 목소리가 선택한 속도와 선택한 음높이로 설정됩니다.
12-08	한국어▾ 엔트리 을(를) 영어▾ 로 번역하기	입력한 문자값을 선택한 언어로 번역합니다. 입력은 3000자까지 가능합니다. *번역 가능한 언어 - 한국어→영어, 중국어 간체, 중국어 번체, 베트남어, 스페인어, 인도네시아어, 태국어, 프랑스어 - 영어→일본어, 프랑스어, 한국어 - 중국어 간체, 중국어 번체, 베트남어, 스페인어, 인도네시아어, 태국어, 프랑스어→한국어 - 일본어→영어 - 프랑스어→영어
12-09	엔트리 의 언어	입력된 문자값의 언어를 감지합니다. 입력은 문장 형태로 3000자까지 가능합니다.

12-10	비디오 화면 보이기▾	컴퓨터에 연결된 카메라에 촬영되는 화면을 실행화면에서 보이게하거나 숨깁니다.(IE 및 ios 미지원)
12-11	대상 없음▾ 카메라로 바꾸기	촬영하는 카메라를 변경합니다.
12-12	비디오가 연결되었는가?	컴퓨터에 카메라가 연결되어 있는 경우 '참'으로 판단합니다.
12-13	비디오 화면 좌우▾ 뒤집기	촬영되는 화면을 좌우 혹은 상하로 뒤집습니다.(IE 및 ios 미지원)
12-14	비디오 투명도 효과를 0 으로 정하기	촬영되는 화면의 투명도 효과를 입력한 값으로 정합니다. 0~100 사이의 범위로 설정할 수 있습니다.(0이하는 0으로 100 이상은 100으로 처리됩니다.).(IE 및 ios 미지원)
12-15	자신▾ 에서 감지한 움직임▾ 값	선택한 오브젝트 혹은 실행화면 위에서 감지되는 움직임 혹은 방향 값입니다.(움직임:움직임이 크고 빠를수록 값이 커집니다. 방향:오른쪽 혹은 위쪽으로 움직일 때 양수, 왼쪽 혹은 아래쪽으로 움직일 때 음수가 됩니다.).(IE 및 ios 미지원)
12-16	사람▾ 인식 시작하기▾	선택한 인식 모델을 동작시키거나 중지시킵니다.(사람 인식:사람의 몸을 인식하여 각 신체부위의 위치 등을 알 수 있습니다. 얼굴 인식:사람의 얼굴을 인식하여 눈, 코, 입, 귀의 위치나 예상되는 성별, 나이, 감정을 알 수 있습니다. 사물 인식:인식된 사물의 종류를 알 수 있습니다.).(IE 및 ios 미지원)
12-17	사람▾ 인식이 되었는가?	사람/얼굴/사물 인식이 된 경우 '참'으로 판단합니다.(IE 및 ios 미지원)
12-18	사물 중 사람▾ (이)가 인식되었는가?	선택한 사물이 인식된 경우 '참'으로 판단합니다.(IE 및 ios 미지원)
12-19	인식된 사람▾ 의 수	인식된 사람/얼굴/사물의 개수입니다.(인식 가능 객체:사람, 자전거, 자동차, 오토바이, 비행기, 버스, 기차, 트럭, 보트, 교통 신호등, 소화전, 정지 신호, 주차 미터, 벤치, 새, 고양이, 개, 말, 양, 암소, 코끼리, 곰, 얼룩말, 기린, 책가방, 우산, 핸드백, 넥타이, 가방, 프리스비, 스키, 스노보드, 스포츠 볼, 연, 야구 방망이, 야구 글러브, 스케이트 보드, 서핑 보드, 테니스 라켓, 병, 와인 글라스, 컵, 포크,

		나이프, 숟가락, 그릇, 바나나, 애플, 샌드위치, 주황색, 브로콜리, 당근, 핫도그, 피자, 도넛, 케이크, 의자, 소파, 화분, 침대, 식사테이블, 화장실, TV 모니터, 노트북, 마우스, 원격, 키보드, 휴대 전화, 전자 레인지, 오븐, 토스터기, 싱크대, 냉장고, 도서, 시계, 꽃병, 가위, 테디베어, 헤어드라이어, 칫솔).(IE 및 ios 미지원)
12-20	인식된 사람▾ 보이기▾	인식된 사람/얼굴/사물의 위치와 순서를 실행화면에 보이게 하거나 숨깁니다.(IE 및 ios 미지원)
12-21	1▾ 번째 사람의 얼굴▾ 의 x▾ 좌표	입력한 순서의 사람의 선택한 신체 부위의 위치값입니다.(얼굴, 목, 왼쪽 어깨, 왼쪽, 팔꿈치, 왼쪽 손목, 왼쪽 엉덩이, 왼쪽 무릎, 왼쪽 발목, 오른쪽 어깨, 오른쪽 팔꿈치, 오른쪽 손목, 오른쪽 엉덩이, 오른쪽 무릎, 오른쪽, 발목).(IE 및 ios 미지원)
12-22	1▾ 번째 얼굴의 왼쪽 눈▾ 의 x▾ 좌표	입력한 순서의 얼굴 중 선택된 얼굴 부위의 위치값입니다. 인식이 잘 되지 않는 경우 무조건 0으로 출력됩니다.(왼쪽 눈, 오른쪽 눈, 코, 왼쪽 입꼬리, 오른쪽 입꼬리, 윗 입술, 아랫 입술).(IE 및 ios 미지원)
12-23	1▾ 번째 얼굴의 성별▾	입력한 순서의 얼굴의 성별/나이/감정의 추정값입니다. 인식이 잘 되지 않는 경우 무조건 0으로 출력됩니다.(IE 및 ios 미지원)

인문·사회·예체능계열 전공자를 위한
컴퓨팅 사고와 인공지능

초판 1쇄 2021년 3월 8일
초판 3쇄 2025년 2월 27일

지은이 박성호·김은정·문경희·박미현·양자영

펴낸이 최재원
펴낸곳 부산대학교출판문화원
출판등록 제1983-000001호 1983. 11. 10
부산광역시 금정구 부산대학로 63번길 2 (우편번호46241)
대표전화 051-510-1932 팩시밀리 051-512-7812
www.press.pusan.ac.kr

ISBN 978 - 89 - 7316 - 700 - 5 03000

※ 본 교재는 과학기술정보통신부와 정보통신기획평가원의 SW중심대학지원사업의 지원에 의해 발간되었음(2016-0-00019)